POLÍTICAS PÚBLICAS NA TRIBUTAÇÃO AMBIENTAL

INSTRUMENTOS PARA O DESENVOLVIMENTO DA SOCIEDADE

SARAH MARIA LINHARES DE ARAÚJO PAES DE SOUZA

Prefácio
María Jesús García-Torres Fernández

POLÍTICAS PÚBLICAS NA TRIBUTAÇÃO AMBIENTAL
INSTRUMENTOS PARA O DESENVOLVIMENTO DA SOCIEDADE

Belo Horizonte

2017

© 2017 Editora Fórum Ltda.

É proibida a reprodução total ou parcial desta obra, por qualquer meio eletrônico, inclusive por processos xerográficos, sem autorização expressa do Editor.

Conselho Editorial

Adilson Abreu Dallari
Alécia Paolucci Nogueira Bicalho
Alexandre Coutinho Pagliarini
André Ramos Tavares
Carlos Ayres Britto
Carlos Mário da Silva Velloso
Cármen Lúcia Antunes Rocha
Cesar Augusto Guimarães Pereira
Clovis Beznos
Cristiana Fortini
Dinorá Adelaide Musetti Grotti
Diogo de Figueiredo Moreira Neto
Egon Bockmann Moreira
Emerson Gabardo
Fabrício Motta
Fernando Rossi
Flávio Henrique Unes Pereira

Floriano de Azevedo Marques Neto
Gustavo Justino de Oliveira
Inês Virgínia Prado Soares
Jorge Ulisses Jacoby Fernandes
Juarez Freitas
Luciano Ferraz
Lúcio Delfino
Marcia Carla Pereira Ribeiro
Márcio Cammarosano
Marcos Ehrhardt Jr.
Maria Sylvia Zanella Di Pietro
Ney José de Freitas
Oswaldo Othon de Pontes Saraiva Filho
Paulo Modesto
Romeu Felipe Bacellar Filho
Sérgio Guerra
Walber de Moura Agra

Luís Cláudio Rodrigues Ferreira
Presidente e Editor

Coordenação editorial: Leonardo Eustáquio Siqueira Araújo

Av. Afonso Pena, 2770 – 15º andar – Savassi – CEP 30130-012
Belo Horizonte – Minas Gerais – Tel.: (31) 2121.4900 / 2121.4949
www.editoraforum.com.br – editoraforum@editoraforum.com.br

S719p   Souza, Sarah Maria Linhares de Araújo Paes de

Políticas públicas na tributação ambiental: instrumentos para o desenvolvimento da sociedade / Sarah Maria Linhares de Araújo Paes de Souza.– Belo Horizonte : Fórum, 2017.

331 p.

ISBN: 978-85-450-0412-7

1. Direito Tributário. 2. Direito Ambiental. I. Título.

CDD 341.39
CDU 336.2

Informação bibliográfica deste livro, conforme a NBR 6023:2002 da Associação Brasileira de Normas Técnicas (ABNT):

SOUZA, Sarah Maria Linhares de Araújo Paes de. *Políticas públicas na tributação ambiental:* instrumentos para o desenvolvimento da sociedade. Belo Horizonte: Fórum, 2017. 331 p. ISBN 978-85-450-0412-7.

Dedico a todos que lutam e acreditam em um mundo melhor, com mais amor, mais sustentabilidade e menos egoísmo.

Quando entendermos o único ensinamento deixado pelo nosso mestre Jesus Cristo, que é o amor, a sustentabilidade será realidade, e não promessa de futuro.

AGRADECIMENTOS

Agradeço a Deus e ao Nosso Senhor Jesus Cristo pela possibilidade de realização do trabalho.

Aos meus orientadores, José Roberto Vieira e María Jesús García-Torres Fernández.

Aos professores, que conheci durante a minha estadia na Espanha, com quem pude dialogar: Pedro Manuel Herrera Molina, Tulio Rosembuj, José Andrés Rozas Valdés, Francisco José Cañal García, José Antonio Sánchez Galiana, Ernesto Eseverri Martínez e Daniel Casas Agudo.

Ao professor Vladimir Passos de Freitas e aos professores da Universidade Federal do Paraná, em especial, Abili Lázaro Castro de Lima, Celso Luiz Ludwig, Katya Kozicki, Luis Fernando Lopes Pereira, Ricardo Marcelo Fonseca e Rodrigo Xavier Leonardo.

Aos meus pais, José e Lourdes, e à minha irmã, Larissa Maria Linhares de Araújo.

Às queridas Hauzely Hauer e Inmaculada Vilardebó.

Ao meu grande amor, Anderson Jaques Paes de Souza.

E conhecereis a verdade e a verdade vos libertará.

Jesus (João, 8:32)

SUMÁRIO

PREFÁCIO
María Jesús García-Torres Fernández 15

INTRODUÇÃO 19

PARTE I
MOMENTO PRÉ-JURÍDICO: POLÍTICAS PÚBLICAS
NO DIREITO TRIBUTÁRIO AMBIENTAL

CAPÍTULO 1
A PROBLEMÁTICA AMBIENTAL COMO UM NOVO
PARADIGMA PARA O DIREITO TRIBUTÁRIO 29

1.1   O problema do direito tributário como instrumento indutor de
        condutas e o meio ambiente 29

1.2   As normas tributárias indutoras..37

1.3   O papel da democracia na elaboração de políticas públicas
        tributárias ambientais 43

1.4   A lógica do capitalismo e o meio ambiente.....................................52

1.5   A ética como fundamento da relação entre economia e direito
        tributário..61

1.6   A economia da natureza 67

1.7   A interdisciplinaridade do tema ambiental e o fenômeno
        tributário..70

CAPÍTULO 2
AS POLÍTICAS PÚBLICAS NA TRIBUTAÇÃO AMBIENTAL 77

2.1   Políticas públicas para o desenvolvimento social.........................77

2.2   A responsabilidade do planejamento e o planejamento factível........83

2.3   O meio ambiente e as políticas públicas..91

2.4   Exemplos de políticas públicas europeias e possíveis modelos
        para o Brasil...92

2.5   A tributação ecológica e a concorrência 98

PARTE II
MOMENTO JURÍDICO: DOS PRINCÍPIOS
E DOS TRIBUTOS ECOLÓGICOS

CAPÍTULO 1

PRINCÍPIOS DO DIREITO AMBIENTAL 103

1.1 Aspectos gerais 103

1.2 Postulados normativos 107

1.3 Princípio da sustentabilidade 109

1.4 Princípio do usuário-pagador e do poluidor-pagador 112

1.5 Princípio da precaução 118

1.6 Princípio da prevenção 122

CAPÍTULO 2

PRINCÍPIOS DO DIREITO TRIBUTÁRIO 125

2.1 Introdução 125

2.2 Princípio da legalidade 126

2.3 Princípio da igualdade tributária 128

2.4 Princípio da capacidade contributiva 131

2.4.1 Extrafiscalidade 131

2.4.2 Princípio da capacidade contributiva 137

2.4.3 Princípio da capacidade contributiva e as taxas 153

2.5 Princípio da progressividade 156

2.6 Princípio da solidariedade 158

CAPÍTULO 3

O TRIBUTO ECOLÓGICO 161

3.1 Para entender a tributação ambiental: as externalidades
negativas e a sua internalização 161

3.2 A doutrina brasileira e a necessidade de compreensão de que o
tributo relativo ao dano ambiental não é sanção 166

3.3 A extrafiscalidade ambiental 169

3.4 Espécies de tributo ecológico 173

3.5 Considerações sobre o tributo ecológico 177

CAPÍTULO 4

O IMPOSTO ECOLÓGICO 185

4.1   Considerações gerais 185

4.2   Hipótese de incidência dos impostos ecológicos – uma questão
       delicada 189

4.3   Consequente normativo 192

4.3.1 Introdução 192

4.3.2 Critério quantitativo – a base de cálculo 192

4.3.3 Critério pessoal – o sujeito passivo...195

4.4   Um caso concreto 197

4.4.1 Imposto sobre as emissões de CO2 197

4.4.2 O imposto sistêmico..201

CAPÍTULO 5

A TAXA ECOLÓGICA...205

5.1   Considerações gerais 205

5.2   Hipótese de incidência das taxas ecológicas 208

5.3   Consequente normativo 211

5.3.1 Critério quantitativo 211

5.3.2 Critério pessoal 213

CAPÍTULO 6

A CONTRIBUIÇÃO DE MELHORIA ECOLÓGICA.............................215

6.1   Considerações gerais 215

6.2   Hipótese de incidência da contribuição de melhoria ecológica........216

6.3   Consequente normativo 217

6.3.1 Critério quantitativo 217

6.3.2 Critério pessoal...218

CAPÍTULO 7

ELEMENTOS TRIBUTÁRIOS ECOLÓGICOS.....................................221

7.1   Observações gerais..221

7.2   ICMS ecológico 222

7.3   Desoneração no IPVA 226

7.4   O IPI e o Inovar-Auto..227

PARTE III
A SÍNTESE DOS MOMENTOS PRÉ-JURÍDICO E JURÍDICO: A QUESTÃO DA ÁGUA NO BRASIL – UMA ANÁLISE SOB A VISÃO FINANCEIRA E TRIBUTÁRIA

CAPÍTULO 1
ÁGUA: FONTE DE VIDA E NECESSIDADE DE POLÍTICAS PÚBLICAS 231

1.1 Aspectos gerais 231
1.2 O valor econômico da água 239
1.3 Água e saneamento básico 244
1.4 Gestão da água 246
1.5 O viés administrativo e tributário na gestão da água 248

CAPÍTULO 2
TRIBUTAÇÃO DA ÁGUA 257

2.1 Aspectos iniciais 257
2.2 Taxa sobre a contaminação permitida em águas 260
2.2.1 Analogia ao *"canon de vertidos"* 260
2.2.2 Realidade brasileira 261
2.3 Taxa sobre a prestação de serviço público de fornecimento de águas 267
2.3.1 Aspectos gerais 267
2.3.2 Aspectos tributários 269
2.4 Contribuição da água 272

CAPÍTULO 3
POLÍTICA FISCAL DE REUTILIZAÇÃO DE ÁGUA 277

3.1 O que seria? 277
3.2 Mecanismos econômico-financeiros para a água reutilizada 283
3.2.1 Taxa sobre o serviço público de limpeza de águas 284
3.2.2 Incentivos tributários sobre a atividade de reúso 285

CAPÍTULO 4
UNIVERSALIZAÇÃO DO SERVIÇO DE SANEAMENTO BÁSICO 287

4.1 Aspectos iniciais 287
4.2 Planejamento centralizado e organizado 293

4.3 Mecanismos econômico-financeiros para a universalização e melhoria do sistema 298

4.3.1 Introdução 298

4.3.2 Destinação específica do orçamento público ou concessão de exoneração fiscal 299

4.3.3 O caso do ICMS ecológico de Minas Gerais.................................302

4.3.4 Contribuição de melhoria ecológica...303

CONCLUSÕES...305

PARTE I – MOMENTO PRÉ-JURÍDICO: POLÍTICAS PÚBLICAS NO DIREITO TRIBUTÁRIO AMBIENTAL 305

PARTE II – MOMENTO JURÍDICO: DOS PRINCÍPIOS E DOS TRIBUTOS ECOLÓGICOS..308

PARTE III – A SÍNTESE DOS MOMENTOS PRÉ-JURÍDICO E JURÍDICO: A QUESTÃO DA ÁGUA NO BRASIL – UMA ANÁLISE SOB OS VIESES FINANCEIRO E TRIBUTÁRIO 313

REFERÊNCIAS..317

PREFÁCIO

La actividad de investigación en la Universidad es, junto a la docencia, la labor que más satisfacción genera a los que hemos dedicado nuestra carrera profesional al mundo del conocimiento. Dentro de esta faceta, la dirección de tesis doctorales permite al profesor colaborar con otro jurista en la realización del trabajo. Cuando esta labor se realiza en el plano internacional por la recepción de un alumno de otro país, se vuelve más enriquecedora. No hay duda en afirmar que el aprendizaje es bidireccional, no sólo por la labor de enseñanza sobre el sistema jurídico receptor que recibe el doctorando visitante, sino también por parte del profesor que, al transmitir la doctrina desarrollada en su ámbito jurídico y sus propios planteamientos, aprende de la forma en la que se recibe por el doctorando y del enfoque que le aporta el conocimiento de otro sistema jurídico.

Cuando Sarah Maria Linhares de Araújo contactó conmigo para visitar la Universidad de Granada como parte de su formación como investigadora durante la realización de su Tesis Doctoral, únicamente tenía referencias indirectas sobre ella. Sin embargo, desde el primer momento en que nos encontramos, pude constatar que estaba ante una jurista de sólida formación, además de una persona rica en valores, receptiva en el análisis del presente desde distintos puntos de vista y comprometida con el futuro. Además, hay que destacar su entusiasmo a la hora de investigar y el nivel de conocimiento sobre la doctrina española con el que llegó a la Universidad de Granada. Era sabedora de las figuras más relevantes sobre este tema y se preocupó de visitarlas para poder contrastar en persona sus opiniones, de modo que su formación no se circunscribió a una sola universidad española, sino que su formación la extendió más allá de mero hecho de estudio sobre los libros. Hay que reconocer que sus cualidades personales de seriedad y nivel de formación jurídica fueron esenciales para poder llevar a cabo todos esos contactos. Como siempre ocurre, todas estas características se pueden encontrar el trabajo desarrollado.

La Tesis Doctoral con el título *"Políticas públicas na tributação ambiental: instrumentos para o desenvolvimento da sociedade"* que ahora se publica destaca por la originalidad de su estructura. Tomando como eje un desarrollo jurídico, se plantea desde su inicio con un trasfondo filosófico y ético. Por ello, se estructura en tres partes. En la primera, se comienza exponiendo el marco donde se ha de desarrollar la norma, denominado como momento pré-jurídico. Desde un primer momento se presenta la disciplina desde donde se va a realizar la protección medioambiental, el Derecho Tributario, analizando su papel como instrumento en tal protección. No obstante, se considera como un tema interdisciplinar que ha de analizarse en el marco de conceptos fundamentales como son la democracia, el capitalismo, las relaciones económicas y la Ética, en cuanto que van a influir en la delimitación de la intervención del Derecho Tributario. Una vez realizado el marco esencial donde se desarrolla, se conecta el tema con el diseño de las políticas públicas, con ejemplos y modelos. De este modo, relaciona de un modo inteligente el ámbito económico privado, que es donde se realizan las principales agresiones al medioambiente, con el ámbito público, que se dónde se tienen que realizar las políticas públicas para su protección, y donde se encuentra el Derecho Tributario como instrumento de protección. Toda esta construcción dogmática se realiza teniendo en cuenta la doctrina tanto brasileña como internacional, con especial profundidad de la doctrina española, que la situó como un referente en su exposición. Al mismo tiempo, sobre la base de que la sostenibilidad es un reflejo de la sociedad donde se desenvuelve, alerta sobre la triste relación entre degradación ambiental y pobreza, cuestión donde, cuando y como deben intervenir las políticas públicas y la importancia de delimitar responsabilidades. Como conclusión, destaca el efecto de la norma sobre el aspecto sociológico de la sostenibilidad a partir de un trabajo hermenéutico, en el que es necesario que esté presente lo que denomina la Economía de la Naturaleza.

A continuación, la segunda parte analiza lo que denomina el momento jurídico. Una vez mostrado el escenario donde se desarrolla el problema, se pasa a como se ha de diseñar el instrumento jurídico, en este caso, el tributo. El tributo medioambiental tiene unas características propias que, sin alterar su propia naturaleza, resultan de la combinación de los principios propios del derecho ambiental y del derecho tributario. Este marco doctrinal permite a la autora analizar el caso concreto de la protección tributaria medioambiental en Brasil. Para ello, expone distintos tributos brasileños presentados como instrumentos de protección del medioambiente, en las categorías de impuestos, tasas y contribuciones especiales, lo que permite analizar el impacto de cada una de estas figuras. En esta parte vuelve a conjugar el estudio de la doctrina europea y española en materia de tributación medioambiental, volcando todo este conocimiento en el marco jurídico presente en Brasil, donde considera esencial determinar la responsabilidad. Por último, a modo de síntesis, aborda el análisis de una cuestión fundamental a nivel mundial, la gestión del agua como bien medioambiental general. Y realizar esto tomando como referente a Brasil, donde se encuentran unas de las reservas hídricas del Planeta. En esta parte, se ocupa tanto de analizar el problema de la contaminación del agua, descontaminación y reutilización, como la necesidad de políticas públicas que permitan el acceso al servicio de saneamiento básico. Teniendo presente que toda esta actividad pública necesita de la obtención de recursos para llevarla a cabo y mantenerla, analiza de forma crítica la regulación jurídico-tributaria vigente en dicho momento.

En definitiva, se presenta un trabajo que trasciende de la mera exégesis jurídica y nos prepara un marco doctrinal filosófico y ético donde reflexionar.

Granada, a 16 de febrero de 2017.

María Jesús García-Torres Fernández
Profesora Titular de Derecho Financiero y Tributario,
Universidad de Granada (España)

INTRODUÇÃO

Falar de meio ambiente, antes de tudo o mais, é falar da própria vida. Cuidar do meio ambiente é cuidar de nós mesmos. Contudo, a natureza grita, se exaspera, e parece que a sociedade não escuta! Catástrofes naturais, invernos e verões extremos – esses são alguns exemplos dos gritos naturais –, mas a indiferença humana traz séria preocupação, pois a sociedade, em uma ganância voraz, não percebe que o dinheiro não comprará, em um futuro próximo, água limpa, pássaros e natureza; enfim, qualidade de vida. O egoísmo humano caminha de mãos dadas com a insaciabilidade, e uma mudança de ética é premente para a própria sobrevivência humana.

A Terra possui 4,54 bilhões de anos, e o homem foi o último ser a surgir. O cientista David Brower faz a seguinte comparação:

Tomemos os seis dias da semana para representar o que de fato se passou em cinco bilhões de anos. O nosso planeta nasceu numa segunda-feira, a zero hora. A Terra formou-se na segunda, terça e quarta-feira até o meio-dia. A vida começa quarta-feira ao meio-dia e desenvolve-se em toda sua beleza orgânica durante os quatro dias seguintes.

Somente às quatro da tarde de domingo é que os grandes répteis aparecem. Cinco horas mais tarde, às nove da noite, quando as sequóias brotam da terra, os grandes répteis desaparecem.

O homem surge só três minutos antes da meia-noite de domingo. A um quarto de segundo antes da meia-noite, Cristo nasce. A um quadragésimo de segundo antes da meia-noite inicia-se a Revolução Industrial. Agora é meia-noite de domingo e estamos rodeados por pessoas que acreditam que aquilo que fazem há um quadragésimo de segundo pode durar indefinidamente.[1]

---

[1] *História da terra em uma semana*. Disponível em: <http://www.greener.net.br/historia-da-terra-em-uma-semana/>. Acesso em: 31 maio 2014.

Diante do breve exemplo ilustrativo, percebe-se a gravidade do problema. Como o direito é o instrumento regulador das condutas humanas, logo ele pode ter a função de proteger o meio ambiente e, por conseguinte, a sociedade. Não seria diferente, no que concerne ao direito tributário, que, em especial, é o grande causador de transformações no seio social, como a Revolução Francesa e outros movimentos históricos. Os tributos transformam o comportamento humano, pois é provável que o homem se conscientize a partir da questão econômica; assim, esse é o ponto de partida da transformação do meio ambiente.

Diante desse quadro, por ora perigoso e, futuramente, catastrófico, o direito tributário, no Brasil, representa um excelente instrumento para a transformação da conduta social em face do meio ambiente.

A Europa começou uma reforma tributária ecológica em meados dos anos 90 do século passado. Em uma breve comparação, nosso país possui poucos elementos tributários ecológicos e, paradoxalmente, é aquele que detém as maiores reservas de água doce do mundo, além de também ser dotado de maior biodiversidade, seja com a Floresta Amazônica, a Mata Atlântica, a Serra do Mar, o Pantanal Mato-Grossense e a Zona Costeira,[2] mas a riqueza está contida somente nos recursos naturais, pois, na seara de tributação ambiental, se observa uma quase inexistência, sendo escassos os instrumentos jurídicos de proteção. O Brasil é grande detentor de biodiversidade, pois contém diversos biomas de características diferentes em seu solo; enfim, a riqueza maior do país reside justamente no seu patrimônio natural.

Assim, vislumbrando o problema existente e tomando o modelo de tributação ecológico espanhol como paradigma, propõe-se um estudo em três momentos: i) o momento pré-jurídico, já que se trata, em grande parte, de um estudo "*de lege ferenda*"; ii) o momento jurídico, analisando o ordenamento jurídico-constitucional; e, por fim, iii) uma síntese entre o primeiro momento e o segundo, analisando como a água tem sido tratada e protegida.

---

[2] Constituição Federal:
   Art. 225. Todos têm direito ao meio ambiente ecologicamente equilibrado, bem de uso comum do povo e essencial à sadia qualidade de vida, impondo-se ao Poder Público e à coletividade o dever de defendê-lo e preservá-lo para as presentes e futuras gerações. (...)
   §4º - A Floresta Amazônica brasileira, a Mata Atlântica, a Serra do Mar, o Pantanal Mato-Grossense e a Zona Costeira são patrimônio nacional, e sua utilização far-se-á, na forma da lei, dentro de condições que assegurem a preservação do meio ambiente, inclusive quanto ao uso dos recursos naturais.

INTRODUÇÃO | 21

Quando se trata de uma transformação social, trabalha-se com as chamadas normas tributárias indutoras, que induzem a uma mudança de comportamento e, portanto, deve haver um estudo cuidadoso e meticuloso. Conforme preconiza Alfredo Augusto Becker:

> O instrumento revolucionário que eu – já em 1963 – analisava e recomendava como decisivo era (e continua sendo) o instrumento da Política Fiscal: o tributo.
>
> (...)
>
> Esse instrumento é a nova legislação. A criação dessas novas leis é uma atividade artística extremamente delicada e impregnada de humanismo. O legislador deve ter cultura e sensibilidade que o ensinem a respeitar o que há de permanente na natureza humana e de sadio nas reivindicações do homem.[3]

Ora, a sensibilidade necessária, na atualidade, é aquela voltada para a sustentabilidade, pois, conforme expresso em linhas anteriores, trata-se de uma questão de vida, e:

> A nova legislação tributária, pelo impacto dos tributos, destruirá a velha ordem sócio-econômica e, simultaneamente, financiará a reconstrução da comunidade humanizada. Aos demais ramos do Direito cabe a tarefa de disciplinar a reconstrução.[4]

Os tributos possuem impacto; então, por que não aproveitar todo esse impacto em prol de um bem comum, no caso, a sustentabilidade? Eis o objetivo do presente trabalho: tentar demonstrar ao leitor que o direito tributário pode trazer uma ampliação ao conceito de desenvolvimento social, protegendo e conscientizando a sociedade sobre a importância da proteção do meio ambiente natural.

Como se trata de um estudo, em grande parte, "*de lege ferenda*" e de normas indutoras, a economia será sempre tema recorrente e, para que ela tenha um viés humanista, deve estar sempre aliada à ética. Não se faz uma apologia à teoria do abuso das formas jurídicas e à interpretação econômica das leis tributárias, pois a preocupação econômica estará presente no momento pré-jurídico. Assim, fundamentar-se-ão as premissas econômicas no momento da elaboração da lei, e não no da

---

[3] *Carnaval Tributário*, p. 19.
[4] *Ibidem*, p. 20.

sua intepretação, pois o próprio Alfredo Augusto Becker reconhecia a importância dos economistas.

É claro que nisso não há ofensa e nem menosprezo ao trabalho dos economistas e financistas, pois é justamente o trabalho do economista e do financista que oferece a melhor e mais importante matéria-prima ao jurista incumbido de criar a regra jurídica tributaria.[5]

A economia deve ser fundamentada na ética e, no caso, na ética do cuidado, pois, assim, no momento da elaboração legislativa, o legislador preservará a cultura e a sensibilidade necessárias para a observância da Constituição Federal e do seu espírito, sem cometer abusos e arbítrios.

Alfredo Augusto Becker, retratando o perigo do direito em relação à economia, demonstrava que:

> Nessa carta Rubens me pedia um parecer demonstrando que a "Teoria do Abuso das Formas Jurídicas e a Interpretação Econômica das Leis Fiscais" era um absurdo jurídico que deixava o contribuinte ao arbítrio subjetivo do Ministério da Fazenda e não ao julgamento objetivo dos Tribunais. Era uma teoria introduzida no Código Tributário alemão pelo Nazismo e que autorizou a morte financeira dos contribuintes alemães de forma igual à morte física dos judeus.
>
> (...)
>
> O julgamento de Dino Jarach para mim surpreendente e de rara imparcialidade, porque na "Teoria Geral" eu acusara Dino Jarach (e os demais discípulos de Bevenutto Grizziotti, fundador da Escola Pádua) de ensinarem a doutrina do Direito Tributário Invertebrado: submissão do contribuinte aos caprichos da subjetividade do juiz da ganância do Estado. Eu os acusei de paraquedistas do Direito Tributário. Eles saltavam da Economia diretamente para dentro do campo jurídico, tendo como armamento a total ignorância do que é o Jurídico.[6]

Ora, a importância da economia encontra-se no momento da elaboração da lei, bem como a questão da ética, pois a norma positivada terá absorvido um mínimo ético necessário para que o direito, quando aplicado, atinja a maior eficácia e proteja a sociedade como um todo, sem ferir o preceito da segurança jurídica, que envolve a certeza e a previsibilidade da ação estatal.

---

[5] *Ibidem*, p. 148.
[6] *Ibidem*, p. 31-32.

INTRODUÇÃO | 23

Alfredo Augusto Becker, mais uma vez, em uma brilhante lição, elucida-nos muito bem a separação do campo de funções do legislador – Poder Legislativo – e do juiz – Poder Judiciário:

> A "idéia do direito", pois, é essencialmente "mutável" e "contigente" e esta sua mutabilidade e contingência são a causa da diversidade – no tempo e no espaço – dos sistemas jurídicos.
>
> A "idéia do direito", por si mesma, "ainda não é regra jurídica", mas o ponto de partida, a inspiração ou a idéia germinal da regra jurídica (direito positivo), contida na formulação literal legislativa.
>
> A "idéia do direito" é um direito imperfeito porque falseado por maior ou menor dose de erros humanos. A "idéia do direito" origina-se de uma interpretação filosófica do Bem Comum; por sua vez, o conteúdo deste (Bem Comum) depende da "filosofia" do mundo que – num determinado tempo e lugar – estiver "predominando"; por isso o conteúdo do Bem Comum pode resultar "autêntico" ou "falso" na medida da falsidade daquela filosofia "predominante".[7]

Uma das interpretações filosóficas predominante, que desencadeia a ideia do direito, na atualidade, é justamente a *sustentabilidade*, e isso decorre de uma premissa simples e lógica: trata-se de uma *questão de vida*. Como preconiza Leonardo Boff: "A Terra não precisa de nós. Nós precisamos da Terra".[8] Assim:

> O legislador observa a conduta dos homens perante a regra jurídica a fim de verificar se tal regra jurídica está disciplinando as relações sociais de maneira harmônica com a "idéia do direito" do legislador.
>
> Por outro lado, o juiz diante daquela mesma regra jurídica não indaga se ela está ou não harmônica com a "idéia do direito" predominante na época, mas indaga se ela está ou não sendo "obedecida" e para esta indagação ele deve, preliminarmente, interpretar a lei, examinar a linguagem do legislador para dela extrair a verdadeira regra de conduta imposta coercitivamente pelo legislador.[9]

Quando se trata de interpretação, importante observar que o direito não é uma ciência exata – como a matemática, por exemplo –,

---

[7] *Ibidem*, p. 97.

[8] *Apud* VIEIRA, Agostinho. A Terra não precisa de nós. Nós precisamos da Terra. Disponível em: <http://oglobo.globo.com/blogs/ecoverde/posts/2011/03/29/terra-nao-precisa-de-nos-nos-precisamos-da-terra-371818.asp>. Acesso em: 08 jun. 2014.

[9] BECKER, Alfredo Agusto. *Carnaval tributário*, *op. cit.*, p. 98.

mas se trata de uma ciência social, necessitando de um trabalho hermenêutico por parte do seu aplicador. Assim, como a interpretação econômica significou a morte econômica dos contribuintes alemães, conforme demonstrado linhas acimas por Alfredo Augusto Becker, dependendo de como o direito é positivado, sem qualquer positivação de um mínimo ético, isso pode representar a morte física, inclusive, da população.

A teoria kelseniana, uma das vertentes do positivismo, que entende que a norma somente existe se positivada e se possuir fundamento em outra norma válida e existente no ordenamento jurídico, já foi mal utilizada no passado.[10] Assim, percebe-se que a ideologia predominante na época, ou seja, a ideia de direito, pode trazer avanços

---

[10] Hans Kelsen é responsável pela elaboração da provavelmente mais influente e sofisticada versão do positivismo jurídico na primeira metade do século XX. Em seu pensamento encontramos alguns dos compromisos fundamentais do positivismo metodológico, bem como a incorporação do ideal de cientificidade extraído das ciências naturais.
(...)
Ao apresentar desse modo o seu projeto metodológico, Kelsen indica com clareza o seu compromisso de apresentar o direito como um objeto de investigação que se localiza no âmbito do "ser", e não do "dever ser" ideal. Para ele, o cientista do direito deve descrever o ser do direito, isto é, o dever ser positivado. É a positivação que confere o estatuto ontológico ao direito que permite que este seja estudado tal como uma ciência natural.
(...)
Kelsen mantém a distinção mentalista (cartesiana) entre "eventos interiores" e "eventos exteriores". Para ele, há duas formas pelas quais se pode identificar os objetos que constituem o mundo exterior (ou natural). Há um critério fisicalista e um critério fenomenalista (o critério fenomenalista para julgar se algo é real é a possibilidade de apreensão pelos sentidos). Daí decorre que nem tudo que minha percepção sensorial reconhece como existente pode ser afirmado como existente em termos físicos. Ademais, ao lado daquilo que ocorre no mundo exterior, podemos reconhecer que há algum tipo de existência no "mundo interior". Kelsen dará uma resposta diversa daquela oferecida pelos realistas empiristas à pergunta acerca da natureza dos fenômenos jurídicos, em particular quanto a serem estes pertencentes ao "mundo exterior" ou ao "mundo interior". Ele insiste em afirmar que os fenômenos jurídicos descritos por enunciados jurídicos são normas jurídicas.
(...)
Para responder a essa questão, Kelsen procurará mostrar que a objetividade jurídica, isto é, aquilo que permite que afirmemos a realidade objetiva da norma, não depende da existência desta no mundo "exterior". Para ele, a norma é o sentido objetivo de um ato de vontade e a sua objetividade (ou existência) depende de sua validade. A validade, por sua vez, é o resultado da interpretação de um ato de vontade segundo outra norma válida. A validade dessa última, por seu turno, depende da validade de outro ato de vontade, cuja validade dependerá de uma terceira norma que lhe serve de esquema de interpretação, e assim por diante. Em outras palavras, a validade de uma norma depende da validade de outras normas que, em conjunto, constituem um sistema escalonado. Esse sistema atribuí o pedigree jurídico às normas (MACEDO JÚNIOR, Ronaldo Porto. *Do xadrez à cortesia*: Dworkin e a teoria do direito contemporânea, p. 75-80).

ou retrocessos sociais, eis o porquê da importância e compreensão do mundo pré-jurídico, pois o papel acaba comportando praticamente tudo e pode absorver ideologias perigosas. Quando se trata de sustentabilidade, trata-se de vida; logo, princípios éticos e o mínimo de valoração axiológica são necessários. É claro que o cuidado com as ideologias deve ser sempre importante, pois se pode levantar a bandeira da ecologia para expropriar um bem de um contribuinte sob a "ideologia" do supostamente correto.[11] Em um sistema verdadeiramente democrático, no qual a população tem voz, o perigo de ideologias dominantes e ditatoriais apresenta-se menor.

Daí que estar limitado por um Estado Democrático de Direito, tendo a Constituição Federal como o norte para qualquer tipo de aplicação jurídica, é uma garantia que deve ser sempre observada. Além disso, princípios da democracia participativa, como a oitiva popular, na elaboração de futuras políticas públicas é essencial, pois a sustentabilidade em si demonstra, no pano de fundo, a palavra equilíbrio, e eis a chave de uma política pública bem-sucedida: manter o equilíbrio e a assertividade nas escolhas.

O presente trabalho tem como objetivo trazer questionamentos e a tentativa de uma implementação de uma reforma tributária eco-lógica, sendo que, dos elementos naturais, a terceira e última parte voltou-se para a água, cabendo sempre ressaltar que os elementos da natureza se interconectam e não possuem fronteiras. A escolha foi simplesmente metodológica. Poder-se-ia ter escolhido trabalhar com os problemas da atmosfera, mas, como o Brasil é dotado da maior reserva de água doce do mundo, escolheu-se em razão de tal fato e porque, na nossa literatura jurídica, poucas são as obras que estudam a água do ponto de vista da tributação.

Uma reforma, com uma mudança de paradigma, é necessidade urgente e premente, pois, sem uma mudança efetiva e concreta, não sobrarão sequer as abóboras de Alfredo Augusto Becker, pois já não haverá natureza e sequer vida:

---

[11] Muitas ideologias foram utilizadas, por exemplo, para legitimar o nacional-socialismo. Ora, Alfredo Augusto Becker termina a conclusão do seu livro, demonstrando que: "a) O governo nazista, sentindo que a teoria hermenêutica (que fora convertida em lei em 1919) o deixaria ao arbítrio das ideologias particulares de cada juiz, impôs a todos os Tribunais uma única ideologia: a nacional-socialista" (*Carnaval tributário, op. cit.*, p. 151).

Há falta de oxigênio e sol
dentro do mundo jurídico.
O direito não amanhece.
Não chove.
Dentro do direito não transitam nuvens
e nem sopram ventos.
As entidades do mundo jurídico não têm carne
e nem temperatura.
Jamais foi escutado canto de pássaro
dentro do Código Florestal
ou vislumbrado peixe no Código de Águas.
Da lei brotam artigos, parágrafos, alíneas, remissões.
Sequer uma flor ou ramo verde.
A vida do animal humano é muito curta
e eu só tenho uma.
Entre o direito e a abóbora
eu optei pela abóbora.[12]

Enfim, o direito não é vivo, na acepção material da palavra, mas que ele seja um instrumento a favor da vida, protegendo-a; e o direito tributário, como um dos seus ramos didaticamente autônomos, que ele seja um dos mecanismos legitimadores de uma transformação social! *Waku sese!*[13]

---

[12] *Ibidem*, p. 49-50.

[13] Saudação indígena da tribo da Amazônia "Sateré-Mawé" que concede boas-vindas e diz que está tudo bem. A história da tribo, que inventou o guaraná, está disponível em: LOREZ, Sônia Silva. *Sateré-Mawé*. Disponível em: <http://www.arara.fr/BBTRIBOSAVEREMAWE. html>. Acesso em: 01 jun. 2014.

PARTE I

MOMENTO PRÉ-JURÍDICO: POLÍTICAS PÚBLICAS NO DIREITO TRIBUTÁRIO AMBIENTAL

CAPÍTULO 1

A PROBLEMÁTICA AMBIENTAL COMO UM NOVO PARADIGMA PARA O DIREITO TRIBUTÁRIO

A terra também grita. A lógica que explora as classes e submete os povos aos interesses de uns poucos países ricos e poderosos é a mesma que depreda a Terra e espolia suas riquezas, sem solidariedade para com o restante da humanidade e para com as gerações futuras.[14]

(BOFF, Leonardo)

1.1 O problema do direito tributário como instrumento indutor de condutas e o meio ambiente

O direito é um produto eminentemente sancionador, ou seja, existe para regular a vida em sociedade, promovendo, em um número mínimo, atitudes programáticas e incentivadoras. Não é diferente no que toca ao direito tributário, que possui caráter eminentemente prescritivo, e, caso a norma tributária não seja cumprida, observa-se a aplicação de determinada sanção.

Assim, o direito possui uma função que vai além do caráter prescritivo e descritivo. José Souto Maior Borges, por exemplo, enxerga que, além da descrição, há a explicação dentro das normas jurídicas, na qual está contida a chamada visão teleológica, ou seja, o porquê da

---

[14] *Ecologia*: grito da terra, grito dos pobres. p. 11.

norma jurídica.[15] Nesse sentido, o direito teria outra função que não só sancionar condutas, mas, também, de incentivar determinadas atitudes, tornando-se um instrumento, portanto, de indução de comportamentos. Nesse aspecto, caberia a chamada interpretação de finalidades e de efeitos, no qual a própria norma jurídica direciona o comportamento do sujeito passivo da relação jurídica tributária.[16]

Em contrapartida, observa-se que o meio ambiente – tal fato será demonstrado adiante – passa uma crise em razão do descuido que houve e da enorme exploração por parte do homem. A sociedade capitalista, em especial, de exploração e busca constante por um lucro e consumo desenfreados, trouxe uma enorme degradação ambiental, uma vez que o meio ambiente foi utilizado de modo gratuito.

Assim, diante de dois paradigmas – o paradigma do direito como instrumento de indução e o paradigma da crise ecológica –, questiona-se: seria o direito tributário um possível instrumento indutor de condutas que visa preservar o meio ambiente, no caso do Brasil, com a criação de novos tributos?

Observa-se que, no Brasil, há pouquíssima política pública no que toca ao campo do direito tributário ambiental, o que se torna um campo fértil para a pesquisa e a elaboração do presente trabalho,

---

[15] O ordenamento jurídico-positivo é tanto *"plicatilis"*, algo que pode ser dobrado, que se verga, quanto *"plicatus"*, ou seja, algo efetivamente dobrado. Existe (vale) ora *"explicate"*, isto é, claramente, ora inexplicado, isto é, irrevelado. Ele é para a doutrina, enquanto objeto de conhecimento, o *"explicandum"*, aquilo que merece ser explicado, porque deve ser questionado. A proposição doutrinária descritivo-explicativa constrói o *"explicans"*, a hipótese científica susceptível de corroboração ou infirmação. Mas o *"explicans"* não deve circunscrever-se à mera glosa hermenêutica dos textos normativos. Noutros e mais explícitos termos: deve-se explicar não só o "como" e o "porquê" dos fenômenos jurídicos (perspectiva estrutural) mas também o "para que", uma teleologia desses fenômenos (concepção funcional), etc (sic) (O direito como fenômeno lingüístico, o problema de demarcação da ciência jurídica, sua base empírica e o método hipotético-dedutivo. *Anuário do Mestrado em Direito*, n. 4, p. 15).

[16] Humberto Ávila demonstra como ocorreria essa interpretação de finalidades e de efeitos: "A "interpretação de finalidades e efeitos", diferentemente da análise de textos, exige a atribuição de sentido a determinados dispositivos ou a delimitação do âmbito de aplicação de normas que mencionam ou pressupõem a promoção de estados de coisas e a investigação da relação entre normas e condutas. (...) ou que pressupõe a indução do comportamento de determinados contribuintes como meio para atingir finalidades públicas (exemplo: regras que fazem menção a finalidades extrafiscais, cujo âmbito de aplicação pressupõe a indicação dos fins buscados e dos efeitos presumidos). Essas finalidades e efeitos são postos ou pressupostos pelo próprio ordenamento, cabendo ao intérprete a sua interpretação, de acordo com critérios coerentes com esse mesmo ordenamento jurídico, o que nada tem a ver com uma interpretação econômica do Direito, baseada em critérios econômicos e não jurídicos" (Função da ciência do direito tributário: do formalismo epistemológico ao estruturalismo argumentativo. *Revista Direito Tributário Atual*, n. 29, p. 189).

diferentemente se comparado aos países europeus, que implementam políticas nessa área há mais de vinte anos, possuindo muitos casos de sucesso, e falando, inclusive, já em uma segunda reforma tributária ecológica,[17] enquanto o Brasil sequer iniciou o seu processo de adaptação tributária e financeira ao meio ambiente.

O que existe, na realidade, no Brasil são alguns elementos ecológicos dentro de tributos já existentes; todavia, não há tributos notoriamente ecológicos, e isso também decorre, em parte, do posicionamento de uma parcela da doutrina brasileira que insiste em classificar o dano ecológico como infração.

O presente trabalho tem como objetivo demonstrar uma função teleológica da norma jurídica no que toca ao direito tributário ambiental, que é um instrumento que maneja determinadas políticas com o intuito de preservar o meio ambiente.[18]

Impende esclarecer que não será realizado um estudo diferente de uma visão unidimensional, pois agregada à norma haverá a questão teleológica.[19]

É certo que o meio ambiente tem sido tema que repercute na mídia nos últimos tempos em razão da expressividade e dos riscos reais existentes; contudo, políticas efetivas e concretas não são instrumentalizadas, sendo a sustentabilidade um aspecto vinculante.[20] É necessário que o direito, como instrumento indutor de condutas, consiga promover uma mudança real no cenário:

---

[17] MAZZANTI, Massimiliano; ZOBOLI, Roberto. *A political economy approach to ecological and resource tax reforms*: socio economic frameworks and multiple dividends for short and long run targets. In: STERLING, Ana Yábar *et al.* (Ed.). *Market instruments and sustainable economy*, p. 331.

[18] *Por otra parte, los gravámenes ambientales –en cuanto sean verdaderos tributos– deben sustentarse en las categorías y principios elaborados por la doctrina jurídico-tributaria. No obstante, ya hemos visto que el carácter extrafiscal de los gravámenes ecológicos plantea nuevos problemas que ponen a prueba los citados conceptos. Esto sucede, por ejemplo, con la delimitación de hechos e bases imponibles que supongan um reflejo fiel del daño ambiental, cuestión de la que se ocupan otros epígrafes de este trabajo* (MOLINA, Pedro Manuel Herrera. *Derecho tributario ambiental (environmental tax law)*: la introducción del interés ambiental en el ordenamiento tributario, p. 42).

[19] Não se nega a validade de uma visão do Direito abrangente dessas duas realidades (basta lembrar das teoriais bidimensionais e tridimensionais do Direito) porém, afirma-se que essa visão não se coaduna com os postulados de uma Teoria Pura, pois esta é fundamentalmente unidimensional (preocupando-se em eliminar toda e qualquer possibilidade de dualismos). Vale dizer, para essa teoria, o Direito é integrado só por normas jurídicas, único objeto do cientista (GRECO, Marco Aurélio. *Norma Jurídica Tributária*, p. 19).

[20] Cf. FREITAS, Juarez. *Sustentabilidade*: direito ao futuro, p. 18-19.

Otros términos como "desarrollo sostenible" o "gobernanza" son ejemplos de conceptos cuyo uso se há extendido en los últimos años de forma tan extraordinaria que parecen formar una nueva retórica que refleja bien el espíritu de los nuevos tiempos.[21]

Na própria classificação das espécies tributárias, existem requisitos extrínsecos que justificam a existência dos tributos como base na causa.[22] Vislumbrar uma nova causa para a instituição de tributos ecológicos, ainda inexistentes no Brasil, fundamentada na causa ambiental, uma vez que a própria Constituição Federal autoriza o tratamento diferençado em razão do impacto ambiental causado, norteia a chave de uma possível reforma fiscal, que torne mais visível e conscientize a população sobre a questão ambiental.[23] No Brasil, o que há são tributos com elementos ecológicos, mas não tributos propriamente ecológicos, salvo algumas taxas.

Para conseguir vislumbrar a realidade existente e a dimensão do problema, é necessário fazer uma contextualização com base em relatórios sobre a situação ambiental nos dias atuais, pois " (...) importantes recursos naturais estão chegando ao limite e a capacidade de auto-regulação do planeta também se encontra seriamente ameaçada",[24] valendo repisar que, em alguns casos, a situação é, praticamente, irreversível.

Deve-se ter em mente que há um novo paradigma, e não é diferente no que toca ao mundo jurídico, uma vez que é ele que regula

---

[21] PACHECO, Pedro Mercado. Desarrollo sostenible y gobernanza: retóricos del derecho global y de la justicia ambiental. In: ALONSO, Esteban Pérez *et al. Derecho, globalización, riesgo y medio ambiente*, p. 93.

[22] Neste sentido, defende Santi que, a par da classificação referida, intrínseca (vinculação ou não à atividade estatal), há outra, extrínseca (destinação legal e restituibilidade). O emprego do critério extrínseco releva-se à concessão pragmática, na medida em que tributo já não mais depende, para sua classificação, de critérios que lhe são internos, controlados, mas se avança para a relação com o meio em que a norma está inserida. Neste ponto, a obrigação tributária, posto que nascida na concretização, no mundo fenomênico, da situação abstratamente prevista pela lei, não tem nela os elementos "necessários" e "suficientes" (artigo 114 do Código Tributário Nacional) para sua caracterização (SCHOUERI, Luís Eduardo. *Direito Tributário*, p. 159).

[23] Art. 170. A ordem econômica, fundada na valorização do trabalho humano e na livre iniciativa, tem por fim assegurar a todos existência digna, conforme os ditames da justiça social, observados os seguintes princípios:
(...)
VI - defesa do meio ambiente, inclusive mediante tratamento diferenciado conforme o impacto ambiental dos produtos e serviços e de seus processos de elaboração e prestação;

[24] ARANTES, José Tadeu. Apresentação, atlas do meio ambiente. *Le Monde Diplomatique Brasil*, p. 3.

os comportamentos humanos.[25] Ocorre que as questões ambientais são permeadas por um contexto político e econômico;[26] assim, não há como tratar do tema de tributação ambiental caso não seja em um contexto interdisciplinar, modificando, assim, alguns paradigmas e atendendo ao chamado paradigma da vida sob um viés da filosofia.[27] Além disso, "sendo a tributação um fenômeno histórico, político, econômico e social, as contribuições oferecidas por essas aproximações não podem ser deixadas de lado na construção de um sentido ao todo tributário".[28] Valendo, também, deixar claro que, "(...) se no poder tributário reside historicamente a mais poderosa influência do Estado na vida privada dos cidadãos (...)", seria, então, o direito tributário poderoso instrumento de mudança de comportamentos.[29]

O meio ambiente, nos últimos tempos, passou a ser economicamente calculado, e, por uma lógica própria do capitalismo, o mercado não terá como sobreviver se a própria economia não se modificar, pois, sem a existência de recursos naturais, não há vida e, portanto, não há economia.

Segundo informações obtidas por meio da Organização das Nações Unidas (ONU), todos os dias morrem mais pessoas em razão de água contaminada do que em casos de violência, inclusive de guerra.[30] Observa-se, nesse aspecto, como a água se encontra, mundialmente, em péssimo estado de conservação e utilização.

Outro dado alarmante é que 1,96 bilhões de hectares, ou seja, mais da metade do mundo inteiro, possuem o solo degradado ou,

---

[25] O professor Juarez Freitas discorre brilhantemente sobre como a sustentabilidade vincula o governo, a sociedade e a Administração Pública, entrando em confronto com o paradigma da insaciabilidade (Cf. *Sustentabilidade...*, *op. cit.*, p. 83-86).

[26] Esse novo paradigma marca uma ruptura no pensamento tradicional. No entanto, as questões ambientais não se sobrepõem às políticas. A destruição progressiva do planeta resulta da lógica do lucro em curto prazo, posto à frente das reais necessidades humanas. Em longo prazo, a preservação da vida humana na Terra implica rupturas radicais na maneira como administramos o planeta, a fim de que o estilo de vida das populações ricas leve em consideração a capacidade de suporte do planeta e os interesses de bilhões de pobres, sem acesso aos recursos (Qual a base da análise? Atlas do meio ambiente, *Le Monde Diplomatique Brasil*, p. 10).

[27] *La defensa del medio ambiente –quizá de modo aún más marcado que la realidad financiera– tiene un carácter multidisciplinar* (MOLINA, Pedro Manuel Herrera. *Derecho Tributario Ambiental...*, *op. cit.*, p. 5).

[28] SCHOUERI, Luís Eduardo. *Direito Tributário*, *op. cit*, p. 11.

[29] MARINS, James. *Direito Processual Tributário brasileiro*: (administrativo e judicial), p. 36.

[30] Disponível em: <http://www.un.org/waterforlifedecade/quality.shtml>. Acesso em: 24 abr. 2012.

em parte, degradado; e o principal fator é a má utilização do solo, ou seja, a ação humana degrada o solo, por exemplo, pela adoção de um comportamento errôneo na agricultura.[31]

Além disso, verifica-se que, nos últimos cinquenta anos, o ser humano alterou, substancialmente, os ecossistemas, bem mais do que em qualquer outro período, o que trouxe uma enorme perda de biodiversidade.[32] O Brasil é um dos países que possuem enorme diversidade ambiental, seja pela dimensão continental, seja por abrigar a Floresta Amazônica – considerada a maior fonte de biodiversidade do planeta – sendo um país no qual a questão ambiental deve possuir um viés ainda mais forte, uma vez que se encontra em desenvolvimento e possui verdadeiros oásis de riqueza ambiental.

Contudo, o que se observa é que não há uma grande preocupação em defender o meio ambiente por parte das autoridades públicas brasileiras e da própria população, apesar de existir um discurso muito forte que permeia a mídia. Se for observada, por exemplo, a produção de carros, no Brasil, nos últimos tempos, ela subiu, em 40 anos, de 128.821 automóveis produzidos por ano, em 1966, para 3,74 milhões de veículos em 2013.[33] [34] Considerando que cada automóvel produz certa emissão de CO_2 – gás carbônico –, observa-se, com esse simples exemplo, a mudança para pior no quadro ambiental brasileiro, ainda que se considere que, no passado, os carros eram mais poluentes.

É nesse contexto que o direito tributário e o direito financeiro, como disciplinas que possuem aspectos de intervenção na ordem econômica, podem auxiliar a transformação do meio ambiente.[35]

---

[31] Desgaste atinge metade dos solos cultiváveis: atlas do meio ambiente. *Le Monde Diplomatique Brasil*, p. 16-17.

[32] Disponível em: <http://www.pnuma.org.br/interna.php?id=50>. Acesso em: 03 ago. 2012.

[33] Para se libertar do automóvel e do avião: atlas do meio ambiente. *Le Monde Diplomatique Brasil*, p. 16-17.

[34] Disponível em: <http://g1.globo.com/carros/noticia/2014/01/producao-de-veiculos-cresce-99-em-2013-e-bate-recorde-diz-anfavea.html>. Acesso em: 14 maio 2014.

[35] *Para la protección del medioambiente, se utilizan diversos instrumentos económicos tales como ayudas financieras, en forma de subvenciones y avales, los sistemas depósito-devolución, los mercados de emisiones y el Derecho Financiero y Tributario. El Derecho Financiero es la rama que contiene las normas que regulan la actividad financiera del sector público; con dichas normas podrá, como primera función, dirigir la política de ingresos y de gastos en relación con el medio ambiente en la medida que estime oportuno, acudiendo a sus institutos jurídicos propios del Derecho Presupuestario. Por lo que respecta a los ingresos públicos, en especial los de carácter tributario, constituyen medios no sólo de obtener los recursos dinerarios para hacer frente a la citada programación de gasto, sino también mecanismos para incentivar la realización de conductas más respetuosas con el entorno natural, y esa es la segunda función que puede cumplir el Derecho Tributario en relación a la protección ambiental.*

O primeiro, ao direcionar os comportamentos, tentando, dessa forma, encontrar soluções para responder ao questionamento inicial;[36] já o segundo, com a destinação de verbas públicas para a proteção do meio ambiente.

No que diz respeito ao meio ambiente, o direito tributário trabalharia sob dois ângulos: um negativo e um positivo. O ângulo negativo seria exercido por meio das taxas em razão da atividade de polícia; já, no âmbito positivo, trabalharia por meio de impostos ou contribuições. Ora:

> *La diferencia principal de los tributos frente a otros mecanismos de protección medioambiental es que puede influir en la voluntad del sujeto pasivo de forma que el coste económico que suponen se tenga en cuenta a la hora de hacer los cálculos sobre la rentabilidad del negocio: el tributo medioambiental es un coste más, periódico y coactivo, del que no se pueden sustraer voluntariamente y por el que se les va a obligar a hacerse cargo de las deseconomías externas que genera su actividad económica.[37]*

A causa ambiental será uma nova justificação para a obrigação tributária, pois ela é um instrumento poderoso na transformação de condutas. No entanto, para que tal fato ocorra, será necessário que haja a modificação no que tange à própria elaboração de políticas públicas, principalmente no cenário nacional.

Só com a elaboração de novas políticas públicas poderá haver uma mudança ambiental, nos próximos anos, com maior conscientização por parte da sociedade. Assim, tal matéria se mostra, de modo ainda muito

---

Por tanto, los instrumentos de mercado de la política fiscal persiguen incidir directa y positivamente sobre el mercado para que los procesos de fijación de precios reflejen el valor medio ambiente, e incorporar los costes medioambientales externos para que los bienes, servicios y productos ecológicos o menos nocivos no se encuentren en una situación competitiva en desventaja frente a los productos que contaminan y generan residuos. Asimismo, la función instrumental de la Hacienda Pública no se acaba en la institución de tributos ecológicos, sino que también actúa a través de otros concebidos con otros fines pero que pueden incluir beneficios fiscales a fin de estimular comportamientos ecológicamente dañosos (FERNÁNDEZ, María Jesús García-Torres. El concepto de tributo medioambiental en el Derecho Tributario español. *Revista Fórum de Direito Tributário –* RFDT, n. 58, p. 75-76).

[36] *La finalidad última de la protección ambiental es la calidad de la vida humana, incluyendo la vida de las generaciones futuras. Por tanto, la protección ambiental debe alcanzar un equilibrio con el desarollo económico. "Los tributos ambientales deben reducir la incidencia humana sobre los recursos naturales del modo más eficiente, pero no eliminarla; por eso el "ideal" de los tributos ambientales no es una "recaudación cero"* (MOLINA, Pedro Manuel Herrera. *Derecho tributario ambiental...*, *op. cit.*, p. 51).

[37] FERNÁNDEZ, María Jesús García-Torres. *El concepto de tributo medioambiental...*, *op. cit.*, p. 76.

incipiente, no cenário nacional, o que demonstra, por si só, uma lacuna no corpo do conhecimento.

Em países europeus, a preocupação ambiental é algo que se iniciou nos anos 70, mais precisamente a partir de 1972,[38][39] enquanto que, no Brasil, a atenção se inicia a partir da promulgação da Constituição Federal de 1988, apesar de existirem algumas leis anteriores, como a Lei da Política Nacional do Meio Ambiente, que é do ano de 1981. Ocorre que o meio ambiente retoma uma atenção maior a partir da Constituição e da Eco-92, conferência da ONU para o meio ambiente, realizada na cidade do Rio de Janeiro. Sendo assim, esta é a premissa básica do presente trabalho: a adoção de políticas públicas tributárias ambientais, utilizando o modelo espanhol como um dos modelos comparativos, com a introdução de normas tributárias indutoras, tendo como fundamento para a elaboração das futuras legislações o viés da ética.[40]

A ética encontra seu fundamento constitucional em alguns momentos – veja, por exemplo, os artigos 1º, III; 3º, I; e 37, todos do

---

[38] *Mientras tanto, las Constituciones de Grecia (1975), Portugal (1976), España (1978) y Alemania (reforma de 1994) van reconociendo la necesidade de proteger el medio ambiente. En algunos países europeos, la jurisprudencia constitucional acude a una interpretación extensiva para anclar la protección del entorno natural en diversos preceptos constitucionales (Ibidem, p. 1-2).*

[39] *El Derecho europeo de protección del medio ambiente tiene su origen en la conferencia de Jefes de Estado y de Gobierno celebrada en octubre de 1972, en la que se confirmó la necesidad de establecer una política común en la materia, año en el que se celebró la 1ª Conferencia Mundial sobre Medio Ambiente Humano organizada por Naciones Unidas en Estocolmo, que marca el inicio de las actuaciones institucionales en materia medioambiental. Ya habían empezado a detectarse graves problemas medioambientales tales como: a) agotamiento de los recursos naturales; b) deforestación de bosques tropicales; c) acumulación de residuos tóxicos industriales; y, d) vertidos contaminantes incontrolados a las aguas continentales y marismas* (MOZO, Gracia María Luchena; GARCÍA, Gemma Patón. Las líneas actuales de gravamen en la tributación ambiental. *Quincena Fiscal*, n. 18, p. 07).

[40] Os positivismos sempre negaram a efetividade jurídica da norma ética. Kelsen rejeitava categoricamente até mesmo a possibilidade de conflito entre a norma de justiça (*Gerechtigkeitsnorm*) e a norma jurídica positiva (*die Norm des positiven Rechts*), situadas em dois planos diferentes. Luhmann esvazia a normatividade da moral, que se transforma em um "paradigma perdido".

Entrou em moda nos anos 1960, por obra dos autores alemães de índole social-democrata, a idéia de um "princípio de interpretação da Constituição conforme a justiça" (*des Gebot der Gerechtigkeitskonformen Interpretation auf der Verfassungsstufe*), fundada na crença de que o constituinte não teria ultrapassado os limites externos da justiça (*die äussersten Grenzen der Gerechtigkeit*).

Sucede que, com a "virada kantiana" e a reaproximação entre ética e direito, passou-se a cogitar da efetividade da regra moral abstrata. Claro que não se chega ao exagero de advogar que a norma ética possa anular a regra jurídica positivada, eis que tal possibilidade destruiria completamente a segurança jurídica. Mas voltou-se a defender, na linha dos últimos trabalhos de Radbruch, que há um "mínimo ético" que atua efetivamente sobre a ordem jurídica positiva coarctando a validade e a eficácia das normas que com ela contrastem (*sic*) (TORRES, Ricardo Lobo. *Valores e princípios constitucionais tributários*, p. 7-8).

texto constitucional.[41] Deve-se lembrar do dever sempre vinculante de serem observados os ditames constitucionais no momento da produção legislativa.

A proteção ambiental por meio da tributação apresenta-se como um dos instrumentos com maior grau de eficácia social:

> *La protección fiscal del medio ambiente tiende convertirse en los últimos años en la herramienta principal, aunque no única, de la política ambiental. Esa herramienta goza de indudables ventajas técnicas frente a otro tipo de medidas pero presenta características, fundamentalmente su carácter político, que exigen su enjuiciamiento no sólo desde un punto de vista técnico sino también desde un punto de vista ético.*[42]

Os países europeus conseguiram alguns avanços com a utilização de instrumentos de tributação ambiental. Nesse aspecto, vale a pena observar os seus acertos e erros, e tentar uma implementação de uma reforma tributária verde, no Brasil, adaptando-a à nossa realidade, aproveitando-se os acertos e tentando não incorrer nos erros cometidos pelos europeus.

1.2 As normas tributárias indutoras

Conforme relatado anteriormente, o direito passou por uma transformação de amplitude, deixando de possuir um aspecto tão somente estruturalista, mas acrescentando a ele um viés funcionalista. Cabe esclarecer que:

> Aceitar a função como elemento essencial do direito não implica, contudo, a rejeição de uma visão estrutural do direito. Trata-se, não de

---

[41] Art. 1º A República Federativa do Brasil, formada pela união indissolúvel dos Estados e Municípios e do Distrito Federal, constitui-se em Estado Democrático de Direito e tem como fundamentos:
(...)
III - a dignidade da pessoa humana;
(...)
Art. 3º Constituem objetivos fundamentais da República Federativa do Brasil:
I - construir uma sociedade livre, justa e solidária;
(...)
Art. 37. A administração pública direta e indireta de qualquer dos Poderes da União, dos Estados, do Distrito Federal e dos Municípios obedecerá aos princípios de legalidade, impessoalidade, moralidade, publicidade e eficiência e, também, ao seguinte:

[42] GARCÍA, Aurelio Prada. Justicia y protección fiscal del medio ambiente. In: STERLING, Ana Yábar. (Coord.). *Fiscalidad ambiental*: comunicaciones defendidas, p. 253.

um repúdio, mas sim de um completamento: a explicação estrutural do direito conserva intacta a sua força heurística, mas deve ser complementada com uma explicação funcional do direito, ausente em Kelsen porque este último seguira com rigor a escolha metodológica de concentrar-se no aspecto estrutural do direito, e não no aspecto funcional.[43]

A não refutação ao aspecto estruturalista do direito é de suma importância dentro do direito tributário, onde o princípio da legalidade é um dos princípios mais importantes, ao assegurar a segurança jurídica e conservar a tipicidade tributária, protegendo, assim, direitos e garantias dos cidadãos. Preservar a teoria da norma é essencial para não transformar o direito tributário em instrumento de arbitrariedades.[44] Contudo, diante dos problemas atuais e da crise em relação ao meio ambiente, consoante demonstrado, são necessárias transformações dentro da seara jurídica, o que faz com que se evidencie um estudo da função da norma, agregada à sua estrutura, conjugando, também, uma interdisciplinaridade presente no direito.

Norberto Bobbio esclarece como ocorre a realização da função promocional do direito em contraposição à sua função protetivo-repressiva:

> Se é verdade, de fato, que a recompensa é o meio usado para determinar o comportamento alheio por aqueles que dispõem das reservas econômicas, a isto segue que o Estado, à medida que dispõe de recursos econômicos cada vez mais vastos, venha a se encontrar em condição de determinar o comportamento dos indivíduos, não apenas com o exercício da coação, mas também com o de vantagens de ordem econômica, isto é, desenvolvendo uma função não apenas dissuasiva, mas, também, como já foi dito, promocional. Em poucas palavras, essa função é exercida com a promessa de uma vantagem (de natureza econômica) a uma ação desejada, e não com a ameaça de um mal a uma ação indesejada. É exercida, pois, pelo uso cada vez mais freqüente do expediente das sanções positivas.

---

[43] LOSANO, Mário G. Prefácio à edição brasileira: o pensamento de Norberto Bobbio, do positivismo jurídico à função do Direito. In: BOBBIO, Norberto. *Da estrutura à função*: novos estudos de teoria de direito, p. XLI.

[44] A obra de FOLLONI, André. *Ciência do Direito Tributário no Brasil*: crítica e perspectivas a partir de José Souto Maior Borges, traz uma nova visão à maneira de como as teorias do direito tributário foram construídas com uma contribuição crítica construtiva sobre a epistemologia na ciência do direito tributário.

(...) o campo do direito promocional, o qual, como vimos, se insere na categoria daquelas relações entre Estado e economia nas quais o Estado nem abandona completamente o desenvolvimento das atividades econômicas aos indivíduos nem as assume para si mesmo, mas intervém com várias medidas de encorajamento dirigias aos indivíduos.[45]

Tal realização decorre da mudança do modelo de Estado, sendo que a função protetivo-repressiva do direito, refletindo uma visão conservadora, é típica do Estado Liberal, no qual o direito se apresenta como uma forma de controle social. Já a função promocional, típica do Estado Social, denota-se como uma visão inovadora, e o direito atua também como forma de direção social.[46]

Simone Martins Sebastião, em obra sobre tributação ambiental, realiza um profundo diálogo com a teoria de Norberto Bobbio e chega à valiosa conclusão sobre a teoria do filósofo italiano, elucidando: "É inegável, no entanto, que, ao tratar da função promocional do direito, Norberto Bobbio deixa transparecer uma teoria funcionalista calcada praticamente na teoria econômica".[47] Assim, importante ter em mente a relação entre direito e economia em uma teoria funcionalista, relação que será tratada mais analiticamente posteriormente.

No campo do direito tributário, tais normas de encorajamento podem ser conceituadas como normas tributárias indutoras.[48] Tais normas visam modificar o comportamento dos cidadãos, estimulando, por exemplo, atitudes ecologicamente corretas. É o Estado intervindo no domínio econômico por meio do direito tributário.[49] Eros Roberto

---

[45] LOSANO, Mário G. *Prefácio à edição brasileira...*, *op. cit.*, p. 68-71.

[46] Numa visão conservadora do Direito, típica do Estado Liberal, cabia-lhe apenas uma "função protetivo-repressiva", de impedir as ações más e indesejadas, significando uma concepção do Direito como forma de controle social; contraposta a uma visão transformadora e inovadora do Direito, característica do Estado Social, em que lhe compete também uma "função promocional", de estimular as ações desejáveis, exprimindo uma concepção do Direito não só como forma de controle social, mas também, de direção social (VIEIRA, José Roberto. Denúncia espontânea e multa moratória: confissão e crise na "jurisdição" administrativa. In: GUNTHER, Luiz Eduardo (Coord.). *Jurisdição*: crise, efetividade e plenitude institucional, p. 385-386).

[47] *Tributo ambiental*: extrafiscalidade e função promocional do direito, p. 36

[48] A busca do elemento subjetivo, combinada com os elementos objetivos também foi feita por Cristoph Bellstedt, que entendia que a norma tributária indutora dependeria da comprovação da vontade do legislador no sentido de direcionar dados ou fatos ("*Lenkungsabsicht*"), a que Bellstedt somava o efeito concreto, *i.e.*, a constatação de que a norma move o contribuinte a adotar comportamentos, que não seriam adotados na inexistência daquela norma tributária (SCHOUERI, Luís Eduardo. *Normas tributárias indutoras e intervenção econômica*, p. 21).

[49] Alejandro C. Altamirano, ao demonstrar a intervenção do Estado na economia no que toca à implementação de políticas ambientais, deixa claro que: "*En esta delicada misión, la*

Grau distingue o que seria a intervenção e a atuação do Estado na economia[50] e, posteriormente, dentro da intervenção, ele a distingue em três tipos: por absorção, por direção ou por indução. As normas tributárias indutoras seriam o caso de intervenção por indução.[51] Luís Eduardo Schoueri deixa claro como as normas tributárias indutoras são prósperas no campo do direito tributário ambiental:

> Campo onde a discussão sobre a conveniência da adoção de normas de direção ou de indução frutificou de modo peculiar foi o da tributação ambiental, onde se sustentou que melhor que a adoção de ordens ou proibições seria o emprego de instrumentos tributários, diretamente vinculados a atuações prejudiciais ao meio ambiente (emissão de barulho ou de resíduos), colocando-se, então, os custos ecológicos no mecanismo de preços do mercado. Chegou-se até a cogitar de um tributo calculado sobre o volume de emissão (*"Emissionsabgabe"*).[52]

A utilização desse tipo de política possui previsão na própria Constituição Federal, que dispõe, no artigo 170, VI, que a defesa do meio ambiente será um dos princípios que direciona a ordem econômica e poderá, inclusive, ser concedido tratamento distinto a produtos e serviços, conforme o impacto ambiental. Traduzindo tal dispositivo para a seara do direito tributário, é estabelecer a utilização de normas tributárias indutoras para a proteção do meio ambiente.

---

actuación del Estado debe conducirse con el fin de fijar una política ambiental razonable, tendiente a la protección de los recursos naturales pero de forma tal que el cumplimiento de dicho objetivo no trabe irrazonablemente el desarrollo industrial ya que éste, en gran medida, tiene por fin el mejoramiento de la calidad de vida. En esta delicada misión, la actuación del Estado debe conducirse con prudencia. En oportunidade de elaborar los planes de control del fenômeno y específicamente en la eventual aplicación de instrumentos econômicos para su atenuación deberá evaluar los postulados fundamentales de 'optimalidad, eficiencia y neutralidad', con el propósito de que los efectos econômicos originados por su intervención no pertuben la correcta asignación de los recursos, el ejercicio de la actividad industrial y el empleo que ella genera. Las externalidades negativas tornan justificable la intervención del Estado que debe contribuir a encauzarlas" (ALTAMIRANO, Alejandro C. El derecho constitucional a un ambiente sano, derechos humanos y su vinculacion con el derecho tributário. *Revista Tributária e de Finanças Públicas*, n. 40, p. 38).

[50] "Intervenção" indica, em sentido forte (isto é, na sua conotação mais vigorosa), no caso, atuação estatal em área de titularidade do setor privado; "atuação estatal", simplesmente, ação do Estado tanto na área de titularidade própria quanto em área de titularidade do setor privado (*A ordem econômica na Constituição de 1988*, p. 85).

[51] Quando o faz, por "indução", o Estado manipula os instrumentos de intervenção em consonância e na conformidade das leis que regem o funcionamento dos mercados (*Ibidem*, p. 133).

[52] *Normas tributárias indutoras...*, *op. cit.*, p. 48.

José Casalta Nabais reconhece a importância do direito tributário – o autor, em uma delimitação mais específica, chama esse ramo do direito de direito fiscal – para a tutela do meio ambiente.[53] Nas palavras do ilustre doutrinador português:

> (...) o direito fiscal se relaciona com a tutela do meio ambiente na medida em que possa ser constituído em instrumento ou meio dessa tutela. Ora, hoje em dia ninguém tem dúvidas de que o direito dos impostos pode constituir-se em instrumento ou meio de tutela ambiental.[54]

E denomina a utilização das normas tributárias indutoras de meio indireto de tutela de proteção ao meio ambiente.[55] Em Portugal, diversos benefícios fiscais são atribuídos àqueles que têm como objetivo a proteção ao meio ambiente, e isso nada mais é do que a utilização de normas tributárias indutoras.[56] É o Poder Público atuando indiretamente por meio da elaboração de normas jurídicas e induzindo comportamentos ecologicamente corretos com o intuito de preservar o meio ambiente.

---

[53] O autor entende que o direito tributário é mais amplo que o direito fiscal, sendo que este se limita ao estudo dos impostos (*Por um estado fiscal suportável*: estudos de direito fiscal, p. 326-330).

[54] *Ibidem*, p. 333.

[55] Finalmente, temos os meios indirectos de tutela do ambiente em que sobressaem os instrumentos mobilizados de outros ramos de direito diferentes do direito administrativo, direito em que, em rigor, se localizam os instrumentos de protecção ambiental até agora referenciados. Entre esses meios indirectos de tutela, podemos mencionar o instituto da responsabilidade civil por danos ambientais, os subsídios e as subvenções do direito financeiro, os impostos ambientais e os benefícios fiscais ambientais do direito fiscal, etc. Pelo que cá temos o direito fiscal a ser utilizado em sede de domínio da protecção do meio ambiente. Ou, por outras palavras, o direito fiscal ambiental (*Ibidem*, p. 335).

[56] Como exemplos do primeiro tipo, podemos referir: a isenção de Imposto sobre o Rendimento das Pessoas Colectivas, excepto quanto aos rendimentos de capitais, das entidades gestoras de sistemas de embalagens e resíduos de embalagens parcialmente detidas por municípios, durante o período de licenciamento, relativamente aos resultados obtidos nesse período e reinvestidos na realização dos seus fins (art. 50º, do Estatuto dos Benefícios Fiscais); a dedução à colecta do Imposto sobre o Rendimento das Pessoas Singulares, desde que não sejam susceptíveis de serem considerados custos na categoria de rendimento empresariais ou profissionais, de 30% das importâncias despendidas com a aquisição de equipamentos novos para a utilização de energias renováveis ou de equipamentos para a produção de energia eléctrica ou térmica (art. 85º, nº 3, do Código Imposto sobre o Rendimento das Pessoas Singulares); a dedução em Imposto sobre o Rendimento das Pessoas Colectivas das provisões constituídas pelas empresas do sector das indústrias extractivas para fazer face aos encargos com a recuperação paisagística e ambiental (arts. 34º, nº 1, al. "f"), e 38º do Código Imposto sobre o Rendimento das Pessoas Colectivas); a aplicação da taxa reduzida de 5% em Imposto sobre o Valor Acrescentado a certos produtos com relevância ambiental; etc. (*Ibidem*, p. 353).

Na Espanha, país que é um dos modelos exemplificativos para o presente trabalho e que possui uma vasta experiência com a utilização de tributos ecológicos, com acertos e desacertos, também é reconhecida a importância dos referidos tributos como meios de indução de comportamento. Assim, nas palavras do jurista espanhol Cristóbal José Borrero Moro:

> *El tributo ambiental constituye una de las técnicas tributarias de intervención ambiental, aunque no la única, ya que cabe la articulación de exenciones con fines extrafiscales, como proyecciones del deber de contribuir, orientado a incentivar comportamientos respetuosos con el medio. Esta distinción incide directamente en la delimitación del objeto de estudio, ya que éste se proyecta, exclusivamente, sobre el tributo ambiental, excluyendo el examen de las exenciones con finalidades extrafiscales.[57]*

No Brasil, a utilização de tal tipo de norma ainda se apresenta de maneira muito tímida e deve haver um estudo voltado para tal área, pois é certo que, se o empresário recebe estímulos tributários para atuar de maneira correta, obtendo um maior lucro com comportamentos adequados, ele assim o fará. Não se pode pensar, em momento algum, como foi exposto anteriormente, que a proteção ao meio ambiente freará o desenvolvimento industrial ou social. Ao contrário: quanto mais desenvolvida uma sociedade, em aspectos sociais, maior preocupação com o meio ambiente haverá, pois ele se encontra intimamente relacionado com a qualidade de vida do ser humano. Veja-se, por exemplo, a Alemanha, que é um dos países mais industrializados da Europa e que possui uma enorme política ambiental, demonstrando, claramente, que sustentabilidade pode caminhar de mãos dadas com a industrialização consciente. O que há, no caso, é uma mudança de paradigma, saindo do âmbito da insaciabilidade para a esfera de um desenvolvimento consciente com perspectiva de longo prazo.

A justificativa de uma não implementação de uma política pública ambiental, porque ela poderia ocasionar o retrocesso, já não se enquadra mais e nem pode mais ser utilizada, pois o meio ambiente pode, inclusive, alavancar novos projetos e novos empreendimentos, inclusive uma melhoria na tecnologia. Na Europa, por exemplo:

---

[57] La proyección del principio de capacidad económica en el marco de los tributos ambientales. *Revista Española de Derecho Financiero*, n. 102, p. 216.

CAPÍTULO 1
A PROBLEMÁTICA AMBIENTAL COMO UM NOVO PARADIGMA PARA O DIREITO TRIBUTÁRIO | 43

As características da atual crise econômica podem ser muito chamativas e favorecem uma aplicação mais alargada da Reforma Tributária Ecológica. Dado que a oposição a medidas fiscais de uma perspectiva política sempre foi enraizada nos efeitos inflacionários, a atual tendência de diminuição do núcleo do preço é realmente irrepetível, em termos de aceitabilidade política e necessidade econômica macro. A Reforma Tributária Ecológica é fortemente motivada por razões econômicas de orientação keynesiana, com repercussões ambientais remanescentes de objetivos ambientais essenciais a longo prazo.[58]

Assim, chegou o momento de o Brasil iniciar a implementação de normas tributárias indutoras, no campo da tributação ambiental, com vistas a um maior desenvolvimento, pois "(...) a mudança de comportamento individualmente induzida pela tributação extrafiscal exerce efeito multiplicador capaz de proporcionar transformações na sociedade".[59]

1.3 O papel da democracia na elaboração de políticas públicas tributárias ambientais

Diante do que foi observado, a tributação seria um instrumento indutor de condutas no que toca ao meio ambiente. O doutrinador Luís Eduardo Schoueri acredita que não há tributo neutro na atualidade, independentemente da área de atuação, enxergando, assim, o tributo como um evidente instrumento de intervenção na ordem econômica e, para tanto, como algo que modifica a política econômica da sociedade e os comportamentos humanos.[60] Diferente, também, não é na

---

[58] Tradução nossa do seguinte texto. No original inglês: "*The characteristics of the current economic crisis may be very appealling and favouring a more extended application of ETR. Given that the opposition to fiscal measures from a political perspective has always been rooted on the inflationary effects, the current decreasing trend of price core is indeed unrepeatable in terms of political acceptability and macro economic necessity. ETR is strongly motivated by 'keynesian oriented' economic rationales, with environmental spillovers remaining the core environmental aims in the long run*" (MAZZANTI, Massimiliano; ZOBOLI, Roberto. *A political economy approach...*, op. cit., p. 334).

[59] SEBASTIÃO, Simone Martins. *Tributo ambiental...*, op. cit, p. 138.

[60] (...) qualquer que seja o tributo, haverá, em maior ou menor grau, a influência sobre o comportamento dos contribuintes, que serão desestimulados a práticas que levem à tributação. É verdade que se poderia cogitar de um tributo que fosse cobrado independentemente de qualquer atuação do contribuinte, de modo que a carga tributária sobre o contribuinte independesse de qualquer situação que lhe fosse imputada. Assim é que já houve, historicamente, o imposto "*per capita*", essencialmente neutro, já que se cobrava um montante fixo de cada contribuinte. Hodiernamente, com a universalização do princípio da capacidade contributiva, tal tributação se revela odiosa, esperando-se, ao contrário, que

doutrina estrangeira, onde, apesar das diretrizes da Organização para a Cooperação e o Desenvolvimento Econômico (OCDE) em solicitar a existência de um tributo neutro, a visão liberal de que o tributo seria apenas um instrumento para as necessidades públicas está superada e admite-se a elaboração de tributos que interfiram na ordem econômica.[61]

Além disso, conjugando democracia com a questão da intervenção do Estado na ordem econômica, há posicionamento da doutrina europeia que entende, por sua vez, que, para uma real democracia, não pode haver apenas a mão invisível do mercado, já que ela traz um empobrecimento para a sociedade, ampliando a desigualdade social e causando uma espoliação dos recursos naturais.[62]

O Estado, no caso, atuaria redistribuindo riquezas e provocando uma adequação social, como uma espécie de ente que tenta corrigir os problemas sociais, e tal atuação ocorreria por meio dos tributos. Tal ideia se encaixa perfeitamente na proposta de um país que preserve o meio ambiente por meio de políticas públicas, regulando a utilização por meio da questão tributária. Ora, a democracia seria concretizada, então, com a existência de uma sociedade desenvolvida que, para ser enquadrada como tal, necessita da preservação do meio ambiente.

Tal ideia está em perfeita consonância com a Lei Complementar nº 140, de 8 de dezembro de 2011, que prevê uma gestão democrática e eficiente para a proteção do meio ambiente.[63]

---

o legislador tributário tome em conta circunstâncias econômicas relativas ao contribuinte, no momento da fixação do *"quantum debeatur"*.
Neste sentido, não haverá que se cogitar de tributo neutro, ou de uma atuação neutra da parte do legislador. Ao contrário, como se viu acima, cabe ao legislador ponderar os efeitos econômicos de suas medidas, utilizando-se das normas tributárias, como de outros meios que estiverem a seu alcance, para a indução do comportamento dos agentes econômicos, visando às finalidades próprias da intervenção econômica (Luís Eduardo Schoueri, *Direito Tributário, op. cit.*, p. 332-333).

[61] Nesse sentido: "Superada que está a ideia liberal de reduzir a finalidade do imposto à cobertura da necessidade de recursos públicos, atribuindo-se-lhe um carácter neutro, parece ser hoje (quase pacífico entre a doutrina e a jurisprudência nacional e estrangeira que os tributos podem prosseguir finalidades reditícias e extra-reditícias)" (SOARES, Claudia Alexandra Dias. *O imposto ecológico*: contributo para o estudo dos instrumentos económicos de defesa do ambiente (*sic*), p. 296-297).

[62] GALLO, Franco. *Las razones del fisco*, p. 39.

[63] Art. 3º Constituem objetivos fundamentais da União, dos Estados, do Distrito Federal e dos Municípios, no exercício da competência comum a que se refere esta Lei Complementar:
I - proteger, defender e conservar o meio ambiente ecologicamente equilibrado, promovendo gestão descentralizada, democrática e eficiente;
II - garantir o equilíbrio do desenvolvimento socioeconômico com a proteção do meio ambiente, observando a dignidade da pessoa humana, a erradicação da pobreza e a redução das desigualdades sociais e regionais;

O Estado atuaria por meio da tributação, sendo que já foi observado que não há tributo neutro na atualidade, pois os tributos causam reflexos no mercado e, por sua vez, trariam uma preservação ao meio ambiente, pois distribuiriam as externalidades negativas para aqueles que as provocaram, em contrapartida com a maior parte da dinâmica atual, em que todos suportam os riscos ambientais em razão de poucos. A partir do momento em que os riscos ambientais são suportados por aqueles que os causam, isso nada mais é que uma questão de justiça e de conceder o tratamento adequado aos reais causadores dos danos.

É assim que se conjuga a democracia com a elaboração de políticas públicas, tendo como objetivo tentar corrigir a exploração do meio ambiente por meio da intervenção do Estado na ordem econômica, via tributação.

No Brasil, a questão democrática ainda é incipiente, mas não se pode olvidar que ela é de fundamental relevância para a adoção de políticas públicas.

A democracia brasileira é recente e muito esquecida no que concerne à adoção de políticas públicas. O meio ambiente não é algo que pertence ao Estado, mas, sim, a toda a coletividade;[64] logo, questões atinentes ao meio ambiente e ao direito tributário, que adentram na esfera de riqueza do cidadão, devem passar, necessariamente, pelo crivo democrático.

A questão de a democracia encontrar-se intimamente ligada ao meio ambiente também é vislumbrada pela doutrina nacional. Na visão de Lise Vieira da Costa Tupiassu, em sua obra sobre tributação ambiental, com um viés mais focado nos direitos humanos e na

---

III - harmonizar as políticas e ações administrativas para evitar a sobreposição de atuação entre os entes federativos, de forma a evitar conflitos de atribuições e garantir uma atuação administrativa eficiente;

IV - garantir a uniformidade da política ambiental para todo o País, respeitadas as peculiaridades regionais e locais.

[64] *En efecto, los bienes ambientales —medie o no declaración demanial— no pueden considerarse "propriedad" del Estado en el sentido tradicional del término; el ente público es más bien un mero gestor del interés general. En palabras de ROSEMBUJ, no tiene sentido el pago de un "peaje" por el deterioro del ambiente. Las cantidades exigidas por el uso de los bienes ambientales no pueden tener una finalidad predominantemente financiera, sino que deben reflejar el daño social que supone tal uso manteniéndolo en los límites de un desarollo sostenible. Este criterio de cuantificación se basa en un principio de justicia conmutativa (atemperado por el interés de las generaciones futuras) y responde, por tanto, a la lógica de la tasa, y no del impuesto, con independencia de que el concreto bien ambiental se considere o no de titularidad pública por el ordenamiento administrativo* (MOLINA, Pedro Manuel Herrera. *Derecho Tributario Ambiental...*, *op. cit.*, p. 93).

correlação deles com o meio ambiente e os tributos, a doutrinadora deixa claro que:

> Nesta perspectiva, conformando-se aos objetivos do presente estudo, salta aos olhos a necessidade de utilização dos instrumentos tributários na implementação dos Direitos Fundamentais de todas as dimensões, dentre os quais ressalta-se aqueles atrelados à concepção de solidariedade e fraternidade, normalmente enquadrados na Terceira Geração, tendo por base especialmente o direito ao meio ambiente ecologicamente equilibrado, e ao desenvolvimento, ambos vinculados à democracia.[65]

Celso Antonio Pacheco Fiorillo e Renata Marques Ferreira também opinam sobre a correlação entre o direito ao meio ambiente ecologicamente equilibrado e a democracia, com um viés, no caso, para o pluralismo político.[66]

Não se está discorrendo apenas acerca da observância do processo legislativo em conformidade com o previsto na Constituição Federal, mas, sim, de uma democracia participativa, o que envolve a questão que atinge a todos e também adentra na esfera patrimonial. A democracia a ser realizada deve ser a participativa, aquela na qual a população é ouvida e respeitada.

A tributação como mecanismo indutor de comportamentos é elemento que terá repercussão não só no aspecto jurídico da vida da sociedade, mas também nas esferas social e econômica, uma vez que o empresário, por exemplo, deixará de utilizar determinado produto A ou produto B com fundamento em alguma postura governamental e visando à maior obtenção de lucros.

Cabe ressaltar, a todo momento, que, como mecanismo indutor de comportamentos e ainda que seja necessária a análise interdisciplinar do tema, não se pode afastar, em momento algum, dos paradigmas constitucionais e da própria hermenêutica constitucional.

Como haverá uma ponderação econômica na adoção de políticas públicas, principalmente quando se fala de instrumento indutor de condutas, é necessário que haja, mais uma vez, a observância da democracia.

---

[65] *Tributação ambiental*: a utilização de instrumentos econômicos e fiscais na implementação do direito ao meio ambiente saudável, p. 106.

[66] *Direito Ambiental Tributário*, p. 23.

No meio ambiente, o princípio do poluidor-pagador, que é o que rege as questões ambientais, nada mais é que um princípio retirado da ciência econômica.[67] No direito tributário, não se pode olvidar que o princípio da capacidade contributiva também é uma decorrência das ciências econômicas. Observa-se que escolhas legislativas são realizadas a partir de princípios que estão presentes tanto no ambiente jurídico como no ambiente econômico, como podem estar presentes em outras esferas.

Quando se discorre sobre a adoção de políticas públicas no Brasil, deve-se ter muita cautela, vez que o sistema democrático brasileiro é algo muito recente e que, para alguns historiadores, como, por exemplo, Sérgio Buarque de Holanda:

> A democracia no Brasil foi sempre um lamentável mal-entendido. Uma aristocracia rural e semifeudal importou-a e tratou de acomodá-la, onde fosse possível, aos seus direitos ou privilégios, os mesmos privilégios que tinham sido, no Velho Mundo, o alvo da luta da burguesia contra os aristocratas. E assim puderam incorporar à situação tradicional, ao menos como fachada ou decoração externa, alguns lemas que pareciam os mais acertados para a época e eram exaltados nos livros e discursos.[68]

Eis o grande problema a ser vivenciado, pois não foi realizado um estudo analítico da sociedade brasileira e seus problemas peculiares, mas, sim, a importação de um modelo democrático europeu, sem adequá-lo à realidade nacional. O resultado dessa "importação" e a falta de criação de um modelo próprio resultaram na atual democracia brasileira, que passou e que enfrenta, até a atualidade, graves problemas, pois não é uma democracia que nasceu naturalmente, mas se trata de uma democracia artificial.

Assim, deve-se ter um cuidado especial na adoção de políticas públicas de tributação ambiental. Ora, pode-se realizar um estudo comparativo com o modelo europeu, que se encontra adiantado em termos de tributação ambiental, mas se deve realizar uma adequação com os ditames constitucionais brasileiros, com a realidade social brasileira e com os valores aqui consagrados. Por exemplo, na Europa,

---

[67] *El principio "quien contamina paga", nacido en el ámbito de las ciencias económicas, persigue reflejar en el precio de las actividades y productos contaminantes las deseconomías externas causadas por el deterioro del medio ambiente* (MOLINA, Pedro Manuel Herrera. *Derecho Tributario Ambiental...*, op. cit., p. 40).

[68] *Raízes do Brasil*, p. 160.

há questões que visam a uma harmonização tributária em virtude da União Europeia, diferença que não necessitará ser observada no Brasil, pois, em um primeiro momento, o Mercosul ainda não evoluiu a ponto de exigir uma forte harmonização tributária.

Na Europa, por exemplo, é concebida a adoção de uma taxa pelo uso de bem ambiental.[69] Tal critério de materialidade de incidência tributária não encontra fundamento constitucional no ordenamento jurídico brasileiro. Daí, todo o cuidado necessário na importação de exemplos e doutrinas estrangeiras, necessitando sempre a existência de um filtro para a melhor adaptação.

Ademais, na Espanha, um dos principais modelos de estudo comparativo no presente trabalho, a própria organização do Estado é consubstanciada de forma distinta, pois a tributação ambiental é competência, em grande parte, das chamadas comunidades autônomas, sendo o Estado Espanhol um modelo de Estado predominantemente unitário. No Brasil, possui-se um modelo cuja competência é centrada, em grande parte, na União Federal, sendo que, aos Estados, ficou reservada uma competência menor.

Analisar com minúcias os bons casos de sociedades estrangeiras e implementar alguns, com cuidado, na realidade brasileira é uma forma de respeitar os ditames democráticos, pois, do ponto de vista material, a base da democracia é o respeito ao princípio da justiça e da igualdade; já do ponto de vista formal, é a representatividade popular.[70] Um tributo que pode ter efeito e funcionamento na sociedade europeia pode não se adequar à realidade brasileira, pois, se aqui fosse implementado, poderia desrespeitar a Constituição Federal de 1988 e os próprios valores da sociedade brasileira, conforme observado linhas acimas.

Quando se fala em direito político, em democracia, deve-se ter em vista que "(...) a satisfação das necessidades básicas é a última instância no sentido de que nenhum direito político é sustentável sem inscrever nesse quadro material".[71] Viver em um meio ambiente natural adequado

---

[69] *Pues bien, las tasas por el uso privativo o aprovechamiento especial del dominio público pueden ser usadas como instrumento para desincentivar actividades perjudiciales para el medio ambiente (pensemos, por ejemplo, en las tasas por estacionamiento de vehículos en las vías públicas de los núcleos urbanos)* (MOLINA, Pedro Manuel Herrera. *Derecho Tributario Ambiental...*, op. cit., p. 83).

[70] Nesse sentido, vide o seguinte texto: JOSÉ ROBERTO VIEIRA, Fundamentos republicano-democráticos da legalidade tributária: óbvios ululantes e não ululantes. In: FOLMANN, Melissa (Coord.). *Tributação e direitos fundamentais*: propostas de efetividade, p. 205-210.

[71] HINKELAMMERT, Franz Josef. *Crítica à razão utópica*, p. 296.

é necessidade básica e pressuposto da própria existência. Condições mínimas de sobrevivência são premissas básicas para que o indivíduo participe do processo democrático e possa agir com liberdade, seguindo a linha teórica do economista Amartya Sen.[72]

Qualidade de vida ambiental, então, é premissa básica para que o indivíduo possa sobreviver e participar do processo democrático. No caso das escolhas relativas ao meio ambiente, elas situam-se em um plano que está acima das escolhas estatais, conforme vislumbrado anteriormente, pois está se tratando de algo que afeta as presentes e futuras gerações, além dos impactos irem além do território nacional, daí envolver toda uma questão de responsabilidade social, sendo o caminho da ética o vetor axiológico adequado para orientar a questão.

Discorrendo, muito brevemente, sobre o retrospecto de como a democracia foi concebida na Europa e nos Estados Unidos – e deixando, neste momento, a democracia grega de lado –, observa-se que a Europa se orientou a partir do axioma da igualdade, pois, lá, a questão aristocrática foi o que fundamentou as revoltas e eclodiu, por exemplo, na Revolução Francesa.[73] A sociedade europeia era muito estratificada, e as diferenças baseavam-se na questão da origem do nascimento.

Diferentemente ocorreu, por exemplo, nos Estados Unidos, onde o axioma da democracia foi a liberdade. A formação histórica dos Estados Unidos não era marcada por uma sociedade estratificada historicamente, mas um Estado onde, teoricamente, todos iniciavam de uma situação similar.[74] Ora, no modelo americano, as distinções que

---

[72] As liberdades não são apenas os fins primordiais do desenvolvimento, mas também os meios principais. Além de reconhecer, fundamentalmente, a importância avaliatória da liberdade, precisamos entender a notável relação empírica que vincula, umas às outras, liberdades diferentes. Liberdades políticas (na forma de liberdade de expressão e eleições livres) ajudam a promover a segurança econômica. Oportunidades sociais (na forma de serviços de educação e saúde) facilitam a participação econômica. Facilidades econômicas (na forma de oportunidades de participação no comércio e na produção) podem ajudar a gerar a abundância individual, além de recursos públicos para os serviços sociais. Liberdades de diferentes tipos podem fortalecer umas às outras (*Desenvolvimento como liberdade*, p. 25-26).

[73] Transporto-me por um momento ao que era a França há setecentos anos: encontro-a dividida entre um pequeno número de famílias que possuem a terra e governam os habitantes; o direito de comandar descende então de geração em geração com as heranças; os homens têm um único meio de agir uns sobre os outros, a força; descubro uma só origem para o poder, a propriedade de terra (TOCQUEVILLE, Alexis de. *A democracia na América*: leis e costumes políticos que foram naturalmente sugeridos aos americanos por seu estado social democrático, p. 8).

[74] Alexis de Tocqueville demonstra tal fato: "Entre os novos objetos que me chamaram a atenção durante minha permanência nos Estados Unidos nenhum me impressionou mais do que a igualdade de condições. Descobri sem custo a influência prodigiosa que exerce

existiam eram apresentadas pelas diferenças nos próprios talentos de cada um. Contudo, como os Estados Unidos eram colônias britânicas, então, lutaram pela independência, que ocorreu em 4 de julho de 1776. No Brasil, conforme referido, houve uma democracia importada e a formação de uma sociedade híbrida: "Formou-se na América tropical uma sociedade agrária na estrutura, escravocrata na técnica de exploração econômica, híbrida de índio – e mais tarde de negro – na composição".[75] Tais aspectos históricos são importantíssimos, pois há, em nosso país, por exemplo, toda uma pressão, quando da elaboração de leis ambientais, da bancada ruralista no Congresso Nacional, e isso ocorre em virtude da própria formação histórica do país. Observa-se tal fato com a aprovação da Lei nº 12.651, de 25 de maio de 2012, o conhecido Novo Código Florestal. "Dito de outro modo, a sustentabilidade combina com a democracia de verdade e de peso, em lugar da plutocracia e do coronelismo, extratos da cultura de artimanhas, burocratismos e trampolinice, com raízes escravocratas."[76]

Assim, conforme denota a doutrina portuguesa, traçando o perfil da realidade de Portugal, ao retratar um projeto de reforma fiscal ecológica, ela alerta para a participação do agente político, e tal aviso se aplica ao Brasil:

> Os agentes políticos não podem ser considerados como variáveis exógenas ao processo. Uma vez que eles prosseguem interesses egoísticos (isto é, a maximização do apoio público, expresso através do voto, e a minimização do conflito) que influenciam o desenho dos impostos ambientais.[77]

No caso do Estado brasileiro, é evidente que algumas reformas ecológicas, no campo da tributação ambiental, são difíceis de acontecer, pois muitos políticos possuem interesses egoísticos, prejudicando, assim, todo um interesse coletivo, no caso, da nação brasileira.

Ademais, nossa democracia não foi decorrência de lutas históricas, como na Europa ou nos Estados Unidos, mas surgiu de um processo artificial, pois os movimentos sociais brasileiros não partiram

---

esse primeiro fato sobre o andamento da sociedade; ele proporciona ao espírito público certa direção, certo aspecto às leis; aos governantes, novas máximas e hábitos particulares aos governados" (*Ibidem*, p. 7).

[75] FREYRE, Gilberto. *Casa grande & senzala*: formação da família brasileira sobre o regime da economia patriarcal, p. 65.

[76] FREITAS, Juarez. *Sustentabilidade...*, *op. cit.*, p. 179.

[77] SOARES, Claudia Alexandra Dias. *O imposto ecológico...*, *op. cit.*, p. 571.

da massa, mas, sim, da elite.[78] Por tal contexto histórico, ainda que muito rapidamente mencionado, é necessário analisar com critério as políticas públicas, no que diz respeito à tributação ambiental, quando forem implementadas para que elas não venham a proteger tão somente um setor da indústria e não trazer qualquer tipo de benefício ao meio ambiente, pois "o poder político só pode desenvolver-se através de um código jurídico institucionalizado na forma de direitos fundamentais".[79] Daí que decisões tomadas em um ambiente plenamente democrático sejam sempre a melhor alternativa para uma justiça tributária e a tentativa para combater interesses egoísticos, privilegiando, assim, o chamado espaço público nos moldes da política da Grécia Antiga, pois, quando se trata de meio ambiente, não se está a tratar de algo que pertence ao Estado, mas, sim, a toda a coletividade.[80] Juarez Freitas denuncia quatro vícios da política insustentável: o patrimonialismo, o tráfico de influências, o omissivismo e o mercenarismo.[81]

Não há como se tomar decisões sem a influência do mercado e, conforme vislumbrado anteriormente, não há, no momento, outro sistema que não o capitalista. O que não se pode deixar é que o mercado se sobreponha a todos os interesses e seja tão somente ele que dite a adoção de políticas públicas.[82]

Assim, para a adoção de políticas públicas, na tributação ambiental, deve-se sempre respeitar o princípio da democracia, tendo como objetivo, no horizonte, medidas que atendam ao real interesse do meio ambiente e protejam, dessa forma, toda a coletividade, sempre lembrando que o direito é que constitui o poder político, instrumentalizando-o.[83] A democracia a ser utilizada é a democracia participativa,

---

[78] HOLANDA, Sérgio Buarque de. *Raízes do Brasil, op. cit.,* p. 161.

[79] HABERMAS, Jürgen. *Direito e democracia*: entre facticidade e validade, v. I, p. 171.

[80] O princípio da democracia precisa preencher uma lacuna num sistema de direito, cujo cerne é o interesse privado e que, portanto, termina por representar um egoísmo juridicamente organizado. Destarte, este sistema não pode se reproduzir sobre si mesmo, porém mantém-se embasado num consenso preliminar do "interesse do cidadão" (DERANI, Cristiane. *Direito Ambiental econômico,* p. 28).

[81] *Sustentabilidade..., op. cit.,* p. 180-193.

[82] *Arendt percibe que el origen de esta transformación social se encuentra en el triunfo del mercado sobre la política. Pero, a diferencia de Marx, ella no cree que en las sociedades modernas pueda eliminarse el mercado como mecanismo de integrácion social; ni mucho menos acepta que ello, si fuera posible, permitiría acceder a una sociedad libre de conflictos. La tesis de esta autora consiste en mantener que es necesario establecer ciertos límites al mercado para garantizar la sobrevivência de la esfera pública y, con ella, de la política, en sentido estricto* (GÓMEZ, Enrique Serrano. *Consenso y conflicto*: Schmitt, Arendt y la definición de lo político, p. 103).

[83] O direito constitui o poder político e vice-versa; isso cria entre ambos um nexo que abre e perpetua a possibilidade latente de uma instrumentalização do direito para o

na qual haja a efetiva oitiva da sociedade, como, por exemplo, com a realização de audiências públicas, auxílio da mídia, conscientização social e outros instrumentos que ampliem o grau de participação.[84]

O tributo faria a conexão necessária entre liberdade e igualdade, premissas básicas em uma sociedade democrática moderna. No caso, o tributo seria o instrumento de realização de determinadas políticas públicas ambientais, trazendo em seu âmago o respeito à democracia, pois consegue conjugar os valores da liberdade e da igualdade.[85] A introdução de um imposto ecológico traria um novo nível de discussão, voltando-se a atenção da sociedade para o meio ambiente, ampliando o debate e introduzindo novos questionamentos pela repercussão que se obteria. O referido imposto não deve ser introduzido sem ouvir a sociedade, mas traria uma conscientização maior e conjugaria, no caso, a tributação com a democracia participativa.

1.4 A lógica do capitalismo e o meio ambiente

Vive-se em uma sociedade sob o regime do capitalismo e, até o momento, nenhum outro sistema mais viável foi encontrado.[86] Assim,

---

emprego estratégico do poder. A idéia do Estado de direito exige em contrapartida uma organização do poder público que obriga o poder político, constituído conforme o direito, a se legitimar, por seu turno, pelo direito legitimamente instituído (HABERMAS, Jürgen. *Direito e democracia...*, *op. cit*, p. 211-212).

[84] Juarez Freitas, ao tratar do novo viés da regulação da Administração Pública, pautada no paradigma axiológico da sustentabilidade, que é vinculante, esclarece: "Esta é a regulação que interessa. Contudo, apenas será factível se, ao lado da democracia representativa, houver progresso significativo no tocante ao princípio da participação, por exemplo, em audiências públicas antes de toda resolução de cunho regulatório, sob pena de nulidade. Audiências públicas efetivas, não mera atividade de consulta passiva ou de fachada, nem simples idealização mitológica da participação" (*Sustentabilidade...*, *op. cit.*, p. 222).

[85] *En otras palabras, si se admite que la libertad se expande en sentido positivo en la sociedad sólo si viene ligada a objetivos de igualdad, se debe aceptar que en las democracias modernas el tributo, legitimado por el consenso que las personas expresan en las leyes, es el instrumento más idóneo para proseguir de forma efectiva esta asociación* (GALLO, Franco. *Las razones del fisco, op. cit.*, p. 78).

[86] Há um sistema chamado de economia solidária, que seria uma alternativa ao capitalismo e fundamenta o cooperativismo, baseando-se na solidariedade e administração democrática. O inglês que o criou, chamado Robert Owen, no início do século XIX, tentou transformar cidades inteiras em sistemas de economia solidária, onde haveria igualdade social e não haveria mais exclusão. Ocorre que os interesses capitalistas não deixaram que ele obtivesse êxito. Assim é que se conclui que, até o presente momento, não exista outro sistema viável, sendo necessário trabalhar a partir da lógica do sistema existente. Em um comparativo entre a forma de gerir uma empresa sob os moldes do capitalismo e sob os moldes da economia solidária, Paul Singer esclarece: "Talvez a principal diferença entre economia capitalista e solidária seja o modo como as empresas são administradas. A primeira aplica a heterogestão, ou seja, a administração hierárquica, formada por níveis sucessivos de autoridade, entre os quais as informações e as consultas fluem de baixo para

CAPÍTULO 1

A PROBLEMÁTICA AMBIENTAL COMO UM NOVO PARADIGMA PARA O DIREITO TRIBUTÁRIO | 53

ao iniciar a elaboração de determinadas políticas públicas, deve-se ouvir a população, como uma forma de concretização da democracia, e observar também a factibilidade do planejamento.[87]

Para que sejam concretizadas as políticas públicas, em matéria de tributação ambiental, é necessário um planejamento e, nesse sentido, observam-se as lições de Franz Josef Hinkelammert: "O planejamento 'de tudo' é impossível, mas o planejamento da sociedade 'como um todo' sem dúvida é possível, só que em termos aproximados e imperfeitos, da mesma forma que tudo é imperfeito neste mundo".[88]

Nesse papel de planejamento, cabe ao Estado tentar neutralizar as tensões entre democracia e capitalismo, fazendo com que haja um equilíbrio na referida tensão.[89]

Para poder situar a adoção de políticas públicas e a elaboração de um planejamento factível, no caso do âmbito jurídico, é necessário que haja uma observância do ordenamento jurídico válido, vigente e eficaz, sob a premissa de a norma ser considerada inexistente em um possível controle de constitucionalidade. Conjugado às questões jurídicas, é necessário observar o regime econômico em que se vive a fim de que não se tenha um sistema jurídico válido, mas desconectado do contexto econômico e, portanto, sem factibilidade.

Alguns modelos econômicos existentes são observados, seja no Estado Liberal, seja no Estado Comunista. Entre os dois extremos, observa-se a existência de outros modelos.[90] A doutrina nacional,

---

cima e as ordens e instruções de cima para baixo. (...) A empresa solidária se administra democraticamente, ou seja, pratica a autogestão" (*Introdução à economia solidária*, p. 16-18 e 24-33).

[87] Por outro lado, a vontade pura – sem consideração de sua factibilidade – sempre aspira ao impossível, à medida que aspira pelo melhor, quaisquer que sejam os critérios de melhor. É através da imaginação – mas também da conceituação do impossível – que se descobre o marco do possível. Quem não se atreve a conceber o impossível jamais poderá descobrir o que é possível. O possível é o resultado da submissão do impossível ao critério da factibilidade (HINKELAMMERT, Franz Josef. *Crítica à razão utópica, op. cit.*, p. 17).

[88] *Ibidem*, p. 179.

[89] (...) o Estado, ao longo dos dois últimos séculos, tem assumido um papel complementador das relações de produção, pautadas originalmente na satisfação de interesses individuais. O Estado age a fim de melhor organizar a produção e para neutralizar tensões inerentes ao processo produtivo, entre o que seja público e privado, entre democracia e capitalismo, conforme já diagnosticou Habermas (DERANI, Cristiane. *Direito Ambiental Econômico, op. cit.*, p. 09).

[90] Nos extremos desse prisma, existem, de um lado, o Estado liberal, que aspira tornar absolutos o direito de propriedade e a liberdade de iniciativa; e de outro, o Estado comunista, que almeja suprimi-los completamente. Assim:
a) ao negar-se o direito subjetivo natural de propriedade e a decorrente livre iniciativa, o regime é comunista;

exemplificada por Ricardo Sayeg e Wagner Balera, fala da existência de um capitalismo humanista, no qual os direitos humanos, em sua ampla dimensão, deveriam ser observados e respeitados, em contraposição a um modelo, por exemplo, neoliberal, que muito se difundiu nos últimos anos: "Eis os inconvenientes dos neoliberais: são pacientes ou tolerantes com a pobreza e indiferentes ao destino do planeta, questões inaceitáveis para o humanismo antropofilíaco".[91] Seria possível observar um humanismo, ou melhor, o respeito à dignidade da pessoa humana diante de um sistema no qual se prega a exclusão social? A tentativa de um viés humanista é um dos pilares da chamada sustentabilidade, pois, ao se tentar adequar as políticas a uma diretriz que controle a insaciabilidade e haja a preocupação com as gerações presentes e futuras, a solidariedade está sendo vivenciada.

Quando falamos em exclusão social e, no caso do meio ambiente, em expropriação dos bens naturais, não há, no momento, outra alternativa senão a adoção do sistema capitalista. Devem-se procurar medidas alternativas dentro de tal sistema que o torne menos excludente e menos expropriador, trazendo um efeito menos destrutivo e mais construtivo.

A grande vantagem de observamos o meio ambiente como um sistema situado dentro da lógica do capitalismo é que os próprios empresários mudariam de postura e, talvez, nem houvesse uma preocupação ética, em um primeiro momento, mas tal fato ocasionaria uma proteção ambiental.[92]

---

b) ao relativizar-se a negativa do direito subjetivo natural de propriedade e a decorrente livre iniciativa, o regime é socialista;

c) ao reconhecer-se o direito subjetivo natural de propriedade e a decorrente livre iniciativa, com mínima intervenção estatal, liberando as forças naturais de mercado, o regime é capitalista liberal de mercado;

d) ao reconhecer-se o direito subjetivo natural da propriedade e a decorrente livre iniciativa, cabendo ao Estado coordenar o exercício de sua universalidade, o regime é capitalista de Estado ou de comando central;

e) ao reconhecer-se o direito subjetivo natural da propriedade e a decorrente livre iniciativa, mas calibrando as forças naturais de mercado com o equilíbrio social, o regime é capitalista social de mercado;

f) ao reconhecer-se o direito subjetivo natural da propriedade e a decorrente livre iniciativa, mas calibrando as forças naturais de mercado com o inafastável objetivo de concretização dos direitos humanos em todas as suas dimensões com vistas à satisfação universal da dignidade da pessoa humana, o regime é capitalista humanista de mercado (SAYEG, Ricardo; BALERA, Wagner. *O capitalismo humanista*: filosofia humanista de direito econômico, p. 139-140).

[91] *Ibidem*, p. 166.

[92] *La ventaja principal de los instrumentos económicos es que introduce en las reglas del mercado un nuevo factor, con relevancia económica, que incita a que las empresas, para obtener el mayor*

Para Franz Josef Hinkelammert, "(...) somente o planejamento global da economia pode assegurar essa tendência ao equilíbrio. E, embora nunca alcance equilíbrio pleno, pode evitar catástrofes econômicas e sociais produzidas pelo automatismo do mercado".[93]

O que se observa é que o capitalismo mundial torna a população cada vez mais pobre e realiza uma maior exclusão social, além de não alocar os custos ambientais.[94] Em países que buscam o desenvolvimento econômico, como é o caso do Brasil, a questão ainda é mais devastadora, pois países desenvolvidos exploram os subdesenvolvidos.[95]

A catástrofe ambiental em que se vive atualmente pode ter sido ocasionada, em grande parte, pelo automatismo do mercado e pela utilização gratuita do meio ambiente sem qualquer tipo de ingerência estatal. Ora, a não intervenção do Estado tem provocado muitos problemas no cenário mundial, como, por exemplo, a própria crise financeira. Como destacado acima, a utilização do meio ambiente não foi considerada pela maior parte dos economistas.

No que tange ao tema do capitalismo, há diversos tipos, uns mais agressivos, outros menos agressivos. Na mesma linha da doutrina nacional, Boaventura de Souza Santos faz uma elucidativa classificação do capitalismo, sendo que, para o sociólogo português, há maneiras diferentes de vislumbrá-lo.[96] Há o capitalismo mercantil, no qual o mercado é a instituição central e o papel do Estado é mínimo; há o capitalismo mesocorporativo, no qual a regulação pública é presente; já o capitalismo social democrático é aquele em que se busca a justiça

---

[93] *beneficio y rendimiento, varíen sus decisiones, tomándolas ahora más de acuerdo con el respeto al medio ambiente* (GARCÍA, Francisco José Cañal. Instrumentos económicos en la protección del medio ambiente. *Quincena Fiscal Aranzadi*, n. 10, p. 2).

[93] *Crítica..., op. cit.*, p. 274.

[94] O capitalismo global não alivia a pobreza e a exclusão social; muito pelo contrário, agrava-as. O acordo de Washington não levou em conta esses efeitos porque os economistas empresariais excluíram de seus modelos de análise os custos sociais da atividade econômica. Do mesmo modo, a maior parte dos economistas convencionais ignorou o custo da destruição do meio ambiente natural no mundo inteiro, que é tão grave quanto, senão mais grave do que os efeitos sociais (CAPRA, Frijot. *As conexões ocultas*: ciência para uma vida sustentável, p. 156-157).

[95] A destruição do meio ambiente natural nos países do Terceiro Mundo caminha de mãos dadas com o fim do modo de vida tradicional e auto-suficiente das comunidades rurais, à medida que o programa da televisão norte-americana e as agências multinacionais de propaganda veiculam imagens glamourosas de modernidade para bilhões de pessoas em todo mundo, sem deixar claro que o estilo de vida do consumo material é totalmente insustentável (*Ibidem*, p. 158-159).

[96] Os processos da globalização. In: SANTOS, Boaventura de Souza. *A globalização e as ciências sociais*, p. 77.

social e a minimização das desigualdades sociais; e o capitalismo estatal, onde há a centralidade da intervenção estatal. O capitalismo humanista – na definição de Ricardo Sayeg e Wagner Balera – ou o capitalismo social democrático – na definição de Boaventura de Sousa Santos – seria o referencial em termos de política econômica do presente trabalho. Afirmam Ricardo Sayeg e Wagner Balera:

> Logo, o capitalismo é inato ao homem e a todos os homens, corres-pondendo a uma perspectiva subjetiva natural do direito de propriedade estruturada na filosofia de Locke – que, sem embargo dos que pensam em contrário, guarda plena compatibilidade com o humanismo antropofilíaco, atento ao sentido de universalidade dos dons que, frutos da legítima acumulação dos donos do capital, sejam distribuídos pelo planeta, ao homem e todos os homens, segundo os critérios e as medidas do humanismo integral.[97]

Quando se fala em humanismo integral, não há como não pensar em meio ambiente e não associa-lo à ideia de que um meio ambiente adequado e protegido seria primordial para a qualidade de vida. Não há como se atender a qualquer princípio jurídico – e centre-se a atenção no princípio da dignidade da pessoa humana, do artigo 1º, III, cerne da Constituição Federal de 1988 – se o indivíduo não tiver as mínimas condições ambientais adequadas para sobrevivência, como, por exemplo, água potável, ar limpo, acesso à natureza.[98] Assim, realizando uma conexão com a utilização gratuita do meio ambiente pelo sistema capitalista excludente, como forma de diminuir custos, e com a expropriação da natureza pela sociedade, verifica-se o momento de modificar as posturas dentro do próprio sistema capitalista, tornando-o mais humano e mais inclusivo. A partir de tais mudanças, os ditames constitucionais brasileiros da ordem econômica passarão a ser observados e atendidos, já que a própria Constituição Federal

---

[97] O capitalismo humanista..., op. cit., p. 146.

[98] Desenvolvidos são os países em que todo o povo está inserido na evolução política, econômica, social e cultural, conquistando acesso a níveis de vida que atendam, pelo menos, ao mínimo vital, e em que haja respeito à humanidade e ao planeta. O conceito de mínimo vital não resulta de mera reflexão teórica do estudiosos do direito: trata-se, antes de tudo, de um instrumento de implementação de direitos humanos, a exemplo do que ocorreu em 2010 quando a ONU, em resolução de sua Assembleia Geral, declarou o acesso à água potável e ao saneamento básico um direito humano e o inseriu no catálogo da Declaração Universal (*Ibidem*, p. 177).

CAPÍTULO 1
A PROBLEMÁTICA AMBIENTAL COMO UM NOVO PARADIGMA PARA O DIREITO TRIBUTÁRIO | 57

prega a livre iniciativa, mas sob o fundamento de que a todos deve ser garantida a existência de condições dignas.[99]

Ora, conforme vislumbramos, o meio ambiente foi utilizado de modo gratuito durante muitos anos, e as externalidades negativas foram abarcadas por toda a população de modo gratuito, seguindo uma perspectiva de um Estado Liberal,[100] sendo que, sob o viés de uma economia baseada em um Estado de Bem-Estar Social, tais externalidades negativas deveriam ter sido suportadas pelos agentes econômicos que as produziram.[101]

Assim, a implementação de tributos como medida de diminuição de tais externalidades seria uma providência com fundamento econômico, mas aplicabilidade jurídica pautada em padrões axiológicos na tentativa de tornar o risco ambiental um custo não daqueles que não o ocasionaram, mas, ao contrário, dos que colocaram toda a sociedade em risco. Daí a importância de o Estado intervir na ordem econômica e tornar possível a implementação de determinadas medidas. Não se trata de um retorno ao Estado de Bem-Estar Social, mas um novo modelo econômico, conforme expresso em linhas anteriores, a iniciativa de um capitalismo humanista.[102]

---

[99] Nesse espectro, torna-se possível fazer incidir sobre o capitalismo o humanismo antropofilíaco que, embora reconhecendo abertamente o direito subjetivo natural de propriedade, o enquadra na plataforma dos direitos humanos e impõe-lhes os contornos limitativos da lei natural da fraternidade, como no artigo-matriz da ordem econômica – o referido Artigo 170 da Constituição Federal, que expressamente atribui-lhe o propósito de garantir a todos existência digna, conforme os ditames da justiça social, positivando dessa forma no Brasil capitalista o dever de fraternidade econômica.
Em palestra no país, Alexy referiu-se à nossa Constituição e, quanto ao reconhecimento à positivação no nosso catálogo constitucional de direitos fundamentais, apresentou justamente o exemplo de ponderação entre o direito de propriedade, presente no inciso XXII do Artigo 5º, e a função social, que consta no inciso XXIII (*Ibidem*, p. 150-151).

[100] Como externalidade negativa de caráter público primário temos, por exemplo, a poluição provocada por uma empresa que em seu processo de industrialização lança resíduos químicos no meio ambiente (*Ibidem*, p. 156-157).

[101] (...) os teóricos conhecidos como economistas do bem-estar social – sendo Arthur Cecil Pigou o mais proeminente entre eles – entendiam que seria tarefa do governo igualar os respectivos custos e benefícios marginais públicos, defendendo assim uma economia capitalista de Estado.
Esse capitalismo de Estado fundamenta o Estado-providência ou do bem-estar social – o famoso "*Welfare State*" – , que pratica o dirigismo econômico governamental para atuar artificialmente no mercado, compensando ou corrigindo as externalidades negativas mediante tributação, subsídios ou controle-geral" (*Ibidem*, p. 157-158).

[102] Dignidade humana e planetária é a meta direta, explícita e concreta do capitalismo humanista, compreendendo a vida plena no ideal da fraternidade, inserido numa economia humanista de mercado sob o predomínio de relativo individualismo, condicionado a que todos tenham simultaneamente satisfeitos os respectivos direitos humanos em todas as suas dimensões, consoante a condição humana biocultural com suas liberdades

O direito tributário ambiental atuaria como um mecanismo de justiça social e teria premissas assentadas na ética, pois cobraria os custos ambientais de quem realmente os ocasionou; assim, preservaria e conscientizaria cada vez mais os poluidores. Nesse sentido, o direito estaria em uma posição ambivalente:

> Seja por cumprir um papel tanto na repressão como na garantia da liberdade, seja por atuar tanto na fixação das estruturas sociais como por realizar o mister de implementar políticas públicas. Esta ambivalência afasta a idéia de segmentação do direito, seu isolamento da sociedade, sua independência e total abstração e generalidade, sua inércia diante das realizações nas demais esferas da sociedade.[103]

Desse modo, a intervenção do Estado na ordem econômica, como regulador de condutas e promotor de políticas públicas, é essencial para a transformação do sistema econômico, pois a globalização econômica trouxe um número enorme de consequências, que estão todas interconectadas entre si: " (...) desintegração social, o fim da democracia, uma deterioração mais rápida e extensa do meio ambiente, o surgimento e a disseminação de novas doenças e uma pobreza e alienação cada vez maiores".[104]

O direito, então, sendo o direito tributário apenas um dentre os vários instrumentos existentes, seria o meio para tentar frear o uso indiscriminado do meio ambiente. Na Europa, observam-se uma preocupação maior e um grande uso de políticas públicas na tributação ambiental, consideração ainda muito incipiente na realidade brasileira.

Francisco José Cañal García descreve, por sua vez, as vantagens de promover a regulação econômica por meio da instituição de tributos, sobrepondo-se inclusive à utilização de subsídios. Os tributos estariam presentes como uma política do capitalismo, para bons efeitos ambientais, por meio do direito tributário:

> Dentro de los instrumentos económicos encontramos las siguientes ventajas de los tributos sobre los subsidios: 1. La consideración del medio ambiente como un bien público; debe indemnizarse por el daño causado al mismo. 2. «La tributación con fines ambientales constituye un componente de gran

---

individuais e acesso assegurado a níveis dignos de subsistência em um planeta digno (SAYEG, Ricardo; BALERA, Wagner. *O capitalismo humanista...*, *op. cit.*, p. 183).

[103] DERANI, Cristiane. *Direito Ambiental Econômico, op. cit.*, p. 33.

[104] CAPRA, Frijot. *As conexões ocultas...*, *op. cit.*, p. 141.

CAPÍTULO 1
A PROBLEMÁTICA AMBIENTAL COMO UM NOVO PARADIGMA PARA O DIREITO TRIBUTÁRIO | 59

interés para el sistema tributario. Este tipo de impuestos tiene una ventaja esencial: no sólo forja un sistema de protección para el ambiente, sino que puede ser empleado para procurar una recaudación en sustitución de otros impuestos que crean distorsiones en el funcionamiento del sistema económico». 3. El tributo produce una recaudación, mientras que el subsidio requiere una financiación. 4. Con el tributo se aplica el principio de Derecho Comunitario «quien contamina paga». El medio más adecuado de introducir un impuesto sobre la contaminación es hacerla recaer sobre los factores empleados en un proceso productivo. La base imponible se cuantifica mejor así; por otra parte no es necesario medir directamente las emisiones contaminantes, como lo es, aunque sea ocasionalmente, con el sistema de la reglamentación. Es posible que este modo de imposición produzca una traslación del impuesto a los consumidores, pero esto no debe ser considerado un inconveniente: el aumento de los precios reducirá la demanda de los productos contaminantes, pero serán más competitivos aquellos cuya fabricación haya producido menor contaminación. Precedente en la aplicación de instrumentos económicos. La propuesta de uso de los instrumentos económicos es antigua, no obstante su inaplicación actual.[105]

O tributo trabalharia na lógica do sistema capitalista – entenda-se, aqui, um capitalismo mais humanista –, pois traria uma redução de custos para aqueles que atuassem de acordo com os princípios ambientais, em conformidade com o objetivo do Estado e da Constituição Federal de 1988, e traria, por consequência, benefícios ao meio ambiente. Em contrapartida, os poluidores arcariam com o custo ambiental e social que provocam, conscientizando-se, por meio da tributação, a mudar de conduta.

Na Espanha, onde há atualmente uma crise econômica muito forte, alguns juristas defendem claramente o retorno de uma regulação estatal, pois a total liberalização do mercado é que ocasionou o empobrecimento dos países.[106] Dentro dessa nova regulação, a questão ambiental é um dos fatos, pois não se pode olvidar a chamada sustentabilidade em três sentidos: econômica, ambiental e social.[107] Para Juarez Freitas, a sustentabilidade ainda é mais ampla, possuindo

---

[105] *Instrumentos económicos...*, *op. cit.*, p. 2.

[106] *La regulación vuelve a ser necesaria, como reacción en este caso a los propios fallos de la liberalización. Y parece lógico sostener que, al menos en teoría, y salvando las críticas contenidas en el primer apartado, sólo una "regulación sostenible", es decir racional, equilibrada y proporcionada a los fines, podrá construir un marco adecuado para la auténtica conversión "ambiental" del modelo económico* (RUIZ, Lorenzo Mellado. *Crisis económica y reforma "ecológica" del modelo productivo y de consumo*: la dimensión ambiental de la Ley 2/2011, de 4 de marzo, de Economía Sostenible, Noticias de la Unión Europea, n. 325, p. 77).

[107] *Ibidem*, p. 78.

a dimensão ética, jurídico-política, ambiental, social e econômica, sendo que elas estão entrelaçadas e não podem ser rompidas.[108]

Ainda nos caminhos da economia, Tulio Rosembuj, em um pensamento peculiar, entende que há economias que estão fora da chamada economia de mercado, mas que se interrelacionam. Elas seriam a economia cívico-social e a economia da natureza ou economia ecológica:

> *Sería equivocado, no obstante, inferir que el comportamiento económico solo se da en el mercado. Hay otras economías que, no siendo de mercado, implican costes y beneficios que pueden cualificar y cuantificar la situación y posición de una sociedad, de una comunidad. Por de pronto, en la doctrina, se indican dos economías, además, de la economía de mercado. Por un lado, la economía cívica-social y por otro, la economía de la naturaleza.[109]*

A economia da natureza, objeto do presente trabalho, teria reflexos diretos na economia de mercado, pois, sem os recursos naturais, não há como existir a própria economia.[110]

Tal economia, seja a de mercado, cívico-social ou da natureza, deve sempre permear o caminho da ética. Há que se considerar,

---

[108] *Sustentabilidade...*, *op. cit.*, p. 71.

[109] El impuesto ambiental. naturaleza jurídica. In: ALONSO, Esteban Pérez *et al. Derecho, globalización, riesgo y medio ambiente*, p. 761.

[110] (...) *La economía cívico-social es la armadura de las preocupaciones humanas y sociales, encauzando los valores públicos y colectivos, éticos y culturales, que configuran los intereses compartidos de la comunidad. Hay un desarrollo personal que perfila el bienestar a través de la asistencia sanitaria, seguridad social, educación, y acceso a la satisfacción de las necesidades básicas y que, desde el sector público y privado, responden a una finalidad de igualdad social, de solidaridad. La satisfacción de ventajas sin equivalencia o contraprestación, sólo por razones de equidad. Hay un deber público ante los hechos negativos, que no excluyen y afectan a todos.*
(...)
La economía de la naturaleza es la fuente de recursos necesarios para el funcionamiento del mercado y de la economía cívica-social el ambiente da origen a recursos y servicios positivos para la sociedad y el mercado, externalidades positivas, y puede verse dañado y afectado por el mal uso, el abuso o la extinción del bien ambiental, recibiendo externalidades negativas, primero del mercado, o de la propia sociedad civil. El daño ambiental no tiene precio, sea porque es irreparable o su recuperación puede suponer costes excepcionales, incalculables. La conservación del ambiente supone un valor de sostenibilidad, una contribución necesariamente general por el uso de los recursos naturales y del capital ambiental destinado a la permanencia. La capacidad económica es un criterio de reparto que se adapta al impuesto ambiental, aunque no sea indicador de riqueza de mercado, porque señala el deber de contribuir al gasto público en base al interés colectivo orientado, en este caso, a la continuidad del bien ambiental, a la compensación por los costes no pagados que implica el uso del capital ambiental. El punto es que en las relaciones actuales entre la economía de mercado, de la naturaleza y cívica social, no es suficiente la prédica de la supremacía pública para su legitimación (ROSEMBUJ, Tulio. El impuesto como disfrute de bienes colectivos. *Quincena Fiscal*, n. 18, p. 2-3).

CAPÍTULO 1
A PROBLEMÁTICA AMBIENTAL COMO UM NOVO PARADIGMA PARA O DIREITO TRIBUTÁRIO | 61

ainda, que pensar em um Estado totalmente liberal é praticamente impossível,[111] pois a presença do Estado é que guiará as diretrizes das políticas públicas de tributação ambiental, havendo uma forte ingerência estatal, além de regular as falhas do mercado, e as externalidades se apresentam como um dos tipos das referidas falhas.

1.5 A ética como fundamento da relação entre economia e direito tributário

A propositura de políticas públicas na tributação ambiental terá como fundamento de validade a ética, uma vez que, conforme observado anteriormente, haverá uma conexão entre economia e direito tributário, já que o tema do meio ambiente é, necessariamente, interdisciplinar. Antes, há que se trazer o seguinte dado histórico, retirado da doutrina de Ricardo Lobo Torres, que contextualiza: "A reaproximação entre ética e direito nas últimas décadas trouxe, entre as suas inúmeras consequências, a recuperação da idéia de solidariedade, que o liberalismo do século XIX e de boa parte do século XX abandonara".[112]

Tal reaproximação não é etérea ou jusnatural, mas está inserida como objetivo fundamental da República Federativa do Brasil, que prevê na Constituição Federal, em seu artigo 3º, I, "*construir uma sociedade (...) solidária*" e se pauta, também, na moralidade pública com previsão no artigo 37, *caput*, do texto constitucional.

Há, em um primeiro momento, uma reaproximação da ética e do direito que traz a questão da solidariedade intimamente relacionada ao meio ambiente, que é bem de todos. Para além da questão ambiental, não há como conceber o fenômeno tributário como algo estritamente jurídico. A economia vem auxiliar conceitos imprecisos e, ademais, a adoção de algumas políticas, que, em um momento pré-jurídico, possuem premissas retiradas das ciências econômicas. Francesco Moschetti conseguia enxergar a importância da economia

---

[111] Note-se, contudo, que as estruturas de suporte que as medidas económicas requerem têm que ser fornecidas pelo Estado. Porquanto, quem advogue a utilização deste tipo de instrumentos não pretende, nem pode pretender, um Estado Ecológico Liberal, quer, sim, introduzir uma maior componente de mercado na política de cunho quase dirigista que é actualmente adoptada por praticamente todos os Estados no domínio do ambiente (SOARES, Claudia Alexandra Dias. *O imposto ecológico...*, *op. cit.*, p. 140-141).

[112] Valores e princípios no direito tributário ambiental. In: TÔRRES, Heleno Taveira (Org.). *Direito Tributário Ambiental*, p. 45.

na interpretação da norma jurídica tributária, ressaltando que devem sempre existir limites de atuação:

> *Las expresiones jurídicas pueden interpretarse en su significado económico sólo en los límites en que ello se adecúe a la letra, la "ratio" y el sistema normativo. Con esto se está lejos de infravalorar la importancia de las nociones económicas. La relación entre derecho financeiro y economía se ubica en la más amplia relación entre derecho y ciencia metajurídica. La economía, como cualquier otra ciencia metajurídica, coadyuva al conocimiento de la realidad concreta sobre la que opera el derecho, expone los diversos efectos prácticos de las distintas interpretaciones posibles y enriquece la problematica del intérprete en la investigación del significado de la norma. En particular, y sobre todo, la economía puede contribuir a determinar el fin preestabelecido por el legislador tributario y a integrar conceptos parcialmente imprecisos.*[113]

A economia vem auxiliar aquilo que se chama de indução de comportamentos, pois consegue observar o efeito prático da norma jurídica tributária. Não se deve realizar uma interpretação estritamente econômica; haverá sempre que prevalecer a interpretação jurídica. O que a economia faz é auxiliar no entendimento de conceitos imprecisos e do fim preestabelecido na norma.

O direito tributário ambiental terá como fundamentos de "legitimidade" a justiça e a solidariedade.[114]

Ademar Heemann faz um estudo sobre a etimologia da palavra, neste sentido:

> O significado da palavra "ética" vincula-se inicialmente ao substantivo "ethos" (...) e sua evolução pode ser enfocada numa seqüência de três momentos.
>
> 1. Como morada dos animais, o lugar para onde eles costumam retornar, a querência.
>
> 2. Como maneira de ser, costume, hábito, caráter. Já no âmbito do ser humano, quem costuma se comportar da mesma maneira, ou seja, de modo previsível, é um indivíduo de caráter.

---

[113] *El principio de capacidad contributiva*, p. 110.

[114] Argumentos em prol da legitimidade do direito devem ser compatíveis com os princípios morais de justiça e da solidariedade – sob pena de dissonâncias cognitivas – bem com os princípios éticos de uma conduta de vida auto-responsável, projetada conscientemente, tanto de indivíduos, como de coletividades. Essas idéias de autodeterminação e de auto-realização não se coadunam entre si com facilidade. Por isso, as respostas do direito racional às modernas idéias de justiça não tiveram o mesmo eco encontrado pelos ideais de vida (HABERMAS, Jürgen. *Direito e democracia..., op. cit.*, p. 133).

CAPÍTULO 1
A PROBLEMÁTICA AMBIENTAL COMO UM NOVO PARADIGMA PARA O DIREITO TRIBUTÁRIO | 63

3. Como reflexão sobre o costume. Nesse sentido, a ciência que reflete sobre os costumes (...) é a Ética (...), feminino substantivado do adjetivo "ethicos" (...), que expressa a conformidade aos costumes. Evidentemente o significado do termo "ética" não se estende aos costumes em geral.[115]

No passado, houve um distanciamento do direito e da ética, o que trouxe, em certa medida, a chamada segurança jurídica, mas, depois de algum tempo, percebeu-se que a ausência de um mínimo ético na norma jurídica traz problemas graves à eficácia do direito.

Portanto, a ética deve ser tida como um instrumento de novos paradigmas no âmbito das relações sociais e, principalmente, para aquelas que ocorrem no âmbito do Estado, que devem ser sempre orientadas de modo ético.[116]

Ora, "a economia, em uma última análise, relaciona-se ao estudo da ética e da política, e esse ponto de vista é elaborado na *"Política"* de Aristóteles", sendo que o filósofo grego previa o fim do Estado como um instrumento para a promoção do bem comum.[117] O que seria a utilização do direito tributário, intervindo na ordem econômica, com o objetivo de proteger o meio ambiente senão um instrumento voltado à promoção do bem comum? Poderia ser considerado um novo paradigma para a causalidade do direito tributário, com a internalização das externalidades e a quantificação, em certa medida, da natureza com o intuito de promover a efetiva sustentabilidade.[118]

---

[115] *Natureza e ética*, p. 23.

[116] Apesar de o autor identificar uma superação do positivismo pela norma ética, que não é a crença da presente tese, onde se postula pela positivação de um mínimo ético, importante sua leitura pela referência à virada kantiana: "Hoje, com a releitura da obra de Kant, percebe-se que a definição do direito por ele oferecida opera no campo do imperativo categórico e da regra moral. O direito, portanto, em seus fundamentos e em suas premissas normativas, relaciona-se intimamente com a ética, o que conduz à superação do positivismo, que se define exatamente pela rígida separação entre as duas instâncias, qualquer que seja a sua corrente teórica: pandectismo, sociologismo, utilitarismo, normativismo etc.
A "virada kantiana" traz as seguintes novidades principais: a inclusão da regra da justiça, ao lado da de liberdade, no imperativo categórico; a positivação jurídica da norma ética abstrata; o equilíbrio entre justiça e direitos humanos; a projeção da ética tributária para as dimensões cosmopolita, internacional, nacional e local; a efetividade jurídica do mínimo ético; a perspectiva orçamentária do justo tributário" (RICARDO LOBO TORRES, *Valores e princípios constitucionais tributários, op. cit.*, p. 4-5).

[117] SEN, Amartya Kumar. *Sobre ética e economia*, p. 19.

[118] Frijot Capra observa que a ecologia profunda poderia ser considerada um novo paradigma para a filosofia: "(...) e defendi também a idéia de que a escola filosófica da 'ecologia profunda', que não separa os seres humanos da natureza e reconhece o valor intrínseco de todos os seres vivos, poderia fornecer uma base filosófica, e até mesmo espiritual, para o novo paradigma científico" (*As conexões ocultas...*, *op. cit.*, p. 15).

Talvez seja nessa matriz – promoção do bem comum – que se pode fundamentar a relação do direito tributário com a economia e a ética, uma vez que muitas políticas públicas são adotadas com fundamento em decisões exclusivamente econômicas.

E, nesse sentido, importante destacar a lição de María Jesús García-Torres Fernández, para quem a relação entre a economia e o meio ambiente é total, principalmente em razão das chamadas externalidades.[119] As externalidades negativas nada mais são do que custos no processo produtivo que são suportados por toda a sociedade; no caso, a poluição é um exemplo de externalidade negativa. A fábrica, ao poluir o ar, não teria um custo, em um primeiro momento, no que se relaciona com tal poluição, mas, em contrapartida, toda a sociedade seria prejudicada. Nesse aspecto, poder-se-ia discorrer sobre a existência de um tributo sobre a poluição do ar, que se manifesta como uma forma de externalidade, gerando um custo social e econômico – sob o viés da economia da natureza. Tal tributo teria como fundamento a proteção do ar e, portanto, estaria, filosoficamente, baseado nos ditames da ética, mas, juridicamente, baseado no direito a um meio ambiente ecologicamente equilibrado.[120]

E, para tanto, também se fundamenta o presente trabalho na teoria de Amartya Sen, que observa e vê reflexos positivos sobre a conexão entre a ética e a economia, demonstrando, em sua obra *Sobre ética e economia*, que o autointeresse, pregado por muitas doutrinas econômicas, ocasionou alguns problemas.[121] Se vislumbrado na

---

[119] *La interrelación entre economía y medio ambiente es total, lo que hace que todos los aspectos del medio ambiente puedan ser evaluados y gestionados económicamente, y al mismo tiempo, la economía tiene una gran influencia en la agresión del medio ambiente, ya que es en este campo donde se realizan las principales agresiones que se materializan a través los desarrollos industriales y empresariales.*
Existe un término económico denominado "deseconomías externas" que define muy bien esta relación entre el mercado y el medio: Toda actividad de transformación tiene unos costes necesarios para la consecución de los objetivos marcados pero, además, junto a estos gastos internos, existen las externalidades económicas que se generan de forma simultánea y que son los costes que las empresas o individuos ocasionan con tales procesos y que son ajenos a los mismos. Trasladándolo al medio ambiente, los daños ecológicos ocasionados por los vertidos industriales son un claro ejemplo de estas externalidades ya que la reparación de estas agresiones implica un gasto que en primera medida no se vé reflejado en el coste del producto que lo ha ocasionado (El concepto de tributo medioambiental en el Derecho Tributario español..., op. cit., p. 75).
[120] Constituição Federal
Art. 225. Todos têm direito ao meio ambiente ecologicamente equilibrado, bem de uso comum do povo e essencial à sadia qualidade de vida, impondo-se ao Poder Público e à coletividade o dever de defendê-lo e preservá- lo para as presentes e futuras gerações.
[121] *Sobre ética e economia, op. cit.*, p. 31-38.

questão ambiental, o autointeresse trouxe problemas graves, pois a utilização de forma gratuita do meio ambiente, nos últimos anos, trouxe consequências, em alguns casos até mesmo irreversíveis.[122]

A utilização do meio ambiente de forma gratuita ocorreu, em grande parte, pelo próprio sistema de auferir cada vez mais lucros – próprio do sistema capitalista – com a consequente exclusão social.[123] A falta de economicidade, em grande parte pela ausência de intervenção do Estado, fez com que empresas que atuavam no mesmo ramo – sendo que uma preservava o meio ambiente (obtendo um lucro menor); e a outra, não – não conseguissem competir em igualdade de condições, pois a empresa poluidora conseguia vantagens, já que obtinha um dos seus elementos de produção – no caso, o meio ambiente – de forma gratuita.

Ora, é nesse sentido que se destaca:

A reprodução da biosfera já não pode ser pensada independentemente da reprodução da economia, e a desta última não pode ser encarada sem relação com a biosfera.

A tomada de consciência da amplitude das relações mútuas entre a econômica, os recursos naturais e o meio ambiente, quer dizer, a constituição destas relações como problemas, foi concomitantemente com o aparecimento de um risco de esgotamento dos recursos naturais e com o agravamento dos danos sofridos pelo meio ambiente.[124]

Outro fundamento da ética está plasmado na questão da igualdade, um dos fundamentos materiais também da democracia. Ora, todos devem ter igualdade de oportunidades. Nesse sentido, importante a lição do jurista italiano Franco Gallo:

---

[122] O autointeresse deve ser entendido como o interesse egoístico.

[123] O homem, pelo seu egoísmo pouco clarividente quanto aos seus próprios interesses, pela sua inclinação para desfrutar de tudo o que está à sua disposição, em suma, pela sua indiferença para com o porvir e os seus semelhantes, parece trabalhar para o aniquilamento dos seus meios de conservação e para a destruição da sua própria espécie. Ao destruir por todo o lado os grandes vegetais que protegiam o solo, por objectos que satisfazem a sua avidez do momento, leva rapidamente à esterelidade este solo que habita, dá lugar ao esgotamento das fontes, afasta destas os animais que aí encontravam a sua subsistência e faz com que grandes partes do globo, outrora muito férteis e povoados em todos os aspectos, estejam agora nuas, estéreis, inabitáveis e desertas. (...) Dir-se-ia que o homem está destinado a exterminar-se a si próprio após ter tornado o globo inabitável. Esta advertência é assinada por J. B. Lamarck e data de 1820. (PASSET, René. Prefácio. In: FAUCHEUX, Sylvie; NOËL, Jean-François. *Economia dos recursos naturais e do meio ambiente*, p. 7).

[124] *Ibidem*, p. 16.

En la visión de SEN, y sobre todo en la de otros igualitaristas de extracción jurídica como DWORKIN, es pues justamente en la igualdad (y a tenor de sus opiniones, igualdad sólo de recursos y de oportunidades, luego, de «capacidad») sobre la que se funda, en última instancia, la legitimidad ética del Estado social impositor y su función mediadora y distributiva.[125]

Com a economia do meio ambiente, e este sendo, economicamente, calculado, é importante um cuidado todo especial, uma vez que o meio ambiente pertence a toda a coletividade, devendo, assim, ser aplicado a esse tema uma ética especial em razão dos reflexos na própria sociedade. Os problemas do chamado desenvolvimento sustentável são, em linhas superficiais, os seguintes: a multidimensionalidade, a irreversibilidade, a presença dos problemas de equidade e a incerteza. A ética, como orientadora da relação entre direito tributário e economia, é fundamental na adoção de políticas públicas, pois elas serão programadas para o bem comum, e não para atender a interesses do sistema capitalista, mas, sim, em função da real proteção do meio ambiente e, consequentemente, da sua preservação para as presentes e futuras gerações. Com as diretrizes delineadas pela economia, a ética é um caminho a ser percorrido e estabelecido. Para tanto, será utilizada a ética do cuidado, exposta pelo filósofo Leonardo Boff,[126] ou a chamada ética ecológica, em que se prima pela responsabilidade para com o planeta.[127]

E por que a ética do cuidado? Porque está se tratando de meio ambiente e, como não se tem uma visão exata das diretrizes do futuro, então a ética do cuidado faz com que as políticas públicas programadas sejam realizadas de um modo cuidadoso e, em especial, preventivo. Ela conecta-se com os próprios princípios ambientais, como o da precaução

---

[125] *Las razones del fisco, op. cit.*, p. 79.

[126] Sustentável é a sociedade ou o planeta que produz o suficiente para si e para os seres dos ecossistemas onde ela se situa; que toma da natureza somente o que ela pode repor; que mostra um sentido de solidariedade generacional, ao preservar para as sociedades futuras os recursos naturais de que elas precisarão. Na prática a sociedade deve se mostrar capaz de assumir novos hábitos e de projetar um tipo de desenvolvimento que cultive o cuidado com os equilíbrios ecológicos e funcione dentro dos limites impostos pela natureza (*Saber cuidar*: ética do humano – compaixão pela terra, p. 137).

[127] Então ético seria também potenciar a solidariedade generacional no sentido de respeitar o futuro daqueles que ainda não nasceram. E por fim ético seria reconhecer o caráter de autonomia relativa dos seres; eles também têm direito de continuar a existir e a co-existir conosco e com outros seres, já que existiram antes de nós e por milhões de anos sem nós. Numa palavra, eles têm direito ao presente e ao futuro (BOFF, Leonardo. *Ecologia*: grito da terra, grito dos pobres, *op. cit.*, p. 22).

CAPÍTULO 1
A PROBLEMÁTICA AMBIENTAL COMO UM NOVO PARADIGMA PARA O DIREITO TRIBUTÁRIO | 67

e o da prevenção. O direito ambiental, por sua vez, tenta, com a sua base principiológica, exercer todo um cuidado em relação ao meio ambiente. Caminhar na teoria da sustentabilidade é uma forma de aliar a economia com a ética, pois se tomarão medidas de proteção ao meio ambiente, mas de forma equilibrada.[128] O direito tributário atuaria como instrumento interventor na economia, conscientizando, por meio da tributação, a atitude dos cidadãos e atuando na linha da sustentabilidade.

E o direito tributário poderia ser um instrumento ético? Sim, desde que observado que, na atualidade, não se está tratando mais só de direitos de primeira dimensão, mas deve haver uma preocupação com a coletividade para que haja um respeito a um mínimo ético.[129]

No caso, o direito tributário, ao intervir na economia e tentar preservar o meio ambiente em consonância com um desenvolvimento sustentável, estaria preservando o mínimo ético, pois estaria atuando em prol de uma coletividade, uma vez que operaria em prol de uma justiça redistributiva, uma justiça que redistribuiria os prejuízos ambientais a quem efetivamente os causou.

Além de estar em conformidade com uma forte ética, encontra-se de mãos dadas com o direito ambiental, que tem, em sua base existencial, a preocupação de cuidar e proteger o meio ambiente para as presentes e futuras gerações.[130]

1.6 A economia da natureza

Eis um novo paradigma para a sociedade, que é o paradigma da natureza, desde que ela se encontra em crise pela exploração

---

[128] (...) uma atitude que vê nos recursos e nos problemas ambientais um sério obstáculo ao crescimento económico, mas que pensa ser possível um compromisso, com a ajuda de uma definição adequada das barreiras a respeitar e de uma utilização hábil dos instrumentos económicos de incentivo. Encontram-se aqui os mais fervorosos adeptos do desenvolvimento sustentável. As considerações éticas intra e intergeracionais são tomadas em conta de maneira equilibrada. Estas levam a não sacrificar o desenvolvimento actual, mas a alterar-lhe as características para permitir-lhe perdurar (FAUCHEUX, Sylvie; NOËL, Jean-François. *Economia dos recursos...*, *op. cit.*, p. 26).

[129] Adotamos o vocábulo dimensão, sendo uma terminologia mais adequada, que não traz a ideia de que uma geração é ultrapassada por outra (cf. VIEIRA, José Roberto. Educação e imposto de renda das pessoas físicas: o rei está nu! In: MELO, José Eduardo Soares de *et al.* (Coord.). *Estudos de Direito Tributário em homenagem ao professor Roque Antonio Carrazza*, v. 2., p. 192 e nota nº 205).

[130] Cf. Juarez Freitas, quanto à dimensão ética da sustentabilidade: "(...) donde segue a "empática solidariedade" como dever universalizável de deixar o legado positivo na face da terra, com base na correta compreensão darwiniana de seleção natural, acima das limitações dos formalismos kantianos e rawlsianos" (*Sustentabilidade...*, *op. cit.*, p. 60).

absurda e pelo desrespeito aos seus limites nos últimos séculos. Com o advento desse novo paradigma, verificam-se muitas mudanças e transformações, ainda muito incertas, uma vez que se vive um momento de nítida transição na sociedade de risco, conceito aplicável à sociedade atual. Nesse aspecto, quando se fala de sociedade de risco e presença de insegurança, importante relembrar Thomas S. Kuhn e sua obra. Ainda que ele retrate o paradigma sob o viés científico, utiliza-se o pensamento em analogia. Kuhn retrata a crise de um paradigma e explicita que, quando um novo paradigma emerge, a situação é de incerteza e insegurança, sem muitos conceitos estarem ainda definidos, aplicando-se, analogicamente, ao momento atual.[131]

Para ilustrar o período de transição e a emergência de uma nova economia, traz-se lição de Enrique Leff:

> Assim, a crise ambiental questiona os paradigmas da economia para internalizar as externalidades socioambientais geradas pela racionalidade econômica dominante dentro de suas análises conceituais e nos seus instrumentos de cálculo e avaliação.[132]

A nova racionalidade, ensina Enrique Leff, enxerga o meio ambiente "(...) como um potencial produtivo, mais que como custo do desenvolvimento e como um lugar de depósito de resíduos".[133] Como se está em uma transição de paradigma e ainda em um processo incipiente, a avaliação ambiental e a sustentabilidade "(...) ainda não desenvolveu(ram) instrumentos operativos suficientes de planificação e gestão".[134] Ora, é certo que se sabe que a natureza possui um custo operacional, mas a sua lógica não é a mesma lógica do capitalismo de mercado, possuindo variantes que ainda não foram definidas e acertadas pelos economistas.

Descrever como tal operacionalidade se concretiza é deveras importante para o presente trabalho, uma vez que, a partir da economia

---

[131] A emergência de novas teorias é geralmente precedida por um período de insegurança profissional pronunciada, pois exige a destruição em larga escala de paradigmas e grandes alterações nos problemas e técnicas da ciência normal. Como seria de esperar, essa insegurança é gerada pelo fracasso constante dos quebra-cabeças da ciência normal em produzir os resultados esperados. O fracasso das regras existentes é o prelúdio para a busca de novas regras (*A estrutura das revoluções científicas*, p. 95).

[132] *Ecologia, capital e cultura*: a territorialização da racionalidade ambiental, p. 171.

[133] *Ibidem*, p. 171.

[134] *Ibidem*, p. 172.

da natureza, se poderá consubstanciar um critério econômico sobre o qual incidirá uma tributação ambiental:

> Contudo, a funcionalidade deste balanço entre custos ecológicos e benefícios econômicos não surge só da eficácia de medidas legais, dos controles públicos e da consciência social sobre os problemas ambientais. A ativação dos processos de inovação tecnológica para produzir substitutivos mediante os sinais do mercado sobre a escassez de recursos, assim como a introdução das funções globais dentro de produção para equilibrar o crescimento econômico com a preservação do ambiente, não resulta de um mecanismo automático e perfeitamente elástico da economia de mercado.[135]

Leff, doutor em política do meio ambiente, entende que há outras variantes na economia da natureza – não só na economia de mercado –, como, por exemplo, os processos de inovação tecnológica, tomando a mesma diretriz estabelecida pela OCDE, que incentiva os países a desenvolverem novas tecnologias com o objetivo de uma maior proteção ambiental.

Ademais, alerta que:

> Apesar dos esforços para construir um conceito de capital natural que internalize as externalidades socioambientais no cálculo ambiental, a economia de mercado é incapaz de dar critérios racionais para o investimento de recursos limitados, num horizonte de tempo maior.[136]

Assim, a tributação ambiental não poderá trabalhar no campo da utopia, mas deverá fazê-lo no campo do possível e até onde a economia de mercado puder chegar, ainda que seja um processo construtivo e com variáveis ao longo dos anos. O que não se pode é fechar os olhos para a realidade existente, qual seja, de que as externalidades devem ser internalizadas e, ingenuamente, acreditar, de forma pueril, que o tributo ecológico abarcará todas as externalidades produzidas no meio ambiente, uma vez que a própria economia da natureza ainda é algo em transformação.

Outro fator para o qual alerta Enrique Leff é que "é impossível fazer renascer das cinzas processos vitais que se extinguiram nos

---

[135] *Ibidem*, p. 176.
[136] *Ibidem*, p. 179.

altares do lucro";[137] logo, há uma parte de destruição da natureza que não pode ser contabilizada, tampouco restituída. Daí a importância da preservação a fim de que sistemas biológicos e naturais que possuem um processo irreversível sejam observados com um grau de atenção e cuidado maior. Essa parte da natureza que não pode ser reconstruída estaria fora dos campos de internalização das externalidades.

Leff enxerga o processo de economia da natureza como um processo de diálogo entre o mercado, o Estado regulador e a gestão social dos recursos.[138] A tributação ambiental enquadra-se em duas variáveis: o mercado e o Estado regulador, uma vez que o Estado interviria na ordem econômica e modificaria o mercado por meio dos tributos ecológicos. Já a gestão social dos recursos está intimamente relacionada à questão da gestão das receitas tributárias, enquadrando-se no âmbito do direito financeiro. Dentro desse processo dialógico, deve ser sempre observado o aspecto democrático de gestão dos recursos naturais.

1.7 A interdisciplinaridade do tema ambiental e o fenômeno tributário

O meio ambiente é tema complexo, sendo sempre tratado sempre sob um viés interdisciplinar. Nesse sentido, é a elucidação de Tulio Rosembuj:

> *El ambiente es un concepto que, por su propia significación, desborda cualquier pretensión simplificadora. Los distintos modos de aproximación, sean el estrictamente biológico jurídico, económico, político, adolecen de limitaciones: no totalizan una definición con carácter global y definitivo. En esta pluralidad de sentidos y alcances radica el principal desafío para el jurista y, al mismo tiempo, su mayor riesgo.*[139]

Ora, quando se trata de tributação ambiental, está se adentrando na esfera de duas competências, a competência ambiental e a competência tributária: *"La regulación de tributos ambientales requiere una doble competencia, tributaria y ambiental"*.[140] Não há, portanto, como delimitar

---

[137] *Ibidem*, p. 182.
[138] *Ibidem*, p. 189.
[139] *Los tributos y la proteccion del medio ambiente*, p. 9
[140] MOLINA, Pedro Manuel Herrera. *Derecho Tributario Ambiental...*, *op. cit.*, p. 336.

o tema tão somente a uma esfera da disciplina jurídica no caso do objeto da presente tese, por exemplo, o direito tributário. Todavia, o direito ambiental entrará em constante diálogo com o direito tributário, pois, conforme ensina Agostinho Ramalho Marques Neto, ao tratar de interdisciplinaridade: "Relacionar entre si disciplinas teóricas supõe que se defina a partir de onde, isto é, de que recorte, de que visada epistemológica tal relação se estabelecerá".[141]

Ademais, a própria proteção do meio ambiente ocorre por diversos ramos jurídicos, demonstrando a interdisciplinaridade existente no plano do direito positivo. Já na ciência do direito, o recorte epistemológico é quase sempre voltado para o chamado desenvolvimento sustentável. Nesse sentido, é a lição de María Jesús García-Torres Fernández:

> *La protección del medio ambiente se articula pues a través de distintos medios jurídicos del Derecho Administrativo, Derecho Penal y Derecho Civil, y tal es su importancia, que podemos decir que la defensa de nuestro ecosistema no existiría sin el marco jurídico adecuado que la respalde y la haga posible.*[142]

Com a noção de interdisciplinaridade, não se pode fechar, hermeticamente, o direito tributário apartando-o de todos os outros ramos, uma vez que o próprio tema "meio ambiente" é algo que, por sua natureza, exige a relação com outros ramos do direito e com outros ramos do conhecimento, conforme visto anteriormente, seja a economia, a política, a filosofia. Fundamenta-se, também, o presente trabalho com o viés interdisciplinar da visão hermenêutica de Humberto Ávila ao denunciar que:

> (...) a transposição do modelo empirista de ciência para a ciência do Direito Tributário conduziu à desconsideração de vários elementos sob o argumento de que eles não seriam jurídicos, como é o caso do ônus econômico da tributação (e a discussão sobre a classificação dos impostos em diretos e indiretos, reais e pessoais), da tributação extrafiscal (e o debate sobre as finalidades políticas e econômicas da tributação), da capacidade econômica (e o exame do mínimo existencial) (...)

---

[141] Subsídios para pensar a possibilidade de articular direito e psicanálise. In: MARQUES NETO, Agostinho Ramalho *et al.* *Direito e neoliberalismo*: elementos para uma leitura interdisciplinar, p. 19.

[142] *Análisis de la protección del medio ambiente*: especial referencia a la comunidad autónoma de Andalucía, p. 14.

Essa transposição levou, igualmente, à desconsideração de alguns elementos sob o fundamento de que eles não seriam jurídicos, como é o caso do efeito confiscatório do tributo (e o exame do grau de restrição à liberdade econômica do contribuinte), da avaliação da proporcionalidade (e a análise dos efeitos da tributação para a promoção de finalidades públicas e para a restrição da esfera jurídica constitucionalmente protegida do contribuinte) (...)

Daí que por que propus – com base numa sistematização centrada na coerência material do ordenamento jurídico – um alargamento do próprio objeto do Direito Tributário, de modo que ele abrangesse não apenas as normas com estrutura hipotético-condicional, mas também as normas finalísticas, os efeitos concretos, os bens e os interesses objeto de restrição na concretização da relação obrigacional tributária.[143]

A questão da tributação ambiental enquadra-se nas chamadas normas finalísticas, e o estudo também se deve ater ao efeito concreto da norma, pois de nada adiantaria uma tributação que é, evidentemente, extrafiscal se o seu objetivo principal – no caso, proteger o meio ambiente – não for atingido, ressaltando-se sempre que o estudo não descambará para uma pura sociologia do direito. O meio ambiente em si é tema complexo e, na atualidade, é certo que nada pode ser reduzido a uma única causa.[144]

Há relações de exterioridade e de interioridade entre diferentes correntes teóricas que podem ser de oposição ou de complementariedade. Nesse aspecto, importante relembrar as lições do jurista italiano Benvenutto Griziotti, que entendia que a atividade financeira era inseparável de elementos políticos, jurídicos e econômicos.[145] Para o referido doutrinador, o direito não era somente uma forma, mas, principalmente, uma substância, em total contraposição ao

---

[143] Prefácio. In: FOLLONI, André. *Ciência do Direito Tributário no Brasil...*, *op. cit.*, p. 19.

[144] Hoje mais e mais estamos convencidos de que nada pode ser reduzido a uma única causa (monocausalidade) ou a um único fator. Pois nada é linear e simples. Tudo é complexo e vem urdido de inter-retro-relações e de redes de inclusões. Por isso precisamos articular várias pilastras. Elas sustentam uma ponte que poderá levar-nos a soluções mais integradoras. Pois todas elas trazem alguma luz e comunicam alguma verdade. Sabedoria é ver cada porção dentro de um todo articulado qual bela figura de mosaico composta de milhares de pastilhas e deslumbrante bordado feito de mil fios coloridos (BOFF, Leonardo. *Saber cuidar...*, *op. cit.*, p. 113-114).

[145] *En la actividad financiera son inseparables, aun cuando notadamente distintos y distinguibles, los "elementos políticos, jurídicos y económicos". Por consiguiente, estimo insuficiente e indeterminado un estudio sobre la Hacienda pública que no considere simultáneamente la "orientación política, el fundamento jurídico, el contenido económico y la ordenación científica" de los institutos financieros (Princípios de Política, Derecho y Ciencia de la Hacienda,* p. 5).

entendimento dos doutrinadores que adotavam uma linha tipicamente kelseniana.[146]

Não se pretende no presente trabalho adotar a corrente de Benvenutto Griziotti, uma vez que o direito evoluiu e passou por muitas transformações sociais, mas é importante observar as contribuições do renomado jurista italiano, que, na primeira metade do século XX, já concebia o fenômeno tributário como algo dotado de complexidade.[147]

Todavia, o que ocorre na atualidade é que "(...) *el estudio de la economía, la sociología o la ciencia Política ha sido relegado en los planes de estudio de los grados en derecho al mismo plano al que se ha circunscrito el del derecho en los grados de economía y empresa: la irrelevancia"*.[148]

Cabe também esclarecer a importância da referência constitucional para a presente tese, em especial a teoria material da Constituição, onde ela passa a ser o sol, e os outros ramos do direito, planetas, nos quais se deve voltar sempre ao fenômeno constitucional com a sua forte referência aos direitos fundamentais e as garantias processuais da liberdade.[149] Com o direito tributário não poderia ocorrer de modo diferente, pois estudar direito tributário, no Brasil, antes de tudo o mais, é estudar direito constitucional. No campo do direito tributário

---

[146] *De este modo, considero el derecho no solamente "como forma", sino como "sustancia" de la propria relación financiera entre el Estado y los sometidos a su soberanía, puesto que sobre la formación del derecho financiero influyen las relaciones éticas, políticas y económicas del impuesto y de los demás institutos financieros, y en derecho financiero se sustancia la soberanía del Estado sobre los contribuyentes (Ibidem,* p. 6).

[147] Há de se esclarecer, conforme a visão de Alfredro Augusto Becker, que Benvenutto Grizziotti foi adepto do facismo e se utilizou de suas teorias para legitimá-las (cf. *Carvanal tributário*, 2. ed, p. 142-143). Ocorre que é necessário ter a qualidade da parcimônia na elaboração de um trabalho crítico, e alguns adeptos do nacional-socialismo e de idelogias similares, como, por exemplo, Carl Schmitt, produziram boas teorias, mas que foram aplicadas de forma inadequada, sendo que esse constitucionalista ficou no ostracismo, com suas teorizações desprezadas, havendo uma confusão entre o homem – o autor – e a teoria. André Folloni, ao descrever o pensamento de José Souto Maior Borges, caminha na mesma linha: "Isso encontra sua razão de ser: para Souto, quem sofre a crítica é a ciência, o argumento, a proposição teórica, nunca a pessoa de seu autor. O conhecimento científico, uma vez posto, se desgarra de seu introdutor, passando a ser patrimônio comum da humanidade" (*Ciência do direito tributário no Brasil..., op. cit.*, p. 143).

[148] VALDÉS, José A. Rozas. Nota preliminar. In: GALLO, Franco. *Las razones del fisco, op. cit.*, p. 13.

[149] Com a queda do positivismo e o advento da teoria material da Constituição, o centro de gravidade dos estudos constitucionais, que dantes ficava na parte organizacional da Lei Magna – separação de poderes e distribuição de competências, enquanto forma jurídica de neutralidade aparente, típica do constitucionalismo do Estado liberal – se transportou para a parte substantiva, de fundo e conteúdo, que entende com os direitos fundamentais e as garantias processuais da liberdade, sob a égide do Estado social (BONAVIDES, Paulo. *Curso de Direito Constitucional*, p. 584).

ambiental, também é importante a relação com o direito econômico, conforme já vislumbramos.

Do próprio texto constitucional, pode-se retirar a presença da interdisciplinaridade, pois, no capítulo da ordem econômica na Constituição, observam-se diretrizes constitucionais nas quais o meio ambiente é um dos fundamentos da ordem econômica, sendo o Estado designado para fornecer subsídios e tratamentos distintos a produtos e serviços conforme o impacto ambiental. Seria o Estado intervindo na ordem econômica, e um dos instrumentos é justamente o direito tributário para tratar de modo diferente produtos e serviços, ou seja, conceder um tratamento jurídico distinto, com incentivos tributários a produtos que não tenham tanto impacto ambiental. Há uma interdisciplinaridade evidente no próprio contexto jurídico constitucional.

No entanto, a referida interdisciplinaridade não se circunscreve ao ambiente jurídico, ela transcende-o, pois o tema do meio ambiente é complexo.[150] No caso, a interdisciplinaridade também envolve outras áreas, tanto das ciências naturais como das ciências humanas. Na elaboração, por exemplo, de uma política pública para o meio ambiente, devem-se conjugar todos os esforços, pois se está tratando, antes de tudo, de vida, já que o planeta Terra é a única casa que temos.

É claro que o presente trabalho não possui a menor pretensão de esgotar todo o tema da interdisciplinaridade, nem adentrar em esferas totalmente fora do contexto jurídico; o que se pretende, no entanto, é observar a influência das áreas da economia, da filosofia e da política na produção e, em caráter secundário e complementar, na interpretação da norma, já que, em matéria jurídica, tais searas possuem uma influência muito direta. Ora, "(...) um dos sentidos cruciais que a noção de interdisciplinaridade comporta: o de que o discurso e o campo de uma disciplina teórica podem 'afetar' (e, conseqüentemente, ser 'afetados') pelo discurso e pelo campo de outras disciplinas".[151]

---

[150] Para entender a complexidade, importante a lição de André Folloni: "Se a redução de complexidades se impõe porque conhecer o complexo, de forma inquestionável e definitiva, é impossível, essa impossibilidade manifesta-se também para o conhecimento do reduzido, embora em outro grau. E, no limite, se se buscar incessantemente esse conhecimento completo da realidade artificial e metodologicamente reduzida, pode-se chegar ao abandono da ciência, por uma frustação de objetivos já antecipável e previsível. Porque o conhecimento completo e perfeito é inalcançável tanto reduzindo-se quanto não se reduzindo o complexo" (*Ciência do direito tributário no Brasil...*, *op. cit.*, p. 66-67).

[151] MARQUES NETO, Agostinho Ramalho. *Subsídios para pensar...*, *op. cit.*, p. 22.

Tentar-se-á demonstrar que há uma proteção ao meio ambiente por meio de instrumentos do direito tributário, e é certo que, *"para la protección del medioambiente, se utilizan diversos instrumentos económicos, em forma de subvenciones y avales (...)"*,[152] espelhando a ligação entre direito tributário e economia no momento pré-jurídico:

> *La economía tiene uma gran influencia en la agresión del medio ambiente, ya que es en este campo donde se realizan las principales agresiones que luego se materializan a través de los desarrollos industriales y empresariales. Pero no nos referimos únicamente a los recursos naturales que tienen un uso industrial, porque la interrelación entre economía y medio ambiente es total, lo que hace que todos los aspectos del medio ambiente puedan ser evaluados y gestionando económicamente.*[153]

Trabalhar com o tema da defesa do meio ambiente não é tarefa fácil, pois, além de ser interdisciplinar, também é polivalente pelo próprio conceito de sustentabilidade, que visa à preservação do meio ambiente tanto para as gerações atuais como para as futuras.[154]

Ademais, será observada a questão da interdisciplinaridade a todo o momento, inclusive na própria adoção das bases de cálculo do tributo ambiental, que, na maioria das vezes, são elaboradas por pessoas alheias ao ambiente jurídico, como, por exemplo, químicos, já que elas são baseadas no dano ambiental e não haveria como um jurista avaliar o risco desse dano. Além disso, o constante diálogo entre direito tributário e economia é sempre presente em temas que envolvem a elaboração de políticas públicas, deixando de lado o "mundo ideal", construído em boa parte por alguns cientistas do direito tributário, já que, a partir da referida idealização, alguns problemas concretos não são solucionados e sequer pensados. No caso, a grande tentativa é encontrar soluções concretas e factíveis para os problemas ambientais, aproximando o direito tributário da realidade, pois sem um meio ambiente adequado não há vida e, portanto, não há direito.

---

[152] FERNÁNDEZ, MARÍA Jesús García-Torres. *Análisis de la protección del medio ambiente...*, *op. cit.*, p. 15.

[153] *Ibidem*, p. 14.

[154] *El desarrollo sostenible, cuyo origen se debe a Lester Brown, fue definitivamente adoptado en 1987 por las Naciones Unidas, a partir del Informe Brundtland. El propósito es la gestión de los sistemas naturales para la perpetuación de la especie humana, o sea, en beneficio de las generaciones presentes y futuras (solidariedad integeneracional)* (ROSEMBUJ, Tulio. *Los tributos y...*, *op. cit.*, p. 72).

Para melhor elucidar essa linguagem artificial construída em alguns momentos no campo do direito tributário, importante lição de André Folloni:

> No direito tributário, constrói-se uma espécie de teoria geral do direito tributário formalizada: busca-se construir um sistema ideal, criando-se um mundo científico, metalinguístico, onde está a verdade eterna e imutável, onde há uma unidade, um princípio organizacional único, traduzido na norma jurídica, sempre sintaticamente homogênea. "É uma ciência que evolve certa dose de idealismo". Isso pode implicar o afastamento da realidade concreta, disforme, complexa e heterogênea, e até mesmo sua negação.[155]

A nova visão ocorrerá observando que, na elaboração da norma tributária ambiental, o conteúdo finalístico é muito importante. A hermenêutica, em um estruturalismo argumentativo, é de essencial importância para tornar o campo mais aberto, observando se a finalidade constitucional de proteção ao meio ambiente está sendo devidamente cumprida. Quando há os efeitos da norma, que ocorre quando aplicada no ambiente social, observa-se se a finalidade constitucional de proteção ambiental está ou não tendo eficácia.

A hermenêutica aplicada deve-se pautar pelos valores constitucionais de proteção ao meio ambiente ecologicamente equilibrado e pelo princípio da sustentabilidade, que é vinculante, na elaboração das atuais políticas públicas.

Trata-se de algo utópico tentar um sistema ideal, mas olhar para a utopia, por vezes, faz com que haja caminhada e evolução, como nos ensina o poeta uruguaio Eduardo Galeano.[156] Tentar-se-á pensar o futuro, mas mantendo a realidade presente e os pés no chão.

---

[155] *Ciência do Direito Tributário no Brasil...*, *op. cit.*, p. 66-67.

[156] A utopia está lá no horizonte. Me aproximo dois passos, ela se afasta dois passos. Caminho dez passos e o horizonte corre dez passos. Por mais que eu caminhe, jamais alcançarei. Para que serve a utopia? Serve para isso: para que eu não deixe de caminhar (Disponível em: <http://pensador.uol.com.br/frase/ODczMTQ>. Acesso em: 21 out. 2013).

CAPÍTULO 2

AS POLÍTICAS PÚBLICAS NA TRIBUTAÇÃO AMBIENTAL

É muito fácil promover grandes debates maniqueístas entre o bem e o mal. Mas os verdadeiros problemas começam quando devemos formular propostas concretas de ação, portanto no exercício do que chamo voluntarismo responsável. Alguns chamam a isso pragmatismo. Que seja.[157]

(SACHS, Ignacy)

2.1 Políticas públicas para o desenvolvimento social

Diante do primeiro capítulo, pode-se afirmar que as políticas públicas somente podem ser bem criadas em um espaço democrático. E como as políticas públicas podem trazer desenvolvimento social?

Cabe esclarecer, primeiramente, que o presente trabalho não visa discutir as políticas públicas de modo generalizado, até porque tal tarefa seria inesgotável, mas pretende apenas formular questionamentos sobre a aplicação de políticas públicas dentro do direito tributário ambiental, em especial trazendo modelos europeus que obtiveram bons frutos, cogitando de aplicá-los e implementá-los no cenário brasileiro, adaptando-os ao nosso meio cultural e, principalmente, identificando sua conformidade com os nossos ditames constitucionais.

---

[157] *A terceira margem*: em busca do ecodesenvolvimento, p. 118.

"O objetivo da política pública é entender como as metas ingressam na agenda política, o que determina as escolhas e como entender a proposta do governo no processo"[158] e, no que se relaciona com o seu conceito, "política pública é o estudo das decisões governamentais e ações designadas a lidar com matérias de preocupação pública".[159]

Dentro da tributação ambiental, seriam as decisões para a introdução de novos tributos ou para a modificação dos já existentes, tendo como objetivo a aplicação efetiva da sustentabilidade ambiental e a ampliação da qualidade de vida da população.

É certo que, nos últimos anos, o meio ambiente passou a ser foco de uma preocupação mundial. Vive-se em um planeta onde as fontes naturais, em boa parte, são consideradas esgotáveis. A água potável, por exemplo, se não for bem utilizada, poderá acabar em alguns anos, assim como a questão da poluição atmosférica, que já demonstra impactos alarmantes, como o derretimento de geleiras e a própria mudança climática.[160]

Em relatório apresentado pela ONU sobre o desenvolvimento humano, ficou demonstrado que o aquecimento global é um risco tão grave quanto a Guerra Fria:

> A segunda catástrofe situa-se no futuro. Tal como a ameaça de um confronto nuclear durante a Guerra Fria, as alterações climáticas representam riscos não só para a população pobre, mas para todo o planeta – e para as futuras gerações. A nossa actual conduta remete-nos para um percurso de sentido único em direcção aos desastres ecológicos. Há, de facto, incertezas quanto à rapidez do processo de aquecimento,

---

[158] Tradução nossa. No original inglês: "*The goal of public policy is to understand how issues get on the policy agenda, what determines how policy choices are made, and how we are to understand the proper role of government in the policy process*" (COCHRAN, Charles L.; MALONE, Elois F. *Public policy*: perspectives and choices, p. 2).

[159] Tradução nossa. No original inglês: "*Public policy is the study of government decisions and actions designed to deal with a matter of public concern*" (*Ibidem*, p. 3).

[160] Veja comentário do professor Pedro Mercado Pacheco: "*Durante las últimas décadas, el desarrollo sostenible se ha convertido en el concepto estrella en los debates sobre el derecho y la política ambiental. Ha sido ampliamente adoptado como objetivo político por instituciones internacionales, gobiernos, empresas y ONGs, y se ha convertido en uno de los centros de atención prioritarios de los medios de comunicación y del debate político y social. Desde su exitosa formulación en el Informa Brundtland en 1987, como 'el desarrollo que satisface las necesidades de la generación presente sin comprometer la capacidad de las generaciones futuras para satisfacer sus propias necesidades', el concepto básicamente viene evocando en la conciencia común unas relaciones amigables entre el hombre y la naturaleza, esto es, la idea de un modelo de desarrollo económico que sea respetuoso y compatible con la supervivencia de los ecosistemas*" (*Desarrollo sostenible...*, *op. cit.*, p. 94-95).

bem como à sua altura exacta e a suas formas de impacto. Mas os riscos associados à desintegração acelerada dos grandes glaciares da terra, o aquecimento dos oceanos, o colapso dos sistemas da floresta tropical e outros resultados possíveis são reais. Têm a capacidade de espoletar processos que poderão alterar profundamente a geografia humana e física do nosso planeta.

A nossa geração detém os meios – e a responsabilidade – de evitar esses resultados. Os riscos imediatos pendem fortemente para o lado dos países mais pobres do mundo, e, por conseguinte, para os cidadãos mais vulneráveis. Contudo, a longo prazo não existirão quaisquer refúgios – os países ricos e as populações que não sofrem em primeira-mão o desastre que agora se começa a revelar serão, em última instância, também afectados (...).[161]

Frijot Capra fala da situação da água em Taiwan, dizendo que, além de estar poluída, ela também, em algumas situações, chega a pegar fogo.[162] Assim, diante da preocupação alarmante que assola a sociedade em relação ao meio ambiente, é que surge a necessidade premente do desenvolvimento de políticas públicas para assegurar uma proteção ambiental. O direito tributário, nesse momento, não é o único meio, mas se apresenta como um instrumento fundamental de programação de políticas públicas ambientais.

O Estado tem o dever de intervir no âmbito econômico a fim de desenvolver essas políticas públicas. Em um primeiro momento, o direito tributário apresenta-se como um instrumento para a mecanização de tais políticas. O direito tributário, por si só, já é um instrumento de regulação social e econômica, consoante delineado no capítulo introdutório. Verificaremos, posteriormente, o próprio mecanismo da extrafiscalidade como regulador de condutas sociais.

O que deve ficar claro neste momento é que, na atualidade, uma sociedade somente poderá ser considerada desenvolvida se possuir um bom aparato de proteção ambiental.[163] Não há como vislumbrar uma

---

[161] *Relatório de desenvolvimento humano 2007/2008*: combater as alterações climáticas: solidariedade humana num mundo dividido. p. 2. Disponível em: <http://hdr.undp.org/en/media/HDR_20072008_PT_complete.pdf>. Acesso em: 07 dez. 2013.

[162] Em Taiwan, por exemplo, os venenos usados na agricultura e na indústria poluíram gravemente quase todos os grandes rios. Em alguns lugares, a água, além de não ter peixes e não servir para beber, chega a pegar fogo. O nível de poluição do ar é o dobro do considerado inadmissível nos Estados Unidos; o número dos casos de câncer por segmento de população dobrou desde 1965, e o país apresenta a maior incidência de hepatite do mundo (*As conexões ocultas...*, *op. cit.*, p. 157).

[163] Ignacy Sachs formulou os princípios básicos desta nova visão do desenvolvimento. Ela integrou basicamente seis aspectos, que deveriam guiar os caminhos do desenvolvimento:

sociedade com uma qualidade de vida digna e o respeito ao próprio princípio constitucional da dignidade humana, fundamento do nosso Estado Democrático de Direito, sem a existência de um meio ambiente saudável.[164]

Inclusive, na ONU, um dos índices que mede o desenvolvimento da sociedade encontra-se relacionado com o nível de proteção ao meio ambiente. Uma das metas do Programa das Nações Unidas para o Desenvolvimento (PNUD) é garantir a sustentabilidade ambiental.[165]

As referidas políticas públicas do meio ambiente estão intimamente relacionadas à democracia e à própria liberdade humana. Veja-se, por exemplo, a questão do saneamento básico. A partir do momento em que toda a população brasileira possuir saneamento básico, com rede de água tratada, tal população terá, notadamente, uma qualidade de vida aprimorada, com a consequente ampliação de sua saúde. É nesse momento que, com a elevação da qualidade de vida, a população terá maiores condições de exercer sua cidadania e a própria democracia.[166] Em contrapartida, com uma rede de água tratada, haverá uma diminuição da poluição dos rios.[167] É a conjugação de democracia

---

a) a satisfação das necessidades básicas; b) a solidariedade entre as gerações futuras; c) a participação da população envolvida; d) a preservação dos recursos naturais; e) a elaboração de um sistema social garantindo emprego, segurança social e respeito a outras culturas, e f) programas de educação (BRÜSEKE, Franz Josef. O problema do desenvolvimento sustentável. In: CAVALCANTI, Clóvis (Org.). *Desenvolvimento e natureza*: estudos para uma sociedade sustentável, p. 31).

[164] Nesse sentido, é o posicionamento da doutrinadora Lise Vieira da Costa Tupiassu: "A dignidade da pessoa humana pressupõe a consolidação dos valores contidos em todas as dimensões dos direitos humanos. Dentro dessa perspectiva de harmonização de valores, vem à tona a necessária importância dos direitos vinculados à titularidade difusa, notadamente representados pelo direito ao desenvolvimento, e o direito ao equilíbrio do meio ambiente, culminando por formar o conceito de desenvolvimento sustentável, essencial à atuação econômica do Estado e das entidades privadas" (*Tributação ambiental...*, *op. cit.*, p. 47).

[165] Disponível em: <http://www.pnud.org.br/odm/index.php>. Acesso em: 18 ago. 2010.

[166] Fatores econômicos e sociais como educação básica, serviços elementares de saúde e emprego seguro são importantes não apenas por si mesmos, como pelo papel que podem desempenhar ao dar às pessoas a oportunidade de enfrentar o mundo com coragem e liberdade. Essas considerações requerem uma base informacional mais ampla, concentrada particularmente na capacidade de as pessoas escolherem a vida que elas com justiça valorizam (SEN, Amartya. *Desenvolvimento como liberdade, op. cit.*, p. 82).

[167] Peter May, ao discorrer sobre os efeitos do desenvolvimento econômico no meio ambiente, demonstra que: "Dentre esses efeitos indiretos ambientais resultantes de processos desenvolvimentistas pode-se enumerar a crescente queima de combustíveis fósseis e biomassa, contribuindo assim para a poluição do ar e doenças respiratórias, danos em flores e plantações, e para o efeito estufa; a poluição dos rios pela deposição de dejetos químicos e esgoto não tratado a um nível superior à sua capacidade de absorção, contaminando reservas de água potável e a vida aquática (...)" (Economia ecológica e o

e políticas públicas que desencadeia um desenvolvimento social. E, como relatado anteriormente, na sociedade atual, o desenvolvimento relaciona-se, intimamente, à sustentabilidade ambiental. Logo, em uma interpretação sistemática, democracia, políticas públicas e meio ambiente estão intimamente relacionados. Para fazer a demonstração de que, em muitos momentos, pobreza e degradação ambiental estão conectadas, traz-se a lição de Lise Vieira da Costa Tupiassu:

> Inegavelmente, existe um círculo vicioso ligando pobreza, subdesenvolvimento e degradação ambiental, pois a falta de boas condições sanitárias, por exemplo, provoca o acúmulo de detritos nos rios e áreas urbanas, comprometendo a saúde da população; a falta de bons sistemas de transporte público origina o excesso de veículos nos grandes centros, aumentando enormemente a poluição atmosférica e destruindo a camada de ozônio. Ou seja, uma grande parte dos problemas ambientais decorre das condições de pobreza.[168]

Assim, quanto mais investimentos houver em políticas públicas que busquem um desenvolvimento sustentável, uma diminuição da pobreza consequentemente ocorrerá, uma vez que a degradação ambiental é um dos reflexos da falta de conhecimento e condições sociais adequadas.

O professor argentino Tulio Rosembuj tece esclarecimentos sobre o princípio da boa governabilidade e ensina que:

> *La buena gobernanza aparece estrechamente vinculada a los derechos humanos y a la democracia como prerrequisito de la erradicación de la pobreza y el desarrolo sostenible.*
>
> *El contenido de la buena gobernanza pública se define a partir de sus principales características: participación, aplicación de la norma jurídica, transparencia, responsable, efectiva y eficiente, equitativa, predispuesta a la respuesta institucional y procesual.*[169]

O desenvolvimento sustentável é um dos focos da questão dos poderes políticos na atualidade. Confira-se a visão da realidade europeia:

---

desenvolvimento eqüitativo no Brasil. In: CAVALCANTI, Clóvis (Org.). *Desenvolvimento e natureza...*, *op. cit.*, p. 235).

[168] *Tributação ambiental...*, *op. cit.*, p. 74.

[169] *Principios globales de la fiscalidad internacional*, p. 47.

> *La protección del medioambiente es uno de los ámbitos de la acción política en el que se hacen más patentes los desafíos teóricos y prácticos que la globalización plantea a nuestras tradicionales modelos de géstion y de regulación jurídica: existencia de riesgos e incertidumbres; multidimensionalidad espacial y temporal de los problemas ambientales (...)*
>
> *Todos estos razgos parecen requerir la experimentación de nuevas formas de gestión y de regulación de la cuestión medioambiental que irremisiblemente pasan hoy en día por el llamado paradigma de la nueva governanza ("new governance"). En este sentido, podríamos decir que si el concepto de desarrollo sostenible constituye el fundamento teórico de las normas y los principios de la política ambiental, la noción de gobernanza es la que explica cómo dicho concepto opera y se materializa hoy en la práctica.*[170]

O que se pode observar é uma renovação no conceito de política pública a partir do conceito de sustentabilidade, e isso é de suma importância para novas diretrizes na tributação ambiental.

Ademais, apesar de o Brasil não ser um dos países que fazem parte da OCDE, é um país que coopera e utiliza os modelos de convenções para as tratativas internacionais. A OCDE possui muitas diretrizes que resultam de estudos nos diversos países sobre a utilização de tributação ambiental para o seu desenvolvimento social e econômico; além disso, a organização internacional influencia a utilização de políticas públicas nesse sentido, com o objetivo de uma maior preservação ambiental.

Na atualidade, boa parte das receitas tributárias de países considerados desenvolvidos é advinda da tributação ecológica, o que não traz, em si mesmo, uma perda de competitividade.[171]

---

[170] PACHECO, Pedro Mercado. *Desarrollo sostenible...*, *op. cit.*, p. 104-105.

[171] As receitas de tributos relacionados com o meio ambiente constituem um componente importante das receitas fiscais dos países da OCDE, embora haja variações significativas entre os países. Essas receitas são provenientes, principalmente, de tributos sobre combustíveis e veículos motorizados, com tributos sobre todas as outras atividades prejudiciais para o meio ambiente, sendo apenas uma pequena fração das receitas totais. No entanto, os países estão expandindo seu uso de tributos sobre outras bases ambientalmente nocivas, como as emissões específicas para o ar e a água e os tributos sobre eliminação de resíduos. É importante notar, contudo, que o nível de receitas advindas das bases ambientais é apenas um indicador de como é a economia verde.
Tradução nossa. No original inglês: *"The revenues from environmentally related taxation form an important component of OECD countries" overall tax revenues, although there is significant variation among countries. These revenues are derived principally from taxes on motor fuels and motor vehicles, with taxes on all other environmentally harmful activities accounting for only a small fraction of the total revenues. Nevertheless, countries are expanding their use of taxes on other environmentally harmful bases, such as with specific emissions to air and water and taxes on waste disposal. It is important to note, however, that the level of revenues raised from environmentally bases is only one potential indicator of how 'green' an economy is* (Tributação, inovação e meio ambiente. OCDE Estratégia do Crescimento Ambiental – *Taxation, innovation and the environment. OECD Green Growth Strategy*, p. 59).

Além disso, a reforma fiscal, no seio da ecológica, pode trazer a existência de novos meios de produção e empregos, ampliando o desenvolvimento social:

> Intuitivamente, o estímulo verde e a Reforma Fiscal Ecológica poderiam impulsionar o crescimento, a produtividade e o emprego de uma forma sustentável. Investimentos conjuntos na demanda de educação e pesquisa devem permitir esta possibilidade. Uma positiva ou crescente dinâmica da produtividade do trabalho é de fato possível por uma Reforma Fiscal Ecológica, principalmente, se as tendências de produtividade ambientais e trabalhistas estão correlacionados entre si na dinâmica de longo prazo.[172]

A implementação de uma reforma fiscal ecológica, com a utilização de normas tributárias indutoras e outros mecanismos, é um caminhar de mãos dadas com o desenvolvimento e a perspectiva de um mundo melhor.

2.2 A responsabilidade do planejamento e o planejamento factível

Observaram-se, no capítulo introdutório, os aportes teóricos para a elaboração das chamadas políticas públicas de tributação ambiental. É certo que, no Brasil, há uma incipiente realização de políticas públicas no campo da tributação ambiental; assim, o meio ambiente, economicamente calculado e como uma nova justificativa para o direito tributário, faz com que haja um novo olhar sobre tal disciplina jurídica e um novo comportamento por parte dos indivíduos que integram a relação jurídica tributária, seja de forma direta ou de forma indireta.

Ademais, verificou-se também que um modelo de Estado Neoliberal, ou seja, sem qualquer intervenção do Estado na ordem econômica, é algo praticamente insustentável, trazendo crise e, principalmente, desigualdade social. Quando se discorre sobre sustentabilidade, há que se pensar em uma sustentabilidade também econômica e social,

---

[172] Tradução nossa. No original inglês: "*Intuitively, the green stimulus and ETR could re boost growth, productivity, and employment in a sustainable way. Joint Investments in demand and education and research should allow this possibility. A positive or increasing dynamic of labour productivity is indeed possible by ETR, mostly if environmental and labour productivity trends are correlated to each other in the long run dynamics*" (MAZZANTI, Massimiliano; ZOBOLI, Roberto. *A political economy approach...*, *op. cit.*, p. 335).

conjugada com a preservação do meio ambiente. Sobre a questão do tributo e da repartição de riquezas, cabe demonstrar que:

> *La tesis de fondo que se despliega es que, no obstante la globalización y la crisis de las finanzas públicas, el tributo –si se construye con arreglo a presupuestos válidos y se aplica con técnicas modernas y eficientes– aún representa uno de los más importantes instrumentos de reparto y, por tanto, de redistribución de la riqueza que los Estados tienen a su disposición. Lo que es como decir que una razonable política fiscal, directamente vinculada a la política de gastos, está todavía en condiciones de contribuir a la superación de los desequilibrios geo-económicos y a la reducción de las desigualdades sociales que continúan manifestándose también en los países con economías en desarrollo.[173]*

Deve haver responsabilidade por parte do Estado quando for elaborado qualquer tipo de política pública, não só na chamada questão ambiental, mas numa visão global, que abarque os aspectos de sustentabilidade social e econômica. Uma política pública que esteja firmada na responsabilidade que seus efeitos gerarão.

Ora, não se pode ter uma visão utópica quando se trata de planejamento ambiental. Existem possibilidades e, dentro de tais possibilidades, a responsabilidade na questão do planejamento. Cristiane Derani, por exemplo, elucida que:

> De fato, não há um desenvolvimento sustentável, matematicamente dedutível. O que existe é, dentro de uma mediação política comunicativa, a possibilidade de compor, atentando à inerente multidisciplinaridade, um conjunto complexo de fatores que resultariam, para determinada sociedade, o "econômica-ambiental-socialmente equilibrado".[174]

O fato de não existir previsão matemática, todavia, não impede que uma política pública não obtenha resultados satisfatórios. No cerne da tributação ambiental, por exemplo, não há como medir uma internalização específica do custo ambiental quando da elaboração da base de cálculo, mas tal fato não pode ser um argumento para deixar de se criar o tributo ecológico. Ora, o governo faz uma previsão estratégica sem possuir, por sua vez, um cálculo específico.[175] Não se pode pensar

---

[173] GALLO, Franco. *Las razones del fisco, op. cit.*, p. 37.

[174] *Direito ambiental..., op. cit.*, p. 139.

[175] *Como conclusión, el Estado llevará a cabo una política no «activista», sino «más filosófica»: al contemplar la sociedad no realiza intervenciones en campos muy concretos, sino que debe actuar sólo en el marco básico en el que se mueven los particulares, realizar correcciones a través de*

CAPÍTULO 2
AS POLÍTICAS PÚBLICAS NA TRIBUTAÇÃO AMBIENTAL | 85

em um planejamento utópico, deve-se analisar onde se está atuando, a referência cultural, a ação do governo e todo o contexto envolvido a fim de que o planejamento da política pública seja o mais factível possível.[176] A doutrinadora portuguesa Claudia Alexandra Dias Soares é muito realista e pragmática ao demonstrar que os tributos ecológicos devem ser igualmente realistas, o que acaba se enquadrando no chamado planejamento factível, ou seja, a elaboração de um planejamento possível de ser concretizado:

> Deve-se, no entanto, ter presente que é necessário desenhar tributos ambientais realistas. Uma reforma fiscal ecológica só será praticável se for concebível de uma perspectiva política. E isso exige que os sujeitos passivos sejam confrontados com uma estrutura fiscal de estímulo, positivo ou negativo, que, na sua perspectiva, se mostre aceitável e que os responsáveis pelo desenho da mesma estejam em condições de a formatar e adaptar de acordo com as necessidades sentidas.[177]

Assim, a responsabilidade também está aliada à factibilidade do projeto, pois não se deve vislumbrar um mundo ideal para a proteção ambiental se tal mundo ideal estiver inacessível à realidade do ambiente onde será implementado. Por exemplo, no Brasil, os passos deverão ser contínuos para que sejam significativos. Não há como pensar que um modelo que teve efeitos concretos na Alemanha possa ser aplicado de imediato à realidade brasileira, pois são populações distintas e que estão em graus de conscientização ecológica distintos também.

Veja-se, por exemplo, uma política pública adotada pelo governo brasileiro quando começou a ocorrer a crise econômica mundial e que tinha como objetivos o aumento do consumo e a estabilização da economia. Como o direito tributário é um dos instrumentos de intervenção na ordem econômica, o governo adotou, nesse sentido, a redução

---

subvenciones, tributos, etcétera. La dificultad está en encontrar la fórmula estratégica adecuada para cada caso; pero, por ejemplo, esta política fue aplicada con éxito, durante una época, para combatir la contaminación del Rhin, con el establecimiento de adecuados cánones de vertidos. Energía y contaminación atmosférica (GARCÍA, Francisco Cañal. Instrumentos económicos..., op. cit., p. 3).

[176] Por outro lado, uma política ambiental não pode ser concebida em abstracto. Torna-se necessário apreciar as limitações actualmente colocadas a nível estrutural, conjuntural e cultural, tanto no que respeita à vontade de acção como no que respeita à possibilidade de acção, para poder se concluir sobre a admissibilidade e a capacidade de sucesso de qualquer intervenção neste domínio (SOARES, Claudia Alexandra Dias. O imposto ecológico..., op. cit., p. 24).

[177] Ibidem, p. 572.

do IPI para que houvesse um menor repasse ao consumidor final pelo fenômeno da repercussão econômica.[178]

Ocorre que, nesse caso, houve a redução de IPI relativo aos automóveis; consequentemente, houve um aumento do consumo deles, com sua maior circulação e, por conseguinte, um aumento na emissão de gás carbônico (CO_2).

Conclui-se, a partir desse simples exemplo, que o governo brasileiro, ao adotar tal política econômica, não se preocupou com o viés ambiental, mas tão somente com a questão econômica, sem adentrar, em momento algum, na questão da sustentabilidade, que visa, simultaneamente, melhorar a economia, mas também proteger o meio ambiente. A adoção da referida política pública não enxergou o fenômeno sob um aspecto global, mas apenas unilateralmente, pois a análise se circunscreveu ao ângulo econômico.

É nesse aspecto que deve existir responsabilidade ambiental, quando houver a elaboração de uma determinada política pública e o governo – entenda-se nas esferas do Poder Executivo e Poder Legislativo – realizar uma previsão global dos efeitos que a referida política pública poderá causar.[179] Para contextualizar a situação brasileira alarmante na atualidade em relação à adoção de políticas públicas, André Lima denuncia a falta de qualquer preocupação com a sustentabilidade e com os valores dos incentivos tributários:

> (...) o governo brasileiro, entre 2008 e 2012, destinou mais de R$200 bilhões em incentivos tributários federais (tributos que o governo renunciou em benefício do setor privado) para diversos setores da

---

[178] Disponível em: <http://www2.planalto.gov.br/imprensa/noticias-de-governo/governo-prorroga-reducao-do-ipi-para-moveis-material-de-construcao-linha-branca-e-automo veis>. Acesso em: 16 nov. 2012.

[179] Observou-se, no primeiro capítulo, que o pano de fundo do presente trabalho é o sistema capitalista, mas se deve ter em mente a questão da responsabilidade, a todo momento: "Com efeito, enquanto o sistema econômico capitalista é determinado pelo automatismo do mercado, esse sistema é destruidor, tanto do homem quanto da natureza. Todo o subdesenvolvimento existente nos dias de hoje é apenas resultado desta tendência automática à destruição. O automatismo do mercado, assim, transforma-se no Moloc que devora seus filhos. (...)

No entanto existe uma responsabilidade por tais catástrofes: a responsabilidade de deixar e continuar deixando o automatismo do mercado. A existência desse automatismo é de "responsabilidade humana". E, portanto, também o é a destruição de sua existência. Embora nenhuma catástrofe originada pelo automatismo seja de responsabilidade do homem, o fato de que tais catástrofes possam ocorrer ou possam tomar as dimensões que alcançam é de responsabilidade humana" (HINKELAMMERT, Franz Josef. *Crítica à razão utópica, op. cit.*, p. 270-271).

economia (R\$100 bilhões para indústria, R\$45 bilhões para agropecuária, R\$9 bilhões para energia e R\$11 bilhões para transportes) sem que análises e critérios de sustentabilidade tenham sido considerados.

(...)

Entre 2005 e 2010 houve um aumento vertiginoso nos incentivos tributários federais para o setor de agricultura e agronegócio de 1100%, setor que hoje é responsável pela maior fatia das emissões totais de CO_2 no Brasil (37% do total em 2010).[180]

Além disso, a sinergia entre os diferentes órgãos do governo é fundamental para um resultado satisfatório, pois a maior dificuldade do processo de planejamento é, justamente, a sua implementação.[181]

Ora, deve haver uma responsabilidade presente em contraposição ao vivenciado até os dias atuais. Cita-se o pensamento de Franz Josef Hinkelammert analogicamente, uma vez que o filósofo trata da questão do emprego e da renda e traz para a questão do meio ambiente a irracionalidade hoje vivida:

A vivência desse fato de irresponsabilidade humana leva ao questionamento do automatismo do mercado e, por conseguinte, do próprio capitalismo. Com esse automatismo do mercado constitui a raiz do problema, o resultado é que somente um adequado "planejamento econômico" pode assegurar a racionalidade e a tendência ao equilíbrio, com base na distribuição de renda alicerçada na satisfação das necessidades e em uma estrutura econômica que garanta a possibilidade de emprego para todos. Assim, a necessidade de assegurar a racionalidade econômica leva à inevitabilidade do planejamento econômico correspondente. Não se trata de planejar por planejar, mas sim de existir um mínimo de racionalidade econômica na "distribuição de renda" e na "estrutura de emprego".[182]

---

[180] Por uma política tributária a serviço da sustentabilidade. Disponível em: <http://www.valor.com.br/opiniao/3486572/por-uma-politica-tributaria-servico-da-sustentabilidade>. Acesso em: 30 mar. 2014.

[181] Experiências positivas, em muitos casos implementados ou financiados pelo próprio governo, não são efetivamente aproveitadas para a formulação de políticas públicas capazes de replicá-las para que tenham um impacto efetivo na melhoria geral da qualidade de vida do País. A falta de integração e coordenação dos diferentes órgãos do governo para criar uma sinergia e tornar as ações mais efetivas e eficazes é um outro grave entrave. Em muitas situações, órgãos públicos fundamentais para a boa implementação das ações não são devidamente envolvido (Introdução. In: CAMARGO, Aspásia *et al.* (Org.). *Meio ambiente Brasil*: avanços e obstáculos pós-Rio 92, p. 41).

[182] *Crítica à razão..., op. cit.*, p. 271.

A irracionalidade em matéria ambiental, principalmente na falta de planejamento de política pública e no automatismo do mercado, deixou a situação ambiental do planeta em estado alarmante. Daí decorre a importância da mudança de paradigma, conforme relatado no primeiro capítulo, e o Direito Tributário apresenta-se como um instrumento importante de tal mudança paradigmática.

No ano de 2008, o Governo Federal iniciou uma operação para evitar o desmatamento na Amazônia, chamada *Operação Arco de Fogo*. Foi calculado que as áreas desmatadas na região somam um território equivalente aos Estados do Paraná, do Rio Grande do Sul e de Santa Catarina. O resultado de desmatamento foi, em grande parte, influenciado pelo uso inadequado de políticas públicas, ou seja, quando determinadas políticas foram adotadas, não foi calculado o impacto ambiental que elas poderiam causar.[183]

Explica-se melhor o ocorrido. Grande parte da área desmatada é para a pecuária, financiada por créditos concedidos pelo governo, mas mal utilizada, pois se aproveita muito pouco o grande espaço. Além disso, o local ficou muito tempo sem receber qualquer interferência do Estado, o que causou um completo abandono, tornando-se, praticamente, uma terra de ninguém.

Assim, diante do estado de quase calamidade pública, foi necessária a adoção de políticas públicas, o que se iniciou com a referida operação, que, em um primeiro momento, se tratava muito mais de uma providência de sanção. Faltou, no caso, a produção de leis, de incentivos, de fiscalização, e grande parte da política poderia ser instrumentalizada pelo direito tributário, de um modo indutor. Eis um exemplo concreto de política a ser adotada: redução da carga tributária em atividades que favoreçam a sustentabilidade e, com o aumento dela, em atividades contrárias. Medidas devem ser tomadas com urgência, principalmente para proteger a Amazônia, tendo em vista que ela representa um dos maiores patrimônios da humanidade.

A Consultoria McKinsey, no ano de 2009, fez um cálculo de que, para salvar a Amazônia, seria necessário o volume de 17 bilhões de reais ao ano. Parece um valor de extrema monta, mas corresponde a pouco mais de 1% do valor dos impostos arrecadados no Brasil.[184]

---

[183] ARINI, Juliana. *Por que ninguém usa esta terra?* Disponível em: <http://revistaepoca.globo.com/Revista/Epoca/0,,EDG82059-6009,00.html>. Acesso em: 18 maio 2008.

[184] GUANDALINI, Giuliano. *Quanto custa salvar a Amazônia?* Disponível em: <http://veja.abril.com.br/110309/p_096.shtml>. Acesso em: 07 dez. 2013.

No estudo, foi relatado que as queimadas na Amazônia significariam mais da metade dos 2,1 bilhões de gás carbônico que o Brasil lança na atmosfera a cada ano. Uma política pública bem instrumentalizada nessa área já significaria um impacto ambiental muito menor e poderia ocorrer por meio de subsídios – instrumentos de direito financeiro – ou aplicação de tributos ecológicos – instrumentos de direito tributário. O Brasil está entre os seis maiores emissores de gases do efeito estufa do planeta.[185] Conforme exposto, existe muita exploração da pecuária na área desmatada, e o maior problema é o metano que é liberado pelo rebanho bovino. O referido gás é vinte vezes mais poderoso que o gás carbônico no efeito estufa. Uma das diretrizes da OCDE é, justamente, tentar reduzir a emissão de gases, em consonância com o Protocolo de Quioto.

Assim, devem ser estimulados na Amazônia, por exemplo, meios de produção que levem à sustentabilidade, como o extrativismo.

A responsabilidade no planejamento de políticas públicas é fator primordial para que não haja, no futuro, consequências danosas à sociedade e, muitas vezes, quase irreversíveis. A preocupação com as chamadas externalidades negativas, na formulação de políticas públicas, é fundamental para que haja uma preservação do meio ambiente.

De nada adianta o governo possuir um elevado índice econômico ou conseguir manter altos padrões econômicos com um meio ambiente degradado, pois um dos fatores de avaliação do grau de desenvolvimento da sociedade é, justamente, um meio ambiente adequado, e a própria economia de mercado não tem como sobreviver sem o meio ambiente.

Um exemplo de política pública para a preservação do meio ambiente é a redução do IPI para os carros que consomem menos combustível e, assim, preservam o meio ambiente. No Brasil, a Lei nº 12.715, de 17 de setembro de 2012, instituiu o Programa Inovar-Auto, que tem como um dos objetivos a preservação do meio ambiente. Ele concede benefícios tributários, inclusive crédito presumido de IPI para os chamados automóveis leves que consomem menos combustível e, por conseguinte, poluem menos o meio ambiente.[186]

---

[185] MELO, Liana. *Greenpeace*: pré-sal colocará o Brasil entre os grandes poluidores. Disponível em: <http://oglobo.globo.com/economia/greenpeace-pre-sal-colocara-brasil-entre-os-grandes-poluidores-3378210>. Acesso em: 07 dez. 2013.

[186] Art. 170. A ordem econômica, fundada na valorização do trabalho humano e na livre iniciativa, tem por fim assegurar a todos existência digna, conforme os ditames da justiça social, observados os seguintes princípios:

O tema da chamada livre iniciativa poderia ser questionado em uma política pública do tipo acima exemplificado. Privilegiar um determinado setor da indústria estaria, talvez, em dissonância com o princípio da livre iniciativa. Ocorre que a própria Constituição Federal, conforme demonstrado em capítulo anterior, permite o tratamento distinto de produtos e serviços que beneficiem o meio ambiente.

Essa política de conceder incentivos tributários a automóveis que poluem menos ainda é incipiente, pois tais veículos continuam a poluir o globo terrestre. O governo deveria conscientizar a população, por meio de uma educação ambiental, a consumir da forma mais ambientalmente adequada.

Ocorre que, para o nível de desenvolvimento social do Brasil, tal pensamento ainda é extremamente utópico e, nesse sentido, traz-se a lição do filósofo e economista Franz Josef Hinkelammert, que, recorrendo ao pensamento de Karl Popper, deixa claro que não há como realizar um planejamento perfeito, pois se está tratando do ser humano e, em consequência, cada pessoa age de determinada maneira.[187]

Logo, por mais que sejam estabelecidas políticas públicas de tributação ambiental, não há como assegurar, com toda certeza, uma perfeita previsão dos resultados positivos, mas tão somente uma previsão. Ora, compreende-se, então, que "o que é impossível é apenas o planejamento perfeito, tal como é analisado o modelo e a teoria do planejamento perfeito".[188] No entanto, isso não impede, de modo algum, a realização de planejamento em matéria de políticas públicas, tendo como objetivo a preservação do meio ambiente.

Decorre desse aspecto a importância de observar modelos de políticas públicas que obtiveram êxito em países estrangeiros e tentar adaptá-las à realidade brasileira.

(...)
VI - defesa do meio ambiente, inclusive mediante tratamento diferenciado conforme o impacto ambiental dos produtos e serviços e de seus processos de elaboração e prestação.

[187] Ele poderia ser resumido na tese de que toda ação social humana é limitada pelo fato de que o conjunto de conhecimentos humanos não é centrado em uma só cabeça ou instância. Assim, é impossível o conhecimento perfeito de todos os fatos da relação social humana interdependente. Essa impossibilidade vale tanto para cada homem como para qualquer grupo humano e, por conseguinte, para toda instituição humana (*Crítica à razão utópica, op. cit.*, p. 170).

[188] *Ibidem*, p. 182.

2.3 O meio ambiente e as políticas públicas

Quando se trata de meio ambiente, observa-se que ele possui várias vertentes, podendo-se estabelecer uma política pública para as águas, para os resíduos sólidos, para o ar, entre outros. Referiu-se, anteriormente, que o saneamento básico no Brasil estaria estritamente atrelado à questão da política pública da água. Eis que os problemas ambientais se interconectam.

Ora, um determinado local que possui uma excelente política pública de águas saberá, por exemplo, o que fazer com a água utilizada, inclusive reciclando-a para utilização em outros locais.

A Lei nº 12.305, de 02 de agosto de 2010, que instituiu a Política Nacional de Resíduos Sólidos, é clara em diversos momentos sobre a implementação da utilização de normas tributárias indutoras, por meio de incentivos tributários, com o objetivo de alcançar a sustentabilidade.

Só para elucidar, cita-se como um dos princípios da Política Nacional dos Resíduos Sólidos a chamada "ecoeficiência" quando a lei discorre, em seu artigo 6º, V, que ela seria "(...) a compatibilização entre o fornecimento, a preços competitivos, de bens e serviços qualificados que satisfaçam as necessidades humanas e tragam qualidade de vida e a redução do impacto ambiental e do consumo de recursos naturais a um nível, no mínimo, equivalente à capacidade de sustentação estimada do planeta". E, em outro momento, a referida lei dispõe que um dos instrumentos da Política Nacional de Resíduos Sólidos serão "(...) os incentivos fiscais, financeiros e creditícios".

Além disso, essa lei também é importante por prever a realização de audiências e consultas públicas (artigo 15, parágrafo único), atendendo de forma eficiente ao princípio da democracia na forma de democracia participativa, que, conforme mencionado, é um dos pilares para a implementação de políticas públicas de meio ambiente.

Por fim, no tocante à Lei nº 12.305/2010, há previsão expressa quanto à possibilidade da União, dos Estados, do Distrito Federal e dos Municípios poderem instituir normas de incentivos tributários para fornecer a sustentabilidade ambiental.[189] Cabe, a partir deste momento,

---

[189] Art. 44. A União, os Estados, o Distrito Federal e os Municípios, no âmbito de suas competências, poderão instituir normas com o objetivo de conceder incentivos.fiscais, financeiros ou creditícios, respeitadas as limitações da Lei Complementar nº 101, de 4 de maio de 2000 (Lei de Responsabilidade Fiscal), a:
I - indústrias e entidades dedicadas à reutilização, ao tratamento e à reciclagem de resíduos sólidos produzidos no território nacional;

instrumentalizar a referida lei, tornando-a eficaz, e não somente em termos de eficácia jurídica, mas, sim, de uma eficácia socioambiental, pois, por meio de políticas públicas do meio ambiente, algumas desigualdades sociais poderão ser reduzidas.

De sorte que muitas leis e instrumentos normativos na área tributária deverão surgir com o intuito de regular a nova Lei de Política Nacional de Resíduos Sólidos. É evidente que tais leis devem seguir os ditames constitucionais, sob pena de serem consideradas inconstitucionais e, portanto, inexistentes no ordenamento jurídico. Logo, tais leis devem obedecer aos princípios constitucionais tributários, pois, ainda que as referidas leis tenham uma função evidentemente extrafiscal – aspecto que será analisado posteriormente –, elas devem obedecer a princípios como da legalidade, da anterioridade e da irretroatividade, todos aqueles que pautam a chamada segurança jurídica.[190]

2.4 Exemplos de políticas públicas europeias e possíveis modelos para o Brasil

A propósito da Lei nº 12.305/2010, a Lei Nacional de Resíduos Sólidos, se realizado um breve comparativo do desenvolvimento de políticas públicas, no que atine aos resíduos sólidos, no Brasil e na Europa, verificar-se-á que o Brasil ainda precisa, necessariamente, implementar tal política pública, não bastando uma lei que apresente tão só diretrizes gerais.

Quando se fala em resíduos sólidos, é necessário fazer uma digressão à obra de Frijot Capra, cujo pensamento é brilhante ao elucidar que, na natureza, não há produção de qualquer tipo de resíduo, uma vez que ela é cíclica, enquanto que o processo industrial é linear.[191] Diante

---

II - projetos relacionados à responsabilidade pelo ciclo de vida dos produtos, prioritariamente em parceria com cooperativas ou outras formas de associação de catadores de materiais reutilizáveis e recicláveis formadas por pessoas físicas de baixa renda;
III - empresas dedicadas à limpeza urbana e a atividades a ela relacionadas.

[190] Vale dizer que, a par da Legalidade, o elenco da Segurança do Direito é completado quase à perfeição pela Irretroatividade e pela Anterioridade, aquela voltada para trás, esta de olhos postos à frente (VIEIRA, José Roberto. Medidas provisórias tributárias e segurança jurídica: a insólita opção estatal pelo "viver perigosamente". In: BARRETO, Aires Fernandino *et al. Segurança jurídica na tributação e estado de direito*, p. 325).

[191] O primeiro princípio do projeto ecológico é que "os resíduos são alimentos". Hoje em dia, um dos fatos que opõem a economia à ecologia é que os ecossistemas da natureza são cíclicos, ao passo que nossos sistemas industriais são lineares. Na natureza, a matéria circula

do fato de que as empresas produzem resíduos, a solução ambiental seria transformar o seu processo produtivo em um processo cíclico, em analogia ao que ocorre na natureza.

Nesse aspecto, a ciência do direito tributário contribui para elaborar uma política pública distinta no que tange à utilização de resíduos como insumos; e, caso houvesse um tratamento especial para esses insumos, poder-se-ia, por exemplo, no âmbito do princípio da não cumulatividade do IPI, fazer a distinção, estimulando o processo produtivo pela preferência na utilização de resíduos advindos de um processo de reciclagem.

Retornando à Lei nº 12.305/2010, ela fornece linhas gerais no que concerne aos resíduos sólidos, mas não chega a detalhar, de fato, como seria tratada, por exemplo, a questão das embalagens, num típico exemplo. Na Alemanha, para ilustrar, relata Tulio Rosembuj, há, desde a década de noventa, uma ambiciosa lei que prevê a responsabilidade por aquele que produz as embalagens.[192] [193]

É de conhecimento notório o impacto ambiental que uma embalagem de plástico possui, e poderia haver a previsão de um incentivo ao recolhimento das embalagens de plástico mediante uma tributação distinta na utilização de uma embalagem retornável e de uma nova embalagem.

---

continuamente, e por isso o saldo total de resíduos gerados pelos ecossistemas naturais é zero. As empresas humanas, por outro lado, usam recursos naturais, transformam-nos em produtos e resíduos e vendem esses produtos aos consumidores, que jogam fora mais resíduos depois de usar os produtos.

O princípio de que "os resíduos são alimentos" significa que todos os produtos e materiais fabricados pela indústria, bem como os subprodutos gerados no processo de manufatura devem, em algum momento, servir para nutrir alguma outra coisa. Uma empresa sustentável estaria inserida numa "ecologia das empresas", na qual os subprodutos de uma empresa seriam os recursos de outra. Num sistema industrial sustentável, a produção total de uma empresa – seus produtos e "resíduos" – seria considerada como um conjunto de recursos que circulam dentro do sistema (*As conexões ocultas...*, *op. cit.*, p. 242).

[192] *Alemania ha puesto en marcha por primera vez una legislación ambiciosa que ha inspirado a las reglamentaciones europea y francesa. La Ordenanza Töpfer adoptada en junio de 1991 establece la obligación de recogida y reciclaje del conjunto de envases por el que los pone en el mercado. Las colectividades territoriales son libres de cualquier tipo de responsabilidad, que recae sobre los fabricantes y distribuidores desde la puesta en circulación de la mercancía* (*Los tributos y...*, *op. cit.*, p. 129).

[193] José Marcos Domingues de Oliveira retrata, em sua obra, um sistema similar: "Depósitos-retornos" são mecanismos através dos quais uma parte do preço de mercadorias descartáveis é restituída aos consumidores. Como instituto eclético, pode ser regulamentado como um sobre-preço privado (submetendo-se ao Direito Comercial consumerista), ou como um imposto, que, quando devido, é restituído, no caso de aquisições de itens recicláveis, operando como um incentivo fiscal e sujeitando-se ao Direito Tributário (*Direito tributário e meio ambiente*, p. 10).

É certo que processos de reciclagem envolvem uma nova tecnologia e, portanto, algumas vezes, produtos reciclados acabam tendo um custo maior do que o de produtos não recicláveis, o que faz com que, em países ainda em etapa de desenvolvimento, como o Brasil, onde, em geral, as escolhas são realizadas em função de um menor preço, as pessoas acabem consumindo produtos que possuem um maior impacto ambiental por mais que elas desejem consumir um produto menos impactante.

O Direito Tributário trabalharia, por meio da extrafiscalidade, como um instrumento redutor de custos, pois beneficiaria, no caso, as chamadas externalidades positivas. Se uma empresa que produz um determinado produto e a referida embalagem de plástico do produto recolhesse, obrigatoriamente, a embalagem, tornando-a retornável, haveria uma enorme redução de custo ambiental, pois essa embalagem não seria descartada no meio ambiente, mas reutilizada e, a longo prazo, o ambiente seria beneficiado, desde que é sabido que uma embalagem de plástico leva em média 400 anos para se decompor.[194]

Outra alternativa, também, seria que a referida embalagem fosse matéria-prima em outra indústria, tornando, assim, o processo cíclico, como ocorre na natureza.

Nos dois casos, o direito tributário poderia desempenhar um papel extrafiscal, tratando os insumos utilizados no processo industrial de modo distinto, desonerando-os a fim de que os produtores tentassem fazer com que as embalagens fossem retornáveis, com postos de coletas ou, alternativamente, que tal tipo de embalagem fosse considerado matéria-prima para outro tipo de produto. Nesse sentido, importante é a lição de Betina Treiger Grupenmacher:

> É fato que, quer no Direito brasileiro quer no português, e ainda em vários outros sistemas, em especial nos Estados essencialmente democráticos, a criação de formas desonerativas da carga tributária tem como objetivo preponderante realizar propósitos estatais de ordem econômica, tendentes a regular uma dada política monetária, comercial ou industrial, razão pela qual a doutrina, ao enfrentar o tema, costuma centralizar suas preocupações sobre a renúncia fiscal que representam, buscando formular conclusões em relação à sua legitimidade e validade.[195]

---

[194] Disponível em: <http://dgi.unifesp.br/ecounifesp/index.php?option=com_content&view=article&id=16&Itemid=11>. Acesso em: 10 dez. 2012.

[195] Das exonerações tributárias: incentivos e benefícios fiscais. In: GRUPENMACHER, Betina Treiger *et al. Novos horizontes da tributação*: um diálogo luso-brasileiro, p. 11.

A desoneração seria uma forma de incentivar o processo de reciclagem, estando em consonância com um dos objetivos da Constituição Federal, que é o de manter um meio ambiente ecologicamente equilibrado, previsto no artigo 225.[196] O meio ambiente é um dos fundamentos legitimadores de incentivos como esse:

> Os benefícios e incentivos fiscais devem ser reconhecidos como instrumentos idôneos, sobretudo, quando, buscam a redistribuição da carga tributária, o desenvolvimento econômico e social, a promoção do bem estar familiar e a preservação do meio ambiente e de suas riquezas.[197]

É um caso, inclusive, de o produto estar sendo tributado duas vezes, pois ele foi tributado quando elaborado e utilizado originalmente e, depois, ao retornar para a cadeia produtiva, merecendo um tratamento específico na esfera da não cumulatividade.

O Estado estaria intervindo na ordem econômica e tentando, por meio de uma desoneração tributária, privilegiar o meio ambiente. É para isso que a Lei nº 12.305/2010 prevê, em seu artigo 8º, IX, " (...) o incentivo fiscal, financeiro e creditício (...)" como um instrumento da Política Nacional dos Resíduos Sólidos.

Há uma proposta de emenda à Constituição Federal, por exemplo – PEC nº 1, de 2012 [198] –, que prevê um novo caso de imunidade tributária e que seriam os produtos elaborados preponderantemente com insumos provenientes de reciclagem ou de reaproveitamento. A referida proposta de emenda tem como objetivo a imunidade de IPI, ICMS, Imposto de Importação (II) e Imposto de Exportação (IE) que atinjam operações com bens oriundos de um processo em que se utilize algo que provenha de reciclagem. A proposta demonstra, claramente, como auxiliaria o meio ambiente:

> O meio ambiente está poluído pelo lixo moderno. Por exemplo, garrafas PET boiam nos rios e lagos brasileiros. Se fossem destinadas à reciclagem, seriam moídas e o floco transformado sucessivamente em fibra, fio e vestuário. Hoje, incide ICMS em todas as etapas dessa cadeia

---

[196] Art. 225. Todos têm direito ao meio ambiente ecologicamente equilibrado, bem de uso comum do povo e essencial à sadia qualidade de vida, impondo-se ao Poder Público e à coletividade o dever de defendê-lo e preservá- lo para as presentes e futuras gerações.

[197] BETINA TREIGER GRUPENMACHER, Das exonerações tributárias..., *op. cit.*, p. 13.

[198] PEC nº 1 de 2012. Disponível em: <http://www.senado.gov.br/atividade/materia/getPDF. asp?t=114171&tp=1>. Acesso em: 13 jul. 2013.

de produção. Se a venda do fio de poliéster oriundo de reciclagem fosse desonerada de ICMS, aumentaria a demanda por garrafas PET descartadas. Haveria um estímulo à coleta de garrafas PET, seguramente mais eficaz à proteção do meio ambiente do que ações decorrentes somente da consciência ecológica do consumidor.[199]

Se tal proposta for adequadamente analisada, não haverá qualquer tipo de problema à sua entrada no ordenamento jurídico, pois amplia o rol de direitos e garantias fundamentais do cidadão, desde que dispor de um meio ambiente saudável está intimamente ligado ao princípio da dignidade da pessoa humana.

A Espanha, por exemplo, possui ampla política pública no que concerne à gestão dos resíduos sólidos e seu reflexo nas águas. A gestão das águas e o seu tratamento serão mais bem analisados posteriormente. Neste momento, é importante fixar algumas premissas básicas a fim de estabelecer um quadro comparativo e observar em que nível de desenvolvimento se encontra o Brasil.

A política tributária espanhola faz todo um estudo do resíduo sólido, e o Estado programa políticas públicas para a sua reciclagem. Entende-se, por exemplo, que os resíduos sólidos podem ou não ter valor comercial, e não cabe presenciar o seu desperdício. Eles podem ser classificados de três modos: podem ser considerados produtos, podem ser convertidos em insumos e podem, também, ser considerados fontes de energia.[200]

Há, no caso, uma chamada bolsa de resíduos que administra essa questão. A tributação seria mediante taxa, pois o Estado estaria prestando um serviço público tanto na coleta seletiva quanto na própria coleta de lixo. Os espanhóis entendem que a chave para o sucesso seria uma associação entre o serviço de recolhimento e a quantidade de lixo produzido pelo cidadão.[201] A partir de tal associação, a própria sociedade, conscientizada, produziria menos lixo.

---

[199] PEC nº 1 de 2012. Disponível em: <http://www.senado.gov.br/atividade/materia/getPDF. asp?t=114171&tp=1>. Acesso em: 13 jul. 2013.

[200] *Los residuos no tienen por qué ser desperdicios. En efecto, depende de su aprovechamiento económico o no.*
a) Pueden seguir siendo «productos» se los reutilizamos.
b) Pueden convertise en «materiales» aprovechables si los reciclamos o transformamos;
c) Pueden ser una «fuente de energía» si los utilizamos con este fin (ROSEMBUJ, Tulio. *Los tributos y…, op. cit.,* p. 192).

[201] *La clave sería la de establecer una vinculación extrema entre el servicio de recogida y la cantidad de residuo arrojada, cuyo coste es cero o aparece disimulado en otros tributos locales, que no sólo no afectan directamente al contribuyente, sino que tampoco varían en proporción a la cantidad de RSU generado (Ibidem,* p. 195. Nota explicativa: RSU significa *residuos sólidos urbanos*).

Na Galícia, por exemplo, que representa 5% do PIB espanhol, abrigam-se 25% de toda a energia renovável da Espanha, que tem sido muito estimulada pelo seu governo.[202]

No Brasil, ainda não existe tal preocupação em relação à taxa de coleta do lixo, e ela é cobrada, em geral, por um valor fixo, a despeito de sua evidente inconstitucionalidade. No município de Curitiba, por exemplo, existem dois valores fixos, um para imóveis residenciais e outro para imóveis comerciais,[203] o que demonstra uma total discrepância ambiental, pois, se o imóvel comercial reciclar e não produzir tanto lixo, será tributado em um valor maior.[204] Há, pois, uma dissonância quanto à função extrafiscal da taxa de coleta do lixo.

Alegar que políticas públicas ambientais seriam um fator de impedimento econômico e tornariam o país com um nível de concorrência menor é um argumento que não possui mais justificativa. O professor Tulio Rosembuj discorre sobre a reforma fiscal na Suécia, onde, efetivamente, a tributação ambiental teve os efeitos mais notáveis, e afirma que, em momento algum, teve seu grau de competitividade prejudicado.[205] Ao revés, o país corrigiu ao mesmo tempo comportamentos prejudiciais ao meio ambiente e as distorções da economia de mercado.

---

[202] *Sin que se haya de atribuir al impuesto el mayor protagonismo del fenómeno, lo cierto y verdad es que el desarrollo de las energías renovables en Galicia ha sido extraordinario en los últimos años. Representando esta región en torno al 5% del PIB, concentra el 25% de toda la energía renovable instalada en España, lo que ha comportado que sea una de las zonas del territorio nacional con menor incremento de emisiones en la última década (28,95%) –aun por encima de las previsiones del Protocolo de Kyoto– siendo una de las regiones del mundo que más kilovatios de energía eólica produce, con una previsión para el 2010, al ritmo de crecimiento actual, de nutrir el 60% de su sistema con este tipo de energías. Las emisiones de carburos perfluorados (PFC) de la fábrica de San Ciprián, por ejemplo, se han reducido una enormidad desde la entrada en vigor del impuesto, pasando de más 700.000 toneladas de dióxido de carbono (CO²) equivalente en 1995 a menos de 100.000 toneladas en la actualidad* (VALDÉS, José Andrés Rozas. Riesgo de contaminar y tributos autonómicos. *Quincena Fiscal*, n. 2, p. 5).

[203] O valor é de R$196,00 para imóvel residencial e de R$336,00 para imóvel comercial. Disponível em: <http://www.curitiba.pr.gov.br/conteudo/iptu-calculo-secretaria-municipal-de-financas/375>. Acesso em: 12 dez. 2012.

[204] A taxa fixa desatende sempre à exigência constitucional de base de cálculo e aos princípios constitucionais da capacidade contributiva e da igualdade.

[205] *La reforma fiscal en Suecia demuestra que la tributación ambiental puede ser un componente válido del sistema tributario ordinario, corrigiendo, al mismo tiempo, los comportamientos perjudiciales al ambiente y las distorsiones que suponen las externalidades en la economía de mercado* (*Los tributos y...*, *op. cit.*, p. 115).

2.5 A tributação ecológica e a concorrência

Pode-se, eventualmente, deparar com a argumentação de que a tributação ecológica seria um obstáculo à concorrência.[206] Isso é falacioso, pois, nos países nórdicos, por exemplo, onde se observa que, efetivamente, a tributação ecológica encontrou um campo mais profícuo e eficiente, não houve qualquer perda de competitividade.[207]

Em vez do que parece ser uma perda de competitividade, a intervenção na ordem econômica, por meio da tributação ambiental, é uma maneira de proteger a produção por um período maior, uma vez que é necessária a existência de recursos naturais no processo produtivo. Sem água, por exemplo, não há como produzir. Assim, mais do que qualquer tipo de argumentação no sentido de que a introdução de tributos ecológicos ocasionaria perda de competitividade, deve-se ter em mente que é uma proteção para o futuro dos processos industriais, que necessitam de matéria-prima para que possam acontecer.

A intervenção na ordem econômica é providência que, em muitos momentos, se apresenta como necessária à manutenção da própria economia, pois tenta corrigir mercados que produzem desigualdades e falhas, como ocorre com a própria economia da natureza, que é utilizada com uma lógica própria e que se encontra em evolução. Nesse sentido, intervir na ordem econômica por meio da tributação ambiental, tentando corrigir o próprio mercado, que produz externalidades, não afeta a concorrência, já que tenta corrigir o mercado, preservando-o.[208]

---

[206] Interessante registrar uma definição simples e clara de concorrência: "Por concorrência entende-se toda a ação de disputa saudável por espaço em determinado mercado relevante realizada entre agentes competidores entre si" (FIGUEIREDO, Leonardo Vizeu. *Lições de Direito Econômico*, p. 187).

[207] Ademais, a jurista lusitana Claudia Alexandra Dias Soares esclarece que seu funcionamento ocorre até de forma melhor em mercados de concorrência perfeita: "Os impostos ambientais, em concreto, realizam melhor os seus fins nos casos em que o mercado opera em concorrência perfeita. Contudo, a realidade não é composta apenas por esta espécie de estrutura institucional. Na verdade, numerosas indústrias poluentes apresentam uma feição concentrada. O sector público, *e.g.*, assume, não raras vezes, a forma monopolística ou oligopolística e é responsável por um montante considerável de emissões poluentes" (*O imposto ecológico...*, *op. cit.*, p. 586-587).

[208] As externalidades serão aprofundadas posteriormente, mas é importante a noção de que são vislumbradas como distorções do mercado e, portanto, situações em que é necessária a intervenção do Estado: "Por conseguinte, devido à falha do mercado, em sendo tais externalidades negativas por sua própria natureza, não integrantes do conjunto de elementos que influenciam nas tomadas de decisão por parte das unidades poluidoras – que não são afetadas diretamente em seus custos – dificilmente serão por estas evitadas" (TUPIASSU, Lise Vieira da Costa. *Tributação ambiental...*, *op. cit.*, p. 69).

O mais interessante é que a defesa do meio ambiente, na Constituição Federal, inclusive com tratamento distinto conforme o impacto ambiental, possui referência explícita no capítulo da Ordem Econômica, havendo, portanto, uma autorização expressa do ordenamento jurídico, presumindo-se, pois, não haver abalo na concorrência. A mesma linha segue a doutrinadora Lise Vieira da Costa Tupiassu, que relata:

> Debates surgem em função das conseqüências da tributação ambiental quanto aos efeitos concorrenciais do mercado, sobretudo internacional. De um lado, teme-se que as indústrias poluentes optem por se instalarem em outros países. Por outro, temem-se os impactos prejudiciais do aumento da carga tributário-ambiental sobre as empresas que exportam em larga escala, com uma estrutura naturalmente poluente. Contudo, segundo as análises iniciais da OCDE, os impactos concorrenciais das políticas ecofiscais não diferem daqueles ocasionados pelo sistema de regulação, sobretudo se a introdução da tributação ambiental vier no contexto de um processo de Reformal Fiscal, capaz de balancear o sistema fiscal sem necessariamente prejudicar a produção. Além disso, eventuais efeitos concorrenciais são também desejáveis, pois através deles será possível compelir a indústria a adotar processos produtivos ecologicamente equilibrados.[209]

Assim, essa justificativa para não implementar uma tributação ambiental não condiz com a realidade dos fatos, mas, ao contrário, é discurso falacioso, pois deixar de preservar o meio ambiente é destruir, no futuro, os recursos naturais que dão suporte à própria economia. Ora, sem a natureza, não há vida, não há economia e nem qualquer tipo de processo produtivo.

É claro que haverá uma transformação econômica com a implementação de tributos ambientais, mas uma transformação adaptável, ao longo do tempo, e que não produzirá perda de competitividade, mas, isso sim, a sua alteração.

Além disso, não impor limites à utilização dos recursos naturais seria conceder tratamentos iguais a empresários que possuem posturas diferençadas em face do meio ambiente. O papel do Estado, como regulador das externalidades de mercado, é fundamental, inclusive para garantir a livre concorrência.

---

[209] *Ibidem*, p. 110.

Humberto Ávila, ao retratar a neutralidade no âmbito da tributação, linha teórica à qual não se filia o presente trabalho por entender que os tributos possuem efeitos na ordem econômica, não se apresentando de forma neutra, defende a conjugação do aspecto neutro com a livre concorrência.[210] Ora, a linha de pensamento do jurista é, em um primeiro momento, que, no que se refere ao dever de neutralidade, "(...) o ente estatal pode ser obrigado a reconstruir a igualdade daqueles contribuintes que eram descritivamente iguais, mas que, com a tributação, ficaram em situação fática desigual";[211] ou, em um segundo momento:

> (...) o ente estatal pode ser obrigado a valorizar a igualdade da tributação para manter a igualdade daqueles contribuintes que não eram descritivamente iguais, mas, que, com a tributação, ficaram em situação igual. Nessa conjuntura, a tributação deve servir de instrumento para garantir a equalização dos elementos necessários ao livre exercício da concorrência.[212]

No aspecto da tributação ambiental, a visão seria no segundo sentido, pois há empresários com posturas muito distintas diante do meio ambiente, desde que alguns já atingiram uma consciência ética em relação ao meio ambiente e, portanto, no processo produtivo, acabam possuindo um ônus econômico maior por alocar, na sua produção, o custo ambiental, cabendo, então, aos prejudicados por proteger o ambiente um tratamento regulador por parte do Estado no sentido de tornar iguais os que são faticamente desiguais, protegendo o exercício da livre concorrência.

---

[210] *Teoria da igualdade tributária*, p. 101-102.
[211] *Ibidem*, p. 101.
[212] *Ibidem*, p. 102.

PARTE II

MOMENTO JURÍDICO: DOS PRINCÍPIOS E DOS TRIBUTOS ECOLÓGICOS

CAPÍTULO 1

PRINCÍPIOS DO DIREITO AMBIENTAL

Cada dia a natureza produz o suficiente para nossa carência. Se cada um tomasse o que lhe fosse necessário, não havia pobreza no mundo e ninguém morreria de fome.[213]

(GANDHI, Mahatma)

1.1 Aspectos gerais

Os princípios possuem uma importância fundamental no ordenamento jurídico, sendo que sofreram algumas transformações quanto ao seu critério de valoração ao longo dos anos, tendo em vista que, à luz do direito natural, eram efetivamente considerados, enquanto que, no positivismo, estiveram abaixo das regras na escala de valoração.[214]

Na esteira da evolução dos princípios, após algumas modificações, eles tomaram um vulto de grande importância para o ordenamento

---

[213] Disponível em: <http://pensador.uol.com.br/frase/MzU5/>. Acesso em: 15 maio 2014.

[214] No que se refere ao jusnaturalismo, é de se preservar a importância que tal escola dispensa aos princípios jurídicos, mas não a ponto de serem considerados como verdades imutáveis, como dogmas; ao contrário como institutos "em integração" (...) Do pensamento positivista, extrai-se, como fator a ser considerado e mantido, a possibilidade de seu ingresso na órbita jurídica positiva, o que faz com que sejam trabalhados não mais da forma como se faz pelo prisma do Direito Natural; verdades absolutas imutáveis e inacessíveis à crítica. Contudo, nesta corrente, não são reconhecidos como Direito, pois o papel a eles destinado (visto que ainda são considerados, nesta perspectiva, apenas como princípios gerais do Direito), demonstra inferioridade hierárquica frente às regras, o que implica a sua quase inutilidade jurídica (...) (BERBERI, Marco Antonio Lima. *Os princípios na teoria do Direito*, p. 66-67).

jurídico na atualidade, uma vez que são as vigas-mestras do chamado edifício jurídico e sem as quais não haveria modo de mantê-lo erguido.[215] Esse é um dentre os vários sentidos semânticos atribuídos à expressão e será aquele ao qual o presente trabalho se filiará.

Ademais, os princípios são dotados de uma carga valorativa intensa, que, no momento de reaproximação do direito com a ética, é de suma importância; contudo, necessitam de positivação. Nesse contexto, a doutrina de Ricardo Lobo Torres elucida:

> Os princípios compartilham com os valores das características da generalidade e da abstração, mas com menor intensidade. Enquanto os valores são idéias absolutamente abstratas, supraconstitucionais e insuscetíveis de se traduzirem em linguagem constitucional, os princípios se situam no espaço compreendido entre os valores e as regras, exibindo em parte a generalidade daqueles e a concretude das regras. Os princípios podem ingressar no discurso constitucional, representando um primeiro estágio de concretização dos valores; mas, se estiverem ausentes da escritura constitucional, nem por isso perderão os atributos característicos.[216]

Os princípios estão inseridos no ordenamento jurídico, apresentando várias funções. Eles oferecem, como um de seus papéis primordiais, a interpretação do texto positivado. Para além disso, os princípios, segundo Ronald Dworkin, quando entram em contradição, são aplicados pelo método da ponderação, enquanto que "as regras são aplicáveis à maneira do tudo-ou-nada", apresentando, assim, maior maleabilidade.[217] Diversa desse posicionamento é a visão do jurista brasileiro Humberto Ávila, para o qual os princípios e as regras demandam ponderação, trazendo um critério hermenêutico à visão de Ronald Dworkin.[218]

---

[215] Roque Antonio Carrazza opina no mesmo sentido: "Por igual modo, em qualquer Ciência, 'princípio' é começo, alicerce, ponto de partida. Pressupõe, sempre, a figura de um patamar privilegiado, que torna mais fácil a compreensão ou a demonstração de algo. Nesta medida, é, ainda, a 'pedra angular' de qualquer sistema" (*Curso de Direito Constitucional Tributário*, p. 37).

[216] *Valores e princípios...*, *op. cit.*, p. 21-22.

[217] *Levando os direitos a sério*, p. 39.

[218] O essencial, de tudo quanto se acaba de afirmar, é o seguinte: dizer que tanto as regras quanto os princípios exigem um processo discursivo e argumentativo de sopesamento de razões não é igual a afirmar que as regras e os princípios se submetem ao mesmo processo discursivo e argumentativo de sopesamento de razões. Nesse ponto, ressalta-se novamente um ponto que, ao longo da obra, é objeto de insistência: o tipo de ponderação

Humberto Ávila realiza um estudo aprofundado dos princípios, motivado pela forma como as teorias de Ronald Dworkin e de Robert Alexy foram recebidas pela doutrina nacional, pois foram recepcionadas de forma acrítica e, em muitos momentos, tal falta de crítica deu margem à insegurança jurídica.

Os princípios são elementos nucleares para a interpretação constitucional, possuindo, conforme mencionado, uma importância relevante, confirmada pela explicação de Eros Roberto Grau:

> Complexidade e gravidade da interpretação constitucional, no entanto, maiores se tornam em razão da circunstância de, além de os princípios serem tomados como critério dominante para ela – a interpretação –, comporem-se também como objeto da interpretação.[219]

Os princípios estão presentes no próprio texto constitucional e devem direcionar também a interpretação das outras regras e dos próprios princípios. No presente trabalho, a conjugação com os princípios é uma tarefa fundamental, pois, quando se trata de direito tributário ambiental, há uma interseção evidente entre o direito tributário, o direito ambiental e, por fim, o direito econômico. Nesse sentido, os princípios são os vetores axiológicos e as diretrizes para a elaboração de políticas públicas com a total observância dos valores constitucionais. José Andrés Rozas Valdés é, também, partidário da mesma ideologia, entendendo que os princípios do direito tributário não são suficientes para as questões de meio ambiente, devendo seu estudo ser aliado aos do direito ambiental.[220]

Iniciou-se o presente trabalho tentando trazer à tona a questão da interdisciplinaridade, ou seja, deixou-se claro que estudar tributação ambiental é ser guiado pelos caminhos da ética, uma vez que é tema novo e *"de lege ferenda"* no direito brasileiro. Ademais, os princípios

---

e de justificação é distinto na aplicação as regras e dos princípios, como será adiante demonstrado (*Teoria dos princípios*: da definição à aplicação dos princípios jurídicos, p. 64-65).

[219] *A ordem econômica...*, *op. cit.*, p. 152.

[220] *El fundamento medioambiental de todos ellos, y su carácter autonómico, obliga a tener bien presente en su configuración e interpretación, no sólo los principios constitucionales de naturaleza estrictamente tributaria –capacidad económica, progresividad, generalidad– sino, también, los que formulados en referencia a la ordenación del Medio ambiente –quien contamina paga, cautela, prevención– o la distribución de competencias entre distintas entidades territoriales –suficiencia, autonomía, subsidiariedad– complementan el contenido de los primeros cuando con estos últimos coinciden en la ordenación y aplicación de estos particulares tributos* (*Riesgo de contaminar ...*, *op. cit.*, p. 4).

estão relacionados aos direitos fundamentais, bem como a tributação ambiental, e, segundo Robert Alexy, quando se estudam temas adstritos aos direitos fundamentais, torna-se essencial o estudo de tal matéria.[221] Ainda segundo os ensinamentos de Humberto Ávila, é importante observar:

> Demonstrar-se-á, de um lado, que os princípios não apenas explicitam valores, mas, indiretamente, estabelecem espécies precisas de comportamentos; e, de outro, que a instituição de condutas pelas regras também pode ser objeto de ponderação, embora o comportamento preliminarmente previsto dependa do preenchimento de algumas condições para ser superado.[222]

O jurista também trouxe a ideia de postulado e esclarece que:

> Os postulados funcionam diferentemente dos princípios e das regras. A uma, porque não se situam no mesmo nível: os princípios e as regras são normas objeto de aplicação; os postulados são normas que orientam a aplicação de outras. A duas, porque não possuem os mesmos destinatários: os princípios e as regras são primariamente dirigidos ao Poder Público e aos contribuintes; os postulados são frontalmente dirigidos ao intérprete e aplicador do Direito. A três, porque não se relacionam da mesma forma com outras normas: os princípios e as regras, até porque se situam no mesmo nível do objeto, implicam-se reciprocamente, quer de modo preliminarmente complementar (princípios), quer de modo preliminarmente decisivo (regras); os postulados, justamente porque se situam num metanível, orientam a aplicação dos princípios e das regras sem conflituosidade necessária com outras normas.[223]

Vale esclarecer que o presente trabalho é extremamente interdisciplinar; assim, há um encontro evidente, por exemplo, entre princípios do direito ambiental e princípios do direito tributário. Nesse sentido, a teoria de Robert Alexy, de que os princípios são mandatos de otimização do sistema, é essencial para conseguir uma programação de políticas públicas.[224] Contudo, há que ressaltar que todas as teorias dos princípios devem ser lidas à luz das considerações críticas de Humberto Ávila.

---

[221] *Teoria de los derechos fundamentales*, p. 81.

[222] *Teoria dos princípios...*, *op. cit.*, p. 29.

[223] *Ibidem*, p. 158.

[224] *Ibidem*, p. 143.

Mais um esclarecimento deve ser realizado, antes de adentrar ao estudo dos princípios eleitos para este trabalho, no que se refere à análise da tributação ambiental, uma vez que nem todos serão apresentados em razão de escolhas realizadas. A própria Constituição Federal deixa claro que um dos fundamentos da ordem econômica é a defesa do meio ambiente, inclusive mediante tratamento distinto conforme o impacto ambiental dos produtos e serviços e de seus processos de elaboração e prestação. Ora, é nesse ponto que o direito tributário se encontra com o direito ambiental, pois o primeiro acaba sendo um instrumento de intervenção na ordem econômica.

A interpretação, concomitantemente, dos princípios de direito ambiental com os princípios de direito tributário é importante para uma correta instrumentalização das políticas públicas de tributação ambiental. Assim, um trabalho hermenêutico há de ser realizado tanto pelo legislador quanto, posteriormente, pelo aplicador do direito.

Tulio Rosembuj enxerga a total relação e convergência entre o direito tributário e o direito ambiental, estabelecendo a interação, em sua doutrina, dos princípios de direito tributário com os princípios do direito ambiental, desde que ambos possuem princípios que têm como fundamento a economia. Nesse sentido: *"En efecto, el mercado debe incorporar en la decisión económica (los precios) el coste ambiental y la ley, en vez de frenar, debe estimular que ello se produzca en toda su plenitud, para que prevalezca la verdad de los costes"*.[225] Tal verdade de custos instrumentaliza-se pelos princípios tanto do direito ambiental como do direito tributário.

É evidente, por exemplo, que o princípio de que "quem contamina paga", que será estudado posteriormente, encontra um fundamento na economia, e o próprio direito tributário o instrumentaliza. No entanto, algumas premissas devem ser tomadas com cuidado a fim de que o princípio, ao ser utilizado, não tome um viés de confiscatoriedade, prejudicando, assim, os ditames constitucionais que vedam a utilização de tributo com efeito confiscatório.

Observados esses aspectos iniciais, passa-se ao estudo dos postulados na trilha aberta por Humberto Ávila.

1.2 Postulados normativos

No que diz respeito aos postulados, importante é que Humberto Ávila os considera como normas de segundo grau, havendo dois tipos

---

[225] *El impuesto ambiental*, p. 50.

de postulados: o hermenêutico e o aplicativo. Para o jurista, "(...) os postulados, justamente porque se situam num metanível, orientam a aplicação dos princípios e das regras sem conflituosidade necessária com outras normas".[226] Como exemplo de postulado hermenêutico, o jurista traz o postulado da coerência, que significa que algo é coerente quando contém consistência e completude.[227]

Já como postulados aplicativos, encontram-se a proporcionalidade, a razoabilidade e a proibição do excesso. Os postulados aplicativos orientam a aplicação dos princípios e regras, convivendo harmonicamente com eles, uma vez que se situam em um plano distinto dos princípios e das regras. Humberto Ávila deixa claro que "a investigação dos postulados normativos inicia-se com a análise jurisprudencial".[228]

No que toca à proibição de excesso, esse postulado "(...) proíbe a restrição excessiva de qualquer direito fundamental". Já no que concerne ao postulado da razoabilidade, "(...) é utilizado na aplicação da igualdade, para exigir uma relação de congruência entre o critério distintivo e a medida discriminatória". E a proporcionalidade possui três exames inerentes: "(...) adequação, necessidade e proporcionalidade em sentido estrito (...)".[229]

Há, ainda, os chamados postulados inespecíficos, como a ponderação, a concordância prática e a proibição de excesso.

O postulado da razoabilidade pode apresentar-se assim: razoabilidade como equivalência, onde há uma harmonização do geral com o individual; e razoabilidade como congruência, onde há uma harmonização das normas com as condições externas de aplicação.[230]

Para aclarar mais ainda os postulados da razoabilidade e da proporcionalidade, importante transcrever a lição de Humberto Ávila:

---

[226] *Teoria dos princípios...*, *op. cit.*, p. 143.

[227] Consistência significa ausência de contradição: um conjunto de proposições é consistente se não contém, ao mesmo tempo, uma proposição e sua negação. Completude significa a relação de cada elemento com o restante do sistema, em termos de integridade (o conjunto de proposições contém todos os elementos e suas negações) e de coesão inferencial (o conjunto de proposições contém suas próprias consequências lógicas) (*Ibidem*, p. 148-149).

[228] *Ibidem*, p. 161. Aqui, importante trazer os caminhos da tópica, pois a análise jurisprudencial encontra similaridade com a tópica em algum sentido: "Seja como for, a contraposição entre o pensamento problemático e o sistemático não se pode reduzir a uma diferença puramente psicológica, inadequada, em qualquer caso, para dar um qualquer esclarecimento sobre a «estrutura da Ciência do Direito», tal como se trata na discussão a tópica" (CANARIS, Claus-Wilhelm. *Pensamento sistemático e conceito de sistema na ciência do Direito*, p. 250-251).

[229] *Ibidem*, p. 167, 161, 170.

[230] *Ibidem*, p. 174, 177.

Com efeito, o postulado da proporcionalidade pressupõe a relação de causalidade entre o efeito de uma ação (meio) e a promoção de um estado de coisas (fim). Adotando-se o meio, promove-se o fim: o meio leva ao fim. Já na utilização da razoabilidade como exigência de congruência entre o critério de diferenciação escolhido e a medida adotada há uma relação entre uma qualidade e uma medida adotada: uma qualidade não leva à medida, mas é critério intrínseco a ela.[231]

No que tange ao postulado da proporcionalidade, deve existir uma relação entre meio e fim devidamente estruturada: "O exame de proporcionalidade aplica-se sempre que houver uma 'medida concreta' destinada a realizar uma 'finalidade'".[232] No âmago da proporcionalidade, há a adequação importante para as tomadas de decisão, sendo que:

> O Supremo Tribunal Federal tem aceito a tese de que a inconstitucionalidade só pode ser declarada quando a norma é "evidentemente" incapaz de atingir a sua finalidade. Com isso, o Tribunal parece inclinar-se por um controle "moderado" de proporcionalidade, como aqui defendido.[233]

Outro fator intrínseco ao postulado em questão é a necessidade, onde habita a análise de meios alternativos ao Poder Legislativo e ao Poder Executivo, sendo que o Poder Judiciário tem o papel de preservar ao máximo o processo democrático, com a tentativa de sempre escolher o melhor meio para promover a finalidade pública.

1.3 Princípio da sustentabilidade

Quando se discorre sobre meio ambiente, políticas públicas e instrumentos para o seu aprimoramento, importante é o conceito de sustentabilidade. Se houver uma internalização efetiva e prática desse conceito, haverá um aprimoramento na gestão pública. No âmbito da tributação, a sustentabilidade seria buscada pelo implemento de tributos ecológicos, com vistas a tributar atividades que utilizem inadequadamente o meio ambiente ou incentivar aquelas que o usem adequadamente por meio dos tributos já existentes, tornando, assim, o processo de produção muito mais sustentável.

---

[231] *Ibidem*, p. 181.
[232] *Ibidem*, p. 184.
[233] *Ibidem*, p. 193.

O princípio da sustentabilidade seria o princípio norteador na esfera da gestão pública, pois todos os procedimentos se devem pautar por tal valor, que se encontra presente na Constituição Federal. Juarez Freitas, em obra sobre sustentabilidade, elucida como ela ocorreria:

> O "global" tem de ser "local", mas a recíproca é verdadeira. Soluções isoladas e provincianas perdem o fio da sistematicidade. É dizer, cuidar da sustentabilidade econômica, por exemplo, não pode ser feito sem o cuidado das vantagens comparativas. Já a sustentabilidade ambiental tem de ser defendida para além das fronteiras. Por sua vez, a sustentabilidade jurídico-política exige adicionais mudanças no plexo normativo, sem ignorar a evidente internacionalização das fontes jurídicas.[234]

Tal princípio surgiu, inicialmente, na Conferência Mundial de Meio Ambiente em 1972, sendo repetido, posteriormente, em outras conferências sobre o meio ambiente.[235] O relatório *Brundtland* ou "Nosso Futuro Comum" foi uma avaliação da Conferência de 1972 liderada pela médica norueguesa Gro Harlem Brundtland, e seu resultado final ocorreu em 1987, reafirmando o conceito de desenvolvimento sustentável e buscando medidas sustentáveis para o futuro.[236]

O norte principal da sustentabilidade é tentar "(...) a coexistência harmônica entre economia e meio ambiente. Permite-se o desenvolvimento, mas de forma sustentável, planejada, para que os recursos hoje existentes não se esgotem ou tornem-se inócuos".[237] Prefere-se o termo "sustentabilidade" em vez de desenvolvimento sustentável, pois, nesta expressão, a dificuldade está em justamente conciliar dois termos que são contraditórios, conforme nos ensina Leonardo Boff:

> Pois o termo desenvolvimento vem do campo da economia; não de qualquer economia, mas do tipo imperante, cujo objetivo é a acumulação de bens e serviços de forma crescente e linear mesmo à custa de iniqüidade social e depredação ecológica. Esse modelo é gerador de desigualdades e desequilíbrios, inegáveis em todos os campos onde ele é dominante.

---

[234] *Sustentabilidade...*, *op. cit.*, p. 268.

[235] Leonardo Boff discorre sobre as origens remotas do termo "sustentabilidade", datando-o pela primeira vez no século XVI (Cf. *Sustentabilidade*: o que é – o que não é, p. 32-34).

[236] *A ONU e o meio ambiente*. Disponível em: <http://www.onu.org.br/a-onu-em-acao/a-onu-e-o-meio-ambiente/>. Acesso em: 07 jul. 2014.

[237] FIORILLO, Celso Antonio Pacheco. *Curso de Direito Ambiental brasileiro*, p. 78-79.

CAPÍTULO 1
PRINCÍPIOS DO DIREITO AMBIENTAL | 111

A sustentabilidade provém do campo da ecologia e da biologia. Ela afirma a inclusão de todos no processo de inter-retro-relação que caracteriza todos os seres em ecossistemas. A sustentabilidade afirma o equilíbrio dinâmico que permite a todos participarem e se verem incluídos no processo global.[238]

Não se concebe mais uma sociedade na qual o desenvolvimento não seja planejado, não seja adequado; a insaciabilidade não é mais permitida; o planeta não comporta mais processos produtivos que prejudiquem e degradem a natureza. Em contrapartida, não se pode frear o desenvolvimento, mas ele deve ser concebido de forma adequada, tendo em vista as gerações presentes e futuras.

Outro fator que deve ser observado é que a sustentabilidade precisa ser efetiva, pois, conforme adverte Leonardo Boff, existe uma falsidade ecológica em determinados processos de produção de realizar o chamado "*greenwash*", ou seja, pintar de verde determinado produto que não é sustentável.[239] O direito tributário, por meio da intervenção do Estado, não permitiria tal fachada, agindo como um instrumento inibidor da referida farsa. Contudo, na programação de determinada política pública, o ciclo produtivo deve ser observado como um todo, pois, conforme adverte o teólogo e ecologista em um exemplo citado, o etanol, considerado como energia limpa, somente é sustentável na boca da bomba de abastecimento, pois todo o processo é destrutivo, desde a utilização de agrotóxicos até a emissão de gases no seu transporte.[240]

Outros princípios do direito ambiental, como do poluidor-pagador, da precaução, da prevenção, nada mais são do que princípios mais estritos que o da sustentabilidade, que visam tornar-lhe concreto. A sustentabilidade:

> (...) significa: o conjunto dos processos e ações que se destinam a manter a vitalidade e a integridade da Mãe Terra, a preservação de seus ecossistemas com todos os elementos físicos, químicos e ecológicos que possibilitam a existência e a reprodução da vida, o atendimento das necessidades da presente e das futuras gerações, e a continuidade, a expansão e a realização das potencialidades da civilização humana em suas várias expressões.[241]

---

[238] Um ethos para salvar a Terra. In: CAMARGO, Aspásia *et al.* (Org.). *Meio ambiente Brasil...*, *op. cit.*, p. 55.

[239] *Sustentabilidade ...*, *op. cit*, p. 9-10.

[240] *Ibidem*, p. 55.

[241] *Ibidem*, p. 14.

O direito tributário encontra um fundamento ético ao propiciar processos que privilegiem a sustentabilidade.

1.4 Princípio do usuário-pagador e do poluidor-pagador

Já destacamos que a utilização dos recursos naturais não deve mais ocorrer de maneira gratuita, conforme se vislumbrou nos últimos anos, e foi em decorrência de tal utilização sem ônus que a natureza foi explorada.

A legislação brasileira – Lei nº 6.938, de 31 de agosto de 1981, a Lei da Política Nacional do Meio Ambiente – prevê, expressamente, em seu artigo 4º, VII, que, ao poluidor ou predador cabe a obrigação de reparar.[242] No Brasil, conforme elucida Clarissa Ferreira Macedo D'Isep, o princípio foi recebido na forma de responsabilidade ambiental objetiva, diferentemente de países com um sistema de controle de poluição maior, que reverteram o princípio em estudo em taxas e tributos.[243] Assim, uma mudança de postura é essencial para um maior controle da poluição.

A utilização gratuita do meio ambiente é identificada por Paulo Affonso Leme Machado como um confisco da propriedade alheia.[244] Além disso, o referido doutrinador deixa claro que tal princípio não é uma punição, importante conceito para o direito tributário, pois é certo que tributo não constitui sanção de ato ilícito e, conforme veremos, é esse ramo do direito que instrumentaliza o princípio em questão.[245] Nesse

---

[242] Art. 4º - A Política Nacional do Meio Ambiente visará:
(...)
VII - à imposição, ao poluidor e ao predador, da obrigação de recuperar e/ou indenizar os danos causados e, ao usuário, da contribuição pela utilização de recursos ambientais com fins econômicos.

[243] Vale ressaltar que os países com ênfase do controle das atividades poluidoras é, na fonte, baseada no sistema *"command-control"*, revelam uma base normativa largamente enriquecida, como é o caso dos sistemas das *"installations classées"*, na França. Daí ter o princípio do poluidor-pagador atuado prioritariamente como "instrumento econômico", dando ensejo ao surgimento de várias taxas e tributos. Já no Brasil o princípio do poluidor-pagador foi recepcionado, em sua essência, como forma de atuar prioritariamente nos efeitos, sendo aplicado de forma harmônica com as normas ambientais, revelando principalmente a conotação de "responsabilidade ambiental objetiva" (*Água juridicamente sustentável*, p. 176).

[244] O uso gratuito dos recursos naturais tem representado um enriquecimento ilegítimo do usuário, pois a comunidade que não usa do recurso ou que o utiliza em menor escala fica onerada. O poluidor que usa gratuitamente o meio ambiente para nele lançar os poluentes invade a propriedade pessoal de todos os outros que não poluem, confiscando o direito de propriedade alheia (*Direito Ambiental brasileiro*, p. 59-60).

[245] *Ibidem*, p. 60.

CAPÍTULO 1
PRINCÍPIOS DO DIREITO AMBIENTAL | 113

sentido: *"Como hemos señalado repetidamente, los tributos ambientales 'no' han de recaer sobre la contaminación prohibida, sino sobre aquel uso de los bienes ambientales que resulta 'tolerado' aunque indeseable"*.[246]

A questão da ilicitude, qual seja a infração administrativa ou penal, cabe tanto ao direito penal quanto ao direito administrativo sancionador, pois, ao direito tributário, somente pode atuar no campo da licitude, já que a hipótese de incidência do tributo não pode constituir sanção de ato ilícito.[247]

O princípio do poluidor-pagador possui um ponto de interseção fundamental com o direito tributário. Paulo Affonso Leme Machado deixa claro que "o investimento efetuado para prevenir o dano ou o pagamento do tributo, da tarifa ou do preço público não isenta o poluidor ou predador de ter examinada e aferida sua responsabilidade residual para reparar o dano",[248] sendo semelhante ao posicionamento de Lise Vieira da Costa Tupiassu, que vislumbra a identidade desse princípio "(...) com o princípio da internalização dos custos da poluição, devendo o poluidor suportar, senão a totalidade, ao menos a maior parte dos gastos advindos dos danos ambientais".[249]

Ora, por mais que haja uma tributação quanto à utilização do bem ambiental, – que, como já observamos anteriormente, não se trata de um bem público, mas de um bem pertencente a toda a coletividade –, tal imposição tributária não exime, em momento algum, a responsabilidade de reparar o dano. É nesse aspecto que se observa que o princípio do poluidor-pagador não atua no campo da ilicitude, mas, sim, no campo do razoável; a ilicitude estaria ligada ao campo do direito penal ambiental. É um princípio que tem como orientação final a intervenção na ordem econômica com a finalidade de corrigir o mercado.

O princípio em questão é um dos principais marcos do Direito Ambiental, sendo inclusive um princípio que acaba acarretando a existência de outros princípios e da própria responsabilização relativa ao meio ambiente:

---

[246] MOLINA, Pedro Manuel Herrera. *Derecho Tributario Ambiental...*, op. cit., p. 97-98.

[247] *Sin embargo, la protección tributaria y la administrativa se mueven en campos diferentes, en cuanto que su regulación pertenece a ordenamientos jurídicos distintos y las formas de evaluación del daño económico son diferentes, lo que hace que coexistan complementándose y salvando así sus deficiencias* (FERNÁNDEZ, María Jesús García-Torres. *Análisis de la protección del medio ambiente...*, op. cit., p. 17). No caso do IPTU progressivo, a norma é indutora do melhor aproveitamento da propriedade urbana.

[248] *Direito Ambiental brasileiro...*, op. cit., p. 61.

[249] *Tributação ambiental...*, op. cit., p. 82.

O PPP, sendo uma directiva da política de prevenção, um princípio conformador do princípio da responsabilidade e um princípio de tributação, está impregnado de uma multifuncionalidade que faz dele o princípio autonomamente estruturante de todo o direito do ambiente", a gênese do princípio da precaução (princípio do potencial poluidor), o princípio material subjacente ao princípio da correcção na fonte (princípio do poluidor-eliminador) e um princípio informador do direito penal e contra-ordenacional (princípio do poluidor-punido). Note-se que este princípio, que é hoje a pedra angular da política comunitária no domínio ambiental, corresponde apenas a uma das vertentes de um dos princípios estruturantes do direito do ambiente, isto é, do princípio da responsabilização.[250]

O poluidor-pagador é referência extremamente forte quando se discorre sobre medidas tributárias ambientais. Tulio Rosembuj, por exemplo, destaca a finalidade do princípio do poluidor-pagador – "*la finalidad del principio contaminador pagador, ya se dijo, es la de internalizar los costes del perjuicio o deterioro ambiental o la prevención de que ello ocurra*"[251] – e tem "(...) como conseqüência um maior cuidado em relação ao potencial poluidor da produção, na busca de uma satisfatória qualidade do meio ambiente".[252] Além da forte relação com o direito tributário, Ricardo Lobo Torres sinaliza no sentido de que o referido princípio está fortemente relacionado ao princípio de justiça, pois evita que a sociedade arque com uma poluição que, determinadas vezes, é causada por um único poluidor.[253]

Conhecido também no direito europeu como o princípio de que "quem contamina paga", ele é uma das diretrizes da OCDE, sendo um princípio jurídico, mas que possui suas bases na economia, pois tem como objetivo internalizar os custos ambientais, ou seja, as externalidades negativas originadas pela poluição e que atingem toda a sociedade.[254] É o direito conjugado com a economia, pois o princípio

---

[250] SOARES, Claudia Alexandra Dias. *O imposto ecológico...*, *op. cit.*, p. 376.

[251] *Los tributos y...*, *op. cit.*, p. 77.

[252] DERANI, Cristiane. *Direito Ambiental...*, *op. cit.*, p. 142.

[253] O princípio do poluidor-pagador sinaliza no sentido de que os potenciais poluidores devem arcar com a responsabilidade pelo pagamento das despesas estatais relacionadas com a precaução e a prevenção dos riscos ambientais. É princípio de justiça porque busca evitar que repercuta sobre a sociedade a obrigação de suportar os custos da sustentação do meio ambiente sadio (*Valores e princípios...*, *op. cit.*, p. 27).

[254] *La OCDE adopta, desde 1972, el criterio de* «*quien contamina paga*». *El agente contaminante debe soportar el costo de las disposicones establecidas para reducir la contaminación decidida por la autoridad pública para asegurar un nivel aceptable del ambiente. En lenguaje de economistas, la pretensión que se persigue es la internalización de los costes sociales derivados de la tutela*

jurídico tem como objetivo internalizar os custos – conceito econômico – e manter a poluição em níveis jurídicos aceitáveis e, principalmente, em níveis ambientais aceitáveis.

Observa-se, no estudo de tal princípio, a própria interseção entre o direito ambiental e o direito tributário, pois, ao contaminar, o indivíduo tem que pagar. Tulio Rosembuj esclarece que "(...) *la gestión eficiente de los recursos ambientales reclama la internacionalización de los costes de prevención, control y daños derivados de la contaminación*".[255] Nesse sentido, o princípio do usuário-pagador nada mais é do que uma gestão eficiente dos recursos naturais, na qual o governo tenta internalizar os custos dos danos derivados do processo de contaminação, protegendo o meio ambiente e atuando de um modo mais justo.

Para Pedro Manuel Herrera Molina: "(...) *el desarrollo del principio 'quien contamina paga' se proyecta sobre el ordenamiento jurídico-financiero y las categorías jurídico-tributarias preexistentes (hecho imponible, base imponible, incentivos fiscales, subvenciones)*".[256] Assim, o princípio pode atuar tanto na esfera do direito financeiro, com incentivos e subvenções, como no âmbito do direito tributário, com a própria instrumentalização por via da tributação. No que concerne a tal aspecto, esclareceremos posteriormente que existem os chamados tributos ecológicos e tributos com elementos ecológicos.

Contudo, cabe lembrar sempre que a finalidade da tributação ambiental não é a arrecadação, mas, sim, a proteção do meio ambiente, atuando, sobremaneira, no campo da extrafiscalidade.[257] Nesse sentido, os tributos ambientais atendem ao chamado princípio do poluidor-pagador, havendo total correlação da tributação ambiental com o princípio em questão.[258]

---

ambiental. Al mismo tiempo, evitar que ello se consiga mediante subvenciones o ayudas públicas. El criterio se aplica en relación al coste de las medidas o disposiciones que se necesitan para manterner una cualidad aceptable del ambiente según las reglas o normas jurídicas adoptadas. Esto supone admitir un cierto nivel de contaminación, actuando el criterio de contaminador pagador en razón de los costes de prevención de cualquier grado de polución que supere dicho nivel fijado (ROSEMBUJ, Tulio. *Los tributos y...*, *op. cit.*, p. 80).

[255] *Ibidem*, p. 47.

[256] *Derecho Tributario Ambiental...*, *op. cit.*, p. 41.

[257] *La finalidad extrafiscal de los tributos ecológicos, por otra parte, no debe estar reñida con la eficacia y efectividad recaudatoria, lo que se trataría es de modificar el arco impositivo que grava a los agentes contaminantes, empresas y particulares, de manera que aquéllos sustituyeran parcialmente la recaudación de los impuestos clásicos (IVA, Sociedades, Especiales, etc.), sin reducción de los ingresos públicos* (RODRÍGUEZ, Baltasar de La Cruz. Notas sobre política y fiscalidad medioambiental. *Quincena Fiscal*, v. III, p. 09).

[258] *Los tributos ambientales responden al principio «quien contamina paga», puesto que no persiguen como finalidad primordial fines recaudatorios. Un tributo medioambiental que pretenda desalentar*

Outra ligação com o direito tributário – que examinaremos mais adiante – é a questão da internalização dos custos e tratamento igualitário, encontrando, portanto, respaldo no princípio da igualdade. A partir do momento em que os custos são cobrados de quem efetivamente causa danos ao meio ambiente, está-se privilegiando o tratamento igualitário, pois nada mais injusto do que aceitar o fato de, por exemplo, um industrial poluir, afetar toda uma comunidade, obter lucros e não responder pela atitude assumida. A falta de cobrança estaria fora dos limites da ética e da justiça tributárias. Nesse viés teórico, encontra-se o doutrinador Tulio Rosembuj:

> El principio contaminador pagador, desde la primera recomendación de la OCDE (1976) amplía cada vez más su ámbito de actuación, para asegurar la plena internalización (igualdad de recursos) de los costes no pagados inducidos por la degradación ambiental. No es sólo identificar al que contamina para que pague, sino la distribución de los costes ambientales entre todos los que usan, disfrutan o explotan los recursos naturales, en coincidencia con la prevención y precaución.[259]

Trata-se de um princípio cujo nível de atuação ocorre diretamente no mercado, pois "este princípio envolve, por excelência, o relacionamento entre as normas de direito econômico e de direito ambiental".[260]

Uma visão mais ampla ainda do princípio do poluidor-pagador, entre nós, encontra-se em José Marcos Domingues de Oliveira, para quem o princípio em questão: "(...) pode realizar-se tanto através do licenciamento administrativo, da imposição de multas, pela determinação administrativa de recuperação ambiental ou de 'medidas compensatórias', como pela cobrança de 'tributos' (...)".[261] Ainda em relação a esse princípio, o professor do Rio de Janeiro retrata a questão do Sistema Nacional de Unidades de Conservação, conhecido como

---

conductas negativas para el medio ambiente tendrá un potencial recaudatorio decreciente a medida que se consiguen los fines ecológicos pretendidos y prevendrá el daño ambiental en la medida en que en su estructura grave a la persona que contamina, aunque en tal caso, podrán gravarse nuevas conductas para incrementar así los niveles de protección ambiental (CÁMARA, Pablo Chico de La; RUIZ, María Amparo Grau; MOLINA, Pedro Manuel Herrera. Incentivos a las energías alternartivas como instrumento de desarrollo sostenible. *Quincena Fiscal*, n. 2, p. 14).

[259] *El impuesto ambiental, op. cit.*, p. 50.

[260] DERANI, Cristiane. *Direito Ambiental..., op. cit.*, p. 144.

[261] *Direito tributário..., op. cit.*, p. 183.

SNUC, que nasceu com o sentido de recuperar áreas ambientalmente degradadas por meio de uma recuperação ambiental, somente evoluindo, mais tarde, para uma prestação pecuniária.[262]

Ainda na questão compensatória, José Marcos Domingues de Oliveira enxerga na recuperação ambiental um tributo de viés compensatório, que, no caso, não é pago mediante pecúnia, mas o seu valor está na recuperação ambiental, comprovando, assim, a ideia de economia da natureza:

> Interessante notar a identidade de circunstâncias em que a "Compensação SNUC" se vê preconizada no direito positivo pátrio, substituindo por pecúnia o dever material (prestação "*in natura*") de criação ou manutenção de uma unidade de conservação, a imprimir-lhe no nascedouro, filosófica e etiologicamente, a "natureza jurídica essencialmente tributária".[263]

Outra terminologia para o referido princípio é a denominação princípio da responsabilidade, pois responsabiliza de fato aquele que produziu as chamadas externalidades negativas.[264] Acredita-se que o maior efeito ocasionado pelo princípio em estudo seja mesmo a própria conscientização da sociedade quanto aos danos gerados pela poluição, uma vez que ela acarreta problemas na qualidade de vida de todos, consoante já destacado.

Para que fique claro o que vem a ser externalidade negativa, utiliza-se o seguinte exemplo:

---

[262] Nesse sentido, José Marcos Domingues de Oliveira retrata: "No caso da compensação ambiental está-se objetivamente diante de medidas de cunho retributivo em face da execução de um empreendimento subordinado a licenciamento (polícia ambiental) na forma do direito posto. Trata-se, como se disse acima, da imposição de uma obrigação de reequilibrar ou recompor o Meio Ambiente impactado. Opera-se na chamada zona de tolerância onde a atividade econômica é exercida licitamente, dentro dos padrões ambientais legalmente admitidos, insuscetível, pois,de gerar obrigação de indenizar (arts. 186, 187 e 927 do vigente Código Civil)" (*Ibidem*, p. 187-188).

[263] *Ibidem*, p. 192.

[264] São chamadas externalidades porque, embora resultante da produção, são recebidas pela coletividade, ao contrário do lucro, que é percebido pelo produtor privado. Daí a expressão "privatização de lucros e socialização de perdas", quando identificadas as externalidades negativas. Com a aplicação do princípio do poluidor-pagador, procura-se corrigir este custo adicionado à sociedade, impondo-se sua "internalização" (DERANI, Cristiane. *Direito Ambiental...*, *op. cit.*, p. 142-143).

Uma poluição da água, por exemplo, acarretará toda uma série de custos: perda do carácter estético de um curso de água (perda de amenidades), impossibilidade de praticar certos entretenimentos (banho), utilização da água tornada impossível ou mais dispendiosa (água potável, água destinada a processos industriais), perdas devidas à mortalidade dos peixes, etc. Nenhum destes custos é compensado pecuniariamente.[265]

A externalidade negativa não se consubstancia em um só aspecto – no caso, a própria poluição –, mas ela tem um efeito abrangente de acordo com o exemplo ilustrativo acima; e, por tal efeito abrangente, que não tem uma precisão métrica, é que seus efeitos devem ser evitados, pois o prejuízo certamente será maior que o contabilizado, até pelo fato de que alguns danos ambientais são irreversíveis.

O custo social da externalidade é maior que o custo privado, pois atingirá a sociedade como um todo. Nesse caso, o princípio do poluidor-pagador vem a atuar como um meio de coibir e conscientizar o poluidor a respeito de seu papel. O meio de internalizar tal custo faz com que haja um afastamento entre custo social e custo privado, tentando atingir uma situação ideal. Para Pigou, a internalização de tal externalidade ocorre por meio da tributação, ou seja, tributando-se.[266] É nesse ponto que se observa a associação do direito tributário, que instrumentalizará, de certo modo, o princípio do poluidor-pagador na prática.

Demonstraremos, adiante, como o direito tributário pode atuar, tentando corrigir falhas do mercado, ou seja, externalidades.

1.5 Princípio da precaução

Outro princípio do direito ambiental a ser analisado é o da precaução, previsto como Princípio 15 na declaração da Eco-92 e no artigo 54, §3º, da Lei nº 9.605, de 12 de fevereiro de 1998, tratando do

---

[265] FAUCHEUX, Sylvie; NOËL, JEAN-FRANÇOIS. *Economia dos recursos naturais e do meio ambiente...*, *op. cit.*, p. 216.

[266] A modalidade de "internalização" proposta por Pigou é preencher o desvio custo social - custo privado fazendo pagar uma taxa ou uma renda ao emissor da nocividade, taxa cujo montante é evidentemente igual à diferença entre custo social e custo privado.
A "internalização da externalidade", fenômeno exterior ao mercado, traduz-se por um pagamento que, de algum modo, vem atribuir um preço à nocividade. O preço do bem produzido é então igual ao custo marginal social do bem (custo marginal privado + taxa). Pode-se também dizer que a instauração desta taxa equivale a fazer tomar em consideração a "deseconomia" entre os custos do emissor (ela é de facto considerada sob a forma da taxa que o emissor paga) (*Ibidem*, p. 218).

perigo abstrato.[267] [268] Ele liga-se diretamente à ideia de risco ambiental, tentando coibir práticas que, embora não sejam claramente identificadas como perigosas ao meio ambiente, representam um risco, ou seja, ele atua na zona da incerteza.[269] Ora, "(...) a precaução caracteriza-se pela ação antecipada diante do risco ou do perigo".[270]

Paulo Affonso Leme Machado faz um relato do que vem a ser o princípio em questão:

> Em caso de certeza de dano ambiental, este deve ser prevenido, como preconiza o princípio da prevenção. Em caso de dúvida ou incerteza, também se deve agir prevenindo. Essa é a grande inovação do princípio da precaução. A dúvida científica, expressa com argumentos razoáveis, não dispensa a prevenção.[271]

Outra elucidação do princípio da precaução é fornecida pela doutrinadora portuguesa Claudia Alexandra Dias Soares:

> O princípio da precaução ou do potencial poluidor pagador, que visa, em primeira linha, a eficiência da política ambiental, afirma que a inacção não é justificada pela incerteza sobre a ocorrência ou a extensão do dano ecológico. Sem, no entanto, impor sistematicamente uma medida protectiva imediata, a qual tem que ser legitimada em si mesma. O que acontece é que o ónus da prova é invertido (*"in dubio pro ambiente"*), ficando em aberto o debate sobre a oportunidade do acto.

---

[267] Declaração da ECO-92 – Princípio 15:
Com o fim de proteger o meio ambiente, o princípio da precaução deverá ser amplamente observado pelos Estados, de acordo com suas capacidades. Quando houver ameaça de danos graves ou irreversíveis, a ausência de certeza científica absoluta não será utilizada como razão para o adiamento de medidas economicamente viáveis para prevenir a degradação ambiental.

[268] Lei nº 9.605/1998
Art. 54. Causar poluição de qualquer natureza em níveis tais que resultem ou possam resultar em danos à saúde humana, ou que provoquem a mortandade de animais ou a destruição significativa da flora:
(...)
§3º Incorre nas mesmas penas previstas no parágrafo anterior quem deixar de adotar, quando assim o exigir a autoridade competente, medidas de precaução em caso de risco de dano ambiental grave ou irreversível.

[269] A implementação do princípio da precaução não tem por finalidade imobilizar as atividades humanas. Não se trata da precaução que tudo impede ou em que tudo vê catástrofes ou males. O princípio da precaução visa à durabilidade da sadia qualidade de vida das gerações humanas e à continuidade da natureza existente no planeta (MACHADO, Paulo Affonso Leme. *Direito Ambiental brasileiro...*, *op. cit.*, p. 63).

[270] *Ibidem*, p. 64.

[271] *Ibidem*, p. 72.

Ou seja, quando não existam dados científicos suficientes para aferir se determinada actividade é susceptível de causar danos ao "continuum naturale" ou se determinada medida é adequada à resolução do problema ambiental detectado, deve realizar-se uma prevalência tendencial aos valores ambientais, sendo o potencial poluidor obrigado a suportar os custos da prevenção.[272]

O princípio da precaução tem como objetivo prevenir que futuros danos sejam ocasionados ao meio ambiente quando haja incerteza científica, pois ter precaução, em face de atividades visivelmente perigosas, é muito melhor se comparado a uma possível reparação, pois o dano, em muitas ocasiões, pode ter efeitos irreversíveis.

Por meio desse princípio, observa-se, novamente, um ponto de convergência entre o direito ambiental e o direito tributário, já que a utilização de normas tributárias indutoras, ou seja, que atuem no campo da sanção positiva, é um meio de instrumentalizar o princípio da precaução. Em diversos momentos, o Estado não possui outra alternativa para evitar práticas cujos efeitos ainda não são conhecidos, desde que a ciência ainda não conseguiu efetivamente provar os danos ocasionados por determinadas práticas.

Assim, atuar no campo da programação de políticas públicas que tenham como objetivo prevenir possíveis riscos ao meio ambiente é uma das possibilidades de concretização do princípio da precaução. Ora, "precaução ambiental é necessariamente modificação do modo de desenvolvimento da atividade econômica".[273] Ademais:

> (...) o princípio da precaução tem uma dimensão pacificadora, firmando-se com o postulado de atuar previamente contra um risco – especificamente por medida de prevenção de perigo de determinado tipo –, principalmente valendo-se de planejamento e controle prévio de produto.[274]

Como o direito tributário trabalharia em prol do princípio da precaução? Por meio de estímulos positivos, ou seja, sanções positivas, desonerando, por exemplo, produtos que possuem selo ecológico e são confiáveis para a utilização. A soja transgênica produz efeitos que são incertos e causam problemas ao solo em relação aos quais não

---

[272] *O imposto ecológico...*, *op. cit.*, p. 368-369.
[273] DERANI, Cristiane. *Direito Ambiental...*, *op. cit.*, p. 150.
[274] *Idem.*

há certeza ao longo do tempo. Em razão disso, deve ser observado e aplicado o chamado princípio da precaução ambiental. Uma solução seria o estímulo com incentivos tributários, por exemplo desonerando a soja que não passa por tal processo de transformação. Ora, *"hay costes imprevisibles si el riesgo se materializa, así como los hay para su eliminación o límite –v.g. accidente de una central nuclear o su cierre o desmantelamiento–. La precaución resulta manifiestamente próxima a la prevención (...)"*.[275]

Cristiane Derani entende e vislumbra que o princípio da precaução é alinhavado com o desenvolvimento de políticas públicas.[276] Ele pode ser um norte seguro para aqueles que pretendem incentivar o uso adequado do meio ambiente por meio de políticas tributárias ambientais.

É lógico que, ao trabalhar em consonância com o direito tributário, princípios e conceitos desse ramo didaticamente autônomo devem ser respeitados, como, por exemplo, a questão da extrafiscalidade e a própria capacidade contributiva; além disso, conjugar o princípio em estudo, a todo o momento, com a questão do viés confiscatório. Não se pode olvidar que o princípio da precaução é uma medida protetiva ao meio ambiente, o que não significa, em momento algum, que os produtos sejam banidos, pois tal atitude recairia em um sistema de punibilidade, saindo da esfera da proteção e da própria questão do tributo, que não pode ter como hipótese de incidência uma sanção de ato ilícito.

O papel do direito tributário quanto ao princípio da precaução seria em relação ao implemento de condições para incentivar a não utilização de medidas ambientais que podem vir a ser prejudiciais ao meio ambiente, em uma espécie de sanção positiva.

Na Espanha, por exemplo, a conjugação do princípio da precaução com o direito tributário ocorre do seguinte modo:

> *El principio de cautela y acción preventiva (n. art. 174 TCE) unido al principio de proporcionalidad ofrece un "criterio para cuantificar los tributos por el aprovechamiento especial de los bienes ambientales: el límite debe situarse en el coste medio de evitar la contaminación (Vermeidungskosten).[277]*

---

[275] ROSEMBUJ, Tulio. *El impuesto ambiental, op. cit.*, p. 54.

[276] O princípio da precaução se resume na busca do afastamento, no tempo e no espaço, do perigo; na busca também da proteção contra o próprio risco e na análise do potencial danoso oriundo do conjunto de atividades. Sua atuação se faz sentir, mais apropriadamente, na formação de políticas públicas ambientais, onde a exigência de utilização da melhor tecnologia disponível é necessariamente um corolário (*Direito ambiental..., op. cit.*, p. 151).

[277] MOLINA, Pedro Manuel Herrera. *Derecho Tributario Ambiental..., op. cit.*, p. 51.

Assim, deve haver um custo médio para evitar o risco existente e a cujo respeito não se sabe ao certo quais os seus efeitos. Tal princípio é uma diretriz ambiental básica a partir da Declaração do Meio Ambiente de Estocolmo (1972) e está muito bem conjugado à visão de um capitalismo mais humanista, conforme uma das diretrizes do presente trabalho, pois prevenir é menos oneroso do que tentar corrigir prejuízos ambientais.[278] Assim, o capitalismo desenfreado e sem qualquer visão de prudência e controle seria limitado por meio do princípio da precaução.[279]

1.6 Princípio da prevenção

Outro princípio de direito ambiental que também colabora na instrumentalização de políticas públicas da tributação ambiental é o denominado princípio da prevenção, com fundamento no artigo 225, §1º, V, da Constituição Federal, tratando do perigo concreto.[280] Diferentemente do que ocorre no princípio da precaução, no qual os efeitos ainda são incertos, mas previsíveis, no princípio da prevenção há uma certeza quanto ao risco de poluição. Nesse sentido:

> *Principio de Prevención, orientado a evitar, desde sus orígenes, la producción de emisiones contaminantes; en línea al Principio de Precaución, formulado en la Declaración de Río sobre Medio Ambiente y Desarrollo y retóricamente aludido en la reciente Cumbre de Kioto. Partiendo del convencimiento de que la reparación del daño medioambiental es muy difícil y cara, cuando no imposible.*[281]

---

[278] No aspecto de programação de políticas públicas e de origem histórica, é importante a lição de Lise Vieira da Costa Tupiassu: "A Declaração do Meio Ambiente de Estocolmo (1972) adotou a precaução como diretriz ambiental básica, vindo o princípio, desde então, a orientar todas as políticas ambientais modernas (...)" (*Tributação ambiental...*, *op. cit.*, p. 87).

[279] A adoção do Princípio da Precaução evidencia um outro viés da relação economia-meio ambiente, no qual se afasta a visão excessivamente consumista do Capitalismo, concluindo que o impedimento da ocorrência do dano e da prática de atividades preventivas é muito menos onerosa do que a remediação dos prejuízos ambientais (*Ibidem*, p. 88).

[280] Art. 225. Todos têm direito ao meio ambiente ecologicamente equilibrado, bem de uso comum do povo e essencial à sadia qualidade de vida, impondo-se ao Poder Público e à coletividade o dever de defendê-lo e preservá- lo para as presentes e futuras gerações.
§1º - *Para assegurar a efetividade desse direito, incumbe ao Poder Público:*
V - controlar a produção, a comercialização e o emprego de técnicas, métodos e substâncias que comportem risco para a vida, a qualidade de vida e o meio ambiente;

[281] RODRÍGUEZ, Baltasar de La Cruz. *Notas sobre política y fiscalidad medioambiental...*, *op. cit.*, p. 3.

O incentivo por meio de desoneração tributária também é um meio de instrumentalizar o princípio da prevenção, pois, se o indivíduo não contamina, protegendo, assim, o meio ambiente, recebe como sanção positiva um incentivo tributário. Veja-se o exemplo da Catalunha, região da Espanha:

> *Se establecen exoneraciones objetivas para la actividad de reciclaje y para las estaciones eléctricas que no son susceptibles de crear riesgo, con la finalidad de incentivar estas actividades, que no presentan un grado de riesgo que justifique su sujeción al gravamen. En concreto, interesa resaltar que el artículo 60 exonera del pago del gravamen a las instalaciones y estructuras afectas a la producción de combustibles, carburantes o energía eléctrica, mediante la transformación de residuos sólidos y líquidos y a las instalaciones de producción de energía eléctrica incluidas en el régimen especial.*[282]

Ao reciclar, diminui-se em amplo grau a questão das externalidades, pois se está retirando do ambiente o lixo produzido, tornando o processo cíclico. O grande objetivo para o desaparecimento de externalidades é tornar o processo produtivo cíclico, imitando o processo da natureza, que não gera resíduos. Assim, por exemplo, na reciclagem, retira-se o lixo produzido; já na produção de energia por via da sustentabilidade, também não há a produção de resíduos. É a atuação concreta do princípio da prevenção, pois se retiram do meio ambiente os danos ocasionados, prevenindo-se, assim, efeitos que poderiam causar um mal.

Ademais, Tulio Rosembuj esclarece a importância do princípio da prevenção como uma orientação de comportamento e como uma conexão com o direito tributário ambiental, destacando que os princípios ambientais possuem harmonia com os princípios tributários relevantes sem haver tensão, o que demonstra um caminhar contínuo e voltado ao progresso da proteção ambiental:

> *La acción preventiva y la corrección en la fuente, así como la precaución –en ausencia de conocimiento suficiente– y el principio contaminador pagador ilustran un escenario dominado por principios orientadores de comportamiento que devienen inspiradores del paradigma del Derecho tributario ambiental, a cuyos principios orientadores parece combinarse sin tensión: igualdad y capacidad económica.*[283]

---

[282] CÁMARA, Pablo Chico de la; RUIZ, María Amparo Grau; MOLINA, Pedro Manuel Herrera. *Incentivos a las energías alternativas...*, op. cit., p. 16.

[283] *El impuesto ambiental*, op. cit., p. 55.

Ora, ao saber do risco evidente e da certeza, o Poder Público deve tomar medidas e implementar políticas a fim de evitar que o dano ambiental ocorra, sendo que o direito tributário atuaria em prol de maior eficácia do princípio da prevenção, sempre no campo da extrafiscalidade, e sem deixar de observar os parâmetros da sua área, conforme recorda o professor argentino acima citado, quais sejam, a igualdade e a capacidade contributiva.

Analisados os princípios ambientais, volta-se, no momento, à análise dos princípios de direito tributário, mas sempre numa interpretação interdisciplinar, uma vez que o foco do trabalho é o meio ambiente e a sua proteção.

CAPÍTULO 2

PRINCÍPIOS DO DIREITO TRIBUTÁRIO

> *(...) formamos uma imensa comunidade cósmica e planetária e de que devemos viver em harmonia e solidariedade de uns para com os outros porque somos todos interdependentes, temos a mesma origem e a mesma destinação.*[284]
>
> (BOFF, Leonardo)

2.1 Introdução

Observados, ainda que rapidamente, alguns princípios do direito ambiental, deve-se passar ao estudo dos princípios do direito tributário. O estudo dos princípios, antes dos tributos propriamente ditos, é uma questão metodológica, pois eles servem de diretrizes para uma correta utilização dos tributos.

Não serão estudados todos os princípios atinentes ao direito tributário, pois o objetivo principal do trabalho não é o estudo dos princípios, mas, sim, a construção de aportes teóricos para uma implementação de instrumentos tributários, tendo como objetivo o desenvolvimento ambiental e, por conseguinte, social.

Nesse sentido, o estudo é iniciado rapidamente pelo princípio da legalidade e, posteriormente, pelo chamado princípio da igualdade tributária, que possui vários princípios decorrentes, como o de progressividade e, sobretudo, o da capacidade contributiva, que, por

---

[284] *Ecologia*: grito da terra..., *op. cit.*, p. 102.

sua vez, possui "pontos de encontro" com a chamada extrafiscalidade no que se refere aos limites mínimo – mínimo vital – e máximo – não confisco – e que se apresenta com muita relevância para o estudo de instrumentos de intervenção na ordem econômica, com o objetivo de proteção ambiental.

Ora, quando se estuda tributação ambiental e, em razão disso, utilizam-se normas tributárias indutoras, adentra-se ao campo da extrafiscalidade, o que torna relevante a observância dos princípios constitucionais tributários, pois um tributo, mesmo com finalidade extrafiscal, não pode ferir princípios como o da capacidade contributiva: eis um ponto delicado a ser tratado.

Ademais, já foi vislumbrado, em momentos anteriores, que o tributo ecológico possui a finalidade de regular a questão ambiental, e não a simples arrecadação, sendo, pois, fortemente marcado pela extrafiscalidade.

Por fim, estudou-se o princípio da solidariedade, que possui grande importância pela sua relação com o fundamento da ética ecológica, e conjuga-se com a sustentabilidade visando proteger o meio ambiente para as presentes e futuras gerações.

2.2 Princípio da legalidade

O princípio da legalidade no âmbito do direito tributário determina claramente que não é permitido instituir ou aumentar tributo sem lei que o estabeleça, traçando especificamente uma garantia para o cidadão. Ele possui previsão nos artigos 5º, II – legalidade genérica – e 150, I – estrita legalidade tributária –, ambos na Constituição Federal. No momento da instituição do tributo, que ocorrerá mediante o instrumento legislativo, todos os seus dados da norma de incidência tributária devem estar presentes.

A legalidade no direito tributário é uma legalidade em sentido estrito, o que traz o risco latente de que tal requisito não seja atendido e, assim, prejudicá-lo, ou seja, como é destacado por Alberto Xavier:

> O princípio da reserva de lei, na acepção mais ampla que comporta, exprime – já o vimos – a necessidade de que toda a conduta da Administração tenha o seu fundamento positivo na lei, ou, por outras palavras, que a lei seja o pressuposto necessário e indispensável de toda a atividade administrativa.[285]

---

[285] *Os princípios da legalidade e da tipicidade da tributação*, p. 17.

A legalidade é uma das garantias mais importantes dos cidadãos e dos contribuintes, o que fica claro com as lições de José Roberto Vieira:

> De um ângulo mais largo, "a legalidade tributária", como um corolário da legalidade genérica, "encontra-se irrecusavelmente entre os direitos e garantias fundamentais" (Constituição, artigo 5º, II). Já de um prisma mais estreito, ela tem "um lugar privilegiado assegurado entre os direitos e garantias fundamentais do cidadão-contribuinte" (Constituição, artigo 150, I).[286]

Portanto, o seu desrespeito prejudica um direito fundamental do cidadão com toda uma sólida construção, já que ela é a realizadora da ideia de autotributação. A introdução da materialidade no princípio da legalidade não abre qualquer margem para que a garantia seja desrespeitada, mas, ao contrário, reforça ainda mais o caráter de obrigatoriedade do princípio, uma vez que o torna muito mais robusto e substancial.

Na tributação ambiental, a legalidade tributária deve estar presente a todo momento; o que pode ocorrer é uma evolução do referido princípio em razão da "sua" notória capacidade extrafiscal e sua tendência a regular o mercado da natureza. Nesse sentido, é o alerta da doutrinadora portuguesa Claudia Alexandra Dias Soares:

> Note-se que podem surgir dificuldades numa aplicação estrita do princípio da legalidade aos impostos ambientais, devido à rigidez que tal introduz no regime destes instrumentos que se querem flexíveis para responderem à evolução da realidade sócio-económica.[287]

Assim, uma adequada flexibilidade deve existir nos tributos ecológicos, como ocorre, por exemplo, com os tributos que regulam a balança comercial do país, em modelo comparativo, a fim de que os tributos ecológicos possuam uma maior eficácia diante de situações alarmantes e urgentes, que não podem aguardar todo o trâmite de um processo legislativo, similarmente às situações na esfera aduaneira. Contudo, não se pode deixar qualquer garantia do cidadão de lado, sob o fundamento de uma tributação ecológica; assim, todo o procedimento constitucional para efetivação da legalidade deve ser observado, até

---

[286] Legalidade tributária e medida provisória: mel e veneno. In: FISCHER, Octavio Campos (Coord.). *Tributos e direitos fundamentais*, p. 179.

[287] *O imposto ecológico...*, *op. cit.*, p. 332.

pelo fato de que, quando se trata do tema, ele está situado no campo da extrafiscalidade, que deve ser trilhado com a máxima cautela, sob pena de arbitrariedades e inconstitucionalidades.

2.3 Princípio da igualdade tributária

O princípio da igualdade tributária é um dos mais fortes dentre os princípios constitucionais tributários. Ele possui íntima ligação com a questão da democracia, pois esta consiste em que todos vivam com liberdade, ainda que em condições desiguais, já que a democracia é o dissenso, e a igualdade, por sua vez, é tratar a todos igualmente à medida que são iguais e tratar todos desigualmente à medida que são desiguais.

Estudar a igualdade e, por sua vez, a capacidade contributiva é de fundamental importância, pois há um perigo iminente de tais princípios serem atingidos na tributação extrafiscal, pedra angular do presente trabalho. José Roberto Vieira alerta para a iminência desse perigo:

> (...) no campo da extrafiscalidade, reside um grande perigo, que é o eventual desrespeito ao princípio da capacidade contributiva, decorrência, por sua vez, da igualdade tributária. Esse perigo é tão eminente que nós encontramos com facilidade, no século XX, figuras das mais respeitáveis do mundo jurídico tributário, que se manifestam por uma absoluta e radical oposição entre a tributação extrafiscal e a capacidade contributiva.[288]

A igualdade está prevista no artigo 5º, *caput*, da Constituição Federal, quando proclama que "todos são iguais perante a lei (...)", e, mais especificamente no que tange ao direito tributário, no artigo 150, II, quando dispõe que é vedado à União, aos Estados, ao Distrito Federal e Municípios "instituir tratamento desigual entre contribuintes que se encontrem em situação equivalente (...)".

Segundo Roque Antonio Carrazza e Geraldo Ataliba, o princípio da igualdade ou da isonomia é derivado do princípio republicano.[289] Alguns doutrinadores – dentre eles, Américo Lourenço Masset Lacombe – posicionam o princípio da igualdade como a pedra angular

---

[288] Tributos Federais, XVII Congresso Brasileiro de Direito Tributário – IPI e Extrafiscalidade, p. 75.

[289] CARRAZZA, Roque Antonio. *Curso de Direito Constitucional Tributário*, p. 77; ATALIBA, Geraldo. *República e Constituição*, p. 159.

do sistema constitucional, além de elevá-lo a fundamento máximo do regime democrático.[290]

Na seara da tributação ambiental, Tulio Rosembuj enquadra a externalidade negativa possivelmente como uma vulneração ao princípio da igualdade, sendo que o tributo ecológico teria como função trazer respeito a esse princípio e, por sua vez, ao da igualdade tributária:

> *La externalidad es un concepto económico, pero, su consideración jurídica puede calificarse como una vulneración del principio de igualdad ante la ley o, aún más, de igualdad tributaria. En efecto, la igualdad presupone que cualquiera puede elegir su programa de vida en la medida que pague por ello, en función de los efectos sobre los otros.[291]*

Ademais, Tulio Rosembuj também trata da igualdade sob o ponto de vista da participação nos recursos, no sentido de que quem polui deve contribuir de forma equitativa, constituindo uma responsabilidade social em face do meio ambiente e, por decorrência, atingindo também a capacidade contributiva por via de consequência. Isso é ocasionado porque aquele que deve pagar e responder é justamente quem utilizou o meio ambiente, pois ele é economicamente calculado na atualidade:

> *El principio de igualdad (de recursos) y capacidad económica –los que hacemos uso y, por tanto, estamos obligados– proponen un deber de contribución general y colectivo tendente a defender el valor sostenible del bien ambiental y su redistribución equitativa entre los ciudadanos: los tributos, que no son meros "ersatz" del sistema de responsabilidad o sancionatorio, reúnen eficacia y recaudación en la medida que la distinción entre "buenos" y "malos" no conforma su propósito, sino la de que todos deben allegar recursos al gasto público ambiental, como gasto consolidado e indivisible. Es la expresión ambiental jurídica colectiva del principio de capacidad económica.[292]*

A igualdade, em uma visão de tributação ambiental, exige cobrar de quem utiliza o meio ambiente para que responda de uma forma consciente, pois o sistema tributário incidiria em uma injustiça ao tratar de forma igual, exemplificando, dois empresários que possuem posturas distintas diante do meio ambiente. Não se pode estabelecer o mesmo tratamento tributário a empresários que possuem atitudes

---

[290] *Princípios constitucionais tributários*, p. 16.

[291] *El impuesto ambiental, op. cit.*, p. 18-19.

[292] *Ibidem*, p. 55.

distintas perante o meio ambiente. Ora, se o empresário A protege o meio ambiente, não provoca qualquer tipo de externalidade, diminuindo, por vezes, seus lucros ao protegê-lo, enquanto que o empresário B polui, degrada o bem ambiental, obtendo lucros a partir de tal atitude e afetando toda a sociedade, não pode o Estado fixar a esses dois empresários, com posturas desiguais, o mesmo tratamento. Seria uma incongruência, uma vez que sairia dos limites da ética e da justiça tributária.

Para tanto, o direito tributário intervém na ordem econômica e tenta corrigir as falhas de mercado, trazendo para a concretude a chamada igualdade material, fundamentada, no caso, no intento de dar tratamentos distintos a atitudes desiguais, tendo como base de legitimidade o meio ambiente.

Humberto Ávila ensina que mais importante que louvar a igualdade é a compreensão da sua estrutura e funcionalidade como um modo de torná-la efetiva, nos moldes do estudo de Celso Antônio Bandeira de Mello, que, em sua pequena grande obra, *Conteúdo jurídico do princípio da igualdade*, traz critérios para que o discrímen legal seja conveniente.[293] [294]

Para que fique mais bem esclarecido, preciosa a lição de José Roberto Vieira quando demonstra a efetiva contribuição de cada doutrinador para a teoria da igualdade:

> Sabemos todos, e há muito, que "é aristotélica a noção de Igualdade Relativa", a demandar tratamento igual aos iguais e desigual aos desiguais, na proporção das respectivas desigualades. Mas sabemos

---

[293] *Teoria da igualdade tributária, op. cit.*, p. 31.

[294] Ao fim e ao cabo desta exposição teórica têm-se por firmadas as seguintes conclusões:
Há ofensa ao preceito constitucional da isonomia quando:
I – A norma singulariza atual e definitivamente um destinatário determinado, ao invés de abranger uma categoria de pessoas, ou uma pessoa futura e indeterminada.
II – A norma adota como critério discriminador, para fins de diferenciação de regimes, elemento não residente nos fatos, situações ou pessoas por tal modo desequiparadas. É o que ocorre quando pretende tomar o fator "tempo" – que não descansa no objeto – como critério diferencial.
III – A norma atribui tratamentos jurídicos diferentes em atenção ao fator de discrímen adotado que, entretanto, não guarda relação de pertinência lógica com a disparidade de regimens outorgados.
IV – A norma supõe relação de pertinência lógica existente em abstrato, mas o discrímen estabelecido conduz a efeitos contrapostos ou de qualquer modo dissonantes dos interesses prestigiados constitucionalmente.
V – A interpretação da norma extrai dela distinções, discrimens, desequiparações que não foram professadamente assumidos por ela de modo claro, ainda que por via implícita" (*sic*) (*Conteúdo jurídico do princípio da igualdade*, 3. ed., p. 47-48).

também, hoje, da "indisfarçável insuficiência dessa concepção", carente de "precisões maiores" e destituída de "critérios operacionais seguros". E sabemos mais: que é a Celso Antônio – e àquele que já chamamos de seu "pequeno grande livro" – que devemos o esforço primeiro, entre nós, de aprofundamento da investigação, nesse campo, identificando as condições de concretização do princípio, mediante o exame: do fator de discriminação; da correlação lógica entre esse fator e o tratamento estabelecido. Ávila prefere aludir, aqui, adequadamente, à compatibilidade com a finalidade – e da consonância entre essa correlação e os valores constitucionais.[295]

Assegurar um fator de discrímen, constitucionalmente prestigiado, é de real importância quando se observa a extrafiscalidade, pois o tributo perde sua função de arrecadação para atuar em moldes que visam à regulação de um determinado setor, seja a saúde, a economia ou o meio ambiente.

2.4 Princípio da capacidade contributiva

2.4.1 Extrafiscalidade

Quando se trata de tributação ambiental, o tributo apresentará outra função predominante que não a de arrecadar para os cofres públicos. O tributo, no caso, possui a função de regular a utilização do meio ambiente no intuito evidente de preservá-lo.[296] Na mesma linha, veja-se a lição de Raimundo Bezerra Falcão:

> (...) a tributação extrafiscal é fenômeno que caminha de mãos dadas com o intervencionismo do Estado, na medida em que é a ação estatal sobre o mercado e a, antes sagrada, livre iniciativa. Contribui, além disso, para modificar o conceito de justiça fiscal, que não mais persiste somente em

---

[295] O IRPF e o direito à igualdade: um tributo de dupla personalidade! In: BRANCO, Paulo Gonet; MEIRA, Liziane Angelotti; CORREIA NETO, Celso de Barros. *Tributação e direitos fundamentais*: conforme a jurisprudência do STF e do STJ. p. 177.

[296] Nesse sentido, Regina Helena Costa: "A extrafiscalidade, como sabido, é o emprego de instrumentos tributários para o atingimento de finalidades não arrecadatórias, mas sim para incentivar ou inibir comportamentos, com vista à realização de outros valores constitucionalmente consagrados. Afina-se com o *poder de polícia*, conceituado como a atividade estatal consistente em limitar o exercício dos direitos individuais em benefício do interesse coletivo e que repousa no princípio da supremacia do interesse coletivo sobre o individual, visando impedir ações individuais contrastantes com o interesse público" (Tributação ambiental. In: FREITAS, Vladimir Passos de (Org.). *Direito Ambiental em evolução*, p. 309).

referência à capacidade contributiva. Pressupõe uma estrutura adequada da fazenda pública, o conhecimento das possibilidades de intervenção de que se pode cogitar e o desejo de fazer uso dessas possibilidades, inclusive forçando o seu alargamento, pois imobilismo e extrafiscalidade são coisas que se excluem.[297]

A extrafiscalidade vai além da esfera do direito tributário, adentrando, também, no campo do direito financeiro e, "através dela, o Estado provoca modificações deliberadas nas estruturas sociais".[298] Assim como não se concebe um tributo neutro, o mesmo fenômeno repercute no âmbito das receitas, que também podem ser consideradas sem a característica da neutralidade.

> A atividade financeira do Estado, para os adeptos da extrafiscalidade, é um método pelo qual se exerce a influência da ação estatal sobre a economia (*"regulatory effects"*); visa atingir escopos extrafiscal de intervencionismo estatal sobre as estruturas sociais.[299]

Um exemplo de extrafiscalidade, no campo do direito financeiro, é o caso do ICMS ecológico, onde uma parte maior das receitas é transferida para determinados municípios de interesse ecológico, com fundamento no artigo 158, parágrafo único, II, da Constituição Federal. Tal transferência é realizada com a justificativa de que os municípios que a recebem possuem uma produção menor; logo, há uma perda de receita em razão da manutenção de áreas de preservação ecológica e proteção de mananciais, que são compensadas por um repasse maior da arrecadação total do ICMS.

O grande perigo da extrafiscalidade é o tributo incidir em um tratamento desigual ou em uma confiscatoriedade ou, ainda, a receita ser mal utilizada ou empregada em um setor econômico que a sociedade não aceitaria, deixando nas mãos do governo um poder além do estabelecido nos moldes jurídicos.

Dentro do campo da extrafiscalidade, há a área das isenções, que são concedidas tendo como objetivo o fim regulador, como no caso de incentivar uma indústria nova. Quando se concede uma isenção a determinado setor, há que existir uma justificativa constitucional, pois, "dos problemas que a isenção provoca, com referência à repartição

---

[297] *Tributação e mudança social*, p. 47-48.

[298] BORGES, José Souto Maior. *Introdução ao Direito Financeiro*, p. 47.

[299] *Ibidem*, p. 51.

eqüitativa dos encargos tributários (...) o mais delicado e importante é o da legitimidade constitucional das isenções extrafiscais".[300]

No âmbito da tributação ambiental, a extrafiscalidade encontra fundamento constitucional no artigo 225 e no conceito de sustentabilidade, que é dever vinculante. Contudo, a sustentabilidade não pode ser instrumento de arbitrariedades ou de injustiça tributária, devendo ser sempre guiada pelos caminhos da ética. Assim, muitas vezes, sob um véu ideológico de sustentabilidade, podem-se cometer diversas arbitrariedades políticas e jurídicas, daí que limites são necessários para evitar possíveis abusos e, além disso, enxergar o perigo existente é sempre um requisito para tentar evitá-lo.

Uma importante estratégia para conjugar extrafiscalidade e capacidade contributiva é demonstrada por Marciano Seabra de Godoi:

> Ver o princípio da igualdade como um princípio maior, e tomar o princípio da capacidade contributiva como subprincípio que opera a igualdade, permite que se superem as aparentes antinomias geradas pelo conflito entre capacidade contributiva e medidas de extrafiscalidade.[301]

O nó górdio da doutrina tributária, neste caso, é quanto ao desrespeito da capacidade contributiva quando se está no campo da extrafiscalidade. Observar a capacidade contributiva como decorrência da igualdade e, portanto, utilizar-se de critérios de discriminação constitucionalmente válidos talvez seja o caminho seguro para que a extrafiscalidade não incorra em desigualdade.[302] Ademais, o jurista defende o posicionamento de que:

> (...) não cabe dizer que a extrafiscalidade seja um caso em que "não é possível" a graduação segundo a capacidade econômica, pois mesmo na extrafiscalidade é possível graduar o tributo pela capacidade econômica, mas neste caso o legislador prestigia, com sua norma isentiva ou

---

[300] BORGES, José Souto Maior, *Teoria geral da isenção tributária*, p. 71.

[301] *Justiça, igualdade e direito tributário*, p. 192.

[302] Importante considerar a lição de Marciano Seabra de Godoi: "A própria Constituição define em seu texto hipóteses de discrímenes descolados da capacidade econômica dos contribuintes, como as imunidades garantidoras de valores como a liberdade religiosa, a liberdade de pensamento, a liberdade de expressão, a convivência harmônica entre as pessoas políticas da federação etc., e as destinadas a dotar a economia nacional de maior competitividade no mercado exterior. Seria absurdo imaginar que tais imunidades, especialmente aquelas ligadas a direitos humanos e garantidoras de uma esfera de liberdade intocável pelo Estado, violassem a igualdade porque contrárias ao princípio da capacidade contributiva" (*Ibidem*, p. 196).

redutora da base de cálculo, outros valores constitucionais, sempre e necessariamente respeitando o princípio maior da igualdade.[303]

A capacidade contributiva, segundo Humberto Ávila, seria uma medida de comparação para os tributos fiscais, não significando que ela não pode estar presente na tributação extrafiscal; o que ocorre, neste caso, é que as medidas comparativas seriam outras.[304]

O tratamento diverso com fundamento na finalidade extrafiscal é o ponto nevrálgico da questão; daí, é importante considerar que a igualdade pode assumir duas premissas, quais sejam, a igualdade na lei e a igualdade perante a lei, e a contraposição entre o dever de igualar e o dever de diferençar.[305] Além disso, reafirmando o pensamento já apresentado, Humberto Ávila esclarece que a capacidade contributiva se apresenta "(...) como uma importante medida de comparação, constitucionalmente obrigatória apenas para alguns casos, mas vinculante como contraponto para todos os casos".[306]

No plano político, ao eleger as políticas aplicadas com base na boa governança, o jurista deixa claro que:

> No caso, o Poder Legislativo, para atingir determinada finalidade (estimular o desenvolvimento do pequeno empresário), escolheu uma medida de comparação (tamanho ou porte), aferindo-a por meio de um elemento indicativo (receita bruta anual).[307]

Transpondo o raciocínio para o âmbito do direito tributário ambiental, o Poder Legislativo escolheria a finalidade – no caso, a proteção ambiental. Por outro lado, a medida de comparação seria a capacidade de poluição da atividade, e o elemento indicativo em si, a poluição ocasionada. As finalidades, segundo Humberto Ávila, devem ter fundamento na Constituição Federal; no caso em análise, seria a sustentabilidade com fundamento no artigo 225.[308] Na continuidade do raciocínio, o jurista explica que:

---

[303] *Ibidem*, p. 202.

[304] Quando, porém, os tributos se destinarem a atingir uma finalidade extrafiscal, porque instituídos com o fim prevalente de atingir fins econômicos ou sociais, a medida de comparação não será a capacidade contributiva (ÁVILA, Humberto. *Teoria da igualdade...*, *op. cit.*, p. 161).

[305] *Ibidem*, p. 25.

[306] *Ibidem*, p. 33.

[307] *Ibidem*, p. 52.

[308] *Ibidem*, p. 63.

CAPÍTULO 2
PRINCÍPIOS DO DIREITO TRIBUTÁRIO | 135

Noutro giro, isso significa que uma lei instituidora de tratamento desigual entre contribuintes não é justificada mediante a revelação de que o legislador visava a atingir uma finalidade extrafiscal, e nada mais. A menção à finalidade extrafiscal não é o fim da justificação, mas seu começo: é necessária a confirmação de que o uso da medida de comparação é justificada por uma finalidade constitucional e que, entre a medida de comparação e a finalidade constitucional, há uma relação fundada e conjugada de pertinência.[309]

Cabe esclarecer que a finalidade, com fundamento na Constituição Federal, provém da ideia de Celso Antônio Bandeira de Mello, que, por sua vez, retirou seu pensamento de Sáinz de Bujanda.[310]

Assim, a finalidade constitucional seria a proteção do meio ambiente, tornando-o sustentável, e as políticas jurídico-legislativas devem ser analisadas com uma medida de comparação entre fins não sustentáveis e fins sustentáveis, devendo ser sempre comprovada, a fim de não incidir em arbitrariedades, sob o pano ideológico da proteção ao meio ambiente.

No campo da extrafiscalidade, cumpre salientar a questão dos benefícios fiscais, que são concedidos com uma finalidade precípua – no caso, a proteção ao meio ambiente. Daniel Casas Agudo, ao retratar a terminologia dos benefícios fiscais sob o modelo espanhol, entende-os como um gênero de técnicas desagravatórias.[311] As referidas técnicas possuem legitimidade constitucional, conforme preceitua Betina Treiger Grupenmacher, e podem ser vislumbradas como:[312]

> Pensamos que o que distingue os incentivos dos benefícios fiscais é o fato de a vantagem financeira materializada na desoneração total ou parcial do tributo, estar ou não vinculada a uma contrapartida do contribuinte.

---

[309] *Ibidem*, p. 154.

[310] José Roberto Vieira esclarece a finalidade, presente na extrafiscalidade, e sua legitimidade constitucional: "Dos quais, o mais importante e delicado deles, na assertiva clássica de Sáinz de Bujanda, é exatamente o da "sua legitimidade constitucional". Esses fins alheios ao quotidiano da fiscalidade devem encontrar nítida e clara consagração constitucional" (A extrafiscalidade da Lei 12.715/2012 e a capacidade contributiva: a convivência do lobo e do cordeiro? *Revista de Direito Tributário*, p. 27).

[311] *Ciertamiente, frente a la tendencia mayoritaria a la concepción de los beneficios fiscales como una especie en sí misma que cabe percibir en nuestra doctrina y legislación, debe afirmarse su condición de género aglutinador de técnicas desagravatorias de carácter diverso* (Aproximación a la categoría jurídico-económica del beneficio tributario. In: GALIANA, José Antonio Sánchez (Coord.). *Estudios sobre los beneficios fiscales en el sistema tributario español*, p. 20).

[312] Os benefícios e incentivos fiscais devem ser reconhecidos como instrumentos idôneos, sobretudo, quando, buscam a redistribuição da carga tributária, o desenvolvimento econômico e social, a promoção do bem estar familiar e a preservação do meio ambiente e de suas riquezas (*Das exonerações tributárias...*, *op. cit.*, p. 13).

Enquanto nos incentivos fiscais deve haver uma contrapartida, um investimento a ser empreendido pelo sujeito passivo, nos benefícios o favorecimento consubstanciado na minoração ou desoneração integral do tributo, independe de uma contraprestação.[313]

Há, portanto, uma diferença entre o conceito de incentivo e o de benefício fiscal, sendo que o primeiro exige uma contrapartida do contribuinte, enquanto que, no segundo, não há o vínculo obrigacional bilateral.

Daniel Casas Agudo enxerga a estrutura do benefício tributário vivenciada por uma tríplice eficácia: i) a eficácia instrumental, que estaria contida na mudança estrutural no que se refere à regra-matriz de incidência; ii) a eficácia imediata, que estaria no âmbito do direito financeiro com a mudança na carga tributária; e iii) a eficácia mediata, que seria a finalidade perseguida pelo legislador.[314]

O aspecto da eficácia imediata é muito importante, pois:

> (...) *los beneficios tributarios deben implicar –como verdadero requisito constitutivo– un auténtico «gasto público» por los importes que, via tributo, anualmente deje de ingresar el Erario público.*[315]

O que se observa, em geral, é sempre uma preocupação muito mais atinente à extrafiscalidade tributária que à extrafiscalidade financeira, sendo que ambas devem ser sempre analisadas em conjunto, pelo seu viés orçamentário. O discurso que muito permeia o âmbito da tributação ambiental brasileira, de que não se podem mais criar tributos, devendo existir tão somente técnicas de incentivos fiscais e tributários, deve ser analisado com parcimônia, pois benefícios tributários implicam gastos públicos pela falta de ingresso de receita.

Por fim, antes de adentrar no princípio da capacidade contributiva, importante ressaltar que, na relação entre extrafiscalidade e capacidade contributiva, o princípio será sempre observado nas situações de extrafiscalidade quanto aos limites mínimo e máximo e deve haver um controle por meio do postulado da proporcionalidade, aspectos que serão estudados com maior profundidade no próximo item.[316]

---

[313] *Ibidem*, p. 17-18.

[314] *Aproximación a la categoría...*, *op. cit.*, p. 20-21.

[315] *Ibidem*, p. 30.

[316] Em lições de José Roberto Vieira, elucida-se melhor no que concerne aos limites, tratando da doutrina espanhola: "(...) ou a de Ferreiro Lapatza ou de Martínez de Pisón, aludindo

2.4.2 Princípio da capacidade contributiva

Eis um dos princípios mais importantes do direito tributário, chegando alguns autores, como, por exemplo, Franco Gallo, a dizer que *"el corazón constitucional del derecho tributario es, sin duda alguna, el llamado principio de capacidad económica o contributiva".*[317] Ora, para a Escola de Pávia, conforme ensina o professor Tulio Rosembuj, a causa do imposto é, justamente, a capacidade contributiva.[318]

Sobre o que seria capacidade contributiva, Francesco Moschetti a define como:

> *Por lo que hace al concepto de capacidad contributiva, se reconoce generalmente que presupone, como requisito necesario pero no suficiente, la referencia a una potencialidad económica; pero está en discusión el criterio con el que cualificar esta última: por una parte, se invocan los principios constitucionales tuteladores de la economía privada, el "goce" de los servicios públicos. El problema cobra gran importancia, puesto que influye en la elección de cada uno de los impuestos y en la posibilidad de utilizarlos con fines económicos y sociales.*[319]

E a reafirma:

> *(...) llevó a demonstrar de manera decisiva que el concepto de "capacidad contributiva" lejos de carecer de significado, tiene un propio contenido concreto: la referencia a una potencia económica.*[320]

---

ao consenso quanto à extrafiscalidade, quando respeitadas as exigências 'básicas' ou 'mínimas' do princípio. A chave estaria, aqui, no diagnóstico dessas exigências básicas ou mínimas. Para alguns, elas estariam consubstanciadas na reverência ao 'Mínimo Existencial', o limite inferior da capacidade contributiva. Outros inclinam-se a identificá-la na obediência à 'Vedação do Efeito de Confisco', o limite superior desse princípio". E explica, também, o controle: "Daqui avante cabem as meditações relativas ao controle das desigualdades resultantes das medidas extrafiscais, mediante o inafastável 'recurso à proporcionalidade', espaço no qual a conduta do Estado segue igual e integralmente omissa, com a solene preterição das informações mínimas necessárias e indispensáveis: (...) Qual a proporcionalidade existente nesta relação?" (*A extrafiscalidade da Lei 12.715/2012 e a capacidade contributiva...*, op. cit., p. 29 e 37).

[317] *Las razones del fisco...*, op. cit., p. 13.

[318] *La doctrina de la Escuela de Pavia del tributo aporta un dato de ruptura al señalar que la causa del impuesto es la capacidad contributiva, un índice de participación efetiva o eventual en las ventajas derivadas de la pertenencia económica, social, política. Esta explicación no coincide con la glorificación del poder de imperio del Estado, que es insuficiente para responder a la noción actual de soberanía relativa y limitada en el ordenamiento jurídico estatal, regional, internacional; ni, tampoco, para convertir en odioso o excepcional el deber de contribuir* (*El impuesto ambiental...*, op. cit., p. 764).

[319] *El principio de capacidad contributiva...*, op. cit., p. 45-46.

[320] *Ibidem*, p. 67.

A capacidade contributiva pode ser definida como a capacidade que o indivíduo possui para contribuir para os cofres públicos a partir de um nível que não atinja o seu mínimo vital, não devendo se confundir capacidade econômica com a capacidade existente para contribuir.

Não se trata, pois, da simples disposição de riqueza, que indicaria mera "capacidade econômica", mas do dispor de uma riqueza suficiente para a submissão ao tributo, excedente, pois, da riqueza bastante para a submissão ao tributo, excedente, pois, da riqueza bastante para apenas atender ao mínimo necessário para uma vida digna, satisfazendo, assim, mais do que tão só as necessidades vitais básicas do cidadão (Constituição, art. 7º, IV), condição essa que, então, sim, apontaria para uma genuína "capacidade de contribuir" para a sobrevivência do Estado; ideia diversa, ainda, da de "capacidade financeira", esta voltada para a noção de liquidez.[321]

A doutrina realiza uma distinção importante entre a chamada capacidade contributiva absoluta e a capacidade contributiva relativa: "Fala-se em 'capacidade contributiva absoluta' ou 'objetiva' quando se está diante de um fato que se constitua numa manifestação de riqueza";[322] já, "diversamente, a 'capacidade contributiva relativa' ou 'subjetiva' – como a própria designação indica – reporta-se a um sujeito individualmente considerado".[323]

Na capacidade contributiva objetiva ou absoluta, expressões equivalentes, "(...) cabe ao legislador selecionar, para a hipótese de incidência das normas tributárias, fatos que sejam reveladores de capacidade contributiva (...)".[324] Já a capacidade contributiva relativa ou subjetiva, que não devem ser entendidas como sinônimas, pois o termo relativo significa o tamanho do tributo ao tamanho do fato, enquanto que a expressão subjetiva se refere ao tamanho do tributo às circunstâncias pessoais do sujeito passivo, vinculará o princípio à consequência ou mandamento tributário da norma. José Roberto Vieira, que diferencia o termo subjetivo de relativo, nos esclarece respectivamente:

---

[321] VIEIRA, José Roberto. *O IRPF e o direito fundamental à igualdade...*, op. cit., p. 180.

[322] COSTA, Regina Helena. *Princípio da capacidade contributiva*, p. 28.

[323] *Ibidem*, p. 28.

[324] VIEIRA, José Roberto. *O IRPF e o direito fundamental à igualdade...*, op. cit., p. 180.

(...) cabe estabelecer a contribuição à medida das possibilidades econômicas de determinado sujeito passivo, adequando o *"quantum"* do tributo ao porte econômico do fato ocorrido e adequando-o às circunstâncias pessoais do cidadão; aspecto que cumpre a função de graduação do tributo e de fixação dos seus limites.[325]

Quando se trabalha no campo da capacidade contributiva e sua convivência com a extrafiscalidade, três variáveis, no que concerne à eficácia do princípio, são verificadas: i) alguns que rejeitam a total possibilidade de convivência entre a capacidade contributiva e a extrafiscalidade sem qualquer eficácia do princípio; ii) outros que admitem uma eficácia média no que se refere à observância dos limites mínimo – mínimo vital – e máximo – não confisco – e sua convivência com a extrafiscalidade, sem utilizar a capacidade contributiva como uma forma de graduação na quantificação do tributo, pois o tributo com intuito extrafiscal não tem como finalidade última carrear dinheiro aos cofres públicos; e, por fim, iii) aqueles que admitem uma eficácia máxima entre a capacidade contributiva e a extrafiscalidade, tanto no que se refere aos limites como na graduação do *"quantum"* tributário. O presente trabalho filia-se à segunda corrente, que aplica uma eficácia média ao princípio na extrafiscalidade sem aplicar a sua eficácia na quantificação do valor do tributo, mas se atentando aos limites mínimo e máximo.

No viés da capacidade contributiva objetiva, o fundamento primordial do princípio da capacidade contributiva seria uma potencialidade econômica qualificada. Ora, o tributo atua sobre a capacidade contributiva e, no caso do tributo ambiental, vincula-se à questão econômica do dano ocasionado, tentando, por meio da tributação, compensá-lo, devendo, portanto, se atentar aos limites.[326]

Ainda no que toca aos estudos realizados pelo jurista italiano Francesco Moschetti, ele não enxerga um único elemento para que a capacidade contributiva seja concebida, mas, sim, a existência de vários

---

[325] *Ibidem*, p. 181.

[326] *El tributo, como elemento esencial del Derecho Tributario, actúa sobre la capacidad económica que manifiesta un determinado sujeto pasivo, y teniendo en cuenta que la agresión al medio ambiente tiene siempre un transfondo económico, basta con calcular y asociar, por otra parte tarea nada fácil, la capacidad económica que se pone de manifiesto con el ejercicio de la actividad que incide en el medio ambiente para utilizar el gravamen tributario como medida para evitar las actividades nocivas* (FERNÁNDEZ, María Jesús García-Torres. *Analisis del canon de vertidos de la ley 7/1994 de 18 de mayo, de proteccion ambiental de la comunidad autonoma andaluza, tras la ley 25/1998 de 14 de julio, in La ley de andalucia: suplemento de la comunidad autonoma de andalucia*, p. 01).

fatores, o que pode ser de fundamental importância para o estudo da capacidade contributiva na questão ambiental.[327] Outro dado fundamental e que é pedra angular na capacidade contributiva do tributo ambiental, que é, notoriamente, extrafiscal, é que esse jurista italiano defende que a capacidade contributiva não é exata; importante, pois estamos com uma eficácia média e sem aplicar a graduação na quantificação do tributo.[328]

A questão de haver uma medida econômica no dano ambiental é algo polêmico. No caso de um produto que gera contaminação, aceitar o tributo ambiental é mais fácil, pois o índice econômico do dano é demonstrado pelo consumo; já no caso de um tributo que recaia sobre a utilização de bens ambientais escassos, a quantificação econômica do dano seria algo mais difícil, tornando o procedimento mais complexo.[329] Contudo, deve-se ter em mente que a linha teórica do presente trabalho filia-se à ideia de que existe uma economia da natureza que não segue propriamente a lógica da economia de mercado, mas permite certa quantificação da natureza, ainda que não seja exata, e que deve apresentar evolução nos próximos anos, uma vez que se trata de assunto ainda em estado incipiente.

O princípio da capacidade contributiva constitui uma decorrência do princípio da igualdade e uma medida de justiça. Ocorre que:

> Lo cierto y verdad es que la tradicional configuración de la capacidad económica desde su sola consideración de principio rector del reparto de la carga tributaria, como expresión de riqueza en sentido estricto –«buscar la riqueza allí donde se encuentra» (stc27/1981)– se muestra insuficiente como medida de justicia en la ordenación de las finanzas públicas.[330]

Apesar de a capacidade contributiva ser insuficiente como medida de justiça, ela deve ser perseguida e tentada, pois, ainda que

---

[327] *La situación económica de un sujeto no se manifiesta en un hecho único, sino en varios hechos que son otros tantos índices de aquélla. Por lo tanto, para que la contribuición de los sujetos a los gastos públicos se mida en relación con su riqueza global, es necesario que se grave "todos los hechos indicativos" de tal riqueza y "sólo éstos". La contribuición se medirá en relación con aquélla en cuanto –y "sólo éstos". La contribuición se medirá en relación con aquélla en cuanto– y en los limites en que cada pago de impuesto grave un índice de esa riqueza y los impuestos constituyan en su conjunto un sistema armonioso sin lagunas ni injustificadas interferencias (El principio...,* op. cit., p. 259-260).

[328] *Ibidem,* p. 263.

[329] GALLO, Franco. *Las razones...,* op. cit., p. 126-127.

[330] *Ibidem,* p. 15.

esteja em um campo utópico, a justiça é sempre um devir, como a define o filósofo da desconstrução Jacques Derridas.[331] Para o doutrinador espanhol Cristóbal José Borrero Moro, *"el tributo ambiental debe conformarse con base en la idea de justicia que inspira el deber de contribuir. Es decir, la articulación técnica del tributo ambiental debe responder a los principios de justicia que informan el deber de contribuir".*[332] Tal afirmação é realizada com base na experiência espanhola de tributação ambiental, que, em muitos momentos, perdeu seu caráter de extrafiscalidade, existindo tão somente um véu ideológico de proteção ambiental, mas que, no fundo, continha, sim, um intuito arrecadatório.

Quando se está trabalhando, então, no campo da extrafiscalidade, como é o caso do presente trabalho, os riscos são ainda maiores de o tributo incidir em uma medida injusta e, por sua vez, desrespeitar o importante princípio da igualdade e, eventualmente, o da capacidade contributiva, ambos com previsão no ordenamento constitucional brasileiro. Seria tornar o tributo ecológico, de antemão, um instrumento inconstitucional.[333]

Extrafiscalidade e capacidade contributiva são temas que, em um primeiro momento, parecem sofrer um distanciamento, mas *"(...) embora de forma 'atenuada', a observância do princípio da capacidade contributiva também é possível na extrafiscalidade".*[334]

Francesco Moschetti deixava claro o risco que a capacidade contributiva sofria quando se tratava de extrafiscalidade, pois esta persegue um fim social, enquanto que a capacidade contributiva atua com vistas ao fim de financiar os cofres públicos; e o ponto de solução do problema seria o viés da solidariedade: *"El problema de la legitimidad*

---

[331] "Aporía" é um não-caminho. A justiça seria, deste ponto de vista, a experiência daquilo que não podemos experimentar. Encontraremos, daqui a pouco, mais de uma aporia, sem poder ultrapassá-las.
2. Mas acredito que não há justiça sem essa experiência da aporia, por impossível que seja. A justiça é uma experiência do impossível. Uma vontade, um desejo, uma exigência de justiça cuja estrutura, não fosse uma experiência da aporia, não teria nenhuma chance de ser o que ela é, a saber, apenas um "apelo" à justiça (*Força de lei*: o fundamento místico da autoridade, p. 29-30).

[332] *La proyección del principio..., op. cit.*, p. 217.

[333] *Pasando a la "relación entre principios extrafiscales y capacidad contributiva", la doctrina criticada sostiene que ambos tienen naturaleza diversa: mientras los primeros "expresan directamente (...) un fin social", la capacidad contributiva "no expresa un fin social que perseguir, sino sólo el "modo de perseguir el fin social de la financiación de los gastos públicos". La diferente naturaleza de ambos principios hace que en determinados casos pueda surgir una situación de conflicto entre los dos y se hagan necesarias exacciones por encima de la capacidad contributiva (sic) (Ibidem, p. 94).*

[334] GRUPENMACHER, Betina Treiger. *Das exonerações tributárias..., op.cit.*, p. 57.

de los fines extrafiscales del impuesto queda resuelto, a nuestro juicio, de modo simple y lineal si se parte de la calificación de la capacidad contributiva en clave solidaria".[335] Será demonstrada, posteriormente, certa evolução no que toca ao modo de enxergar o tributo em questão.

A capacidade contributiva na tributação ambiental, que é notoriamente extrafiscal, deve respeitar os limites do mínimo vital como medida mínima e, como medida máxima, não pode chegar a tornar a atividade do empresário impossível, pois tal fato configuraria um tributo confiscatório, tornando a tributação injusta e extrapolando, inclusive, os limites da ética.[336] Marciano Seabra de Godoi fornece um conceito de capacidade contributiva:

> O conceito de capacidade contributiva começa a formar-se quando, no caso das pessoas físicas, preserva-se o mínimo vital individual e familiar, e no caso das pessoas jurídicas deduzem-se todos os gastos e elementos passivos que influem na situação econômica do contribuinte.[337]

Ora, o fato de a tributação ambiental buscar uma regulação do meio ambiente por meio dos tributos e, para tanto, não ter uma finalidade de arrecadação, em um primeiro momento, não justifica, de modo algum, que o tributo seja confiscatório, pois incidiria em inconstitucionalidade conforme o ordenamento jurídico brasileiro.

Assim, os tributos ecológicos, que regulam o meio ambiente, possuindo um papel eminentemente extrafiscal e de intervenção na ordem econômica, podem ter instrumentos diferentes de mensuração. Para o Professor Pedro Manuel Herrera Molina, que não acredita efetivamente na internalização dos danos, os tributos serão orientados, a todo momento, pela proporcionalidade e razoabilidade, sob pena de constituir um tributo com viés confiscatório, já que os limites da própria

---

[335] *Ibidem*, p. 278.

[336] *Ahora bien, en modo alguno los objetivos extrafiscales pueden legitimar un gravamen fuera de los límites imponibles, ya que sería arbitraria e injusta la imposición que prescindiese por completo de la relativa capacidad económica de los contribuyentes, es decir, el requisito mínimo es el gravamen de una riqueza potencial que justifique la existencia de un tributo con finalidades de política económica, mientras que el gravamen máximo se situaría en aquellos principios de justicia tributaria que siguen siendo completamente aplicables, y en especial, la no confiscatoriedad* (MOZO, Gracia María Luchena; GARCÍA, Gemma Patón. *Las líneas actuales...*, *op. cit.*, p. 04). Ademais, importante também é a ideia de Humberto Ávila, que acredita que o postulado da proibição do excesso impede que a tributação prejudique a atividade empresarial (*Teoria dos princípios...*, *op. cit.*, p. 167).

[337] *Justiça, igualdade...*, *op. cit.*, p. 197.

capacidade contributiva são muito tênues, adequando-se, portanto, na corrente dos que não enxergam eficácia na aplicação do princípio da capacidade contributiva e extrafiscalidade. Nesse sentido, importante observar a lição do jurista espanhol:

> *El medio ambiente constituye el objeto de un deber fundamental de configuración legal con anclaje constitucional y de una tarea constitucional de protección encomendada a los poderes públicos. Las concreciones legales de tal deber pueden entrar en contradicción con otros derechos y valores fundamentales – propiedad privada, principio de capacidad económica–, lo cual exige llevar a cabo un control de proporcionalidad. El Tribunal Constitucional ha iniciado ya esta labor centrándose em analizar si las medidas de la protección ambiental son necesarias para alcanzar su objetivo; es decir, si no podrían lograrse las mismas metas con otras medidas menos restrictivas de otros derechos y valores constitucionales.*[338]

Ele segue a linha de que, na extrafiscalidade, não é vivenciado o princípio da capacidade contributiva:

> *Si la medida extrafiscal (mayor gravamen o bonificación) se incardina directamente en el principio de solidaridad (éste sería el caso de la protección del medio ambiente, conforme al art. 45.2 CE), puede admitirse una desviación de la capacidad económica, pues ésta es un mero instrumento al servicio de la solidaridad.*[339]

A Espanha, com uma experiência muito maior no que toca à tributação ambiental, já desconsiderou alguns tributos com essa finalidade, pois não observavam a capacidade contributiva. Nesse sentido é que o referido professor espanhol deixa claro que deve haver um controle de proporcionalidade a fim de que o valor ambiental não entre em confronto com outros valores – no caso, a propriedade privada. O Tribunal Constitucional Espanhol iniciou medidas para que se busque a proteção ambiental sem atingir outros valores constitucionais.

É nesse ponto que se discorre a respeito da proporcionalidade e da razoabilidade como meios de observância da igualdade em um campo extrafiscal, de vez que o princípio em questão não pode ser afastado, em momento algum, sob pena de o tributo atingir o seu efeito

---

[338] *Derecho tributario ambiental...*, *op. cit.*, p. 51.
[339] MOLINA, Pedro Manuel Herrera. *Capacidad económica y sistema fiscal*: análisis del ordenamiento español a la luz del derecho alemán, p. 154-155.

extrafiscal, mas, em contrapartida, ferir ditames constitucionais pátrios, como o da igualdade.[340]

Na mesma linha do Professor Pedro Manuel Herrera Molina, encontra-se a doutrinadora portuguesa Claudia Alexandra Dias Soares, que vislumbra a constitucionalidade da tributação extrafiscal em termos de proporcionalidade.[341] Outro jurista que também não enxerga definitivamente a capacidade contributiva na tributação ambiental é Carlos Palao Taboada, concluindo que ela não poderia ser aplicada a tributos com finalidades extrafiscais.[342]

Tal raciocínio não está em conformidade com o defendido no presente trabalho; primeiro, porque a capacidade contributiva é fundamento de legitimidade dos tributos com finalidade fiscal; segundo, porque existe a economia da natureza, onde o meio ambiente é valorado economicamente e, portanto, a sua utilização, em alguns casos, é um tipo de manifestação de riqueza e; por último, pelo fato de que a tese de que a tributação com finalidade extrafiscal não possui intuito de arrecadação e, em razão de tal justificativa, não poderia ser observada a capacidade contributiva é apenas uma meia verdade, já que não há tributo, exclusivamente, extrafiscal, todos terão, ainda que em um

---

[340] O presente trabalho está atento à visão de Luís Eduardo Schoueri, doutrinador que se enquadra na categoria da máxima eficácia entre capacidade contributiva e extrafiscalidade: "Nesta acepção relativa, parece que o Princípio da Capacidade Contributiva deve espraiar-se por todas as categorias tributárias: não tendo o contribuinte o mínimo para a sua sobrevivência, não pode ele ser constrangido a contribuir para as despesas públicas, ainda que eles as tenha causado (o serviço público é, sempre, de interesse público, ainda que dirigido a alguém). No caso de tributo com efeito de confisco, o próprio constituinte tratou de estender a proteção a qualquer espécie tributária, como se verá mais adiante. Mínimo existencial e confisco oferecem balizas da capacidade contributiva, no sentido subjetivo, que 'começa além do mínimo necessário à existência humana digna e termina aquém do limite destruidor da propriedade'. Assim, no sentido subjetivo, o Princípio da Capacidade Contributiva não se limita aos impostos" (*Direito tributário...*, *op. cit.*, p. 313).

[341] Contudo, enquanto critério a capacidade contributiva não vale, no seu âmbito objetivo, para os impostos (ambientais) extrafiscais nem para os agravamentos extrafiscais de impostos. A constitucionalidade destes deve ser aferida por outros critérios, como seja o princípio da proporcionalidade "*lato sensu*", devendo os mesmos ser repartidos não segundo um princípio de igualdade, mas um de "pura conveniência, isto é, (...) do melhor conseguimento dos fins" (*O imposto ecológico...*, *op. cit.*, p. 313).

[342] Em artigo publicado em coletânea brasileira sobre tributação ambiental, o jurista espanhol tenta realizar uma conexão entre os princípios da capacidade contributiva e do poluidor pagador, chegando, ao final do estudo, à seguinte conclusão por não aceitar a capacidade contributiva na tributação extrafiscal: "*El punto de contacto entre ambos principios es que los dos sirven de justificación a tributos: el de capacidad económica a los tributos fiscales; el de "quien contamina paga" a los tributos ambientales. Aquellos tienen su fundamento jurídico en la necesidad de cubrir los gastos públicos, éstos en la finalidad de proteger el medio ambiente*" (El principio "*quien contamina paga*" y el principio de capacidad económica. In: TÔRRES, Heleno Taveira (Org.). *Direito Tributário Ambiental*, *op. cit.*, p. 94).

grau mínimo, um efeito fiscal, mas isso não justifica a graduação do tributo, conforme os ditames da capacidade contributiva nos tributos extrafiscais.

De fato, a capacidade contributiva é a capacidade que cada indivíduo tem para contribuir para os cofres públicos, e os tributos com finalidade extrafiscal não podem ter como objetivo último a arrecadação, pois tal finalidade retiraria sua essência, que é, justamente, regular a ordem econômica ou outro fim que não a arrecadação. Contudo, algumas variantes devem ser consideradas, como a questão de um fundamento na economia da natureza, que valora o fato e, portanto, não desvirtua o caráter econômico nos fatos ambientais. Outro fator importante também é que, mesmo com uma finalidade extrafiscal e sem o intuito de carrear dinheiro para os cofres públicos, os tributos pautados na extrafiscalidade acabam fazendo isso, ainda que essa não seja a finalidade última – veja-se o caso do IPI cobrado na tributação do cigarro com o intuito de proteger a saúde pública. Por fim, a solidariedade é a chave-mestra para corrigir o problema em pauta, pois há que existir solidariedade entre as presentes e futuras gerações, e ela se encontra relacionada com a igualdade e, por conseguinte, com a capacidade contributiva, pois, algumas vezes, quem mais contribui para os cofres públicos são os menos recompensados com a contrapartida do Estado, pautando-se a tributação no modelo solidário de sociedade.

Compreende-se a justificativa dos teóricos que não defendem a capacidade contributiva na tributação extrafiscal sem qualquer eficácia, em geral, tornando o tributo constitucional pela aplicação da proporcionalidade. Contudo, há o perigo de que os tributos extrafiscais se tornem nitidamente arrecadatórios, perdendo a finalidade para a qual foram criados. Isso pode ocorrer em sociedades como o Brasil, onde muitos princípios não são observados durante o processo legislativo e onde garantias dos contribuintes são frequentemente esquecidas. A partir do entendimento da ausência de eficácia de capacidade contributiva, o risco de os tributos ambientais incidirem em um notório campo de confiscatoriedade é maior, pois não haverá limites, sendo que um tributo excessivamente arrecadatório será confiscatório.

Observada a existência da capacidade contributiva na tributação extrafiscal no que se refere aos seus limites mínimos e máximos, o princípio deve ser conjugado com os postulados da razoabilidade e proporcionalidade. A partir da visão do jurista espanhol Pedro Manuel Herrera Molina, combinada com a teoria dos princípios do jurista brasileiro Humberto Ávila, na qual proporcionalidade e razoabilidade não se configuram como princípios, mas como postulados, verifica-se que o princípio da capacidade contributiva convive, harmonicamente, com os postulados da razoabilidade e da proporcionalidade, uma vez que postulados e princípios não entram em conflito, mas convivem pacificamente dentro do ordenamento jurídico, uma vez que se situam em planos normativos distintos.[343]

Assim, de conformidade com parte da doutrina, que entende que a capacidade contributiva deve ser aplicada com razoabilidade e proporcionalidade, observa-se que a tributação ecológica é permeada pelo princípio em questão conjugado aos postulados em análise. Tal recurso é de essencial importância, pois a vivência do princípio da igualdade será concretizada, em parte, pelos postulados em estudo e, conforme preconiza José Roberto Vieira:

> "Daqui avante cabem as meditações relativas ao controle das desigualdades resultantes das medidas extrafiscais", mediante o inafastável "recurso à proporcionalidade", espaço no qual a conduta do Estado segue igual e integralmente omissa, com a solene preterição das informações mínimas necessárias e indispensáveis: as providências foram adequadas às finalidades? Existem meios alternativos a considerar, sejam eles de natureza tributária ou não? Em que medida cada um desses meios embaraçam ou danificam a Igualdade? As medidas selecionadas pelo legislador são, de fato, as menos daninhas e perniciosas para a Igualdade? Existem vantagens extrafiscais dessas medidas, em face das desvantagens derivadas das desigualdades perpetradas? Qual a proporcionalidade existente nessa relação?[344]

Conforme se deixou claro em momento anterior, o paradigma adotado pelo presente trabalho é o paradigma da ética, e um dos fundamentos será, exatamente, a chamada justiça tributária e fiscal.[345]

---

[343] Os princípios e regras são considerados por Humberto Ávila como normas de primeiro grau; já os postulados se enquadram como normas de segundo grau. "Assim, qualificam-se como normas sobre a aplicação de outras normas, isto é, como metanormas. Daí se dizer que se qualificam como normas de segundo grau" (*Teoria dos princípios...*, *op. cit.*, p. 143).

[344] A extrafiscalidade da Lei 12.715/2012 e a capacidade contributiva: a convivência do lobo e do cordeiro? *Revista de Direito Tributário*, n. 118, p. 37.

[345] A noção de Justiça Fiscal pode ser entendida como princípio estruturante do Direito Tributário, ou seja, do qual outros princípios derivam e buscam orientação tais como: isonomia fiscal, capacidade contributiva, progressividade, seletividade.
Ela possui também o significado de apresentar a exigência de que as normas tributárias busquem alcançar um valor ou fim. Determina, desse modo, as razões para o agir no âmbito de determinado ordenamento jurídico. Exclui, portanto, a possibilidade de soluções ausentes de fundamentos éticos ou meramente formais (CALIENDO, Paulo.

Logo, por mais que um tributo ecológico tenha uma finalidade social, que é a proteção do meio ambiente, tal tributo não se poderá desvincular, em momento algum, da chamada justiça fiscal.

Neste aspecto da chamada justiça tributária e fiscal, traz-se a teoria de Cristóbal José Borrero Moro, que entende que a capacidade contributiva é uma das formas de manifestação de justiça no âmbito do direito tributário e que há uma conexão lógica entre o dever de contribuir e a manifestação de força econômica.[346] Contudo, adverte o jurista espanhol, a partir de sua experiência no que toca aos tributos ambientais na Espanha – onde muitos tributos ambientais tiveram uma finalidade, visivelmente, de arrecadação –, de que não basta tão somente a capacidade contributiva com o seu viés objetivo, qual seja, o de manifestação de riqueza, para a realização da justiça, é necessário também o respeito à capacidade contributiva subjetiva.[347]

Ele adverte trazendo o exemplo de alguns bens de primeira necessidade, como água e eletricidade – frise-se que tais bens são gravados por tributação ambiental na Espanha –, cujo tratamento tributário pode prejudicar os indivíduos de baixa renda, se for observada tão somente a chamada capacidade contributiva objetiva.[348] Enxerga, também, que "(...) *el principio de capacidad económica no configura, principalmente, el presupuesto de hecho de los tributos ambientales, sino que se proyecta sobre el mismo como límite negativo*".[349] Seria a capacidade contributiva um real limite na tributação ambiental.

Borrero Moro não acredita em uma quantificação do meio ambiente, por exemplo, quando se trata de poluição, diferentemente do proposto no presente trabalho. Para ele, seria um índice de capacidade econômica imperfeita, mas defende a existência da observância da capacidade contributiva, tanto no viés objetivo quanto, também, no subjetivo – ideia à qual se filia o presente trabalho –, e expõe:[350]

Direito tributário: três modos de pensar a tributação: elementos para uma teoria sistemática do direito tributário, p. 58).

[346] *El principio de capacidad económica establece una exigencia lógica que se concreta en la conexión ineludible del deber de contribuir con manifestaciones de fuerza económica sobre las que fundamentar el mismo (La proyección del principio..., op. cit., p. 219).*

[347] *El tributo ambiental es el fruto paradigmático de esta realidad. Se establecen en gran número. En la generalidad de los casos, con la finalidad de financiar los déficit de las haciendas públicas a la hora de afrontar la prestación de servicios relacionados con el medio o simplemente su insuficiencia financiera; fundamentalmente, se establecen en el marco de la Hacienda Pública autonómica (Ibidem, p. 223).*

[348] *Ibidem*, p. 228.

[349] *Ibidem*, p. 231.

[350] *Ibidem*, p. 233.

El principio de capacidad económica como cualidad subjetiva del obliglado tributário proyecta unas exigencias de justicia en orden a la actuación del deber de contribuir que deben configurar su contenido. En este sentido, la materialización del deber de contribuir no sólo exige la conexión entre imposición y fuerza económica en los tributos individualmente considerados, sino que, además, es necesario que el conjunto del sistema tributário en referencia al obligado tributário imponga la contribución al sostenimento de los gastos públicos de acuerdo con la capacidad económica de éste. La proyección de esta idea de justicia no sólo permite un mejor acomodo del deber de contribuir a las exigencias de justicia que lo configuran, sino que, en el marco del actual sistema tributario, donde los nuevos tributos establecidos, muchos de ellos de carácter ambiental, vienen caracterizados, generalmente, por la proyección del principio de capacidad económica, exclusivamente, como limite negativo, se presenta como una exigencia lógica, como un imperativo vital, so pena de incurrir en la imposición de gravámenes a sujetos pasivos sin aptitud para contribuir.[351]

Observar, no caso, o limite mínimo – qual seja, o mínimo vital do indivíduo – e a sua condição subjetiva de suportar o ônus da tributação, ainda que extrafiscal, é uma medida de realização da justiça tributária, ainda que não seja possível a graduação da capacidade contributiva na extrafiscalidade.

Assim, o que se observa é a possibilidade e a necessidade de conjugar a extrafiscalidade e a capacidade contributiva – objetiva e subjetiva –, além da necessidade de que o tributo ecológico seja gerido pela proporcionalidade e pela razoabilidade, já que a capacidade contributiva é princípio basilar do direito tributário e o princípio de aplicabilidade prática da ética tributária.[352] A proporcionalidade e a

---

[351] *Ibidem*, p. 235.

[352] O princípio da capacidade contributiva é mundialmente e em todas as disciplinas da ciência da tributação reconhecido como princípio fundamental da imposição justa. Contra o princípio da capacidade contributiva é toda objetado que é muito "ambíguo", para se poder dele tirar soluções concretas. Essa opinião desconhece caráter e hierarquia do princípio da capacidade contributiva: ele marca o Direito Tributário da mesma forma pela qual o princípio da autonomia privada marca o Direito Civil. Com essa função demarcadora de Ramo do Direito desempenha o princípio da capacidade contributiva o papel de "princípio básico do Direito Tributário"; isto conduz a um sistema de princípios jurídicos, que concretizam o princípio da capacidade contributiva e por meio disso consubstanciam um dogmaticamente verificável "Ordenamento do Direito Tributário". Da categoria de um princípio jurídico da mais elevada categoria de princípios segue-se sua "necessidade de concretização": através de subprincípios, atos legislativos, judicatura e dogmática científica é o princípio da capacidade contributiva realizado até à última consequência tributária ou ainda (por exemplo frente às normas de finalidade social) retirado. Também o princípio da autonomia privada é limitado entre outras pela necessidade de concretização ou restrição para discutir a autonomia privada como princípio portador de sistema de Direito Civil. Não é outro o caso com o princípio da capacidade contributiva: ele fornece

razoabilidade trarão a concretização dos limites do mínimo vital e do não confisco, além da realização da própria igualdade em seu viés material.

Klaus Tipke deixa claro que "fins sociais como, por exemplo, os da proteção ambiental, não justificam ainda nesse caso tributar, se não está presente a capacidade contributiva".[353] Na doutrina alemã, considera-se que o princípio da capacidade contributiva até pode ser afastado em casos de normas com finalidade social, mas tal afastamento deve conter uma justificação social. Os alemães admitem uma ponderação da capacidade contributiva em função do chamado bem comum.[354] Tal afastamento seria permitido no ordenamento jurídico pátrio?

No Brasil, se o tributo ecológico não observar os ditames constitucionais do princípio da capacidade contributiva, tal tributo terá desvirtuado da igualdade e, portanto, será considerado inconstitucional, cabendo esclarecer que há outras meios de concretização da igualdade além da capacidade contributiva.

Na doutrina brasileira, quem é firme em defender a observância da capacidade contributiva na tributação é a professora Regina Helena Costa, entendendo-a como um limite.[355] Além disso, é certo que devem ser observadas a razoabilidade e a proporcionalidade, sob pena de se recair em uma tributação confiscatória. O Supremo Tribunal Federal, por exemplo, tem considerado que algumas multas tributárias – apesar de sua natureza jurídica diversa – possuem um viés confiscatório e,

---

o "ético-juridicamente sensato valor indicativo", que para o ordenamento do Direito Tributário não é menos necessário do que a autonomia privada para o ordenamento do Direito Civil (TIPKE, Klaus; LANG, Joachim. *Direito Tributário*, p. 201-202).

[353] *Ibidem*, p. 204.

[354] Normas com finalidade social (...) afastam-se do assestado princípio da capacidade contributiva. Favorecimentos fiscais (...) poupam a capacidade contributiva tributária, enquanto "tributos de finalidade social" como por exemplo, impostos ambientais e "normas de fim social" exarcebantes de impostos oneram acima do nível da existente capacidade contributiva tributária como normas exarcebantes de tributos ecológicos (...) Quebra de princípio dessa espécie necessita de "justificação". O princípio justificativo cria para a norma de finalidade social o critério de ajustamento (*Vergleichsmaßtab*), segundo o qual deve-se examinar se a preferência tributária ou prejuízo pode ser justificado. Em princ. Pode o legislador intervir com tributos na vida econômica "ordenando" ou "dirigindo" (s. §3 Rz. 10). Em virtude disso desvios do princípio da capacidade contributiva são admissíveis; não pode, entretanto, de conformidade com a proibição de arbítrio haver nenhum motivo discricionário. (...) o motivo da justificação diante da ofensa ao princípio da capacidade contributiva deve ser ponderado e servir a interesses do Bem Comum (*Ibidem*, p. 230).

[355] *Princípio da capacidade...*, *op. cit.*, p. 76.

para redução de tais multas, têm sido aplicadas a proporcionalidade e a razoabilidade.[356]

Assim, se o entendimento pátrio da atualidade é no sentido de que, para a imposição de uma penalidade, não se pode ter caráter confiscatório, ainda que seja um ilícito, imagine-se então para os chamados tributos ecológicos, que, como já foi observado anteriormente, não se tratam de sanção.

Aproveitando para exemplificar com um tributo sobre a água, como o da comunidade autônoma da Andaluzia, na Espanha, registra-se que eles não tributam, por exemplo, o mínimo vital, tentando, assim, preservar o princípio da capacidade contributiva:

> *La fijación de un mínimo extento por vivienda tiene por objeto no gravar lo que se consideran necesidades vitales básicas de las personas. Los tipos de gravamen tienen, como puede advertirse un carácter progresivo que responde, según se explica en La Exposición de Motivos, a la finalidad de fomentar el ahorro de agua así como desincentivar y penalizar los usos que no responden al principio de utilización racional y solidaria.[357]*

---

[356] SEGUNDO AGRAVO REGIMENTAL NO AGRAVO DE INSTRUMENTO. ISS SOBRE ARRENDAMENTO MERCANTIL. VALOR DA MULTA. INTERPRETAÇÃO DE NORMA LOCAL. IMPOSSIBILIDADE. SÚMULA 280/STF. MATÉRIA INFRACONSTITUCIONAL. OFENSA REFLEXA. 1. A violação indireta ou reflexa das regras constitucionais não enseja recurso extraordinário. Precedentes: AI n. 738.145 - AgR, Rel. Min. CELSO DE MELLO, 2ª Turma, DJ 25.02.11; AI n. 482.317-AgR, Rel. Min. ELLEN GRACIE, 2ª Turma DJ 15.03.11; AI n. 646.103-AgR, Rel. Min. CÁRMEN LÚCIA, 1ª Turma, DJ 18.03.11. 2. A ofensa ao direito local não viabiliza o apelo extremo. 3. Os princípios da legalidade, do devido processo legal, da ampla defesa e do contraditório, da motivação das decisões judiciais, bem como os limites da coisa julgada, quando a verificação de sua ofensa dependa do reexame prévio de normas infraconstitucionais, revelam ofensa indireta ou reflexa à Constituição Federal, o que, por si só, não desafia a abertura da instância extraordinária. 4. A jurisprudência do Supremo Tribunal Federal firmou-se no sentido de que é aplicável a proibição constitucional do confisco em matéria tributária, ainda que se trate de multa fiscal resultante do inadimplemento pelo contribuinte de suas obrigações tributárias. Assentou, ainda, que tem natureza confiscatória a multa fiscal superior a duas vezes o valor do débito tributário. (AI-482.281-AgR, Rel. Min. Ricardo Lewandowski, Primeira Turma, DJe 21.8.2009). 5. A decisão judicial tem que ser fundamentada (art. 93, IX), ainda que sucintamente, mas, sendo prescindível que a mesma se funde na tese suscitada pela parte. (...) (STF; AI 830300 AgR-segundo/SC - SANTA CATARINA; SEGUNDO AG.REG. NO AGRAVO DE INSTRUMENTO; Relator(a): Min. LUIZ FUX; Julgamento: 06.12.2011).

[357] MARTÍNEZ, Francisco Adame. *La fiscalidad del agua en Andalucía: los canónes de mejora y el impuesto sobre vertidos al litoral*, Noticias de la unión europea, Monográfico Tributación Medioambiental en Andalucía, p. 9.

Esse mínimo vital seria aplicável no caso da capacidade contributiva para as pessoas físicas.[358] Quanto às pessoas jurídicas, o critério deve ser o de que não se prejudique o seu desempenho empresarial. Uma teoria que deve ser explicada, no que se relaciona à capacidade contributiva e à tributação ambiental, é a questão do dano ambiental. Tulio Rosembuj refere-se à existência de algumas economias que estão fora da economia de mercado; tal teoria já foi explicada, mas é importante retomar, pois, para esse doutrinador argentino, há três tipos de economia: economia de mercado, economia cívico-social e economia da natureza.[359] Esta última é a fonte necessária para o funcionamento da economia de mercado e da economia cívico-social. A natureza, por sua vez, recebe as externalidades tanto da economia de mercado como da economia cívico-social e tem que computar tais externalidades, que podem ser traduzidas em valores econômicos.

Assim, para Tulio Rosembuj, existe uma releitura do princípio da capacidade contributiva na tributação ambiental, posicionamento ao qual a presente tese se filia, pois "(...) *permiten vincular la contribución al gasto público articulando indicadores que no se agotan ni finen en la economía de mercado".*[360] Estaria, a capacidade contributiva a favor da economia de mercado, mas, por sua vez, teria como base o dano ambiental que faria parte da economia da natureza:

> *La función de reparto de la capacidad económica no se agota en la selección de hechos imponibles de mercado –renta, patrimonio, consumo–, si no que puede ampliarse mediante otros índices a los que puede recurrirse y cuya validez puede resultar de la economía cívica-social o de la economía de la naturaleza. El criterio distributivo a la enseña del poder de mando o de la creación de daño ambiental es expresión de capacidad económica, autónoma del mercado, cuya legitimidad tiene como presupuesto la coherencia y razonabilidad suficiente para permitir la comparación entre los contribuyentes en singular.*[361]

Conseguir enxergar e observar que o dano ambiental é um fator da economia da natureza é pressuposto da maior relevância quando

---

[358] *Con más precisión se afirmó que la capacidad contributiva viene dada por aquella parte de la potencia económica, de la riqueza de un sujeto, "que supera el mínimo vital". En efecto, si "capacidad" significa aptitud, posibilidad concreta y real, no puede existir capacidad de concurrir a los gastos públicos cuando falte o se tenga sólo lo necesario para las exigencias individuales* (MOSCHETTI, Francesco. El principio..., op. cit., p. 68).

[359] *El impuesto...*, op. cit., p. 124.

[360] *Ibidem*, p. 143.

[361] *Ibidem*, p. 144.

for estudada a base de cálculo dos tributos ecológicos. Ora, o dano ambiental estaria enquadrado na teoria do custo social. O industrial, ao contaminar um rio, está ocasionando um custo social que vai além do seu custo privado de produção, pois a população sentirá, ao longo dos anos, o efeito ocasionado. Nesse sentido, em virtude da existência de um fator econômico, que, na realidade, não seria próprio da economia de mercado, mas, sim, da economia da natureza, percebem-se a existência e o fundamento para a utilização do dano ambiental como elemento de graduação do tributo ecológico.

A partir do momento em que os danos ambientais são contabilizados – e, na Europa, isso é muito frequente, principalmente em virtude das diretivas da OCDE –, a sociedade é tratada de forma mais justa e igualitária, e seus padrões de avaliação como uma sociedade desenvolvida ou não são transformados.

Outra visão progressista da capacidade contributiva é adotada pelo professor italiano Franco Gallo, pois entende que o princípio em questão seria um critério de repartição equitativo e razoável, fundamentando-se, dessa forma, na ética:

> Frente a estas dificultades, el acoger la noción de capacidad contributiva como criterio de reparto, equitativo y razonable, llevaría fácilmente a identificar los hechos y las situaciones socialmente relevantes y expresivas, en concreto, de potencialidad económica en las unidades físicas que inciden sobre el ambiente objetivamente entendido o, quizás, aún mejor, en el propio comportamiento humano que procura un cierto daño al ambiente, prescindiendo del hecho de que tal cosa repercuta sobre el ser humano. Y la mensurabilidad económica de las emisiones contaminantes vendría garantizada no en función de las emisiones en sí mismas, sino en función de los perjuicios que pueden producir en el ambiente o en comparación con otras emisiones menos o nada contaminantes.[362]

Ao repartir os riscos ambientais por meio da tributação, a capacidade contributiva estaria alinhada a uma nova função, que é, justamente, trazer mais equidade para a sociedade em questão; logo, seu viés não seria, no sentido comum, da capacidade econômica qualificada, mas, em um *novo sentido*, a capacidade da sociedade em compensar o dano ambiental.

Uma sociedade mais igualitária é, por sua vez, uma sociedade mais justa e desenvolvida; logo, tal capacidade contributiva, que tem

---

[362] *Las razones del fisco...*, op. cit., p. 127.

como pressuposto o dano ambiental, é uma nova vertente para o princípio que foi extremamente útil quando se discorreu sobre direitos de primeira dimensão e proteção da propriedade.

Ocorre que, com a evolução social e o surgimento de novos direitos, tal evolução se reflete na releitura dos princípios, e não seria diferente no que toca à capacidade contributiva, que deixa de ser tão somente um instrumento para proteção da propriedade para também ser um instrumento de proteção da coletividade, conforme demonstrado por Franco Gallo nas linhas anteriores.

2.4.3 Princípio da capacidade contributiva e as taxas

Examinadas as questões relativas à capacidade contributiva, como a sua definição e a relação com o dano ambiental, é importante considerar que a Constituição Federal menciona a capacidade contributiva em relação aos impostos (artigo 145, §1º). E quanto às taxas, será que é possível, então, exigi-las? É certo que, na tributação ambiental, as taxas são um instrumento muito importante de intervenção no meio ambiente e muitíssimo utilizadas, por exemplo, em políticas públicas da Europa.

Primeiramente, relembra-se a diferença entre capacidade contributiva objetiva e subjetiva. Para Roque Antonio Carrazza, a capacidade contributiva é objetiva – absoluta –, observando as manifestações objetivas de riqueza.[363] Já para outros doutrinadores, como Sacha Calmon Navarro Coêlho e Marciano Seabra de Godoi, ela é subjetiva – relativa –, devendo ser relembrada a distinção entre os dois termos: subjetiva, reportando-se ao tamanho do tributo às circunstâncias pessoais do sujeito passivo; e relativa, referindo-se -se ao tamanho do tributo em relação ao tamanho do fato. Na visão de Regina Helena Costa, o aspecto é subjetivo, pois: "(...) *reporta-se a um sujeito individualmente considerado*".[364]

Alexsander Roberto Alves Valadão faz brilhante distinção entre capacidade contributiva absoluta e relativa, com base na teoria da norma:

> Nessa linha, portanto, pode-se afirmar que, enquanto o princípio da capacidade contributiva absoluta informa a hipótese da norma

---

[363] *Curso de Direito...*, *op. cit.*, p. 88.

[364] *Princípio da capacidade...*, *op. cit.*, p. 28.

tributária, o princípio da capacidade contributiva relativa atua sobre o mandamento da norma tributária, atuando, nessa medida, o seu aspecto quantitativo e pessoal, uma vez que escolhe os sujeitos passivos exteriorizadores de capacidade ou de incapacidade contributiva, bem como, determina valores como tarifas sociais ou não, a serem pagos por eles.[365]

Logo, a capacidade contributiva absoluta é aquela que está relacionada diretamente aos fatos-signos presuntivos de riqueza, sem considerar o sujeito passivo da relação jurídica tributária, aplicando-se muito bem aos impostos. Já a capacidade relativa considera o sujeito passivo da relação jurídica tributária, podendo, nesse caso, ser exigida em tributos vinculados, como é o caso da taxa, que não possuem fatos-signos presuntivos de riquezas decorrentes de atividades civis e comerciais, mas decorrem de atividades administrativas, fatos que, é claro, não exprimem qualquer sinal de riqueza passível de tributação.

Alguns doutrinadores julgam que a capacidade contributiva somente se aplica aos impostos, não se estendendo às taxas, tampouco às contribuições de melhoria. Sacha Calmon Navarro Coêlho registra tal divisão: "Quanto ao princípio da capacidade contributiva a doutrina está dividida".[366]

Regina Helena Costa, por exemplo, entende que a capacidade contributiva não se estende às taxas e defende que a igualdade é aplicada de modo diferente no que concerne aos impostos e às taxas ao demonstrar que "a igualdade no tocante aos impostos traduz-se, entre outras manifestações, no respeito ao postulado da capacidade contributiva, enquanto nas taxas a mesma revela-se no princípio da retributividade, como mencionado".[367] Walter Alexandre Bussamara, no mesmo sentido da doutrinadora, compreende que a capacidade

---

[365] *Capacidade contributiva e taxa*. Dissertação (Mestrado em Direito) – Setor de Ciências Jurídicas, Universidade Federal do Paraná, p. 205.

[366] Serviços públicos e tributação. In: TÔRRES, Heleno Taveira (Coord.). *Serviços públicos e Direito Tributário*, p. 241.

[367] *Princípio da capacidade...*, *op. cit.*, p. 61 e a autora continua: "Sustentar a necessidade de observância do princípio da capacidade contributiva nas taxas é não atentar para a natureza dessas imposições tributárias. Significando uma contraprestação pela atuação do Poder Público, diretamente referida ao contribuinte, não se pode erigir nas taxas, como critério informador desses tributos, uma circunstância absolutamente alheia a atuação estatal. Vale dizer, se, com a taxa, se pretende remunerar a atuação estatal, essa remuneração deve reportar-se ao custo da mesma, e não à capacidade contributiva do sujeito passivo, irrelevante para a hipótese de incidência ou para a graduação da taxa" (*Ibidem*, p. 60-61).

contributiva não se aplica às taxas, acrescentando apenas a possível aplicação da capacidade contributiva subjetiva, mas alerta que a retributividade é que deverá orientar a igualdade nas taxas.[368]

A doutrina encontra-se dividida, e alguns doutrinadores concebem a aplicabilidade da capacidade contributiva, sob o aspecto subjetivo, às taxas, em conformidade com a linha já defendida no presente trabalho. Luiz Alberto Pereira Filho, por exemplo, relaciona a capacidade contributiva nas taxas com o princípio do não confisco: "Contudo, temos de admitir a aplicabilidade do princípio da capacidade contributiva, se considerarmos que o referido princípio experimenta uma outra acepção, que se consubstancia no seu entrelaçamento com o não-confisco", o que é de extrema relevância em matéria de taxas na tributação ambiental.[369]

Luiz Alberto Pereira Filho, entre outros doutrinadores – por exemplo, Marciano Seabra de Godoi – também admitem a aplicação da capacidade contributiva às taxas e demonstra que medidas exonerativas, como as isenções, seriam uma instrumentalização do princípio.[370] Sacha Calmon Navara Coêlho também confirma a aplicação da capacidade contributiva aos tributos vinculados, defendendo que medidas exonerativas e o não confisco nada mais são que a concretização do princípio em debate.[371]

Alcides Jorge Costa também é defensor da capacidade contributiva no âmbito das taxas: "A taxa, como tributo que é, pode e deve adequar-se à capacidade contributiva do contribuinte e pode ser utilizada como instrumento de política tributária (...)".[372] Além disso, a doutrina estrangeira entende a capacidade contributiva como uma questão de justiça tributária, devendo, portanto, ser aplicada às taxas:

> Pero, además, se plantea la cuestión de si la cuantía puede regularse en función de la mayor o menor capacidad contributiva del obligado, caso que también ocurre en el servicio de justicia. La doctrina nacional y argentina es favorable a ternerla en cuenta, porque si bien es cierto que su campo de acción natural es el impuesto, nada impide que se aplique a los demás tributos, posición que compartimos siempre que se respete el limite global de las necesidades del servicio

---

[368] *Taxas*: limites constitucionais, p. 149-150.

[369] *As taxas no sistema tributário brasileiro*, p. 56.

[370] *Justiça...*, op. cit., p. 204.

[371] *Serviços públicos...*, op. cit., p. 241-242.

[372] Taxa e preço público. In: MARTINS, Ives Gandra da Silva (Coord.). *Taxa e preço público*, p. 6.

y que la cuantía individual no constituya una exacción arbitraria, totalmente alejada de las características del servicio prestado (...).[373]

Nessa visão, a capacidade contributiva seria um limite para a cobrança da taxa, que não poderia ultrapassar as necessidades do serviço e da atividade de polícia; além disso, quando o texto se refere à capacidade contributiva do obrigado, fica bem demonstrado que se está tratando da capacidade contributiva subjetiva. O presente trabalho filia-se à segunda corrente por entender que a capacidade contributiva é decorrência da igualdade; logo, deve ser aplicada também nos tributos vinculados, ainda que de modo diferente do previsto para os impostos, adotando-se a capacidade contributiva subjetiva.

A mesma teoria de aplicação da capacidade contributiva nas taxas deve ser estendida às contribuições de melhoria, vez que elas também possuem hipótese de incidência indiretamente vinculada à atuação estatal – no caso, a existência de uma valorização imobiliária decorrente da realização de uma obra pública.

2.5 Princípio da progressividade

Uma das formas de materializar o princípio da capacidade contributiva é por meio da progressividade, e ela, por sua vez, é também uma expressão da igualdade material: "*La imposición progresiva constituye, en otros términos, una de las posibles modalidades de reparto de las cargas públicas y, por ello, también una de las expresiones del principio de igualdad material*".[374]

Já na tributação ambiental, tal progressividade pode ser um instrumento para tentar buscar um efeito melhor em relação ao dano ambiental. Ora, quanto mais poluente for a produção, seja em relação à água, ao ar, etc., mais progressivo será o tributo.

Contudo, para vislumbrar uma progressividade na tributação ambiental, há que se ter em mente que a capacidade de compensação do dano ambiental é base legitimadora desse tipo de tributação, ou seja, que a internalização do dano ambiental é possível. Tal observação se deve ao fato da existência de doutrinadores que vislumbram somente uma proporcionalidade, não admitindo a progressividade na tributação

---

[373] COSTA, Ramón Valdés. *Curso de Derecho Tributario,* p. 175.
[374] GALLO, Franco. *Las razones ..., op. cit.,* p. 141.

ambiental; nesse caso, veja-se o posicionamento da doutrinadora portuguesa Claudia Alexandra Dias Soares ao relatar a experiência de Portugal:

> Contudo, o princípio da capacidade determina que os impostos sejam proporcionais, e não progressivos. Assim, o fundamento para um imposto ou sistema fiscal progressivo encontra-se no princípio do Estado social – leia-se o artigo 103, nº 1, da CRP, que fixa como objectivo do sistema fiscal, ao lado da "satisfação das necessidades financeiras do Estado e outras entidades públicas", "uma repartição justa do rendimento e da riqueza" – ou na previsão constitucional expressa relativamente a determinados gravames (como acontece, entre nós, no caso do imposto sobre o rendimento pessoal, no nº 1 do artigo 104). Mas este objectivo, no que respeita ao sistema fiscal, pode ser conseguido através da "compensação entre a progressividade de alguns impostos e a regressividade de outros". Pois, a "proporcionalidade refere-se, evidentemente, ao conjunto dos impostos que o Estado cobra para obter receitas, e não a cada um deles em particular".[375]

A autora liga a questão da progressividade com uma visão do Estado social de abastecimento dos cofres públicos. No presente caso, a progressividade estaria ligada a outra ideia, que é justamente a seguinte: quanto maior a poluição, maior a base de cálculo e a alíquota, em um sistema progressivo, e não apenas proporcional, justamente por uma questão de justiça tributária e fiscal vinculada à sustentabilidade. Ora, se o industrial polui mais, apresenta uma capacidade de compensação ambiental, calculada pelo dano ambiental maior e, por conseguinte, trará um gravame maior a toda a sociedade ao longo dos anos.

Tomando-se o exemplo da Espanha como paradigma, observase, por exemplo, o tributo que, para eles, é chamado de *"canon de vertidos"*. No caso, seria uma taxa que é cobrada de quem não possui outra alternativa a não ser jogar resíduos poluentes ao mar. Essa taxa é progressiva: quanto mais resíduos se jogam ao mar, maior será o tributo a ser pago pelo sujeito passivo.[376]

---

[375] *O imposto ecológico...*, *op. cit.*, p. 321-322.

[376] *En el caso de vertidos contaminantes será necesario que el peticionario justifique previamente la imposibilidad o dificuldad de aplicar una solución alternativa para la eliminación o tratamiento de dichos vertidos, en cuyo caso los vertidos contaminantes autorizados se gravarán con un canon, el canon de vertidos, en función de la carga contaminante. La cuota tributária será el resultado de multiplicar la carga contaminante del vertido, expresada en unidades de contaminación, por el valor que se asigne a la unidad* (FERNÁNDEZ, María Jesús García-Torres. *Análisis de la protección...*, *op. cit.*, p. 48).

2.6 Princípio da solidariedade

O princípio da solidariedade, com fundamento no artigo 3º, I, da Constituição Federal, concede fundamento para as questões ambientais, ou seja, a sociedade como um todo deve entender que o bem ambiental deve ser protegido para as presentes e futuras gerações. Tal princípio possui elementos constitutivos, como ensina Francesco Moschetti: "*Son, pues, elementos constitutivos del deber de solidaridad: 'a)' el sacrificio de un interés individual; 'b)' la ausencia (o la accidentalidad) de una contraprestación directa; 'c)' el fin de interés colectivo*".[377]

A constituição do princípio em questão, para o jurista italiano, é de fundamental relevância quando se trata de meio ambiente: ora, quando se está tratando de meio ambiente, há que se ter em conta, a todo instante, o interesse coletivo em contraposição ao interesse individual sem que haja uma contraprestação direta por parte do Estado. O interesse individual é sacrificado em prol de um interesse coletivo – no caso, a sustentabilidade que concretiza, em parte, a solidariedade:

> (...) a tributação deixa de ser mero instrumento de geração de recursos para o Estado, para se transformar em instrumento que – embora tenha este objetivo mediato – deve estar em sintonia com os demais objetivos constitucionais que, por serem fundamentais, definem o padrão a ser atendido.[378]

Pedro Manuel Herrera Molina relaciona o princípio da solidariedade ao do poluidor pagador, já examinado em momentos anteriores:

> *Hemos visto cómo el principio "quien contamina paga" constituye en su origen un criterio de eficiencia económica, pero su recepción jurídica exige contemplarlo como una manifestación del "principio de solidaridad". En efecto, la solidaridad coletiva constituye el fundamento jurídico de la protección ambiental, tal y como reconocen diversos textos jurídicos nacionales e internacionales (...).*[379]

Ora, o princípio da solidariedade na questão ambiental tem como base a própria questão do bem comum: há que existir solidariedade das presentes gerações para com as atuais e futuras.

---

[377] *El principio de capacidad contributiva...*, *op. cit.*, p. 116.

[378] GRECO, Marco Aurélio. Solidariedade social e tributação. In: GRECO, Marco Aurélio; GODOI, Marciano Seabra de. *Solidariedade social e tributação*, p. 177.

[379] *Derecho tributario ambiental...*, *op. cit.*, p. 158-159.

Ademais, o princípio da solidariedade também possui conexão com o princípio da capacidade contributiva em razão de que aquele que usufrui de bens ambientais auferindo lucro deve, portanto, compartilhar de um modo solidário, contribuindo.[380] Eis um ponto de contato: tanto o princípio do poluidor pagador como o princípio da capacidade contributiva possuem fundamentos econômicos, e a solidariedade encontra a sua conexão com ambos.

Para Francesco Moschetti, em tendência minoritária, a solidariedade tem um vínculo forte com a capacidade contributiva, não só na questão econômica, mas também na questão de política pública:

> *Podemos, antes bien, invertir la posición tradicional: si la capacidad económica constituye la condición necesaria, pero no suficiente, de la capacidad contributiva (es decir, es capacidad contributiva sólo en cuanto esté cualificada por fines sociales), no sólo no contrasta el artículo 53, sino que es una "exigencia" de éste el que iguales capacidades económicas demonstrativas de diversas aptitudes para satisfacer los fines colectivos sean tratadas en correspondencia con estos últimos. Si, por ejemplo, por una exigencia de desarrollo económico conforme a las normas de principio de la Constitución una determinada fuente patrimonial no debe ser gravada en una zona determinada durante un cierto período, falta en ella el elemento cualificante de la capacidad contributiva: la aptitud para realizar el interés público. Más aún, precisamente para realizar tal interés, esa fuente patrimonial no puede considerarse manifestación de capacidad contributiva.*[381]

Por uma questão de política pública, deve-se gravar o dano ambiental, pois se estará se protegendo o meio ambiente, havendo, no caso, uma capacidade ambiental e, também, estando em conexão com a solidariedade, uma vez que o meio ambiente é da coletividade.

Em opinião francamente contrária ao de Francesco Moschetti encontra-se José Roberto Vieira, que entende que a conjugação, realizada pelo jurista italiano, é simplificadora e artificial por não conseguir ver relação de graduação na capacidade contributiva e na extrafiscalidade.[382]

---

[380] *Como sabemos, los principios de capacidad económica y "quien contamina paga" constituyen sendas proyecciones del principio de solidariedad sobre dos materias diversas: el reparto de las cargas públicas y la necesidad de preservar el medio ambiente para las generaciones futuras. Ambos principios pueden entrar en colisión (Ibidem, p. 163).*

[381] *El principio de capacidad contributiva..., op. cit.*, p. 279.

[382] Cf. *A extrafiscalidade da lei nº 12.715/2012 e a capacidade contributiva..., op. cit.*, p. 28-29.

CAPÍTULO 3

O TRIBUTO ECOLÓGICO

> *A terra cabe na palma de minha mão; nela não há negros e brancos, marxistas e democratas; ela é o nosso lar comum, nossa pátria cósmica; precisamos aprender a amar este esplendoroso planeta azul e branco, porque ele está ameaçado.*[383]
>
> (JUNG, John)

3.1 Para entender a tributação ambiental: as externalidades negativas e a sua internalização

Muito já se discorreu, até o momento, sobre a tributação ambiental e como ela modifica o comportamento da sociedade, além de, superficialmente, sobre o que se chama de externalidades. Elas existem de dois modos: as positivas e as negativas. Contudo, não se debateu profundamente sobre as externalidades negativas, que acabam sendo o pressuposto para o chamado tributo ecológico. Nesse sentido, preciosa é a lição do Professor Tulio Rosembuj:

> *La externalidad negativa es el coste impuesto sobre los otros, pero, que no se refleja en las cuentas del agente económico y debe internalizarse porque el uso, goce, disfrute del bien ambiental provoca daño en la sociedad civil y en la economía de la naturaleza. Del mismo modo debe reconocerse la externalidad*

---

[383] John Jung foi um astronauta que viu a Terra a partir da perspectiva da Lua (BOFF, Leonardo. *Ecologia...*, *op. cit.*, p. 148).

positiva, cuando la actuación del particular en su propio interés redunda en beneficio de los demás, v.g. el agricultor como guardian de la naturaleza o el propietario forestal.[384]

Observou-se que o mercado provoca distorções – no caso em análise, as externalidades negativas. Veja-se a poluição, que contamina o ar, causada por um empresário na sua atividade industrial e que será suportada por todos, pois ele, inicialmente, utilizou de forma gratuita o meio ambiente.[385] Quando não há a intervenção do Estado na economia, atuando o mercado com sua "mão invisível", todos pagarão de forma injusta o lucro obtido por aquele empresário, inclusive as futuras gerações. É nesse momento que surge o tributo ecológico, tentando corrigir as falhas do mercado e tornando o processo algo mais justo:

> *Precisamente, A. C. Pigou es el que durante los primeros treinta años del siglo pasado afronta la divergencia en el mercado entre coste (producto) privado y coste (producto) social. La glorificación de empresa no siempre apareja un resultado favorável al interés general. La brecha solo puede colmarse mediante la correción pública de la actuación particular, sea por premio o por impuesto. Y esto ocurre porque hay efectos externos que no se controlan, economías externas que perjudican o benefician a los demás, externalidades que pueden ser negativas (lesivas) o positivas (ventajosas) para los otros.*[386]

Ora, o que se pode observar é que, no processo produtivo, há um custo privado, na elaboração de um produto, e um custo social, conforme a referência acima expressa. Quando um produto que traz problemas ambientais é produzido sem a devida internalização das externalidades, tal produto terá um custo privado que não reflete o custo social, pois o empresário pode ter contaminado a água no processo produtivo ou poluído o ar, e isso não foi contabilizado no custo privado. Todavia, a sociedade, ao longo do tempo, sentirá o custo social do processo produtivo; nesse sentido, a internalização das externalidades, por meio do tributo ecológico, é uma tentativa de tornar o custo social algo efetivamente concreto e tornar a tributação um meio de fazer a

---

[384] *El impuesto...*, p. 18.

[385] Um exemplo trazido da doutrina espanhola: *"Trasladándolo al medio ambiente, los daños ecológicos ocasionados por los vertidos industriales son un claro ejemplo de estas externalidades, ya que la reparación de estas agresiones implica un gasto que en primera medida no se ve reflejado en el coste del producto que lo ha ocasionado"* (FERNÁNDEZ, María Jesús García-Torres. *Análisis de la protección..., op. cit.*, p. 15).

[386] ROSEMBUJ, Tulio. *El impuesto..., op. cit.*, p. 11.

justiça, já que a sociedade não deve arcar com uma poluição ocasionada pela atividade empresarial.[387]

Ademais, a internalização das externalidades casa perfeitamente com o conceito de sustentabilidade, pois tenta corrigir as falhas do mercado. A partir do momento em que a sociedade atende à sustentabilidade, então, pode-se dizer que tal sociedade está atingindo um bom nível de desenvolvimento social.[388]

Para Claudia Alexandra Dias Soares, as externalidades seriam um caso típico de mercados incompletos; daí, também, a necessidade de intervenção do Estado na ordem econômica, pois tais mercados não se conseguem regular por si mesmo.[389]

Já foi mencionada anteriormente a relação entre o princípio da igualdade, inclusive a igualdade tributária, e as externalidades. O tributo ecológico seria um instrumento de correção das desigualdades em face do mercado, pois trataria todos de maneira igual e atuaria nos ditames da ética tributária.

É importante destacar que o tributo ecológico trabalha em cima das externalidades negativas, mas isso não significa que atuará em cima de um ilícito. Ora, é evidente a definição de tributo a partir do Código Tributário Nacional, que prevê:

> Art. 3º Tributo é toda prestação pecuniária compulsória, em moeda ou cujo valor nela se possa exprimir, que não constitua sanção de ato ilícito, instituída em lei e cobrada mediante atividade administrativa plenamente vinculada.

---

[387] *El fundamento de los instrumentos económicos, en particular el impuesto ambiental, es consecuencia del esquema de Pigou. La externalidad es la consecuencia de la divergencia entre el precio de un bien o servicio y el verdadero coste social. La brecha entre el precio y el coste que no se asume procede de un fallo del mercado que solo puede colmarse, coactiva o voluntariamente, por la intervención pública* (Ibidem, p. 18).

[388] *Estos planteamientos reconocen como punto de partida la existencia de fallos del mercado, de externalidades y de costes ecológicos, preconizando la internalización de dichos costes a través de los instrumentos del enfoque económico convencional. Se aborda pues la gestión de la naturaleza como externalidades que deben ser valoradas desde el instrumental analítico de la economía, de los costes y beneficios. En definitiva un planteamiento que, más que ecologizar la economía, acaba economizando la ecología* (PACHECO, Pedro Mercado. *Desarrollo sostenible...*, op. cit., p. 98).

[389] As externalidades são um caso típico de mercados incompletos quando está em causa um recurso ambiental. Esta incompletude verifica-se na medida em que não existe uma instituição de troca onde o sujeito que afecta positivamente outro(s) receba uma compensação por isso ou o sujeito que afecta negativamente outro(s) suporte o respectivo custo (*sic*) (*O imposto ecológico...*, op. cit., p. 80-81).

Quanto às externalidades negativas, elas não podem ser consideradas ilícitas. Por exemplo, a poluição é uma externalidade, mas não é um ilícito. Nesse sentido, vide a lição de María Jesús García-Torres Fernández:

> Los tributos ecológicos siempre gravan actividades lícitas y, si gravan hechos ilícitos estaremos ante una sanción o medida administrativa coactiva, nunca ante un tributo.
>
> No obstante, el tributo cumple una función que la sanción no podrá desempeñar: Incentiva al sujeto pasivo a inclinarse por un cierto comportamiento. Tiene un carácter preventivo y resarcitorio, nunca sancionador, que trata de que el particular se responsabilice por el daño causado al entorno, creando una conciencia que haga buscar a la persona otros medios de conseguir el fin deseado pero sin contaminar.[390]

É claro que a tributação ambiental trabalhará sempre no campo da licitude e jamais se deve confundir o conceito de externalidade negativa com o de ilícito. O tributo ecológico tentará diminuir as externalidades negativas, trazendo incentivos e conscientizando a sociedade, mas não conseguirá eliminar toda a utilização ou degradação do meio ambiente. Ademais, um tributo ecológico bem instrumentalizado não significa uma arrecadação zero. Segundo Tulio Rosembuj, pensar em uma arrecadação zero seria uma infantilidade.[391] A mesma visão é partilhada por Pedro Manuel Herrera Molina:

> Por tanto, el ideal de los tributos ecológicos no es –en contra de lo que en ocasiones se indica– una "recaudación cero". Si una conducta es tan dañosa para el medio ambiente que debe eliminarse, no debe establecerse un tributo tan elevado que nadie realice el hecho imponible, sino una prohibición acompañada de sanciones.[392]

Ora, para que haja o desenvolvimento, os recursos naturais serão utilizados dentro da lógica do processo de produção. O que não pode existir é uma destruição massiva da natureza e, para além disso, se o processo produtivo puder ser cíclico, imitando o processo natural, que

---

[390] *Análisis de la protección…, op. cit.,* p. 33.

[391] *Los impuestos verdes sirven para recaudar sobre la definición del bien ambiental que se quiere tutelar. Es infantil defender que el éxito del buen impuesto ambiental consiste en llegar una recaudación cero. Esto es falso, porque siempre conviviremos con un grado de contaminación que permita el crecimiento económico sin sacrificio definitivo e irreversible de los recursos naturales* (El impuesto…, op. cit., p. 78).

[392] *Derecho tributario ambiental…, op. cit.,* p. 35-36.

não gera resíduos, ele deve ser sempre o escolhido. Deve haver uma preocupação evidente, por parte do Estado e da sociedade, com os bens naturais e seu esgotamento, pois todos necessitam do meio ambiente para viver, tanto as presentes como as futuras gerações, sendo esse o norte da tributação ambiental. Mas pensar em uma arrecadação zero seria utópico demais, e já se afirmou, em capítulos anteriores, que não se deve pensar em planejamentos utópicos, mas, sim, em planejamentos voltados para a realidade social.

Além disso, a própria doutrina da tributação ambiental não prega o intuito de uma arrecadação zero para que o tributo ambiental atinja a sua função de proteção ao meio ambiente; o intuito real é tentar diminuir as externalidades, mas não acabar com toda a utilização do meio ambiente, pois isso inviabilizaria o processo produtivo, que necessita dos bens ambientais. A tentativa é justamente encontrar um ponto de equilíbrio, o que não é tarefa fácil.

O foco é tentar preservar o meio ambiente e tornar o processo produtivo sustentável, o que não significa poluição zero. Conforme visto anteriormente, o planejamento das políticas públicas deve ser algo factível, ou seja, que haja possibilidade de concretização na prática.[393]

Também não se pode esquecer, em minuto algum, que o tributo ecológico, ao internalizar as externalidades negativas, tem como objetivo a mudança de comportamento do agente no processo produtivo, pois ele tentará economizar na questão tributária, preservando, consequentemente, o meio ambiente.[394]

---

[393] Na verdade, as externalidades enquanto "falhas" inerentes ao mercado, tendem a ser mais bem controladas através de políticas de prevenção, por meio de uma imposição de custos que, embora insuficiente para o alcance de um perfeito equilíbrio – o que seria impossível, em função da impossibilidade de determinar exatamente qual a responsabilidade de cada ente produtivo em razão da complexidade do mercado atual – funcione como incentivo à alteração do mercado atual – funcione como incentivo à alteração dos padrões produtivos poluidores (TUPIASSU, Lise Vieira Da Costa. *Tributação ambiental...*, *op. cit.*, p. 73).

[394] Nesse sentido, a doutrina é pacífica ao prever: "O objetivo do imposto pigouviano é reduzir o consumo de bens poluentes quando eles são taxados de forma mais pesada. Isso gera uma distorção e um consequente custo de bem estar, além da regressividade que eles apresentam. O que é necessário é avaliar se esses efeitos perniciosos valem a pena em comparação com o atingimento de uma redução no consumo de combustíveis e a consequente redução na emissão de CO_2" (tradução nossa). No original inglês: "*The objective of a Pigouvian tax is reducing the consumption of polluting goods when they are more heavily taxed. This generates a distortion and a consequent welfare cost, apart from the regressivity we have shown. What is necessary is to evaluate if these pernicious effects are worth comparing with the achievement of a reduction in consumption of fuels and the consequent reduction in CO_2 emissions*" (BADENES, Nuria *et al.* Efeito da receita do imposto de CO_2 na Espanha: uma análise incluindo uma resposta comportamental. No original inglês: *Revenue effect of CO_2 tax in Spain*: an analysis including behavioural response. STERLING, ANA YÁBAR *et al.* (Ed.). *Market instruments and sustainable...*, *op. cit.*, p. 216).

Essa é, inclusive, a orientação da OCDE, que prega a utilização de instrumentos tributários para a mudança de comportamento dos agentes.[395]

3.2 A doutrina brasileira e a necessidade de compreensão de que o tributo relativo ao dano ambiental não é sanção

Conforme já apontado, o tributo relativo ao dano ambiental, ou seja, relativo à poluição dentro dos limites considerados, não pode ser considerado uma sanção. Contudo, essa não é a visão unânime da doutrina, como se pode ilustrar com um dos expoentes do nosso direito tributário, Heleno Taveira Tôrres. Vide o seu entendimento:

> Quanto aos "danos causados", o emprego de tributo encontra um obstáculo intransponível que é a determinação do artigo 3º, do Código Tributário Nacional, que não admite tributos como sanções a atos ilícitos".[396]

Ele deixa claro que é possível uma taxa ou uma contribuição de intervenção no domínio econômico em prol do meio ambiente, mas nunca a existência de impostos: "E como negamos qualquer espaço para recurso à espécie de criação de 'impostos' ambientais, admitindo somente cabimento de taxas e especialmente das contribuições de intervenção no domínio econômico (...)".[397]

Em sentido similar caminha Denise Lucena Cavalcante, que, além de ser contra a criação de novos tributos ambientais pelos mesmos motivos acima expostos, entende haver uma indesejável elevação da carga tributária:

---

[395] A OCDE, em um relatório de diretrizes, em 2010 dispôs que "taxar a poluição é um claro incentivo aos poluidores reduzirem as emissões e procurar por alternativas limpas" (tradução nossa). No original inglês: *"Taxes on pollution provide clear incentives to polluters to reduce emissions and seek out cleaner alternatives"* (Tributação, inovação e meio ambiente. Estratégia de Crescimento Ambiental da OCDE. No original inglês: *"Taxation, innovation and the environment. OECD Green Growth Strategy"*, 2010, p. 12).

[396] Medidas tributárias no sistema de exploração, uso e infraestruturas de águas. In: GONZÁLEZ, Luis Manuel Alonso; TÔRRES, Heleno Taveira (Coord.). *Tributos, aguas e infraestructuras*, p. 276.

[397] TÔRRES, Heleno Taveira. Da relação entre competências constitucionais tributária e ambiental: os limites dos chamados "tributos ambientais". In: TÔRRES, Heleno Taveira (Org.). *Direito Tributário Ambiental, op. cit.*, p. 136.

O caminho para ligar a tributação à sustentabilidade ambiental não deve ser simplesmente onerar as empresas através de novos tributos ambientais. Também não poderá o tributo ser caracterizado como uma sanção.

(...)

Deve ser utilizado o critério ambiental em todo o sistema tributário, não no sentido de criar novos tributos, o que comumente teria o implícito caráter punitivo, mas sim, que os tributos já existentes sejam também utilizados para a proteção ambiental, a exemplo do que já vem acontecendo hoje com o IPTU e IPVA.[398]

Diferente do esposado pela doutrinadora, entendemos que somente uma parte dos contribuintes será afetada pela criação de tributos ambientais, não elevando sobremaneira o total da carga tributária brasileira. Além disso, não se pode utilizar tal argumentação para não tentar implementar novas medidas com o objetivo de proteger o meio ambiente. Atua-se no campo da extrafiscalidade, onde a premissa do tributo não é arrecadar e, portanto, elevar a carga tributária, mas, sim, orientar condutas e comportamentos.

No que concerne ao posicionamento de incentivos, concorda-se, mas há que se esclarecer que, em alguns casos, não há como se proteger o meio ambiente por meio de incentivos, mas tão somente por meio da criação de novos tributos, como será observado posteriormente na captação da água bruta.

Alguns doutrinadores, como é o caso de Lise Vieira da Costa Tupiassu, não são contra a criação de novos tributos, mas também entendem que a criação de um novo tributo aumentaria a carga tributária brasileira:

Analisando o cenário jurídico nacional, contudo, verifica-se que, com exceção de algumas medidas punitivas e pequenas taxas parafiscais, não existe um tributo diretamente relacionado à proteção do meio ambiente, sendo necessária a sua criação ou redimensionamento, respeitando as hipóteses permitidas pelos dispositivos constitucionais.

(...)

Por conseguinte, diante do quadro atual de sobrecarga tributária dos contribuintes, que gastam uma parte substantiva de suas rendas com pagamento de tributos, de modo até mesmo a inviabilizar a

---

[398] Tributação ambiental: por uma remodelação ecológica dos tributos, *Nomos*, v. 32, n. 2, p. 101-102.

sobrevivência de algumas unidades produtivas de menor porte, mostra-se completamente inconcebível a pura criação de um novo imposto, sem antes se processar uma reforma do sistema tributário.[399]

Ricardo Berzosa Saliba não entende o tributo ambiental como inconstitucional por tributar-se o dano, mas, em sua obra, ele trabalha mais com a reorganização financeira em prol do meio ambiente e na esfera dos incentivos tributários.[400]

Simone Martins Sebastião trabalha com o conceito de função promocional da tributação ambiental, não se opondo à existência de um tributo ambiental.[401]

Na doutrina nacional, um dos precursores no estudar o tema é José Marcos Domingues de Oliveira, e ele explica o porquê de o tributo ecológico não se enquadrar como uma sanção:

> É que, em primeiro lugar, a tributação extrafiscal (e a tributação ambiental em particular) não se destina a punir ilicitudes. Busca-se com ela orientar o agente econômico (contribuinte) a planejar o seu negócio lícito de acordo com uma política pública legitimada pela Constituição. Se um imposto ambiental progressivo é instituído sobre emissões ou efluentes poluentes, não se está tributando qualquer violação à lei – emissões e efluentes podem ser absolutamente inevitáveis em face do estágio tecnológico vigente, e a conciliação do princípio do desenvolvimento com o princípio da preservação (em busca do desenvolvimento sustentável) pode determinar que se licencie certo empreendimento, (...)
>
> (...)
>
> Somente ultrapassado aquele limite (fora, pois, da "zona de tolerância ambiental") é que se adentrará o campo da ilicitude e do direito repressivo, e o que se deverá impor ao poluidor já não será um tributo, mas uma pena, multa, interdição de atividade, prisão etc.[402]

Tal tipo de debate sequer existe no direito espanhol, sendo que eles possuem um conceito de tributo similar ao do direito tributário brasileiro.[403] A questão de internalizar o dano dentro do tributo é

---

[399] *Tributação ambiental...*, *op. cit.*, p. 135-137.

[400] Cf. *Fudamentos do Direito Tributário Ambiental*, *passim*.

[401] Cf. *Tributo ambiental...*, *op. cit.*, *passim*.

[402] *Direito Tributário e meio ambiente*, p. 50-52.

[403] *Lei general de tributación española*
Los tributos son los ingresos públicos que consisten en prestaciones pecuniarias exigidas por una Administración pública como consecuencia de la realización del supuesto de hecho al que la ley

posicionamento antigo e não significa uma sanção. Ora, uma poluição ou uma degradação do meio ambiente acima do considerável estará adstrita ao âmbito do direito penal e do direito administrativo sancionador, fora da seara do direito tributário.

A partir do momento em que se concebe que o meio ambiente é economicamente calculado e que o custo da atividade produtiva ocasiona, definitivamente, um custo no meio ambiente, tal posicionamento de vislumbrar o tributo relativo ao dano como uma sanção mostra-se superado:

> *El fundamento de los instrumentos económicos, en particular el impuesto ambiental, es consecuencia del esquema de Pigou. La externalidad es la consecuencia de la divergencia entre el precio de un bien o servicio y el verdadero coste social. La brecha entre el precio y el coste que no se asume procede de un fallo del mercado que solo puede colmarse, coactiva o voluntariamente, por la intervención pública.*[404]

O dano ambiental tem como reflexo um custo social e constitui, portanto, um fator econômico muito forte. Não tributar o dano ambiental que está dentro dos limites permitidos é desrespeitar inclusive o princípio da igualdade, conforme já demonstrado. Assim, a doutrina brasileira necessita evoluir em tal concepção a fim de que acompanhe a visão internacional, que se pauta na tributação do dano ambiental, não como forma de sanção, mas como forma de indução de comportamentos mais sustentáveis.

3.3 A extrafiscalidade ambiental

O tributo ecológico trabalhará no campo da extrafiscalidade. Já se tratou, anteriormente, da extrafiscalidade, de modo geral. Neste momento, passa-se a analisar a extrafiscalidade ambiental. Apenas para relembrar, o tributo possui a função precípua de arrecadação no campo da fiscalidade e, quando se discorre sobre outra função, que não seja a arrecadatória, está-se no campo da extrafiscalidade.

---

vincula el deber de contribuir, con el fin primordial de obtener los ingresos necesarios para el sostenimiento de los gastos públicos.

Los tributos, además de ser medios para obtener los recursos necesarios para el sostenimiento de los gastos públicos, podrán servir como instrumentos de la política económica general y atender a la realización de los principios y fines contenidos en la Constitución.

[404] ROSEMBUJ, Tulio. *El impuesto...*, *op. cit.*, p. 18.

James Marins e Jeferson Teodorovicz, em interessante artigo sobre a extrafiscalidade socioambiental, realizam um estudo histórico profundo sobre a questão da extrafiscalidade e demonstram: *"Portanto, em primeira aproximação, a extrafiscalidade pode ser entendida como a utilização de tributos (e por isso a ideia de fiscalidade), com o objetivo que não seja prioritariamente a arrecadação"*.[405] Em relato também histórico sobre a questão da tributação de margarina e da manteiga nos Estados Unidos, José Roberto Vieira chega à primorosa conclusão:

> Foi a partir de então que se construiu, nos Estados Unidos, a duplicidade da visão do tributar com fundamento no *"power to tax"* – no "poder de tributar, literalmente, ou, cientificamente, na competência tributária, que consiste na tributação habitual, na tributação que visa tão somente carrear recursos para os cofres públicos – e do tributar com amparo no que os norte-americanos chamam de *"police power"* – literalmente, no "poder de polícia", que corresponde a uma tributação regulatória, a uma tributação intervencionista, a uma tributação que visa realizar objetivos não meramente arrecadatórios, mas de caráter social ou econômico. Na primeira hipótese, fala-se de "fiscalidade", em oposição à segunda, em que se cogita de "extrafiscalidade".[406]

Diante dos conceitos básicos de fiscalidade e de extrafiscalidade, não se pode falar de um tributo unicamente fiscal ou exclusivamente extrafiscal. Contudo, do que se deve cuidar, a todo momento, é que o tributo ecológico não pode perder sua função extrafiscal. Na Espanha, sistema de tributação que é referência para o presente trabalho, alguns tributos ecológicos deixaram sua função extrafiscal e passaram a possuir um viés arrecadatório, perdendo, assim, a sua essência.

Como a função do tributo ecológico é induzir comportamentos ambientalmente adequados, observa-se que a sua função extrafiscal é promover a sustentabilidade, já que "(...) *as normas jurídicas constituem técnicas de motivação social, instrumentos para induzir os homens a se comportar de determinada maneira"*.[407] Logo:

> Quando uma atividade é considerada prejudicial aos interesses da economia interna, ou, *"in casu"*, ao meio ambiente ecologicamente equilibrado, o Estado faz uso do tributo como instrumento de contenção, desestimulando-a.[408]

---

[405] Extrafiscalidade socioambiental. *Revista tributária e de finanças públicas*, v. 90, p. 76.

[406] *A extrafiscalidade da Lei nº 12.715/2012..., op. cit.*, p. 27.

[407] TRENNEPOHL, Terence Dornelles. *Incentivos fiscais no Direito Ambiental*, p. 13.

[408] *Ibidem*, p. 107.

Assim, a extrafiscalidade ecológica está intimamente relacionada com a indução de comportamentos, pois a função da tributação ambiental é, justamente, modificar os comportamentos, trazendo consciência à sociedade dos meios mais sustentáveis e menos agressivos, conscientização permeada pela utilização de tributos.[409] "A lógica é bastante simples. Tributa-se mais a atividade que se pretende desincentivar. Ao contrário, tributa-se menos a atividade que pretende incentivar."[410]

Marins e Teodorovicz retratam no seu artigo que a linha entre fiscalidade e extrafiscalidade é muito tênue e que a escolha do tributo extrafiscal é uma escolha política, demonstrando que o tributo não é neutro. Tal raciocínio adequa-se perfeitamente ao apresentado no presente trabalho, onde já se afirmou, logo nos primeiros capítulos, que o tributo possui uma função política, social e econômica, mais especificamente, uma função de proteção do meio ambiente, com o consequente desenvolvimento da sociedade.[411]

A tributação ecológica nada mais é que o Estado intervindo na economia por meio dos tributos, em uma tentativa de preservar o meio ambiente; e "a intervenção do Estado na vida econômica é um 'redutor de riscos' tanto para os indivíduos quanto para as empresas (...)".[412] Já dissemos, aqui, que o Estado intervém na economia como uma forma de manutenção do capitalismo e, para a manutenção dele, é necessária a preservação da natureza viva.[413]

Ainda no que toca à extrafiscalidade, algumas correntes do direito tributário entendem, para relembrar, que, no caso dos tributos extrafiscais, princípios como a capacidade contributiva não deveriam ser aplicados. Para exemplificar, esse é o posicionamento adotado

---

[409] Com o mesmo direcionamento é a lição de James Marins e de Jeferson Teodorovicz: "A par das variadas finalidades pelas quais a extrafiscalidade é aplicada, e sendo o tributo, um instrumento de natureza financeira, interferindo no patrimônio, na atividade econômica, na vida social, cultural, política e ambiental, torna-se hábil instrumento para a modelagem de comportamentos humanos" (Extrafiscalidade socioambiental, *op. cit.*, p. 77). A mesma visão é compartilhada por Simone Martins Sebastião: "Nesse campo surge a 'função extrafiscal' dos tributos, onde se verifica que o fim maior da instituição de determinada figura tributária não é a arrecadação em si, mas os efeitos indutivos de comportamento que atingem os contribuintes, de maneira a estimulá-los ou desestimulá-los a adotar determinadas condutas sintonizadas com os objetivos sociais, políticos e econômicos do Estado" (*Tributo ambiental...*, *op. cit.*, p. 133).

[410] *Extrafiscalidade socioambiental*, *op. cit.*, p. 77.

[411] *Ibidem*, p. 94.

[412] GRAU, Eros Roberto. *Por que tenho medo dos juízes (a interpretação/aplicação do direito e os princípios)*, p. 15.

[413] Vide item 1.4 da primeira parte.

por Celso Antonio Pachecho Fiorillo e Renata Marques Ferreira, que, adaptando-se à teoria alemã de Klaus Tipke, trazem esse raciocínio para o âmbito nacional.[414] Não é o posicionamento do presente trabalho, que adota o princípio em uma média eficácia, sem a graduação do tributo, mas observando o limite mínimo e máximo.

Cabe esclarecer que o Brasil ainda é muito incipiente na tributação ambiental, devendo, em um futuro próximo, modificar sua racionalidade tributária como um meio de se harmonizar e se adaptar a esse novo paradigma mundial, que prega a sustentabilidade e a preservação da vida. Assim, um processo de mudança na legislação tributária, em especial no que toca à legislação tributária ambiental, avizinha-se.

Deixar nas mãos do Poder Legislativo os instrumentos extrafiscais, com o entendimento daqueles que não defendem o princípio da capacidade contributiva, do não confisco e do mínimo existencial nos tributos ambientais, é deixar um cheque em branco na mão do legislador, uma vez que tais princípios são garantias de defesa dos sujeitos passivos e limitadores de um Estado que seja voraz na arrecadação tributária, além de ser um sustentáculo do próprio direito tributário. Importar teorias alemãs de modo acrítico – no caso, a de não observância da capacidade contributiva na extrafiscalidade –, para nossa realidade é um perigo, pois não há como comparar a sociedade alemã, que já tem em mente a importância da preservação do meio ambiente – fato que pode ser vislumbrado em atitudes simples, como a consciência dos consumidores em procurarem embalagens que produzem menos resíduos – com a sociedade brasileira, que ainda é jovem e está iniciando o processo de conscientização.

O risco é criar-se um discurso falacioso de proteção ambiental e, pautando-se em uma suposta extrafiscalidade, legislar sobre numerosos tributos apenas com a máscara da extrafiscalidade, mas com o objetivo arrecadatório; e ainda com o perigo adicional de não se aplicarem os princípios limitadores de uma tributação confiscatória.

---

[414] Celso Pacheco Fiorillo e Renata Marques Ferreira pensam da seguinte maneira: "Assim, a chamada tributação com finalidade extrafiscal não se submete de forma absoluta aos princípios tributários, é norma justificada por outros ramos do direito e por outros princípios. Seguindo os ensinamentos de Tipke e Yamashita, quando o Estado utiliza uma norma tributária para o atingimento de finalidades distintas da verdadeira função do direito tributário, ele o faz sem concentrar na capacidade econômica dos contribuintes, deixando como consequência a seara do direito tributário para ingressar em outros ramos campos de atuação, orientados, logicamente, por outros princípios" (*Direito ambiental...*, *op. cit.*, p. 57).

CAPÍTULO 3
O TRIBUTO ECOLÓGICO | 173

Logo, um planejamento factível, com a visualização dos possíveis problemas e garantindo os princípios previstos na Constituição Federal, adequa-se bem mais à realidade brasileira.

3.4 Espécies de tributo ecológico

Na doutrina brasileira, há muitos questionamentos sobre as espécies tributárias, se seriam duas, três, quatro, cinco ou seis delas. A Constituição Federal prevê, a princípio, a existência de três espécies tributárias,[415] mas o Supremo Tribunal Federal, por sua vez, reconhece outra classificação, aliando também à classificação o critério da destinação do tributo.[416]

A questão da classificação das espécies tributárias não constitui o cerne do presente trabalho; contudo, é bom ter em mente a lição trazida por Eurico Marcos Diniz De Santi, que classifica os tributos por dois critérios: intrínseco e extrínseco. No critério intrínseco, que é centrado na sua estrutura, estaria presente a vinculação ou não à

---

[415] Art. 145. A União, os Estados, o Distrito Federal e os Municípios poderão instituir os seguintes tributos:
I - impostos;
II - taxas, em razão do exercício do poder de polícia ou pela utilização, efetiva ou potencial, de serviços públicos específicos e divisíveis, prestados ao contribuinte ou postos a sua disposição;
III - contribuição de melhoria, decorrente de obras públicas.

[416] Os tributos, nas suas diversas espécies, compõem o Sistema Constitucional Tributário brasileiro, que a Constituição inscreve nos seus arts. <145> a 162. Tributo, sabemos todos, encontra definição no art. 3º do CTN, definição que se resume, em termos jurídicos, no constituir ele uma obrigação que a lei impõe às pessoas, de entrega de uma certa importância em dinheiro ao Estado. As obrigações são voluntárias ou legais. As primeiras decorrem da vontade das partes, assim, do contrato; as legais resultam da lei, por isso são denominadas obrigações *ex lege* e podem ser encontradas tanto no direito público quanto no direito privado. A obrigação tributária, obrigação *ex lege*, a mais importante do direito público, "nasce de um fato qualquer da vida concreta, que antes havia sido qualificado pela lei como apto a determinar o seu nascimento" (Geraldo Ataliba, "Hermenêutica e Sistema Constitucional Tributário", in "Diritto e pratica tributaria", volume L, Padova, Cedam, 1979). As diversas espécies tributárias, determinadas pela hipótese de incidência ou pelo fato gerador da respectiva obrigação (CTN, art. 4º), são a) os impostos (CF, art.<145>, I, arts. 153, 154, 155 e 156), b) as taxas (CF, art. <145>, II), c) as contribuições, que são c.l) de melhoria (CF, art. <145>, III), c.2) sociais (CF, art. 149), que, por sua vez, podem ser c.2.1) de seguridade social (CF, art. 195, CF, 195, §4º) e c.2.2) salário educação (CF, art. 212, §5º) e c.3) especiais: c.3.1.) de intervenção no domínio econômico (CF, art. 149) e c.3.2) de interesse de categorias profissionais ou econômicas (CF, art. 149). Constituem, ainda, espécie tributária, d) os empréstimos compulsórios (CF, art. 148)" (ADI 447, Rel. Min. Octavio Gallotti, voto do Min. Carlos Velloso, julgamento em 5-6-1991, Plenário, DJ de 5-3-1993.) (*A Constituição e o Supremo*. Disponível em: <http://www.stf.jus.br/portal/constituicao/artigo.asp#ctx1>. Acesso em: 14 fev. 2013).

atividade estatal; nesse aspecto, poder-se-ia falar em uma classificação em três espécies, tomando como base a natureza jurídica da espécie tributária, que se fundamenta na conjugação da hipótese de incidência e da base de cálculo: tributo não vinculado (imposto), tributo diretamente vinculado (taxa) e tributo indiretamente vinculado (contribuição de melhoria).[417] Tal classificação consubstancia-se na "(...) vinculação do aspecto material da hipótese de incidência a uma atuação estatal (...)".[418]

Eurico Marcos Diniz de Santi entende que "(...) a classificação intrínseca dos tributos não esgota o repertório do sistema tributário vigente";[419] para tanto, ele traz outra classificação, que não é contraditória com a intrínseca, mas está em harmonia, complementando-a, que é a classificação extrínseca. Assim, no critério extrínseco, estariam presentes a destinação legal e a restituibilidade, centrando-se na função do tributo, em uma leitura que é interdisciplinar com o direito financeiro, mas que é de fundamental importância, inclusive quando se trata de tributação ambiental, focada na extrafiscalidade e que tem como premissa básica a proteção do meio ambiente. Ademais, o próprio jurista que faz a referida classificação reconhece:

> Entretanto, não obstante serem estranhas à intimidade estrutural da regra-matriz de incidência tributária, não deixam de ser jurídicas, pois fundamentam-se em critérios eminentemente jurídicos: a "existência"de normas sobre destinação e restituição.[420]

A existência de duas classes ocorre em dois níveis diferentes, pois:

> Não obstante a liberdade existente no que diz respeito à elaboração das classificações, segundo a opção e conveniência do agente classificador, há regras que devem ser observadas por ocasião do processo classificatório. Deve a classificação, segundo tais regras, fundamentar-se em um único critério e fluir ininterruptamente, evitando o chamado "salto na divisão".[421]

---

[417] Na classificação intrínseca dos tributos, o critério de classificação define-se em função da "vinculação, ou não, de uma atividade estatal, no desenho da hipótese tributária (que há de ser confirmada ou infirmada pela base de cálculo)" (As classificações no sistema tributário brasileiro. In: *Justiça tributária*: I Congresso Internacional de Direito Tributário, p. 137).

[418] *Ibidem*, p. 137.

[419] *Ibidem*, p. 138.

[420] *Ibidem*, p. 138.

[421] TOMÉ, Fabiana del Padre. *Contribuições para a seguridade social*: à luz da constituição federal, p. 63.

Nesse sistema de classificação, Fabiana del Padre Tomé, esclarecendo, de modo mais didático, o pensamento de Eurico Marcos Diniz de Santi, entende que existe o tributo, dividindo-o em vinculado e não vinculado. Dentro do vinculado estão as taxas e as contribuições de melhoria. Dentro do não vinculado encontra-se o imposto como gênero, que, por sua vez, possui subéspecies: imposto em sentido estrito, imposto-contribuição e imposto-empréstimo compulsório.[422]

A presente tese adota o referido entendimento: no aspecto intrísenco, são três espécies tributárias e, no aspecto extrínseco, são cinco subespécies.

Trazendo como referência o modelo espanhol, percebe-se que a questão financeira é muito importante para os tributos ecológicos, pois, em alguns impostos, houve desvirtuamentos, transformando o tributo extrafiscal em um veículo eminentemente fiscal, tema que será mais bem analisado adiante. Apresentando a mesma preocupação com o aspecto financeiro, encontra-se Simone Martins Sebastião, que esclarece:

> Daí depreende-se que a destinação da receita tributária, cuja correlação com a função do tributo é direta, não pode ser negligenciada. No terreno das contribuições, e para ficar apenas nesse âmbito, a finalidade das mesmas, bem como a destinação do correspondente numerário arrecadado, serve bem como fundamento constitucional da instituição dessas exações, que vêm financiar importantes atuações governamentais voltados às áreas da saúde, da educação e da assistência social, entre outras, além, e o que é mais recente, do meio ambiente.[423]

Nesse sentido, a conjugação dos aspectos intrínseco e extrínseco do tributo ecológico é muito importante a fim de que não se torne apenas um instrumento de arrecadação, sob o véu falacioso da proteção ambiental. O perigo não ocorre nos tributos cujo os aspectos intrínsenco e extrínseco são vinculados. É por tal motivo que alguns doutrinadores, rol em que se enquadra Pedro Manuel Herrera Molina, por exemplo, consideram a taxa como o meio mais adequado para a tributação ambiental, justamente pelo desvirtuamento que foi presenciado, em alguns casos, na Espanha.[424] Ocorre que, se o Estado se utiliza tão somente da taxa, o seu campo de atuação, no seio das políticas públicas ambientais, torna-se muito limitado, sendo que os

---

[422] *Ibidem*, p. 82-83.

[423] *Tributo ambiental...*, *op. cit.*, p. 130.

[424] *Derecho tributario ambiental...*, *op. cit.*, p. 72.

impostos apresentam um âmbito de atuação muito maior e, por tal motivo, devem ser implementados, mas com alternativas factíveis e que conservem seu caráter extrafiscal, conforme demonstraremos no capítulo seguinte.

Tomando como referência a doutrina espanhola, que está mais adiantada, em termos de tributação ambiental, observa-se que o tributo ecológico pode assumir diversas formas, seja de um imposto, seja de uma taxa, seja de uma contribuição ou de um "*canon*", figura própria do referido sistema.[425] Todavia, o tributo ecológico espanhol segue as mesmas diretrizes do direito tributário do Brasil, pois deve ter previsão legal, e o legislador deve possuir tanto competência material como tributária.[426] Além disso, no sistema tributário espanhol, também não é permitida a tributação de ilícito, sendo ela relegada à seara do direito penal ou do direito administrativo sancionador.

Já observamos também que há uma interligação entre os princípios do direito ambiental e do direito tributário. Tal relacionamento estende-se também em matéria de competência, pois não pode o Estado-Membro invadir a esfera de competência da União Federal, em termos ambientais, para legislar a respeito de meio ambiente.

É certo que a Constituição Federal prevê a competência comum no que concerne à proteção ambiental, o que acaba facilitando a elaboração do processo legislativo na seara do direito tributário; mas é importante salientar que, em matéria de serviços públicos, inclusive quando eles estiverem relacionados às causas ambientais, há que observar de quem é a competência administrativa. Ilustra-se: em matéria de gás canalizado, a competência é dos Estados e do Distrito Federal.[427] [428]

Em matéria de águas, por exemplo, a União é a responsável pelo mar territorial; logo, se for criado um tributo ecológico que

---

[425] "*Canon*" é uma espécie de tributo da doutrina espanhola, que não possui a natureza jurídica definida, logo, pode ser um imposto, uma taxa ou uma contribuição. *É muito utilizado no sistema legislativo daquele país.*

[426] *El tributo ecológico, en cuanto prestación patrimonial de carácter público, ha de estar establecido por ley, y este principio de reserva de ley exige que quien establezca los tributos tenga competencia material y tributaria sobre las materias a legislar* (FERNÁNDEZ, María Jesús García-Torres. *Análisis de la protección...*, op. cit., p. 22).

[427] Art. 23. É competência comum da União, dos Estados, do Distrito Federal e dos Municípios:
(...)
VI - proteger o meio ambiente e combater a poluição em qualquer de suas formas;

[428] Art. 25. Os Estados organizam-se e regem-se pelas Constituições e leis que adotarem, observados os princípios desta Constituição.
(...)
§2º - *Cabe aos Estados explorar diretamente, ou mediante concessão, os serviços locais de gás canalizado, na forma da lei, vedada a edição de medida provisória para a sua regulamentação.*

incida sobre o mar, ela será a responsável. Como já se asseverou, a matéria ambiental é interdisciplinar; portanto, há que se observar as competências ambiental, administrativa e tributária:

> *La distribución de competencias en materia de tributos ambientales presenta una problemática especialmente compleja por dos motivos. De un lado, la regulación de tributos ambientales exige una "doble competencia", ambiental y tributaria. De otro, como ya hemos visto, la normativa sobre medio ambiente tiene una carácter transversal o policéntrico que incide sobre multitud de títulos competenciales (transporte, pesca, urbanismo, etc.) (sic).*[429]

Quando se trata de competência tributária, importante é relembrar que somente à União Federal foi concedida a competência residual, prevista no artigo 154, I, da Constituição Federal, para a criação de novos impostos. E verificaremos posteriormente que os impostos são grande fonte de tributação ambiental, pois como são tributos não vinculados e possuem, na hipótese de incidência, uma riqueza, encaixam-se perfeitamente na questão atinente à mensuração do dano ambiental, já que este é vislumbrado como um fato passível de mensuração, vislumbrado sob o olhar da economia do meio ambiente, já que a natureza, nesse momento, é quantificada como riqueza econômica.[430]

Outra competência que também só cabe à União Federal é a das chamadas contribuições de intervenção no domínio econômico, prevista no artigo 149, *caput*, da Constituição Federal, que, em matéria de meio ambiente, seria instrumento valioso, pois pode, eventualmente, ter uma hipótese de incidência fundamentada em um fato econômico passível de mensuração, com o atributo da destinação específica, além de intervir na ordem econômica, tentando regulá-la.[431]

3.5 Considerações sobre o tributo ecológico

Além das considerações iniciais sobre as espécies tributárias e as competências sobre a legislação, é importante frisar que há o chamado

---

[429] MOLINA, Pedro Manuel Herrera. *Derecho tributario ambiental...*, *op. cit.*, p. 185.

[430] *Art. 154. A União poderá instituir:*
I - mediante lei complementar, impostos não previstos no artigo anterior, desde que sejam não-cumulativos e não tenham fato gerador ou base de cálculo próprios dos discriminados nesta Constituição;

[431] *Art. 149. Compete exclusivamente à União instituir contribuições sociais, de intervenção no domínio econômico e de interesse das categorias profissionais ou econômicas, como instrumento de sua atuação nas respectivas áreas, observado o disposto nos arts. 146, III, e 150, I e III, e sem prejuízo do previsto no art. 195, §6º, relativamente às contribuições a que alude o dispositivo.*

tributo ecológico e há o tributo com elementos ecológicos. Para Pedro Manuel Herrera Molina, "*los auténticos tributos ambientales –cuya estructura difiere de los ordinarios– son aquellos que constituyen un incentivo al cuidado del medio ambiente (tributos 'del ordenamiento')*".[432]

Os tributos ecológicos são criados com uma finalidade ambiental, cuja hipótese de incidência e base de cálculo serão baseadas no dano ambiental. O autêntico tributo ambiental deve conter, em sua estrutura, o elemento da proteção ecológica; esta é a linha de pensamento de Pedro Manuel Herrera Molina e da qual o presente trabalho também compartilha:

> (...) *para que un impuesto puede calificarse de "ambiental", el elemento de protección ecológica debe estar presente en "su estructura", y en ésta no representa ningún papel la actividad que se financie con los fondos recaudados. Dicho de otro modo: no se transforma en "ambiental" un impuesto ordinario por el simple hecho de que su recaudación se afecte a la protección del entorno natural.*[433]

A natureza jurídica tributária revela-se pela hipótese de incidência e pela base de cálculo. Logo, para que o tributo seja ecológico, os elementos estruturantes da regra-matriz de incidência devem ter como pressuposto a natureza, ou seja, a proteção ao meio ambiente.

É importante ter isso claro em mente, pois, no Brasil, há o chamado ICMS ecológico, cuja terminologia não reflete cientificamente a realidade estrutural do tributo. Trata-se de um instrumento de direito financeiro, nada havendo, conforme induz ilogicamente a denominação do tributo, de um imposto estadual sobre a sustentabilidade, tampouco a aplicação do princípio da seletividade a tributos que protejam o meio ambiente.

O ICMS ecológico encaixa-se, no pensamento do doutrinador espanhol ora referido, como um instrumento do sistema financeiro com um elemento tributário ecológico. Um tributo não se transforma em ambiental pelo simples fato de sua arrecadação ser vinculada à proteção ambiental. No caso do ICMS ecológico, observa-se que uma parte da arrecadação do tributo vai para municípios que possuem restrições ao solo, como aqueles que possuem áreas de proteção ambiental e mananciais.[434] Não é um tributo ecológico na terminologia

---

[432] *Derecho tributario ambiental...*, *op. cit.*, p. 58.

[433] *Ibidem*, p. 61.

[434] O ICMS ecológico tem sua origem relacionada à busca alternativa para o financiamento público em municípios cujas restrições ao solo são fortes empecilhos ao desenvolvimento

correta, mas uma alternativa ecológica para um problema que existe, enquadrando-se no campo do direito financeiro, uma vez que trabalha com a destinação de receitas tributárias. A situação do ICMS ecológico enquadra-se na situação dos subsídios fiscais, na linha de raciocínio de Betina Treiger Grupenmacher.[435]

O ICMS não pode ser considerado um tributo ecológico, mas pode ser considerado, todavia, um tributo com elementos ecológicos. O tributo ecológico será criado com uma finalidade ecológica e terá em sua estrutura, em sua regra-matriz de incidência, os dados ecológicos.

Pedro Manuel Herrera Molina deixa claro que a função do tributo ecológico, a que ele se refere como imposto ecológico, é intervir na ordem econômica, provocando o desenvolvimento sustentável, mas jamais estrangular a atividade econômica do empresário.[436] Nesse sentido, casa bem o seguinte pensamento: "O que a política ambiental pretende é influenciar o comportamento dos agentes económicos no sentido de uma escolha mais sustentável, reprimindo, dissuadindo, estimulando ou compensando vias de actuação".[437] Há uma indução de comportamento, jamais uma vedação de comportamento ou a impossibilidade de sua existência por conta de um confisco.

Como os mercados não são perfeitos e provocam, por sua vez, as chamadas externalidades negativas, então o tributo ecológico é um instrumento que tenta, a princípio, a correção das referidas imperfeições, internalizando o dano ambiental.

Nessa linha, também deve ser desenvolvida a tributação ecológica para o Brasil, pois é certo que nosso país se encontra em vias de crescimento econômico e desenvolvimento, sendo que a tributação não pode sufocar sua evolução, mas, sim, atuar como forma de trazer a sustentabilidade e melhorar os padrões de qualidade de vida.

Aqui, na aplicação da tributação ambiental, há que se atentar para o postulado da proibição do excesso, de Humberto Ávila, o qual prevê que:

---

de atividades econômicas clássicas. O instituto traz resultados surpreendentes capazes de conferir nova feição a todas as políticas ambientais nacionais (SCAFF, Fernando Facury; TUPIASSU, Lise Vieira da Costa. Tributação e políticas públicas: o ICMS ecológico. In: TÔRRES, Heleno Taveira (Org.). *Direito Tributário Ambiental...*, *op. cit.*, p. 735).

[435] *Das exonerações tributárias...*, *op. cit.*, p. 17-18.

[436] *Derecho tributario ambiental...*, *op. cit.*, p. 62-63.

[437] SOARES, Claudia Alexandra Dias. *O imposto ecológico...*, *op. cit.*, p. 103.

A realização de uma regra ou princípio constitucional não pode conduzir à restrição a um direito fundamental que lhe retire um mínimo de eficácia. Por exemplo, o poder de tributar não pode conduzir ao aniquilamento da livre iniciativa. Nesse caso, a ponderação de valores indica que a aplicação de uma norma, regra ou princípio (competência estatal para instituir impostos) não pode implicar a impossibilidade de aplicação de uma outra norma, princípio ou regra (proteção da propriedade privada).[438]

Assim, é necessária uma convivência harmônica entre o direito fundamental a um ambiente equilibrado e o direito fundamental à livre iniciativa, mediante a aplicação do postulado da proibição do excesso. A tributação ambiental deve ser razoável, mantendo o foco na preservação ambiental, mas sem sufocar a atividade empresarial, ou seja, protegendo também a livre iniciativa.

Questão a ser considerada superada na doutrina brasileira é a de que tributar o dano ambiental pode ser considerado, em momento algum, uma sanção. O direito tributário, quando trabalha no tema da criação do tributo ecológico, está sempre analisando as situações de licitude, uma vez que as ilicitudes são de responsabilidade do direito administrativo sancionador e do direito penal.

Os países da Europa que se encontram em fase muito mais avançada, em termos de tributação ambiental, já ultrapassaram tal debate e, por ora, tentam verificar os efeitos positivos que a tributação ambiental gerou nos últimos anos, bem como corrigir os tributos que não obtiveram tanto êxito.

Outra consideração a ser feita sobre o tributo ecológico, tendo em vista os erros e acertos do sistema europeu, é a questão de realizar uma memória econômica-financeira da tributação ambiental. Há quem considere que o melhor instrumento para a tributação ambiental seria a taxa, por haver o princípio da equivalência, e o risco de um desvirtuamento da função ambiental ser menor se comparado ao que ocorre nos impostos.

O problema é a que a taxa limita significativamente a atuação do Estado na proteção ambiental, pois ela possui hipótese de incidência relacionada à atividade estatal, com um âmbito de atuação menor do que nos impostos. Ademais, a intervenção das taxas na ordem econômica também não é tão significativa quanto a dos impostos.

---

[438] *Teoria dos princípios...*, *op. cit.*, p. 167.

CAPÍTULO 3
O TRIBUTO ECOLÓGICO | 181

No modelo espanhol de tributação ambiental, houve alguns desvirtuamentos no que toca à tributação ambiental dos impostos e cânones. Nesse sentido, atualmente discorre-se sobre a importância da realização de uma memória de cálculo com um comparativo entre o preservado e o arrecadado pelo tributo.

Claudia Alexandra Dias Soares retrata o problema do desvirtuamento sob o ponto de vista europeu, pois lá existe uma experiência mais desenvolvida em tributação ambiental do que no Brasil, e o grande problema é o de uma tributação muito mais arrecadatória do que extrafiscal, perdendo, assim, a essência ética e de justiça tributária:

> E, entre os instrumentos económicos, a escolha do legislador parece restringir-se, fundamentalmente, à concessão de subsídios, à criação de taxas e ao lançamento pontual de impostos, que, apesar de darem mostras de ter um impacto positivo sobre o equilíbrio ecológico, revelam um intuito mais recaudatório do que extrafiscal.[439]

Em razão do problema de o tributo ambiental poder assumir um viés de arrecadação, perdendo, assim, o seu primor ético essencial que é a extrafiscalidade, deve ser realizada a referida memória. O problema do desvirtuamento do tributo ocorre porque não é fácil internalizar o dano ambiental, havendo uma margem de incerteza muito grande. Vide a lição de Daniel Casas Agudo sobre o que ocorre nas Comunidades Autônomas da Espanha:

> En todo caso, uno de los principales problemas que plantea la internalización de costes sociales o ambientales es la existencia de una gran incertidumbre en el conocimiento de estos debido, entre otros factores, a la dificultad de valorar ciertos bienes ambientales intangibles o la imposibilidad de traducir dicha valoración en términos monetarios. En efecto, la internalización exige, al menos en un plano teórico, que los poderes públicos midan con una adecuada contabilidad analítica el impacto social de las externalidades negativas que el tributo pretende absorber y reducirlo, lo cual es algo que se echa en falta en las distintas figuras creadas hasta el momento por las distintas CCAA.[440]

Assim, dada a dificuldade de mensurar o dano ambiental, alguns desvirtuamentos podem ocorrer, e o tributo pode perder a

---

[439] *O imposto ecológico...*, *op. cit.*, p. 52.
[440] Fiscalidad y energías renovables. *Especial problemática de la energía eólica, Crónica tributaria*, n. 146, p. 57.

sua função ecológica, já que não há uma exatidão no cálculo do dano ambiental, transformando-se em um voraz instrumento de arrecadação e perdendo a sua essência. Na Espanha, muitos tributos ecológicos foram considerados inconstitucionais por essa razão.

A solução encontrada para que o imposto não se torne um tributo confiscatório é realizar uma memória econômica-financeira de cálculo para os impostos. Importante o conselho de Daniel Casas Agudo:

> *En este sentido, sería aconsejable que se incorporase en el ordenamiento una norma que obligase a los titulares del poder tributario a elaborar y aprobar una memoria económico financiera similar a la que se exige en materia de tasas o contribuciones especiales en la que se reflejasen los costes de todo tipo generados por la actividad o conducta contaminante sobre la que incidirá el tributo de nueva creación.*[441]

Elaborar uma memória econômico-financeira traria o requisito da segurança jurídica, pois faria com que houvesse uma fiscalização e o cumprimento do requisito da extrafiscalidade de uma maneira mais criteriosa, não ficando o imposto ecológico ao arbítrio e na zona de incerteza do legislador.

É em razão de tal deficiência que alguns juristas acreditam que as taxas seriam o melhor instrumento de proteção ambiental, conforme expresso anteriormente:

> Os economistas, os ambientalistas e os agentes económicos parecem preferir a figura da taxa a todos os demais mecanismos de incentivo, por a considerarem o instrumento mais justo e eficaz na realização da política ambiental. Porquanto, o seu carácter bilateral será mais propício a levar a cabo uma função redistributiva dos custos suportados com os serviços públicos de protecção e reparação do ambiente entre aqueles que lhe dão causa do que a ausência de sinalagmaticidade que se verifica nos impostos.[442]

O problema é que, como a taxa é um tributo vinculado à atuação estatal, o seu âmbito de incidência é muito reduzido se comparado com o âmbito de incidência dos impostos, que são tributos não vinculados. Se observada a poluição, a conclusão é de que se trata de atividade não vinculada à atuação estatal, cabendo à tributação, no

---

[441] *Ibidem*, p. 57-58.
[442] SOARES, Claudia Alexandra Dias. *O imposto ecológico...*, *op. cit.*, p. 10

ordenamento jurídico brasileiro, tão somente pelas figuras do imposto e da contribuição, salvo se o Estado prestar um serviço público de descontaminação. Nesse sentido, a elaboração da memória econômico-financeira seria a maneira de preservar e fiscalizar o cumprimento e a adequação ao fim constitucional da extrafiscalidade ambiental.

Não cabe, em momento algum, desmerecer a utilização das taxas na tributação ambiental, pois elas são de suma importância e serão estudadas posteriormente; mas, se for reduzida a realização de políticas públicas tributárias somente à utilização das taxas, o âmbito de atuação do Poder Público ficará limitado e talvez não consiga atingir resultados satisfatórios. O que se deve é observar os possíveis problemas que podem surgir na utilização dos impostos e tentar atuar de modo preventivo desde o início.

Em razão da extensão do trabalho, analisaremos nos capítulos seguintes o imposto ecológico e a taxa ecológica, de vez que uma contribuição ecológica teria a estrutura intrínseca de um imposto, com uma característica extrínseca de arrecadação específica, ou uma estrutura intrínseca de uma taxa. A contribuição ecológica, além do comportamento indutor da norma tributária ambiental, também traria consigo a destinação específica para um possível setor do orçamento público destinado ao meio ambiente.

CAPÍTULO 4

O IMPOSTO ECOLÓGICO

A natureza não é muda.

(...)

Se ela fosse banco, já a teriam salvado.[443]

(GALEANO, Eduardo)

4.1 Considerações gerais

Já mencionamos que a tributação ambiental pode ocorrer por meio de diversas espécies tributárias, seja por meio de taxas, impostos ou contribuições. A grande diferença na utilização do instrumento das taxas e dos impostos é justamente o fato de o imposto não ser vinculado à atividade estatal, bem como não ter sua receita afetada, fenômenos que ocorrem no âmbito das taxas. Vide lição de Tulio Rosembuj:

> *La configuración del hecho imponible del impuesto nunca supone o la solicitud o demanda de un servicio público que beneficia al que lo pide como en la tasa, o la realización de una actividad administrativa específica, creadora de situaciones de ventaja identificables para el sujeto pasivo, como en la contribución especial.*[444]

O que pode ocorrer no campo dos impostos é que eles sejam arrecadados e, depois, na fase financeira, serem dirigidos ao meio ambiente, o que não os torna impostos ecológicos, podendo ser tributos com elementos ecológicos.

---

[443] Texto disponível em: <http://verbiclara.wordpress.com/2013/06/05/la-realidad-pinta-naturalezas-muertas-eduardo-galeano/>. Acesso em: 12 mar. 2014.

[444] *El impuesto ambiental..., op. cit.*, p. 760.

A doutrina espanhola tem pacificado o entendimento de que seria um tributo ordinário aquele que só tivesse sua receita afetada ao meio ambiente. Nesse sentido, Jorge Jiménez Hernández: "(...) *que es la de establecer 'impuestos ordinarios', es decir, no ecológicos, cuya recaudación se destine a impulsar políticas ambientales como la instalación de depuradoras o la limpieza de ríos".*[445]

Por uma questão metodológica, não serão estudadas minúcias do imposto ecológico, mas serão analisados a sua hipótese de incidência, a sua base de cálculo e o sujeito passivo da relação jurídica tributária na linha da doutrinadora portuguesa, que analisa esses elementos como os responsáveis por uma tributação ambiental eficiente:

> A eficiência/eficácia da tributação ambiental depende da configuração dos impostos (facto gerador, base de incidência, sujeitos fiscais), do modelo de atribuição da responsabilidade pela sua gestão e do modo como as receitas obtidas são utilizadas.
>
> (...)
>
> No desenho desta espécie de gravame, o Estado pode actuar, essencialmente, sobre três variáveis distintas: a base fiscal, os sujeitos tributários e o montante da obrigação de imposto.[446]

Assim, importante a análise dos impostos sob os aspectos da hipótese de incidência, da base de cálculo e dos sujeitos envolvidos na relação jurídica tributária, não se podendo esquecer, em momento algum, que "os impostos ambientais, como já se referiu, têm por objectivo fornecer um estímulo à adopção de condutas mais sustentáveis e recolher fundos que compensem os gastos públicos acrescidos a que determinados sujeitos dão causa".[447]

Não se pretende a criação de um conceito novo de tributo a título de tributo ecológico, mas a utilização da definição de tributo já existente no artigo 3º do Código Tributário Nacional, conjugado com os ensinamentos da doutrina brasileira no que se relaciona à teoria da norma, com a variável da sustentabilidade. Na realidade, o que se pretende é apenas a implementação de novos tributos com uma justificação no meio ambiente.

---

[445] *Hecho o finalidad. ¿Qué califica a un tributo como ecológico?* STERLING, Ana Yábar (Coord.). *Fiscalidad ambiental*, p. 373.

[446] SOARES, Claudia Alexandra Dias. *O imposto ecológico..., op. cit.*, p. 378-379.

[447] *Ibidem*, p. 295.

Apesar dos louváveis ensinamentos de Geraldo Ataliba no que toca à teoria da norma jurídico-tributária, o presente trabalho filia-se, no tema da regra-matriz de incidência dos tributos, à corrente doutrinária de Paulo de Barros Carvalho.

Antes de adentrarmos nos critérios da regra-matriz de incidência dos tributos, importante trazer lições da Teoria Geral do Direito, explanadas por José Roberto Vieira, que elucida:

> Ora, também a "norma jurídica" (prescrição legislativa) é veiculada mediante juízos hipotéticos, que, como os demais, exprimem-se mediante proposições. Correto, em termos lógicos, portanto, teria sido referir-se KELSEN a "proposições prescritivas e proposições descritivas".[448]

O funcionamento e a estrutura da norma jurídica ocorrem do seguinte modo:

> Sintaticamente, ponha-se grifo na tipificação da "norma jurídica como juízo hipótetico", em que se vincula certa conseqüência à realização condicional de um acontecimento, sendo que a previsão hipotética do evento e a conseqüência estão conectadas pelo princípio do "dever-ser", diferentemente do que ocorre com as leis da natureza, em que a relação é promovida pelo princípio da causalidade (regra natural: "Se A então B"; regra jurídica: "Se A então deve ser B").
>
> (...)
>
> Tanto as normas primárias quanto as secundárias apresentam idêntica estrutura lógica: uma hipótese e uma conseqüência, unidas pelo conectivo ou operador "deôntico", assim chamado por constituir-se num "dever ser". Tal associação também é referida como cópula deôntica.[449]

A estrutura das normas será dividida, então, em hipótese e consequência; logo:

> Uma vez que termos a descrição de um fato na hipótese, necessariamente encontraremos aí "um conjunto de critérios", aspectos, elementos ou dados que nos possibilitem identificar tal fato quando ocorrido no mundo das realidades tangíveis. E desde que na conseqüência temos uma relação prescrita, também aí precisamos encontrar igual conjunto que nos permita individualizar esta realização, quando concretizada a hipótese.[450]

---

[448] *A regra-matriz de incidência do IPI*: texto e contexto, p. 36.

[449] *Ibidem*, p. 57.

[450] *Idem*.

Com a vinculação da sustentabilidade, o mundo das realidades tangíveis passou a incluir a natureza, o capital ecológico, transformando a visão do jurista dentro do conceito da economia da natureza. Logo, o conjunto de critérios, dentro do tributo ecológico, há de abranger o capital natural.

Por fim:

> Ainda no que diz com a "atuação dinâmica da norma jurídica", duas questões. A primeira delas: dizem à larga os autores que o fato se subsume à norma, propalando-se então os efeitos, quando deveriam dizer que "o conceito do fato se subsume ao conceito da norma". (...)
>
> E a outra: a subsunção só se dará se o conceito do fato adequar-se minuciosamente e por inteiro ao conceito da norma, atendendo-lhe fielmente todos os critérios da hipótese – a "tipicidade".[451]

Paulo de Barros Carvalho divide os critérios da hipótese tributária em critério material, conhecido como "(...) núcleo, pois é o dado central que o legislador passa a condicionar, quando faz menção aos demais critérios", critério espacial e critério temporal.[452]

O critério material, núcleo da hipótese de incidência tributária, "(...) será formado, invariavelmente, por um verbo, seguido de seu complemento".[453] Já "(...) o critério espacial encerra os elementos que nos permitirão reconhecer a circunstância de lugar que limita, no espaço, a ocorrência daquele evento";[454] e, por fim, o critério temporal limita o acontecimento no tempo.

Quando o fato descrito na hipótese de incidência tributária se concretiza, surge a relação jurídica tributária, que pode ser conceituada como obrigação tributária, representada, abstratamente, pelo consequente tributário, composto, por sua vez, pelo critério quantitativo e pelo critério pessoal. Conforme os ensinamentos de Paulo de Barros Carvalho, "o critério pessoal é o conjunto de elementos, colhidos no 'prescritor' da norma, e que nos aponta quem são os sujeitos da relação jurídica (...)".[455] Nesse sentido, o critério pessoal é formado pelos sujeitos ativo e passivo.

---

[451] *Ibidem*, p. 58.

[452] *Teoria da norma tributária*, p. 124.

[453] *Ibidem*, p. 125.

[454] *Ibidem*, p. 130.

[455] *Curso de direito tributário*, p. 353.

CAPÍTULO 4
O IMPOSTO ECOLÓGICO | 189

No que se refere ao critério quantitativo, ele é formado pela base de cálculo e pela alíquota. Geraldo Ataliba denomina a base de cálculo como base imponível, demonstrando que ela "(...) é uma perspectiva dimensível do aspecto material da h.i. que a lei qualifica, com a finalidade de fixar critério para determinação, em cada obrigação tributária concreta, do '*quantum debetur*'".[456] Cabe esclarecer que aceitamos a existência de uma correlação íntima entre critério material e base de cálculo, mas isso não justifica o posicionamento da base de cálculo no antecedente, como propõe o autor. Ela deverá ficar no consequente normativo.[457]

Efetuada rapidamente a síntese da estrutura da regra-matriz de incidência tributária, passa-se à análise no âmbito dos impostos ecológicos, sem esquecer, em minuto algum, que "*el hecho imponible del impuesto adolece de justificación cuando no revela la fuerza económica de los hechos, actos, actividad del sujeto, compatibles con las ventajas públicas prestacionales que las ocasionan*";[458] assim, vislumbra-se a possibilidade de quantificação econômica do meio ambiente.[459]

4.2 Hipótese de incidência dos impostos ecológicos – uma questão delicada

A hipótese de incidência tributária é a previsão legal de um fato jurídico tributário, que, quando realizado, fará surgir a relação jurídica tributária.[460] Tal fato não pode ser uma atividade ilícita, e esta observação

---

[456] *Hipótese...*, *op. cit.*, p. 108.

[457] Geraldo Ataliba apresentava a regra-matriz de incidência com a "base imponível" incluída no aspecto material e afirmava a possibilidade de existirem tributos fixos. Após reflexão provocada pela doutrina de Paulo de Barros Carvalho, passou a afirmar que: "Todo tributo tem base de cálculo, por exigência constitucional (sublinhada por Paulo de Barros Carvalho, ao demonstrar a inconstitucionalidade dos chamados tributos fixos (...)" (*Hipótese...*, *op. cit.*, p. 108). Contudo, posteriormente, apesar da afirmativa realizada, Geraldo Ataliba continuou a aceitar a existência de tributos fixos, trazendo confusão ao leitor: "*Muitas taxas não têm alíquota*" (*Ibidem*, p. 117).

[458] ROSEMBUJ, Tulio. *El impuesto ambiental...*, *op. cit.*, p. 764.

[459] *El bien ambiental, por ejemplo, exhibe en su valor sostenible el mérito de la tutela jurídica colectiva, tanto en su disfrute cuanto en el deber de todos de contribuir a sua conservación y reproducción. Es un bien colectivo que no siendo susceptible de goce exclusivo ni objeto de derecho subjetivo acredita la utilidad no económica a sua conservación y continuidad* (*Ibidem*, p. 773).

[460] O antecedente das normas representará, invariavelmente: 1) uma previsão hipotética, relacionando as notas que o acontecimento social há de ter, para ser considerada fato jurídico; ou 2) a realização efetiva e concreta de um sucesso que, por ser relatado em linguagem própria, passa a configurar o fato na sua feição enunciativa peculiar (CARVALHO, Paulo de Barros. *Curso...*, *op. cit.*, p. 319).

é de suma importância no que se refere à tributação ambiental, pois tributo não é sanção e não pode ser considerado como tal. Nesse sentido: *"Si determinada actividad es gravemente peligrosa para la salud pública o produce daños irreversibles, no debe contemplarse en hecho imponible (...)".*[461]

Uma vez estabelecido que o fato ambiental não danoso é economicamente calculável, ele pode ser considerado como um fato signo-presuntivo de riqueza (na terminologia de Alfredo Augusto Becker) nos impostos e nas contribuições, pois contém um valor econômico.[462] Por ser um fator econômico, alia-se ao princípio da capacidade contributiva e, portanto, pode ser uma materialidade na criação de um imposto ecológico ou de uma contribuição ecológica.

O fato de se tributar uma poluição residual não pode ser considerado uma sanção, pois, se está dentro do campo da licitude e já se esclareceu que quando a atividade é ilícita, ela será contemplada pelo direito penal ou pelo direito administrativo sancionador. Ora, *"trasladando esta distinción, con los debidos matices, al ámbito de la fiscalidad ecológica, deberá concluirse que no deben imponerse tributos ambientales sobre las conductas 'radicalmente prohibidas'".*[463]

Trazendo como modelo os impostos ecológicos das Comunidades Autônomas da Espanha – eles são a grande fonte de receita no que toca à distribuição de competências do modelo espanhol – observa-se como ocorre a hipótese de incidência no caso dos impostos ecológicos: *"El hecho imponible de un impuesto ecológico –así como sus elementos de cuantificación– ha de tipificar el daño producido al medio ambiente y su cuantía, incentivando así conductas más limpias".*[464]

A hipótese de incidência dos impostos e das contribuições deve configurar uma atividade que gere um dano ambiental e que traduza um valor econômico. Já se afirmou que a quantificação, em matéria de tributação ambiental, não é algo exato.

A internalização dos custos reais, em matéria de tributação ambiental, é um planejamento não factível; contudo, o objetivo de

---

[461] MOLINA, Pedro Manuel Herrera. *Derecho Tributario Ambiental...*, op. cit., p. 63.

[462] A Política Fiscal discrimina diferentes espécies econômicas de renda e de capital para sofrerem diferentes incidências "econômicas" de tributação, no intuito de alcançar seus objetivos econômicos-sociais. A fim de que aquelas diversas espécies econômicas de renda e capital poderem ser atingidas pela tributação, o legislador desenvolve a sua atividade criadora do mundo jurídico, construindo as regras jurídicas que formam o Direito Tributário (*Teoria geral do direito tributário*, p. 503).

[463] MOLINA, Pedro Manuel Herrera. *Derecho Tributario Ambiental...*, op. cit., p. 66.

[464] *Ibidem*, p. 216.

uma adoção de políticas públicas na tributação ambiental não é tornar o dano ambiental zero, mas, sim, reduzir a degradação. Não se pode vislumbrar um sistema tributário utópico, mas, sim, algo concreto e factível, apesar de que sempre existe uma parcela de utopia quando se está realizando um planejamento.

Conviver com o risco é algo já totalmente aceito pela comunidade científica. Nesse sentido, importante a lição de José Esteve Pardo:

> *Es ya un lugar común la afirmación de que no existe el riesgo cero. No se trata de un mero eslogan, ni de un enunciado plenamente asumido por el lenguaje popular. En el orden jurídico es un dato de partida en cualquier regulación o decisión sobre riesgos. La jurisprudencia –con pronunciamientos de Tribunales de todas las jurisdicciones, estatales y comunitarias– es unánime, explícita y rotunda en afirmar que no existe el riesgo cero. La elemental conclusión que de ella puede derivar la sociedad postindustrial, y que viene a ser uno de sus horizontes característicos, es que necesariamente ha de convivir con el riesgo.*[465]

Logo, a tributação da poluição – sendo essa a materialidade da hipótese – não é algo que pretende uma arrecadação zero, o que se pretende, na realidade, é uma arrecadação cada vez menor, uma vez que esse é o intuito da extrafiscalidade existente.

Ter em mente que o meio ambiente é dotado de um valor econômico é muito importante para vislumbrar a manifestação de riqueza presente na hipótese de incidência do imposto ecológico:[466]

> *El valor sostenible configura una forma de capacidad económica que no es equivalente al valor de mercado, a la estricta vinculación del hecho imponible seleccionable con la renta, patrimonio, consumo. La definición del valor sostenible como eje del tributo ambiental supone recoger el activo subyacente*

---

[465] *Convivir con el riesgo. La determinación del riesgo permitido.* In: ALONSO, Esteban Pérez *et al. Derecho, globalización, riesgo...*, *op. cit.*, p. 275-276.

[466] Por um lado, o meio ambiente é dotado de um valor económico em qualquer das suas manifestações, sendo, por isso, influenciável mediante a utilização de instrumentos económicos. Por outro, a actividade económica envolve custos sociais, sendo, muitas vezes, apenas uma fracção destes suportada por quem lhes dá causa (custos privados). No caso concreto da poluição, a sociedade suporta custos que não são interiorizados de duas formas: financiando programas de tratamento das emissões poluentes ou convivendo com um ambiente degradado. Contudo, a eliminação total dos encargos exclusivamente suportados pela sociedade (externalidades) só é desejável quando os seus efeitos negativos são excessivamente nefastos ou irreversíveis, devido ao insuportável dispêndio de recursos que tal implicaria. Esta implicação pode, no entanto, ser perturbada pela falta de informação ou de capacidade de previsão das consequências futuras do dano (SOARES, Claudia Alexandra Dias. *O imposto ecológico...*, *op. cit.*, p. 139).

y sus particulares exigencias de permanencia y continuidad en términos de "welfare" social actual y futuro.[467]

A quantificação do imposto ecológico é diferente da quantificação de um imposto que incida sobre a renda ou sobre o patrimônio, pois aquele se estará pautando, na realidade, sobre uma ficção jurídica, ou seja, a "utilidade econômica do meio ambiente", e isso pode, por exemplo, ser calculado por meio da quantia econômica utilizada para recuperar uma área de preservação ambiental. A quantificação ambiental econômica trabalha, em si, com o custo social, tentando, enfim, diminuí-lo.

Nada mais é que a utilização da economia da natureza, conforme já versado em capítulo anterior, não se podendo esquecer que a economia, sem a natureza, não tem chance de sobrevivência alguma, já que depende de fatores naturais.

4.3 Consequente normativo

4.3.1 Introdução

O consequente normativo ou a consequência tributária prescreve uma relação jurídica, sendo formada por dois critérios: o quantitativo e o pessoal. Nas lições de José Roberto Vieira:

> Ao apreciarmos, linhas acima, o conceito de relação jurídica, relembramos que o interesse de ambos os sujeitos que dela participam converge para a prestação; e dúvida não há de que a regra-matriz de incidência tributária tem como efeito jurídico o irromper da obrigação tributária, no sentido, também esclarecido acima, de patrimonial, ou seja, tendo por objeto uma prestação pecuniária.[468]

Assim, esta análise começa pela questão mais emblemática no imposto ecológico, que é, justamente, a base de cálculo.

4.3.2 Critério quantitativo – a base de cálculo

O critério quantitativo, conforme leciona José Roberto Vieira, "(...) é composto precisamente pelos dados que possibilitam a fixação

---

[467] ROSEMBUJ, Tulio. *El impuesto ambiental...*, op. cit., p. 795.
[468] *A regra-matriz de incidência do IPI...*, op. cit., p. 66.

dos exatos contornos do objeto da prestação pecuniária, mediante o concurso de base de cálculo e alíquota".[469]

A base de cálculo mensura o dano ambiental e, em um confronto com a hipótese, a base deve prevalecer, revelando a natureza jurídica do tributo como um tributo ecológico. Pedro Manuel Herrera Molina registra que *"la base imponible ha de ser la medida del daño ambiental que se pretende desalentar"*.[470]

Quanto maior o dano ambiental, maior será a base de cálculo, e é nisso que reside a teoria dos tributos como meio de indução do comportamento ambiental, pois *"ahora bien, en los tributos ambientales concurre una circunstancia especial: el gravamen debe suponer un incentivo a reducir el daño ambiental"*.[471] Quanto mais o sujeito passivo da relação jurídica tributária polui ou utiliza os recursos ambientais, maior será a sua base de cálculo, e, em busca de uma tentativa de reduzir o pagamento de tributos, ele tentará proteger o meio ambiente. Não há que se falar em um imposto neutro, conforme antes observado: o imposto ecológico possui justamente o objetivo de intervir na ordem econômica, ou seja, internalizar os custos ambientais.

Quanto mais protegido o ambiente, mais desenvolvida a sociedade, logrando maior qualidade de vida.

A quantificação do dano ambiental por meio da base de cálculo não é tarefa simples e, em muitos casos, ela é realizada por engenheiros químicos, que tentam, através de cálculos específicos, mensurá-lo.[472] Não há uma mensuração específica e precisa, sendo que a internalização do dano real é praticamente impossível.

Claudia Alexandra Dias Soares esclarece que deve haver uma conexão entre o "fato gerador" – entenda-se hipótese de incidência – e a base de cálculo:

> Deve existir uma conexão entre o facto gerador da obrigação fiscal e a base tributável, medindo esta o elemento material do primeiro. E se o facto gerador é a perturbação do equilíbrio ecológico, em princípio, deve eleger-se como base do imposto não uma medida de riqueza, mas uma medida de contaminação, ou seja, deve escolher-se um parâmetro não monetário, requerendo-se uma medição de elementos físicos.[473]

---

[469] *Idem.*

[470] *Derecho tributario ambiental..., op. cit.*, p. 72.

[471] *Ibidem*, p. 73.

[472] Assim, a arquitectura de um sistema de tributação ecológica deve ser entregue a uma equipa multidisciplinar (SOARES, Claudia Alexandra Dias. *O imposto ecológico..., op. cit.*, p. 373).

[473] *Ibidem*, p. 382.

Nesse aspecto, há que esclarecer que jamais se consegue, na tributação em geral, uma base de cálculo que reflita a realidade como medida exata. Veja-se o imposto sobre a propriedade de veículo automotor. Ora, é certo que a base de cálculo é o valor do automóvel. Ocorre que um automóvel da mesma marca e do mesmo ano pode valer mais do que outro por apresentarem estados de conservação diferentes. Assim, a argumentação de que o imposto ecológico não reflete a realidade por não ser exata a mensuração do dano não merece prosperar, pois resta ultrapassado, caso contrário não se poderia tributar em muitas hipóteses, nas quais não há uma noção exata de uma base de cálculo que quantifique a realidade na maioria dos tributos.

No mesmo sentido, qual seja, o de que a base de cálculo reflete apenas parte da realidade, é o posicionamento de José Juan Ferreiro Lapatza, que estabelece dois tipos de base de cálculo: a base de cálculo por estimação direta e a base de cálculo por estimação objetiva:

> *En principio, puede decirse que en la estimación directa la Ley ordena la medición directa e inmediata de la magnitud elegida como base y, por tanto, de la realidad o hecho que se mide (renta, valor de un bien, etc.).*
>
> *Y que con la estimación objetiva la medida de la base no se hace directamente sino utilizando índices, módulos o datos más «alejados» de la realidad o hecho que se trata de medir y, también, más fáciles de conseguir, más evidentes, menos discutibles y, en este sentido, más «objetivos»: de aquí el nombre que se aplica en España al método. Y, en esta línea, puede decirse que la base a tener en cuenta en estos casos no es ya la medida cierta y directa de la magnitud elegida como tal, sino la medida que resulta de la aplicación y valoración de los índices, módulos o datos previstos por la Ley.*[474]

E para defender a existência da base de cálculo objetiva, demonstra uma realidade que se encaixa perfeitamente no estudo da base de cálculo dos impostos ecológicos:

> *Pues bien, frente a tales críticas debemos afirmar, en primer lugar, que no se puede creer en un mito; en el mito economicista con el que se ha tratado en muchas ocasiones de convencernos de un imposible: la medición directa y exacta de la capacidad de cada uno y de la aplicación a cada uno de un impuesto que grava exactamente su capacidad.*
>
> (...)

---

[474] Apología contracorriente de la estimación objetiva. *Crónica Tributaria*, v. 116, p. 64.

(...) la Ciencia del Derecho –que también ha padecido y padece los errores de un dogmatismo sin argumentos– sólo debe afirmar que la medición exacta e indiscutible de la capacidad es imposible; y que el legislador, cuando elige bases y métodos de estimación, lo más que puede hacer es tratar de aproximarse, en la medida de lo posible y sobre la base, de la argumentación más plausible, a dicha capacidad; y que tal aproximación puede tener diversos grados.[475]

Não há, em tributo algum, a medição completa e exata da base de cálculo que reflita com uma total fidedignidade a capacidade contributiva do sujeito passivo, sendo que tal argumento não merece prosperar para que não haja a implementação da tributação ecológica. É impossível, por exemplo, uma mensuração exata do que seja renda ou do valor venal do imóvel; sendo assim, a tributação ecológica caminha na mesma linha dos outros tributos. A diferença reside no fato de estabelecer um valor econômico para a utilização do meio ambiente.

Conforme vislumbrado quando discorremos sobre a realização de uma política pública, ela deve ser factível. O tributo ecológico tem como objetivo maior proteção ambiental, mas não se postula, em momento algum, uma proteção total do meio ambiente: o que ele busca é que haja uma maior proteção. O objetivo é justamente o chamado desenvolvimento nos moldes da sustentabilidade, é tentar conscientizar o empresário sobre as externalidades que acaba produzindo quando polui o meio ambiente.

Há que se esclarecer que se trata de um tema que se encontra em um momento de transição, pois muitos estudos estão sendo realizados. Algumas atividades não se sabe ao certo se são poluentes ou não, bem como os efeitos que alguns produtos têm sobre a saúde humana, como os transgênicos. Trabalha-se, aqui, pois, com um objeto em constante evolução, além de a própria economia que mede a natureza ser algo recente e que não segue exatamente a mesma lógica da economia de mercado, tratando-se, também, de um campo em evolução.

4.3.3 Critério pessoal – o sujeito passivo

José Roberto Vieira elucida que "no 'critério pessoal' jazem as indicações concernentes aos dois polos da relação tributária: no positivo, o titular do direito à prestação, no negativo, aquele que é jungido ao seu cumprimento".[476]

---

[475] *Ibidem*, p. 66-67.
[476] *A regra-matriz de incidência do IPI...*, *op. cit.*, p. 66.

O sujeito passivo é aquele de quem se exige o cumprimento da obrigação tributária; no caso da tributação ambiental, o sujeito passivo, em um primeiro momento, é aquele que contamina.[477] [478] *"El principio 'quien contamina paga' aconseja elegir como sujeto obligado aquel sobre el que tenga más incidencia el incentivo fiscal"*.[479]

Na mesma linha do doutrinador espanhol, Claudia Alexandra Dias Soares:

> Segundo o PPP, deve ser o próprio acto contaminante o facto gerador do imposto, para, assim, se considerar como sujeito passivo aquele que perturbou o equilíbrio ecológico. Seria, pois, o agente contaminador que fisicamente praticou o acto causador de poluição quem deveria assumir a qualidade de sujeito passivo na relação tributária originada pelo acto em causa. Pelo que é necessário especificar de forma rigorosa o facto gerador, para não ser senão o agente económico responsável pela degradação ecológica aquele a quem o tributo se dirige.[480]

Há uma relação notória entre o sujeito passivo da relação jurídica tributária e o princípio do poluidor-pagador, demonstrando, mais uma vez, a interdisciplinaridade do tema. Já se observou anteriormente que o imposto ecológico e a contribuição ecológica possuem, como hipótese de incidência, a realização de um dano ambiental por ele conter um elemento quantitativo econômico; logo, há uma relação pessoal e direta da contaminação com o sujeito passivo.

Em razão dessa relação é que se aproximam o princípio do poluidor-pagador e a sujeição passiva tributária na tributação ambiental.

---

[477] Sujeito passivo da relação jurídica tributária é a pessoa – sujeito de direitos – física ou jurídica, privada ou pública, de quem se exige o cumprimento da prestação: pecuniária, nos nexos obrigacionais; e insuscetível de avaliação patrimonial, nas relações que veiculam meros deveres instrumentais ou formais (CARVALHO, Paulo de Barros. *Curso...*, *op. cit.*, p. 372).

[478] Ora, é necessário que os fatos ocorram, definitivamente, para que se possa saber com segurança quem é o sujeito passivo. Vide lição do professor José Roberto Vieira: "Em resumo, a determinação do sujeito ativo é somente normativa e anterior ao fato jurídico tributário, ao passo que a do sujeito passivo é normativo-fática e posterior àquele evento" (*A regra-matriz de incidência do IPI...*, *op. cit.*, p. 66).

[479] MOLINA, Pedro Manuel Herrera. *Derecho Tributario Ambiental...*, *op. cit.*, p. 75.

[480] *O imposto ecológico...*, *op. cit.*, p. 496.

4.4 Um caso concreto

4.4.1 Imposto sobre as emissões de CO_2

Em primeiro lugar, há que se estabelecer a diferença entre o imposto sobre as emissões de CO_2 e os direitos de permissão. O Brasil admite os direitos de permissão, mais conhecidos como créditos de carbono, mas, em contrapartida, não tributa as emissões de CO_2.

Arnaldo Sampaio de Moraes Godoi explica como seria a negociação dos créditos de carbono e tenta demonstrar quais tributos incidem sobre sua venda, que é considerada como uma cessão de direitos:

> O gerador do crédito de carbono faz receita deixando de poluir. O comprador do crédito garante direito de poluir, dentro de limites, fixados por órgãos de controle, ligados à Organização das Nações Unidas. O gerador do crédito aumenta sua receita sem contribuir para a emissão de gases que provocam efeito estufa. O comprador incentiva comportamento do gerador e, de alguma forma, paga pelo direito de emitir tais gases, embora sob rígidos controles de comprometimento global. É esta, em resumo, a fórmula do Protocolo de Quioto.[481]

Ao final do artigo, o doutrinador acima citado conclui que, "de fato, fala-se em cessão de créditos de carbono ou, alternativamente, na venda de créditos de carbono".[482] Trata-se de um mero caso ilustrativo a fim de que não haja confusão entre venda de crédito de carbono e tributação sobre a emissão de CO_2, pois são situações diversas.

O Brasil ainda é muito incipiente nesse tema. Se tomado o modelo da Espanha, observa-se que ela está em um estágio avançando, e o tema é regulado, inclusive, pela União Europeia:

> La titularidad originaria de la totalidad de los derechos de emisión corresponde a la Administración General del Estado, y efectos de IVA, los derechos de emisión se clasifican como una prestación de servicios, similar a las licencias.[483]

---

[481] A tributação na venda dos créditos de carbono, *Nomos*, v. 32, n.1, p. 14.

[482] *Ibidem*, p. 18.

[483] FERNÁNDEZ, María Jesús García-Torres. La protección atmosférica en Andalucía: Estudio del gravámen sobre las emisiones a la atmósfera. In: ALONSO, Esteban Pérez *et al. Derecho, globalización, riesgo…, op. cit.*, p. 845.

Logo, os direitos de emissão classificam-se como uma prestação de serviços. Diferente é a tributação das emissões de CO_2, que tem como hipótese de incidência a emissão de gases que poluam a atmosfera:

> *La finalidad es la moderación, reducción o eliminación de las emisiones de gases de efecto invernadero sea directa e inmediatamente como consecuencia de la aplicación del impuesto o bien estimulando a los contribuyentes para que modifiquen sus procesos de producción y uso atendiendo los dichos objetivos.*[484]

Na atualidade, países como Dinamarca e Espanha – algumas de suas comunidades autônomas – tributam a emissão de CO_2. A tributação ocorre por quantidade de gases emitida.

Na terminologia de Claudia Alexandra Dias Soares, seria um imposto sobre emissões qualificadas e teria como objetivo a utilização de processos produtivos mais sustentáveis na tentativa de tornar o imposto em questão menor e, consequentemente, fazendo do produto a ser gerado pela industrialização "um amigo do meio ambiente".[485] Nada mais é que uma utilização de instrumentos tributários tentando orientar o comportamento adequado dos empresários: seria uma norma tributária indutora.

A capacidade de compensação do dano seria o valor de sustentabilidade, tendo como objetivo manter um ambiente mais saudável, com uma menor redução da emissão de gases tóxicos e poluentes da atmosfera.[486]

E quando ocorreria o surgimento da obrigação tributária?

A obrigação de imposto surgirá no momento em que se proceda à realização das emissões contaminantes. Assim, o mesmo será devido

---

[484] ROSEMBUJ, Tulio. *El impuesto ambiental...*, op. cit., p. 796.

[485] Um imposto sobre emissões qualificadas traduz-se em pagamentos ligados à medição ou ao peso das emissões poluentes. Um tributo por unidade de poluição medida e calculado tendo em conta o dano marginal que é imputável à mesma foi sugerido, pela primeira vez, em 1920, por Pigou, para a correção das externalidades (*O imposto ecológico...*, op. cit., p. 392, 394-395).

[486] *El valor sostenible, cuyo fundamento es la reducción de las emisiones que amenzan la atmósfera, es el indicador preciso del principio de capacidad económica aplicable en el tributo ambiental. La selección del hecho imponible toma en cuenta el bien ambiental, su conservación y reposición, en base a presupuestos de mercado. El legislador identifica situaciones y comportamientos en el mercado que arrojan perjuicio a la economía ambiental, a la sociedad civil y a la competencia porque suponen ventajas para los que sostienen y desventajas actuales y futuras para los demás. El valor sostenible ofrece la tutela fiscal del bien ambiental en base a la "indispensable solidariedad colectiva".* (ROSEMBUJ, Tulio. *El impuesto ambiental...*, op. cit., p. 796).

após cada emissão, mas, por razões de natureza administrativa, a sua liquidação deverá ser feita periodicamente.[487]

Na China, há máquinas que medem a poluição ocasionada pelas fábricas e que possuem ligação direta com o setor de tributação do governo.[488] E, no Brasil, tal tributo poderia ser vislumbrado?

Sim. Em primeiro lugar, para que o tributo fosse constitucional, deveria ser considerado que a emissão de CO_2 e de outros gases poluentes expressa uma riqueza contida, pois, ao produzir um bem, o empresário alia ao custo da produção o custo da natureza pela sua economia, conforme já estudado anteriormente. O produto é o resultado final do custo privado – produção em si – e do custo social – externalidades.

Dado esse primeiro passo, que é considerar a emissão de gases poluentes na natureza como uma manifestação de riqueza, o imposto – já que emitir gases poluentes não possui relação direta com a prestação de uma atividade estatal – poderia ser criado a partir da competência residual da União Federal – artigo 154, I, da Constituição Federal.

Seria um típico caso de imposto pigouviano, na terminologia de Claudia Alexandra Dias Soares, pois esse tipo de imposto, quando é considerado ótimo, "(...) reflecte com rigor o custo marginal externo da poluição; sendo, por isso, fixado no valor da diferença entre o custo marginal privado e o custo marginal social, de modo a que o preço do

---

[487] SOARES, Claudia Alexandra Dias. *O imposto ecológico...*, *op. cit.*, p. 393.

[488] A maioria das empresas na China estão equipadas com equipamentos de monitoramento para a descarga de poluentes, especialmente as fontes de poluição chave com grande quantidade de descarga de poluentes, e eles incluem o monitoramento automático e monitoramento de amostragem pelo departamento de fiscalização ambiental. Os dados das empresas de monitoramento automático de emissão de poluentes, podem ser usados no departamento tributário e dados de monitoramento de aproximação por amostragem, obtidos pelas unidades de monitoramento ambiental qualificadas ou departamentos de monitoramento e supervisão governamentais ambientais podem ser utilizados como base de cálculo (tradução nossa). No original inglês: "*Most enterprises in China are equipped with monitoring equipment for the discharged pollutants, especially those key pollution sources with large discharged amount of pollutants, and these include automatic monitoring and sampling monitoring by the environmental supervision department. The pollution emission data of the enterprises from automatic monitoring can be used as tax department, and data via the sampling monitoring approaches obtained by the qualified environmental monitoring units or governmental environmental monitoring and supervision departments can be used as tax base*" (WANG, Jinnan *et al*. Reforma tributária ambiental na China: uma análise comparativa de três tipos de método de base de cálculo. No original inglês: Enviromental tax reform in China: a comparative analysis of three tax base calculation methods. In: STERLING, Ana Yábar *et al*. (ed.). *Market instruments and sustainable economy...*, *op. cit.*, p. 220).

bem em análise coincida com este último".[489] E essa citada doutrinadora também considera tal tipo de imposto como regulador, porque é "(...) um incentivo à redução das emissões, ao aperfeiçoamento dos sistemas de medição destas, ao progresso tecnológico e ao aumento da disponibilidade de informação".[490]

Ademais, a tributação das emissões de CO_2 é um típico exemplo de adoção de política pública que tem como objetivo o desenvolvimento da sociedade, pois segue as diretrizes da OCDE e tenta, com tal medida, diminuir as externalidades negativas que são lançadas na atmosfera, muitas vezes sem a menor responsabilidade e conscientização. Os empresários, em uma tentativa de diminuir o pagamento do tributo em questão, buscariam inovações tecnológicas e tentariam, assim, ter um cuidado e adequação maiores em relação ao meio ambiente, respeitando-o.

Concretizado o fato jurídico tributário, que é a emissão de gases contaminantes na atmosfera, a base de cálculo seria a quantidade de carbono lançada, havendo uma conexão direta com a questão da capacidade de compensação do dano:

> *La unidad de carbono definida por tonelada de CO_2 o equivalente en el Protocolo de Kyoto es el índice de capacidad económica que elige el legislador y cuya cuantificación no responde a los valores propios del mercado en general ni del mercado de los derechos de emisión de carbón, porque su fundamento, el valor sostenible de la atmósfera, implica el sometimiento de los contribuyentes al debe de contribuir al gasto público inherente a cualquier instituto tributario y en base al principio de capacidad contributiva.*[491]

Assim, quantificada a tonelada de CO_2, ela seria a base de cálculo; e a alíquota seria o valor da tonelada, havendo uma total congruência entre a hipótese de incidência e a base de cálculo, tornando possível a existência do tributo no cenário brasileiro.

Já o sujeito passivo está diretamente relacionado à questão da capacidade de compensação do dano. É aquele que promove a emissão dos gases na atmosfera, demonstrando, evidentemente, o intuito regulador do tributo, que é proteger a atmosfera terrestre.

No Brasil, há uma lei estadual prevista, Lei nº 14.933, de 5 de junho de 2009, que trata da política da mudança de clima. No âmbito

---

[489] *O imposto ecológico...*, *op. cit.*, p. 402.

[490] *Ibidem*, p. 404.

[491] ROSEMBUJ, Tulio. *El impuesto ambiental...*, *op. cit.*, p. 799.

dos princípios da referida lei, é evidente a premissa de necessidade de internalização do custo ambiental. Para tanto, o artigo 1º, III e VIII, estabelece: "Poluidor-pagador, segundo o qual o poluidor deve arcar com o ônus do dano ambiental decorrente da poluição, evitando-se a transferência desse custo para a sociedade" e "internalização no âmbito dos empreendimentos, dos seus custos sociais e ambientais".

No transcorrer da legislação ora mencionada, é clara a presença da sociedade, na administração da sustentabilidade, aliada ao governo. No cerne dos instrumentos para um melhor desenvolvimento da política pública, está contido em seu artigo 3º, XII: "Utilização de instrumentos econômicos, tais como isenções, subsídios e incentivos tributários e financiamentos, visando à mitigação de emissões de gases de efeito estufa (...)". E nos artigos 30 a 36, uma série de mecanismos econômico-financeiros são previstos como forma de estimular a sustentabilidade.

Contudo, não há a previsão de um imposto relacionado às emissões de CO_2. Se este fosse instituído, seria de competência da União Federal no âmbito da competência residual e poderia ser transferida a capacidade tributária ativa aos Estados, mas há a preocupação com os créditos de carbono, com previsão no artigo 27 da Lei nº 14.933/2009.[492]

Além disso, por se tratar de meio ambiente, estamos diante de um todo interligado. A visão holística é deveras importante. Por tal fato, há, na legislação objeto do estudo, temas relacionados diretamente à preservação da água, não se restringindo aos aspectos somente da poluição do ar.

4.4.2 O imposto sistêmico

Tulio Rosembuj inova com a teoria do imposto sistêmico tentando encontrar diretrizes para o combate da evasão fiscal e da destruição ambiental e, buscando a implementação da boa governança fiscal para os chamados riscos sistêmicos, diz que *los impuestos globales sistêmicos deben atender la provisión de bienes públicos globales, afrontando la recaudación y el reparto de la misma en forma coordinada entre los Estados*.[493]

---

[492] Art. 27. O Poder Executivo disponibilizará banco de informações sobre projetos de mitigação de emissões de gases de efeito estufa passíveis de implementação no Município e de habilitação ao utilizar o Mecanismo de Desenvolvimento Limpo (MDL), a fim de serem beneficiados no Mercado de Carbono decorrente do Protocolo de Quioto e de outros mercados similares.

[493] *Principios globales...*, *op. cit.*, p. 113.

Defende a ideia que, dentre os impostos sistêmicos, esteja o imposto sobre as emissões de CO_2.[494]

Isso se deve ao chamado risco sistêmico e à questão ambiental, pois, conforme já demonstrado, o dano ambiental não atinge apenas uma parcela da sociedade, mas possui um impacto geral em toda a ordem global:

> *Conviene, no obstante, insistir que el riesgo sistémico, que sirve de razón de ser, al impuesto sistémico, puede surgir a partir de otros males públicos globales, v.g., el deterioro o daño contra el bien ambiental; las catástrofes económicas que se convierten en naturales y sociales, como la destrucción de reactores nucleares, lo cual le otorga un significado que desborda el estrecho marco económico, financiero o fiscal.*[495]

O que se pode observar é que o Brasil necessita, urgentemente, de uma reforma tributária no campo do meio ambiente, pois fechar-se às mudanças globais é ter como consequência uma oportunidade política muito menor, desde que o país caminha, dessa forma, na contramão da evolução mundial em termos de tributação. Adotar políticas públicas de tributação ambiental é estar em paz, pois tem como objetivo a proteção do meio ambiente nacional, mas, também, do meio mundial, além de ganhar respeito e notoriedade diante dos países do globo. Conforme afirmado, quando se trata de risco ambiental, trata-se de risco sistêmico que atinge o planeta como um todo:

> *El calentamiento global y el cambio climático exhibe todo los rasgos de crisis sistémica ambiental. El impuesto sobre la emisión de los gases con efecto invernadero –dióxido de carbono, metano, óxido nitroso, hidrofluorcarbonos, perfluorcarbonos y hexafluororo de azufre– grava la manifestación de capacidad económica exhibida por determinados sujetos en la realización de actividades contaminantes de riesgo sistémico (sic).*[496]

O novo conceito de risco, que atinge a sociedade como um todo, busca uma solução que também caminhe na mesma direção, ou seja, uma alternativa que tente proteger a sociedade como um todo.[497]

---

[494] *Ibidem*, p. 113-114.

[495] *Ibidem*, p. 117-118;

[496] *Ibidem*, p. 134.

[497] *(…) los nuevos riesgos se distinguen por su carácter global: pueden tener un origen local, como en el caso de las pandemias, los ataques terroristas o la más reciente crisis económica, pero transpasan las fronteras territoriales. La lluvia radioactiva del accidente de Tschernobyl no se limitó al lugar*

É nesse sentido que o professor Tulio Rosembuj estabelece sua teoria do imposto sistêmico.

---

de donde procedía, sino que se extendió por la mayor parte del norte de Europa. También para los virus mortales es fácil viajar a través de los continentes, como hemos visto en el caso del SARS ("síndrome respiratorio agudo severo" o "Severe Acute Respiratory Syndrome"); y el calentamiento global del planeta influye en todas las regiones del mundo, aunque sea de distinta forma y con distinto alcance en cada caso (MAY, Stefan. Nuevos riesgos, seguridad y prevención: sobre la transformación del estado moderno y de sus formas de actuación jurídica. In: ALONSO, Esteban Pérez *et al. Derecho, globalización, riesgo…, op. cit.,* 309).

CAPÍTULO 5

A TAXA ECOLÓGICA

Acreditando-se eterno, o ser humano apenas se preocupa com amelhar mais e mais matéria, como se lhe fosse possível usufruir durante a eternidade. O dinheiro anestesia a consciência. Em nome dele, tudo se legitima. As pessoas acostumaram-se a ver a natureza como um supermercado gratuito. Dali tudo se extrai, nada se devolve.[498]

(NALINI, José Renato)

5.1 Considerações gerais

Para Geraldo Ataliba, a taxa, diferentemente dos impostos, tem o critério material da hipótese de incidência vinculado à atividade estatal; portanto, ela se classifica como um tributo vinculado.[499] Nesse sentido, o jurista define: "A hipótese de incidência da taxa é uma atuação estatal diretamente (imediatamente) referida ao obrigado (pessoa que vai ser posta como sujeito passivo da relação obrigacional que tem a taxa por objeto)".[500] Ora, "*la tasa, en la doctrina clásica, opera como un tributo con contraprestación, que en especial premiaba a los que satisfacían su pago para la demanda de un determinado servicio institucional*".[501]

---

[498] *Ética ambiental*, p. XV-XVI.
[499] *Hipótese de incidência...*, *op. cit.*, p. 146.
[500] *Ibidem*, p. 147.
[501] ROSEMBUJ, Tulio. *El impuesto ambiental...*, *op. cit.*, p. 760.

No que se refere às taxas, elas podem apresentar duas materialidades no direito tributário brasileiro: serviço público ou atividade de polícia. Tais materialidades decorrem do texto constitucional, que prevê, em seu artigo 145, II, que a União, os Estados, o Distrito Federal e os Municípios poderão instituir "taxas, em razão do exercício do poder de polícia ou pela utilização, efetiva ou potencial, de serviços públicos específicos e divisíveis, prestados ao contribuinte ou postos a sua disposição".

Assim como o imposto ecológico (examinado no capítulo anterior) não pretende desvirtuar o conceito constitucional de imposto e a previsão do artigo 3º do Código Tributário Nacional, o mesmo fenômeno aplica-se às taxas ecológicas. Logo, as taxas de meio ambiente apresentam as duas materialidades e serão analisadas posteriormente.

Logicamente, tal espécie de taxa precisa de um incremento de políticas públicas, como toda a tributação ambiental, pois ela se encontra em fase incipiente.

Quanto à materialidade do serviço público, trazemos a palavra de Roque Antonio Carrazza: "Notamos que o serviço público que rende ensejo à criação da taxa de serviço não precisa, necessariamente, ser usufruído pelo contribuinte. Não. Basta que 'exista' e seja posto à sua disposição".[502] Ou seja, quando a taxa for decorrente de serviço público, é necessária tão somente a utilização potencial, conforme deixa expresso o texto constitucional.[503]

Dentro do conceito de utilização potencial, percebe-se a utilização compulsória como decorrência do interesse da coletividade no que se refere ao serviço público que possui a referida característica. A utilização compulsória é somente no sentido do direito tributário, qual seja, ainda que o sujeito passivo não queira pagar a taxa em razão do serviço público de utilização potencial, porque não o utilizou, ele deverá fazê-lo, pois há previsão constitucional que fundamenta a referida exigência, baseando-se no interesse da coletividade, conforme o confirma nosso Código Tributário Nacional, artigo 79, I, *a*.

---

[502] *Curso...*, *op. cit.*, p. 505.
[503] Constituição Federal:
Art. 145. A União, os Estados, o Distrito Federal e os Municípios poderão instituir os seguintes tributos:
II - taxas, em razão do exercício do poder de polícia ou pela utilização, efetiva ou potencial, de serviços públicos específicos e divisíveis, prestados ao contribuinte ou postos a sua disposição;

Segundo Pedro Manuel Herrera Molina:

La estructura de la tasa responde típicamente a un principio de justicia conmutativa, pero éste también se respeta cuando la conducta o situación del obligado determina la prestación del servicio.[504]

As taxas são instrumentos tributários muito utilizados na tributação ambiental nos países mais avançados nesta área, e muitos dos "cânones", por exemplo, do direito tributário espanhol, têm perfil de taxa. Contudo, cabe fazer uma ressalva quanto à sua materialidade, pois, no ordenamento espanhol, há a previsão de taxas pelo uso de domínio público, o que não é permitido no ordenamento jurídico brasileiro. Nesse sentido, Juan Arrieta Martínez de Pisón:

La tasa es un tributo cuyo hecho imponible consiste en la utilización del dominio público, la prestación de un servicio público o la realización por la Administración de una actividad que se refiera, afecte o beneficie de modo particular al sujeto pasivo.[505]

Poder-se-ia questionar se as taxas também intervêm no âmbito da economia, direcionando comportamentos, como ocorre com os impostos. A resposta para tal questionamento seria afirmativa: as taxas também são utilizadas como normas tributárias indutoras e também refletem a internalização de custos ambientais, mas, para além disso, refletem o custo do Estado na defesa do meio ambiente.[506]

Importante observar que, no caso das taxas de meio ambiente, haverá três relações jurídicas: uma decorrente da competência administrativa, outra de natureza ambiental e outra tributária, formando, então, uma relação ainda mais complexa se comparada à dos impostos.

Assim como o imposto ecológico está diretamente relacionado ao princípio ambiental do poluidor-pagador, o mesmo fenômeno ocorre

---

[504] *Derecho tributario ambiental...*, op. cit., p. 80.

[505] *Régimen fiscal de las aguas*, p. 30.

[506] Admite-se, pois, que no cálculo das taxas se vá um pouco para além dos custos produzidos pela prestação pública, conferindo-se-lhe uma função intervencionista (ordenadora ou orientador), não se identificando o princípio da equivalência (expressão do subprincípio da proporcionalidade "*stricto sensu*" ou da ponderação meio-fim) com o princípio da mera cobertura dos custos ("*Kostendeckungsprinzip*") (expressão do subprincípio da necessidade ou da avaliação dos custos). Mas tal flexibilidade tem um limite: o de o critério de determinação do montante a pagar ainda manter alguma ligação com o custo ou o valor da prestação recebida, de forma a não se perder o nexo sinalagmático (DIAS, Claudia Alexandra. *O imposto ecológico...*, op. cit., p. 164-165).

no âmbito das taxas. Segundo Pedro Manuel Herrera Molina, o custo da utilidade recebida ou o custo causado – o primeiro caso aplica-se à taxa por prestação de serviço; e o segundo, à taxa em razão da atividade de polícia – vincula-se ao princípio do poluidor-pagador, refletindo o aspecto ecológico da taxa.[507]

5.2 Hipótese de incidência das taxas ecológicas

A hipótese de incidência das taxas pode envolver duas materialidades, conforme já referidas: prestação de serviço público ou exercício regular da atividade de polícia.

Assim como os impostos ecológicos devem ter uma materialidade baseada na questão ambiental, o mesmo procedimento aplica-se às taxas. Elas podem ser taxas ecológicas ou podem ser taxas com elementos ecológicos. Pedro Manuel Herrera Molina, quando trata da questão da taxa do lixo, assinala: *"Así, por ejemplo, la tradicional tasa de recogida de basuras puede ver reforzado su carácter ambiental si se introduce en su cuantificación el coste de reciclaje y eliminación de los residuos"*.[508]

A taxa por prestação de serviço público ambiental deve ter como hipótese de incidência um fato diretamente ligado à natureza, como uma taxa para recolhimento de resíduos da água:[509]

---

[507] *Los tributos ambientales se rigen por el principio "quien contamina paga", que los alemanes traducen como el "principio del causante" (Verursacherprinzip). Ahora bien, éste es precisamente el criterio rector de las tasas. En efecto, en los impuestos sobre las emisiones contaminantes el principio de capacidad económica actúa como mero límite externo, "al igual que sucede en las tasas", mientras que la estructura interna de tales tributos responde al coste causado o la utilidad recebida (Derecho Tributario Ambiental..., op. cit., p. 96).*

[508] *Ibidem*, p. 79.

[509] Quando se fala da questão de serviço público, há que se ter em mente que existem dois tipos de serviço público: o *"uti universi"* e o *"uti singuli"*. No que toca à taxa, o critério da divisibilidade é essencial para que seja constitucional. Assim: "Será divisível o serviço que, em virtude de ser passível de utilização, individualmente, por cada usuário, puder ter aferida a medida mínima do custo que a atuação estatal representar para a pessoa pública, em relação a cada sujeito passivo). Assim, é correto asseverar que a divisibilidade se constitui em um desdobramento da especificidade, isto é, se o serviço é específico (são identificáveis os sujeitos passivos), então será possível também a individualização do custo do serviço público, em função de cada contribuinte. A divisibilidade do serviço está, estreitamente, ligada ao dimensionamento do critério quantitativo das taxas. Se é assim, o serviço público será divisível se a base de cálculo da taxa puder representar o valor mínimo do custo individualizado do serviço público" (PEREIRA FILHO, Luiz Alberto. As taxas e os preços no ordenamento jurídico brasileiro. In: SANTI, Eurico Marcos Diniz de (Coord.). *Curso de especialização em direito tributário*: estudos analíticos em homenagem a Paulo de Barros Carvalho, p. 66).

> *En el Derecho comparado encontramos supuestos en que el importe de las tasas municipales por suministro de agua o retirada de residuos se somete a una tarifa "progresiva" en función del volumen consumido o producido, solución que también ha sido propuesta por la doctrina española y que aparece reflejada en algunas ordenanzas municipales.[510]*

Há, na Espanha, toda uma política pública voltada às águas. Uma parte da tributação ocorre por meio de taxas em virtude da retirada de resíduos e administração da prestação do serviço público delas, tal como será analisado com mais profundidade na terceira parte do presente trabalho.

A própria doutrina brasileira já reconhece a existência de taxas de meio ambiente por prestação de serviço público e pelo exercício regular da atividade de polícia. Nesse sentido, Lídia Maria Lopes Rodrigues Ribas elucida:

> "Taxas": a) pelo exercício do poder de polícia – aquelas cobram em contraprestação às atividades públicas dirigidas aos contribuintes (poluidores); b) pela prestação, efetiva ou potencial, de serviços públicos específicos e divisíveis prestados ao contribuinte ou postos à sua disposição – cobradas pela utilização de serviços de coleta de tratamento de produtos resultantes de atividades poluidoras, por exemplo (...).[511]

Além das taxas por prestação de serviços públicos e pelo exercício regular da atividade de polícia na Espanha, observa-se a existência de uma taxa por utilização dos bens de domínio público.[512] A referida materialidade seria inconstitucional no direito tributário brasileiro, pois somente pode haver taxas com as materialidades constantes da previsão constitucional, quais sejam, prestação de serviço público e exercício regular do poder de polícia.

No caso das taxas decorrentes do poder de polícia, importante é a lição de Ricardo Lobo Torres: "As chamadas taxas de fiscalização ambiental se caracterizam como tributos devidos em decorrência do

---

[510] MOLINA, Pedro Manuel Herrera. *Derecho Tributario Ambiental...*, *op. cit.*, p. 81.

[511] Defesa ambiental: utilização de instrumentos tributários. In: TÔRRES, Heleno Taveira (Coord.). *Direito Tributário Ambiental, op. cit.*, p. 687.

[512] Exemplo de uma taxa por uso de bem ambiental: *"Pues bien, las tasas por el uso privativo o aprovechamiento especial del dominio público pueden ser usadas como instrumento para desincentivar actividades perjudiciales para el medio ambiente (pensemos, por ejemplo, en las tasas por estacionamiento de vehículos en las vías públicas de los núcleos urbanos)"* (MOLINA, Pedro Manuel Herrera. *Derecho tributario ambiental...*, *op. cit.*, p. 83).

'exercício do poder de polícia ambiental', e não em virtude da prestação de serviços".[513]

No Brasil, há previsão constitucional no sentido de que instalação de obra ou atividade potencialmente poluidora estará sujeita a um estudo prévio de impacto ambiental.[514] Tal estudo nada mais é que o exercício da atividade de polícia, fiscalizando a futura atividade e tendo como consideração o meio ambiente. Logo, por tal estudo será cobrada uma taxa, que nada mais é que uma taxa em razão da atividade de polícia exercida.[515]

Há, no Brasil, uma taxa decorrente da atividade de polícia do Ibama, a chamada taxa de controle e fiscalização ambiental (TCFA), cuja lei é de número 10.165, de 27 de dezembro de 2000.

A referida taxa apresenta alguns problemas no que concerne à inclusão de externalidades negativas. Vamos à breve análise: a referida taxa possui dois tipos de materialidade para sua incidência – primeiro, quanto ao tipo de atividade produzida e a sua efetiva poluição; depois, quanto ao tamanho da empresa que ocasionou a poluição. Quanto ao aspecto do grau de poluição, ele é louvável; no entanto, quanto à mensuração da base de cálculo pelo porte da empresa, tal procedimento apresenta-se como questionável e mesmo contraditório, desde que uma pequena empresa pode ser muito menos sustentável do que uma empresa de grande porte, que possui, inclusive, mais recursos para dispor de aplicação de novas tecnologias.

---

[513] Valores e princípios no direito tributário ambiental. In: TÔRRES, Heleno Taveira (Coord.). *Direito Tributário Ambiental*, *op. cit.*, p. 36.

[514] Art. 225. Todos têm direito ao meio ambiente ecologicamente equilibrado, bem de uso comum do povo e essencial à sadia qualidade de vida, impondo-se ao Poder Público e à coletividade o dever de defendê-lo e preservá- lo para as presentes e futuras gerações.
§1º - *Para assegurar a efetividade desse direito, incumbe ao Poder Público:*
(...)
IV - exigir, na forma da lei, para instalação de obra ou atividade potencialmente causadora de significativa degradação do meio ambiente, estudo prévio de impacto ambiental, a que se dará publicidade;

[515] O controle e a fiscalização prévios ao licenciamento de uma actividade à qual estão associados ricos ambientais, tendo em vista a averiguação da tolerabilidade destes, "simultaneamente satisfaz[em] a necessidade individualizada do requerente e a necessidade colectiva de que haja um serviço público destinado a analisar e controlar a perigosidade das indústrias instaladas". Pelo que os custos que tais medidas envolvem devem ser classificados como taxas (SOARES, Claudia Alexandra Dias. *O imposto ecológico...*, *op. cit.*, p. 155).

5.3 Consequente normativo

5.3.1 Critério quantitativo

O critério quantitativo, formado pela base de cálculo e pela alíquota, deverá estar presente também nas taxas de caráter ambiental. O tributo ecológico não possui um perfil diferente da definição do artigo 3º do Código Tributário Nacional, mas apenas possui uma materialidade com uma previsão ambiental.

A base de cálculo da taxa deverá refletir o custo da prestação do serviço ou o custo da atividade de polícia realizada. Por conta de tal reflexo, alguns acreditam que a taxa reflete melhor as questões ambientais, internalizando-as com mais eficiência do que os impostos:

> Os economistas, os ambientalistas e os agentes económicos parecem preferir a figura da taxa a todos os demais mecanismos de incentivo, por a considerarem o instrumento mais justo e eficaz na realização da política ambiental. Porquanto, o seu carácter bilateral será mais propício a levar a cabo uma função redistributiva dos custos suportados com os serviços públicos de protecção e reparação do ambiente entre aqueles que lhe dão causa do que a ausência de sinalagmaticidade que se verifica nos impostos.[516]

A grande defesa em relação à utilização das taxas não está no âmbito do direito tributário, mas no âmbito do direito financeiro, e é justamente a vinculação de sua receita à atividade prestada, havendo maior proteção da utilização da receita no fim ambiental, diferentemente do que ocorre nos impostos que se destinam a um cofre geral e podem não ser utilizados na proteção do meio ambiente, perdendo, no aspecto financeiro, o caráter extrafiscal.

Contudo, essa não é uma opinião unânime da doutrina, e há juristas que entendem que os impostos ecológicos são mais eficazes, em termos de política pública ambiental, do que as taxas, sendo, por exemplo, a opinião de Tulio Rosembuj.[517]

---

[516] *Ibidem*, p. 150.

[517] Esse jurista entende que os impostos são mais eficazes do que as taxas, mas, em sua obra, deixa claro que *"la estrategia básica es que la tasa refleje, en la medida de lo posible, la verdad de los costes en la gestión del residuo municipal, gravando, en definitiva, lo que es «the throw away ethic»: el coste de arrojar la basura es igual a cero, porque no se vincula el tributo a la cantidad de desperdicio que cada uno abandona en la calle para su recogida. No tiene sentido un gravamen sobre residuos sólidos urbanos que no incentive la reducción de la cuantía sobre los mismos o la valorización. Si se parte de esta premisa, el servicio de recogida de residuos sólidos, a fin de*

Já vimos anteriormente que refletir o custo da prestação de serviço do dano ambiental, no caso de uma taxa por prestação de um serviço público de limpeza ambiental, não é tarefa das mais simples; contudo, pelo seu perfil de vinculação de receita e um risco menor de desvirtuamento de sua finalidade extrafiscal, tem sido preferida na doutrina.

Inclusive em países com maior experiência na adoção de políticas públicas de tributação ambiental, há a consideração de ser elaborada uma memória econômico-financeira no âmbito dos impostos, como ocorre nas taxas, a fim de que não haja um desvirtuamento da sua extrafiscalidade.

A base de cálculo das taxas ecológicas deve refletir o custo da atividade pública em relação ao dano ambiental no caso das taxas por prestação de serviço e deve refletir o custo da atividade de polícia na modalidade de taxa em razão dessa atividade.

Ilustra-se com uma taxa decorrente da poluição da água, na qual se deve mensurar o dano ocasionado e, para além disso, o custo da prestação do serviço de limpeza. Se a mensuração ocorrer tão somente em relação ao dano ocasionado, estar-se-á diante de um imposto, uma vez que o dano não possui qualquer tipo de relação com a atividade estatal. É preciso ter muita cautela na adoção da base de cálculo da taxa, pois é certo que é por meio da base de cálculo que haverá a confirmação do critério material da hipótese de incidência tributária. Paulo de Barros Carvalho leciona que a base de cálculo "(...) tem a virtude de confirmar, infirmar ou afirmar o critério material expresso na composição do suposto normativo".[518] Logo, a base de cálculo tem uma importante função na identificação da natureza jurídica do tributo e não seria diferente no que toca à taxa ecológica.[519]

---

reflejar los propósitos ambientales-fiscales que debe reunir, no puede sino gravar el residuo sólido abandonado en prorpoción a la cantidad que cada uno desecha, creándose de este modo los incentivos suficientes para que los ciudadanos reduzcan las cantidades de residuos que generan y cambiar sus hábitos de compra, reutilizando productos y envases" (*Los tributos y...*, *op. cit.*, p. 64).

[518] *Curso...*, *op. cit.*, p. 400.

[519] A doutrinadora lusitana Cláudia Alexandra Dias Soares, ao descrever a base de cálculo de uma taxa sobre poluição, aponta, em realidade, uma base de cálculo de um imposto sobre poluição: "O valor das taxas pode ser calculado tendo em conta a poluição gerada, isto é, a sua quantidade e as suas características. Os pagamentos serão, neste caso, realizados em contrapartida de determinado montante de emissões poluentes lançadas no meio ambiente. Pense-se, *v.g.*, numa taxa paga em função do tipo e do volume/peso dos resíduos sólidos depositados num aterro ou dos metros cúbicos de águas residuais qlançadas no sistema de esgoto. Exige-se, pois, uma mensuração das emissões libertadas sob pena de se estar perante um imposto, e não uma taxa" (*O imposto ecológico...*, *op. cit.*, p. 168).

Não é porque se está adentrando em um universo jurídico pouco explorado no cenário nacional que garantias conquistadas há muitos anos devem ser perdidas. Pedro Manuel Herrera Molina deixa claro quais são os fundamentos jurídicos das taxas:

> *Pues bien, en este supuesto se dan dos notas que determinan la exigencia de una tasa: la dependencia causal entre la prestación y la "utilidad" recebida (si no se obtiene la prestación pública surge un derecho a la devolución de la tasa) y la imputación individual de la prestación (se toleran los vertidos del sujeto que paga la tasa).*[520]

Tais fundamentos são os reflexos da incidência das taxas e, portanto, devem ser confirmadas pela base de cálculo das taxas ecológicas.

5.3.2 Critério pessoal

Ainda no que concerne à atividade estatal, conforme lições de Rubens Miranda de Carvalho, a referida atividade "(...) deverá estar diretamente relacionada com o contribuinte da referida taxa".[521] Logo, o sujeito passivo da relação jurídica tributária estará imediatamente vinculado à atividade estatal e, logicamente, no âmbito das taxas ecológicas, ao princípio do poluidor-pagador, pois este é o direcionamento dos tributos ecológicos.[522]

Valendo relembrar que, em ambas as hipóteses de incidência das taxas, a relação com o princípio do poluidor-pagador ocorre, seja na taxa em razão da prestação do serviço público, seja na taxa em razão do exercício da atividade de polícia.

Quanto ao sujeito ativo, conforme se depreende da materialidade da taxa, há três relações jurídicas envolvidas no que atine à competência: a administrativa, a ambiental e a tributária. Assim, para instituir a referida taxa, o ente federativo deve deter as três competências ou recebê-las por via de delegação.

---

[520] *Derecho Tributario Ambiental...*, *op. cit.*, p. 99.

[521] *Contribuição de melhoria e taxas no direito brasileiro*, p. 124.

[522] Pedro Manuel Herrera Molina entende que o princípio do poluidor-pagador seria o critério de orientação das taxas ambientais: *"Los tributos ambientales se rigen por el principio 'quien contamina paga', que los alemanes traducen como el 'principio del causante' (Verursacherprinzip). Ahora bien, éste es precisamente el criterio rector de las tasas. En efecto, en los impuestos sobre las emisiones contaminantes el principio de capacidade económica actúa como mero límite externo, 'al igual que sucede en las tasas', mientras que la estructura interna de tales tributos responde al coste causado o la utilidad recibida"* (*Derecho tributario ambiental...*, *op. cit.*, p. 96).

CAPÍTULO 6

A CONTRIBUIÇÃO DE MELHORIA ECOLÓGICA

Não significa que a natureza não possua uma medida (leis da natureza); ela possui uma medida não estática e mecânica, mas dinâmica e flutuante, caracterizada por constâncias e variações.[523]

(BOFF, Leonardo)

6.1 Considerações gerais

Das três espécies tributárias, quais sejam, o imposto, a taxa e a contribuição de melhoria, esta é a menos utilizada no campo de atuação tributário. Ocorre que, no que tange à tributação ecológica, a contribuição de melhoria apresenta papel fundamental no investimento para a realização de obras públicas que tenham um impacto ambiental positivo, além, claro, do seu caráter essencial, que é a valorização imobiliária decorrente de uma obra pública.

Um caso de obras públicas com impacto ambiental será estudado com mais acuidade posteriormente, em especial na terceira parte. São as obras de saneamento básico. Elas beneficiam a saúde pública e, para além disso, preservam também a qualidade das águas.

Nosso país é deficiente no sistema de saneamento básico. Há uma grande parcela da população brasileira que não tem acesso à água tratada e à rede de escoamento. Assim, a cobrança de contribuição de

---

[523] *Saber cuidar..., op. cit.,* p. 115.

melhoria, quando houver uma valorização imobiliária decorrente de uma obra pública que privilegia o meio ambiente, é outra forma de utilização de políticas públicas tributárias com o objetivo de maior desenvolvimento social e, por conseguinte, ambiental.

6.2 Hipótese de incidência da contribuição de melhoria ecológica

A contribuição de melhoria tem previsão constitucional no artigo 145, III, da Constituição Federal; e o critério material da sua hipótese de incidência está adstrito à realização de uma obra pública da qual decorra a valorização imobiliária, sendo um tributo vinculado mediatamente.[524]

Ela deve pautar-se pelo regime jurídico tributário regular, sendo que, no caso da contribuição de melhoria ecológica, além de todos os requisitos legais que devem ser atendidos, deve-se agregar um estudo de impacto ambiental aos requisitos a fim de que a obra seja qualificada como uma obra ecológica e que privilegia, assim, o meio ambiente. Seria uma exigência a mais no momento da elaboração do estudo de viabilidade, pois, se a obra não trouxer uma proteção ambiental, será o caso de uma contribuição de melhoria – caso haja valorização imobiliária –, mas não se pode falar em uma contribuição de melhoria ecológica.

No sistema tributário espanhol, não existe um tributo como a contribuição de melhoria. É um tributo com pouco uso, inclusive no próprio sistema constitucional brasileiro. Para que seja instituída uma contribuição de melhoria ecológica, deve a referida obra pública apresentar uma notável proteção ao sistema ambiental, vinculando fortemente o princípio da sustentabilidade:

> A obra pública é que, beneficiando um imóvel de determinado indivíduo, coloca-o diretamente relacionado com a pessoa jurídica de direito público interno que a tenha executado, gerando a obrigação tributária relativamente à contribuição de melhoria.[525]

---

[524] A h.i. da contribuição de melhoria é a valorização imobiliária causada por obra pública. É tal o único critério objetivo, isonômico e mensurável, para a aplicação do art. 145, III, da Constituição Federal. Sua base imponível é a valorização; a medida da valorização é o critério do tributo. Valorização é a diferença positiva de valor de um imóvel entre dois momentos: antes e depois da obra (ATALIBA, Geraldo. *Hipótese de incidência...*, *op. cit.*, p. 170).

[525] CARVALHO, Rubens Miranda de. *Contribuição de melhoria...*, *op. cit.*, p. 50.

CAPÍTULO 6
A CONTRIBUIÇÃO DE MELHORIA ECOLÓGICA | 217

Assim como nas taxas ecológicas, a contribuição de melhoria ecológica prevê a existência de três relações naquilo que se relaciona à competência tributária: administrativa, ambiental e tributária. Logo, para que o tributo não incorra em uma inconstitucionalidade, o ente da Federação que deve instituí-la deve possuir as três competências ou, ao menos, tê-las recebido por meio de delegação.

Diferentemente dos impostos e das taxas, tributos nos quais se trata da internalização de externalidades negativas na contribuição de melhoria, pensa-se, ao revés, na produção de externalidades positivas. A construção de um parque arborizado perto de um bairro extremamente industrial trará a produção de externalidades positivas, pois tal parque diminuirá os efeitos do CO_2 produzido pela atividade industrial. Geraldo Ataliba exemplifica com uma obra que sequer assim foi considerada na época, mas que, na atualidade, nos moldes dos estudos de sustentabilidade, poderia ser considerada uma contribuição de melhoria ecológica:

> Na Inglaterra, o "*betterment tax*" financiou, há séculos, a retificação e saneamento das margens do rio Tamisa assegurando sua navegabilidade e o incremento da vida econômica na zona ribeirinha. É, até hoje, responsável pelo financiamento de inúmeros obras de significativa importância.[526]

Essa obra é exemplo concreto de proteção ambiental, pois assegurou a navegabilidade do rio, a sua não poluição e a sustentabilidade econômica da população.

6.3 Consequente normativo

6.3.1 Critério quantitativo

O critério quantitativo, já analisado, é formado pela conjugação de base de cálculo e alíquota, e não seria diferente no que concerne à contribuição de melhoria. Para Geraldo Ataliba, que não trabalha com a terminologia "base de cálculo", demonstra claramente como ela é calculada no tributo objeto de estudo: "Sua base imponível é a valorização; a medida da valorização é o critério do tributo. Valorização

---

[526] *Hipótese de incidência...*, *op. cit.*, p. 172.

é a diferença positiva de valor de um imóvel entre dois momentos: antes e depois da obra".[527]

Logo, as obras públicas que ocasionem uma valorização e promovam maior sustentabilidade por meio da produção de externalidades positivas podem ser consideradas para motivar uma contribuição de melhoria ecológica.

Além disso, a sustentabilidade deve ser fator, inclusive, para a escolha de projetos para a construção de obras públicas, vinculando não só o âmbito do direito tributário, mas o próprio direito administrativo, na linha da teoria de licitação sustentável do Professor Juarez Freitas.[528]

O cálculo da base é, mais uma vez, um tema complexo, que ainda se encontra em evolução e não reflete necessariamente a proteção ambiental efetivamente ocasionada na construção de uma obra pública que traga valorização.

Na atualidade, já é nítida a escolha, por pessoas com maior poder aquisitivo, de locais em que haja melhor qualidade de vida no que se relaciona à questão ambiental. Há, na própria racionalidade do mercado capitalista, uma valorização de locais próximos a parques, praças e praias ambientalmente protegidos. O tributo com um viés ecológico caminha no sentido social e, assim como na taxa, a sua receita é vinculada, devendo, quando perfizer o caráter ecológico, ser utilizado nas questões de melhoria e preservação do meio ambiente.

6.3.2 Critério pessoal

O critério pessoal é formado pelos sujeitos ativo e passivo da relação jurídica tributária. No caso da contribuição de melhoria ecológica, sujeito passivo é aquele que, em decorrência da realização de uma obra pública sustentável, recebe uma valorização no seu imóvel e uma valorização em termos ambientais.

Já o sujeito ativo é o detentor das três esferas de competência (administrativa, ambiental e tributária) ou, ao menos, deve recebê-las por via de delegação; caso contrário, o tributo incorrerá em inconstitucionalidade.

---

[527] *Ibidem*, p. 171.

[528] Nessa ótica, nas licitações e contratações administrativas, imperioso assumir que a "proposta mais vantajosa será sempre aquela que se apresentar a mais apta a gerar, direta ou indiretamente, o menor impacto negativo e, simultaneamente, os maiores benefícios econômicos, sociais e ambientais" (*Sustentabilidade...*, *op. cit.*, p. 238).

Diante da breve descrição da regra-matriz de incidência tributária da contribuição de melhoria, percebe-se a possibilidade de sua existência, tendo como um dos elementos a valorização decorrente de uma obra pública que proteja a sustentabilidade.

CAPÍTULO 7

ELEMENTOS TRIBUTÁRIOS ECOLÓGICOS

> *[A esperança] não é a convicção de que as coisas vão dar certo, mas a certeza de que as coisas têm sentido, como quer que venham terminar.*[529]
>
> (HAVEL, Václav)

7.1 Observações gerais

Diversamente dos tributos ecológicos, pode-se observar a existência de elementos tributários ecológicos dentro da estrutura dos tributos ou de determinados tipos de subvenção.[530] O tributo não foi criado por uma questão ambiental, mas ele pode contar com elementos ecológicos em sua estrutura que afetem qualquer um dos seus critérios ou pode, ainda, ter a sua receita afetada a um fim ecológico. Importante é a lição de Pedro Manuel Herrera Molina:

> *Junto al establecimiento de tributos específicos de la protección fiscal del medio ambiente puede instrumentarse introduciendo "elementos ambientales" en los tributos ordinarios. Dichos elementos pueden afectar a cualquiera de los aspectos que integran la estructura del tributo (hecho imponible, sujetos pasivos, elementos de cuantificación) o incluso estar relacionados con su gestión (simplicación de los deberes formales para favorecer cierto tipo de explotaciones forestales, etc.). Los elementos tributarios ambientales pueden ortogar un trato de favor para ciertos productos (tipos superiores para las gasolinas con plomo).*[531]

---

[529] *Apud* CAPRA, Frijot. *As conexões ocultas...*, *op. cit.*, p. 273.

[530] *La función instrumental de la Hacienda Pública en materia ambiental no se agota en la institución de tributos, también puede actuar en el ámbito de los beneficios fiscales, a fin de estimular comportamientos ecológicamente no dañosos. Por ejemplo, en zonas del territorio degradadas o en la instalación de depuradoras* (ROSEMBUJ, Tulio. *Los tributos y...*, *op. cit.*, p. 64).

[531] MOLINA, Pedro Manuel Herrera. *Derecho Tributario Ambiental...*, *op. cit.*, p. 129.

A distinção entre tributos ecológicos e elementos tributários ecológicos é desse doutrinador espanhol e deve ser utilizada a fim de evitar situações de ambiguidade ou confusões terminológicas.

Os elementos tributários ecológicos atuam na área da extrafiscalidade e, em geral, por meio dos chamados incentivos tributários.[532] Na mesma linha de Marcos André Vinhas Catão, não somos contrários aos chamados incentivos tributários, desde que seja mantida a transparência na concessão e atendam-se aos objetivos constitucionais, pois "(...) o desafio será deixar transparente a sua forma de utilização, efetivá-lo, otimizá-lo ou afastá-lo quando desconforme com a justiça, a moral e a eficiência administrativa".[533]

7.2 ICMS ecológico

Mencionamos a existência do mecanismo do ICMS ecológico, no qual uma parte do ICMS é destinado às áreas de preservação ambiental, aquelas que os produtores não podem utilizar exatamente por ser de proteção ambiental; logo, o Estado destina aos municípios em que elas se localizam uma parte da arrecadação do ICMS para tal preservação. Isso seria um mecanismo de gestão ambiental, mas não propriamente um ICMS ecológico: já debatemos a ideia anteriormente, e ela parece-nos incorreta.

Ideia originária no Estado do Paraná a partir de Wilson Loureiro, que a propôs em sua tese de doutorado de engenharia florestal que foi muito bem trabalhada juridicamente por Lise Vieira da Costa Tupiassu e Simone Martins Sebastião.[534] [535] [536]

---

[532] Realiza-se uma digressão necessária: "A doutrina clássica convencionou chamar de função fiscal aquela preocupada simplesmente na coleta e concretização das receitas tributárias. Ou seja, quando o Estado legitimamente exerce seu poder de tributar, de acordo com uma determinada carga média aplicada indistintamente a toda a coletividade, atua 'fiscalmente'. Por outro lado quando essa atividade é reduzida setorialmente, visando-se estimular especificamente determinada atividade, grupo ou valor juridicamente protegido como a cultura ou meio-ambiente, convencionou-se denominar de função 'extrafiscal' ou 'extrafiscalidade'. É nesse campo que se constrói a teoria dos incentivos fiscais" (CATÃO, Marcos André Vinhas. *Regime jurídico dos incentivos fiscais*, p. 4).

[533] *Ibidem*, p. 15.

[534] *Contribuição do ICMS Ecológico à conservação da biodiversidade no Estado do Paraná*. Tese (Doutorado em Engenharia Florestal) – Setor de Ciências Agrárias, Universidade Federal do Paraná, *passim*.

[535] *Tributação ambiental...*, *op. cit.*, p. 190-248.

[536] *Tributo ambiental ...*, *op. cit.*, p. 193-194.

Na realidade, o ICMS não pode ser um tributo ecológico na acepção correta do termo, pois, conforme vislumbramos, o tributo ecológico é criado para a proteção ambiental, tendo, na sua estrutura, ou seja, na sua regra-matriz de incidência tributária, um elemento ambiental, bem como a finalidade da extrafiscalidade. No caso do ICMS ecológico, o ICMS é um tributo ordinário, cuja receita é afetada em situações especiais. Isso seria uma espécie de subsídio e, "do ponto de vista legal, os incentivos tributários são uma exceção à concepção normal de tributo e ao princípio da capacidade econômica e, portanto, não devem ser utilizado de uma forma geral, mas sim para alcançar fins específicos".[537]

O ICMS ecológico é um caso típico de subsídio para as zonas de proteção ambiental por parte do Poder Público, constituindo outro tipo de política pública, diferente, pois, do tributo ecológico em si mesmo. Determinadas políticas públicas de subsídios podem trazer efeitos negativos; daí, que a análise com cuidado do tipo de política pública a ser adotada é essencial para a eficiência e para a obtenção de resultados ambientalmente adequados.

No caso do ICMS ecológico, pode-se vislumbrar um típico modelo de externalidade positiva:

> *Al mismo tiempo cabe anticipar la creación de externalidades positivas. Significa que aquellos que vivan de la explotación económica y dependan para su subsistencia del entorno forestal deben ser compensados por su fruición proambiental, lo cual es el reverso del entorno de quien contamina paga.*[538]

Todavia, o Estado deve ter em mente o seu papel na hora de conceder subsídios fiscais, pois Claudia Alexandra Dias Soares, por exemplo, demonstra que o subsídio do Poder Público às vítimas da poluição acaba sendo uma medida de destruição do meio ambiente, pois o Estado acaba contribuindo para que as falhas do mercado – no caso, a poluição – continuem a existir.[539]

---

[537] Tradução nossa. No original inglês: "*From a legal standpoint, tax incentives are an exception to the normal design of a tax and to the principle of economic capacity, and therefore should not be used on a general basis but rather to achieve specific purposes*" (CÓMEZ, José María Cobos. Créditos tributários para investimento ambiental como instrumento da sustentabilidade. Tax credits for environmental investment as an instrument for environmental sustainability. In: STERLING, Ana Yábar *et al.* (Ed.). *Market instruments...*, *op. cit.*, p. 320).

[538] ROSEMBUJ, Tulio. *Los tributos y...*, *op. cit.*, p. 88.

[539] A atribuição de subsídios às vítimas da poluição também tem funcionado, em muitos casos, como uma contribuição dos entes públicos para a destruição do ambiente. Pode-se

O Brasil, em uma tentativa de trazer o desenvolvimento para a região amazônica, adotou, por muito tempo, uma política pública totalmente inadequada, que não trouxe desenvolvimento, mas, ao contrário, destruição e degradação ambiental. Leonardo Boff relata:

> Até 1968 a floresta estava praticamente intacta. Desde então, com a introdução dos grandes projetos de industrialização e de colonização, particularmente sob os governos militares, começou a brutalização e devastação da floresta.
>
> (...)
>
> Em pouco tempo surgiram mais de 500 grandes projetos agropecuários. Ao invés de pagar os impostos, as grandes empresas podiam abrir grandes empreendimentos na região amazônica. O empresário recebia os títulos de propriedade e os incentivos fiscais caso se comprometesse a desmatar e lançar as bases para empresas agropecuárias e madeireiras.[540]

Além da destruição do maior templo de biodiversidade do planeta, ocorreu também um empobrecimento das pessoas da região após a finalização das grandes obras, trazendo relações violentas e, em vez de desenvolvimento, um total retrocesso.[541] É por tais motivos que uma política pública na área do direito tributário ambiental – no caso, com a desoneração dos tributos – deve tentar enxergar todos os possíveis efeitos reflexos em um viés interdisciplinar e, principalmente, social, pois uma política pública inadequada de tributação ambiental traz retrocesso e acaba por provocar destruição.

O Estado possui uma grande responsabilidade na aplicação de projetos, sob pena de destruir seu maior patrimônio: o seu próprio povo.[542]

---

dizer que as falhas do mercado originam problemas de ruptura do equilíbrio ecológico, que o Estado agrava, ao transferir recursos para os sectores afectados, através da concessão de auxílios (*O imposto ecológico...*, *op. cit.*, p. 95).

[540] *Ecologia*: grito da terra..., *op. cit.*, p. 129-132.

[541] Seis grandes estradas cortam a região amazônica brasileira. (...) Essas estradas provocaram grande afluxo de colonos, que, incentivados pelo governo, se assentaram junto às estradas, na terminologia do Programa de Integração Nacional, em agrovilas (45 a 60 famílias), agrópolis (conjunto de 22 agrovilas) e rurópolis (centro urbano com indústria e comércio). (...) A inadaptação, a desassistência por parte dos organismos oficiais, a baixa fertilidade dos solos e as dificuldades de escoamento e armazenagem fizeram fracassar a experiência de ocupação através do homem. Houve uma enorme favelização no campo. Passou-se então a outro projeto: ocupação através da pata do boi (*Ibidem*, p. 132).

[542] O governo brasileiro, infelizmente, já adotou lemas tenebrosos, conforme relata o teólogo Leonardo Boff: "O lema da FUNAI (Fundação Nacional do Índio), o organismo que deveria protegê-los, era: 'Cem mil índios não podem impedir o progresso do Brasil'. Foram cúmplices da via-sacra desses povos originários" (*Ibidem*, p. 139).

CAPÍTULO 7
ELEMENTOS TRIBUTÁRIOS ECOLÓGICOS | 225

Já vimos aqui que um dos fatores de identificação de qualidade de vida, segundo a ONU, é justamente a preservação ambiental, pois há uma conexão muito forte entre exploração do meio ambiente e exploração humana, como retrata Boff. Em recente relatório divulgado pela ONU, a degradação do planeta pode afetar o IDH – índice de desenvolvimento humano – em até 15%, e as áreas com maior retrocesso serão aquelas com um maior índice de pobreza.[543]

No caso brasileiro em tela, o ICMS ecológico é uma política pública louvável, pois não está havendo um incentivo da poluição, mas, pelo contrário, está ocorrendo o incentivo da preservação ambiental – externalidade positiva –, já que o Estado repassa um montante maior de verbas para os municípios que conservam áreas de proteção do ambiente.

O cuidado maior deve ser quanto à utilização de instrumentos nos tributos já existentes – os elementos ecológicos –, pois se verifica que, na criação de um tributo ecológico que estará voltado ao desenvolvimento tão somente do meio ambiente, o risco que pode ocorrer é o de perder a questão da primordialidade da extrafiscalidade, transformando-se em um tributo muito mais arrecadatório do que ambiental.

Diferentemente é a adoção de elementos nos tributos já existentes ou a desoneração de tributos, cujos efeitos acabam sendo mais devastadores quando mal utilizados, porque o tributo já existe, e sua função, primordialmente, não é a ambiental, mas os referidos tributos passarão por algumas pequenas ou grandes transformações que os levarão à proteção do meio ambiente. Se esses tributos forem mal utilizados, mal planejados, como aconteceu com a desoneração de tributos para o desenvolvimento da Amazônia, o efeito ambientalmente devastador é muito pior do que na transformação de um tributo ecológico em um tributo com finalidade arrecadatória.

Todavia, há desonerações louváveis, e há doutrinadores, como Denise Lucena Cavalcante, que preferem a utilização de incentivos tributários à existência, propriamente, de um tributo ecológico, que, para ela, teria um caráter punitivo, tese já ultrapassada na doutrina estrangeira e que deve ser desconsiderada no Brasil em prol de um avanço científico e ecológico.[544]

---

[543] BORBA, Vanessa. Degradação do planeta pode fazer IDH recuar em até 15%. Disponível em: <http://info.abril.com.br/noticias/tecnologias-verdes/degradacao-do-planeta-pode-fazer-idh-recuar-ate-15-14032013-24.shl>. Acesso em: 19 abr. 2014.

[544] Diversamente do exposto pela professora cearense no sentido de que o tributo ecológico teria um caráter punitivo, é importante considerar opiniões contrárias a essa tese, sendo

7.3 Desoneração no IPVA

Considere-se o exemplo de Denise Lucena Cavalcante, que demonstra:

> Para exemplificar esta afirmação, podemos observar o Imposto sobre a Propriedade de Veículos Automotores (IPVA) no Brasil, que tem função originariamente fiscal (arrecadatória), porém, quando foi definida em alguns estados a alíquota zero para os veículos elétricos (não poluentes), neste momento, instituiu-se também sua natureza extrafiscal, representando esta redução de alíquota um estímulo à diminuição da poluição causada pela emissão de gases oriundos dos veículos tradicionais. Portanto, a diferenciação de alíquotas em determinados impostos pode exercer importantes influências em prol do meio ambiente e, no exemplo dado, descaracteriza sua natureza fiscal, caso se aceite tal classificação.[545]

É esse, notoriamente, um caso de um tributo com elementos ecológicos, uma vez que o IPVA – imposto sobre a propriedade de veículos automotores – de competência estadual, previsto no artigo 155, III, da Constituição Federal, tem como objetivo a arrecadação, tendo como hipótese de incidência a propriedade de um veículo automotor, uma clara manifestação de riqueza.

Ao incentivar que o indivíduo tenha o carro elétrico, o efeito é, justamente, retirar de circulação um carro que emita CO_2, ou seja, retirar uma externalidade negativa, que causa poluição e atinge a todos de modo geral.

Outra modalidade de incentivo tributário no IPVA é tributar com uma alíquota menor carros a gás natural, que emitem muito menos poluentes para a atmosfera. No Estado do Paraná, a alíquota é de 2,5% para os carros que utilizam gasolina e de 1% para os carros que utilizam gás natural.[546]

---

que, para a doutrinadora, a presença de incentivos é mais eficaz que a utilização de um tributo: "Deve ser utilizado o critério ambiental em todo o sistema tributário, não no sentido de criar novos tributos, o que comumente teria o implícito caráter punitivo, mas sim, que os tributos já existentes sejam também utilizados para a proteção ambiental, a exemplo do que já vem acontecendo hoje com o IPTU e IPVA" (Tributação ambiental: por uma remodelação ecológica dos tributos. *Nomos*, v. 32, n. 2, p. 102).

[545] *Ibidem*, p. 105.

[546] Lei nº 14.260/2003, de 23 de dezembro de 2003:
Art. 4º - As alíquotas do IPVA são:
I - 1% (um por cento) para:

Assim, observa-se a utilização do direito tributário com o intuito de proteção ao meio ambiente por meio de uma desoneração, que acaba trazendo conscientização e educação por meio dos tributos.

7.4 O IPI e o Inovar-Auto

Outro exemplo de utilização de elementos tributários ecológicos é o caso da desoneração no imposto sobre produtos industrializados, o IPI, previsto no artigo 153, IV, da Constituição Federal, que já exerce uma função tipicamente extrafiscal. A Lei nº 12.715, de 17 de setembro de 2012, sendo regulamentada pelo Decreto nº 7.819, de 3 de outubro de 2012, trouxe o programa Inovar-Auto. No instrumento do Poder Executivo, há a previsão, em seu artigo 1º, de que o programa "(...) tem como objetivo apoiar o desenvolvimento tecnológico, a inovação, a segurança, a proteção ao meio ambiente, a eficiência energética e a qualidade dos veículos e das autopeças (...)".

Discorrendo sobre a extrafiscalidade da Lei nº 12.715/2012, José Roberto Vieira elucida:

> Outra providência dessa lei foi a criação do "Programa de Incentivo à Inovação Tecnológica e Adensamento da Cadeia Produtiva de Veículos Automotores – INOVAR-AUTO", com o objetivo de apoiar, até 31.12.2017, o desenvolvimento tecnológico, a inovação, a segurança, a proteção ao meio ambiente, a eficiência energética e a qualidade dos automóveis, caminhões, ônibus e autopeças; habilitando, sob a exigência do cumprimento de certas condições mínimas, empresas que fabriquem ou comercializem esses produtos, ou que apresentem projetos para instalação de fábricas ou novas plantas ou projetos industriais para a produção de novos modelos desses produtos (art. 40).[547]

Se for bem implementada, é a tecnologia a favor do meio ambiente, cumprindo a própria orientação da OCDE, conforme já observamos.

---

a) ônibus, micro-ônibus, caminhões e quaisquer outros veículos automotores registrados no Departamento de Trânsito do Paraná - DETRAN/PR, ou cadastrados na Secretaria de Estado da Fazenda do Paraná - SEFA/PR, na categoria aluguel ou espécie carga, conforme classificação do Conselho Nacional de Trânsito - CONTRAN;

b) veículos automotores destinados à locação, de propriedade de empresas locadoras ou cuja posse estas detenham em decorrência de contrato de arrendamento mercantil;

c) veículos automotores que utilizem o Gás Natural Veicular (GNV).

II - 2,5% (dois e meio por cento) para os demais veículos automotores registrados no DETRAN/PR ou cadastrados na SEFA/PR.

[547] *A extrafiscalidade da Lei nº 12.715/2012 e a capacidade contributiva..., op. cit.,* p. 33.

Há uma previsão de futura aprovação no Brasil de uma série de benefícios fiscais para a produção e também importação de carros elétricos, que, no caso, não poluem o meio ambiente.[548] Melhor que a importação é o desenvolvimento da tecnologia em nosso próprio país.

A Itaipu Binacional, maior hidrelétrica do mundo, sendo uma entidade binacional, pois pertence ao Brasil e Paraguai, é, hoje, considerada uma empresa sustentável em razão da consciência adquirida. É certo que a sua construção trouxe enorme impacto ambiental, mas hoje ela tenta reparar as externalidades negativas produzidas com o viés do desenvolvimento, com uma série de iniciativas.

E uma das frentes sustentáveis são os veículos elétricos, alimentados com a energia de resíduos animais e vegetais. O projeto foi desenvolvido pela própria entidade binacional. Eis um exemplo de iniciativa sustentável a ser copiado por outras empresas.[549]

A entidade causou um impacto no passado, mas, hoje, é exemplo a ser copiado, demonstrando que a iniciativa é o grande motor para reparar erros e que estes, em alguns casos, servem de lição para um futuro melhor.

---

[548] SILVA, Cleide. *Pacote do governo prevê redução de impostos para carros elétricos.* Disponível em: <http://economia.estadao.com.br/noticias/economia-geral,pacote-do-governo-preve-reducao-de-impostos-para-carros-eletricos,180168,0.htm>. Acesso em: 22 abr. 2014.

[549] *Fiat e Itaipu testam carro elétrico com energia de resíduos orgânicos.* Disponível em: <http://www2.itaipu.gov.br/ve/>. Acesso em: 16 maio 2014.

PARTE III

A SÍNTESE DOS MOMENTOS PRÉ-JURÍDICO E JURÍDICO: A QUESTÃO DA ÁGUA NO BRASIL – UMA ANÁLISE SOB A VISÃO FINANCEIRA E TRIBUTÁRIA

CAPÍTULO 1

ÁGUA: FONTE DE VIDA E NECESSIDADE DE POLÍTICAS PÚBLICAS

Louvado sejas, meu Senhor,

pela irmã água, útil e humilde,

preciosa e casta.[550]

(São Francisco de Assis)

1.1 Aspectos gerais

Analisamos, na primeira parte deste trabalho, a questão das políticas públicas de modo geral, observando a urgente necessidade de sua implementação no direito tributário ambiental brasileiro. O que se pretende, a partir deste momento, é examinar como a água – um dos recursos naturais vitais – está sendo tratada nas políticas públicas, em especial sua proteção por meio do direito tributário brasileiro.[551] É certo que "o início do novo milênio tem como principal questão a 'crise da água', identificada pela redução da água, o aumento da demanda e a deterioração por causa da poluição".[552]

---

[550] *Cântico das criaturas.* Disponível em: <http://www.paroquias.org/oracoes/?o=133>. Acesso em: 22 jan. 2014.

[551] *Exponente claro de recurso natural cuya utilización racional cada día demanda más cuidados es, sin duda alguna, el agua. Tarea de los poderes públicos es facilitar su utilización y consumo a través del prisma constitucional de la protección y mejora de la calidad de vida y de la restauración del medio ambiente* (GALTÉS, Joan Pagès I. *Tributos sobre las aguas* (estatales, autonómicos y locales), p. 9).

[552] TUCCI, Carlos E. M. Artigo-base sobre recursos hídricos. In: CAMARGO, Aspásia; CAPOBIANCO, João Paulo Ribeiro; OLIVEIRA, José Antonio Puppim de (Org.). *Meio ambiente Brasil...*, *op. cit.*, p. 266.

José Renato Nalini adverte, de forma muito clara:

> O mais valioso recurso natural da humanidade é a água. Sem ela não há vida e há risco de se ficar sem ela. Não seria ocorrência pioneira na História da Humanidade. As antigas civilizações do antigo Egito e da China, assim como as da Índia e da Mesopotâmia, são conhecidas como "civilizações hidráulicas". Sua ascensão e queda estão intimamente vinculadas ao uso e abuso da água.[553]

A água é fonte de vida e, sem ela, não vivemos. A ONU, em 28 de julho de 2010, por meio da Resolução A/RES/64/292, declarou a água limpa e segura e o saneamento como direitos humanos essenciais para gozar plenamente a vida e todos os outros direitos humanos.[554] No Brasil, há uma proposta de emenda à Constituição de número 39, de 2007, que reconhece a água como um direito social. Para alguns, como Zulmar Fachin e Deise Marcelino da Silva, "(...) o acesso à água potável é direito fundamental de sexta dimensão".[555]

É um dado alarmante e gritante, mas, "a cada um minuto, quatro crianças morrem no mundo por conta de 'doenças' relacionadas à 'falta de água potável e saneamento básico'".[556] No Brasil, 88% das mortes por diarreia são decorrentes da falta de saneamento básico, e o problema custa 140 milhões de reais ao Sistema Único de Saúde (SUS) por ano. A Fundação Nacional da Saúde (FUNASA) aponta que cada R$1,00 investido em saneamento representa uma economia de R$4,00 em saúde pública.[557] Percebem-se, a partir desses dados, a inadequação das políticas públicas e a necessidade urgente de um planejamento factível e viável que proteja a população e o meio ambiente.[558]

---

[553] *Ética ambiental...*, *op. cit.*, p. 39.

[554] *O direito humano à água e ao saneamento*. Disponível em: <http://www.un.org/waterforlifedecade/pdf/human_right_to_water_and_sanitation_media_brief_por.pdf>. Acesso em: 09 abr. 2014.

[555] *Acesso à água potável*: direito fundamental de sexta dimensão, p. 2.

[556] SPITZCOVSKY, Débora. *Falta de água potável mata uma criança a cada 15 segundos*. Disponível em: <http://planetasustentavel.abril.com.br/blog/planeta-agua/page/2/>. Acesso em: 01 mar. 2014.

[557] *Idem*.

[558] Ao se falar em planejamento, é essencial ter em mente como ele ocorre. Nesse sentido, elucida PEIXOTO, João Batista: "(...) o planejamento é instrumento essencial para, entre outras coisas:
1) o diagnóstico da situação em que se encontram os serviços e a definição das ações necessárias para torná-los adequados para a população;
2) estabelecer os objetivos e as metas que se pretende alcançar com a gestão dos serviços;
3) definir escalas ótimas e níveis de integração a serem adotados para a prestação dos serviços;

A cidade de São Paulo, a mais populosa do Brasil, passa, atualmente, por uma séria crise de água, que se iniciou na década de 90 e está cada vez mais grave. Os grandes fatores que a desencadearam foram a poluição do sistema hídrico e as perdas por meio dos vazamentos.[559] Quando se discorre sobre água, torna-se necessário relembrar a sua utilidade:

> A água satisfaz uma necessidade básica e não pode ser substituída por nenhum outro produto; os serviços operacionais de água são um pré-requisito de todas as atividades econômicas; o abastecimento de água é e continuará a ser um monopólio natural; esses serviços são limitados e extremamente susceptíveis às condições naturais locais, e existem usos rivais da água que podem ser mutuamente excludentes.[560]

A humanidade avançou, e diversas doenças foram eliminadas a partir da presença da água tratada e da evolução do saneamento básico, pois não há como possuir uma vida digna se o indivíduo não possuir acesso à água limpa e saudável. A água é fonte de vida, o corpo humano é formando em grande parte de água e depende-se dela para a existência da humanidade e do planeta em si.[561]

A importância da água é tão relevante que ela não pode ser tratada como uma mercadoria comum e banal, mas deve haver uma proteção, realizada pelos ordenamentos jurídicos nacional e supranacional, tratando-se do líquido mais precioso para a existência, pois, sem ele, não sobrevivemos. Assim, é de se esclarecer que o fornecimento de água é considerado um serviço público e, portanto, não pode ser

---

4) definir as prioridades das ações;
5) monitorar, controlar e fiscalizar a gestão dos serviços, em especial a sua prestação" (*sic*) (Aspectos da gestão econômico-financeira dos serviços de saneamento básico no Brasil. In: HELLER, Léon; CASTRO, José Esteban (Org.). *Política pública e gestão de serviços de saneamento*, p. 507).

[559] RODRIGUES, Bruna; SILVA, Gabriela. *Falta de chuvas não é o único problema*. Disponível em: <http://www.jornaldocampus.usp.br/index.php/2014/05/falta-de-chuvas-nao-e-o-unico-problema/>. Acesso em: 16 maio 2014.

[560] SEPPÄLÄ, Osmo; KATKO, Tapio S. Gestão e organização dos serviços de saneamento: abordagens europeias. In: HELLER, Léon; CASTRO, José Esteban (Org.). *Política pública...*, *op. cit.*, p. 138.

[561] *Ciertamiento el abastecimiento de agua corriente ha sido un avance decisivo de la humanidad, una condición elemental en el estado del bienestar. Pero es que, por fortuna, la distribución del agua se ha configurado históricamente como un servicio público, lo que ha permitido excluir un bien tan preciado del comercio mercantilista* (GRIMALDOS, Angel Simón. Presentación. In: BOSCH, Santiago Milans del *et al*. *El precio del agua*: aspectos jurídicos y financieros en la gestión urbana del agua en España, p. 12).

banalizado e submetido à lógica do mercado capitalista sem qualquer intervenção estatal. A regulação, no que concerne à água, é essencial para sua proteção e para que todos, ricos e pobres, continuem a ter o seu acesso digno e adequado.

Contudo, a população e os países não concedem a devida atenção a um dos bens mais preciosos para a manutenção da vida e que, talvez, seja motivo de guerra nos próximos anos. Segundo José Eduardo Mendonça:

> Os sistemas hídricos da Terra chegariam em breve a um ponto que poderia "provocar uma mudança irreversível com consequências catastróficas", afirmaram eles, que pedem aos governos políticas de conservação do recurso vital. Segundo os especialistas, é um erro enxergar a água doce como um recurso incessantemente renovável porque, em muitos casos, as pessoas estão bombeando-a do subsolo a uma taxa que não permitirá sua restauração em muitas décadas.[562]

O Brasil é um dos países com os maiores reservatórios de água natural do mundo, devendo ter, em razão disso, um foco maior de atenção, sendo o aquífero Guarani, localizado na região do Brasil, Paraguai, Argentina e Uruguai, a maior reserva de água doce do mundo, demonstrando-se, assim, a premência e a necessidade de estudos em relação à água no Brasil.[563] [564] Vladimir Passos de Freitas e Maria Almeida Passos de Freitas ilustram muito bem o referido aquífero:

> A propósito, cumpre lembrar que em termos de águas subterrâneas o Brasil detém a maior parte do Aquífero Guarani, que é considerado o maior reservatório do Mercosul. O referido aquífero se espraia pelo

---

[562] *Maioria da população do planeta terá problemas com a água*. Disponível em: <http://planetasustentavel.abril.com.br/blog/planeta-agua/>. Acesso em: 01 mar. 2014.

[563] As águas, como recursos minerais, são limitadas. Apenas 1% das reservas pode ser aproveitado para consumo humano. O Brasil concentra 15% dos recursos mundiais de água potável e 30% dos recursos mundiais de águas minerais. A produção brasileira de água envasada, porém, corresponde a 17% do total mundial e o consumo deste produto cresce significativamente no Brasil e no Exterior (TÔRRES, Heleno. Medidas tributárias no sistema de exploração, uso e infraestruturas de águas. In: GONZÁLEZ, Luis Manuel Alonso; TÔRRES, Heleno Taveira. *Tributos, aguas e infraestructuras*, p. 287).

[564] O aquífero Guarani, também conhecido como aquífero do Mercosul, e na parte brasileira como aquífero Botucatu, tem uma extensão de 1,2 milhão de km², abrange a Bacia do Paraná e parte da Bacia do Chaco-Paraná, alcançando os territórios do Brasil, Paraguai, Uruguai e Argentina. Atualmente, a mais importante reserva de água doce do mundo imprime a real necessidade do desenvolvimento de uma "política sul de águas", em prol da gestão de suas águas, sobretudo do referido aqüífero (D'ISEP, Clarissa Ferreira Macedo. *Água juridicamente sustentável*, p. 108).

CAPÍTULO 1
ÁGUA: FONTE DE VIDA E NECESSIDADE DE POLÍTICAS PÚBLICAS | 235

Uruguai, Argentina, Paraguai e, no Brasil, vai de Minas Gerais ao Rio Grande do Sul, por 840 mil km².[565]

Em março de 2013, o governo brasileiro programou o Pacto Nacional pela Gestão das Águas, uma vez que o Brasil possui o monitoramento de suas águas em território nacional, e tal plano tem como intuito uma maior preservação do líquido precioso e vital.[566] O referido pacto tem como objetivo promover uma articulação na gestão das águas, bem como a sua regulação, deixando claro que:

> (...) voltando-se os olhares em direção aos próximos vinte anos, constata-se que ainda há muito por se fazer: maior articulação da política de recursos hídricos com a política ambiental e com as políticas locais e setoriais; efetivação dos planos de recursos hídricos e do enquadramento; consolidação e aprimoramento dos processos regulação do uso das águas; (...).[567]

Um dos grandes problemas na elaboração de políticas públicas no tema é a ausência de informações e um mapeamento centralizado que ajude a conjugar os entes da Federação. Há que existir um mapeamento total da situação hídrica do país para se obter um resultado satisfatório. Sem as informações necessárias e o mapeamento adequado, a União pode elaborar determinada política que, por falta de conjugação e diálogo, entre em conflito com políticas dos Estados e dos municípios. Logo, a elaboração de um planejamento total, com o acesso dos Estados e municípios, bem como uma fiscalização integrada, é utilizar a tecnologia a serviço da preservação e da sustentabilidade.

Recuperar um sistema de água que passou por um grau de poluição muito grande, por vezes, é um processo muito dificultoso e lento, sendo a programação de políticas públicas, por meio da tributação ambiental, uma maneira de prevenir possíveis danos ambientais:

> A ideia de utilizar os impostos para dar conta das externalidades negativas não é uma ideia nova, e Cecil Pigou (1932) considerou a inclusão destes custos (por meio do tributo) como um meio para corrigir

---

[565] *Direito Administrativo e meio ambiente*, p. 66.

[566] Pacto nacional pela gestão de águas. Disponível em: <http://www2.ana.gov.br/Paginas/pactonacional.aspx>. Acesso em: 06 maio 2013.

[567] *Plano Nacional pelas Gestão das Águas*: construindo uma visão nacional, volume I, aspectos conceituais, p. 13. Disponível em: <http://arquivos.ana.gov.br/pactonacional/DocumentoBase-Volume1-AspectosConceituais.pdf>. Acesso em: 06 maio 2013.

mercados ineficientes. Este estudo propõe que a intervenção rápida por meio de um programa de incentivo através do sistema tributário será benéfico na prevenção de efeitos negativos para a quantidade e a qualidade das águas subterrâneas, que, uma vez sacados ou contaminados podem levar séculos para recarregar.[568]

Ademais, conforme deixa claro Tulio Rosembuj no que concerne à política de águas, o objetivo primordial desse tipo de política pública deve ser manter a qualidade delas.[569]

Observa-se certo descaso em relação à água e à sua conservação. Não há, no Brasil, uma política pública voltada para a reciclagem da água, mais conhecida pela terminologia "reúso", com a sua reutilização, tema que será tratado com mais profundidade adiante. E o referido jurista continua sua linha de raciocínio, elucidando que:

> *Los instrumentos económicos (el tributario) pueden ser eficaces si consiguen minimizar los vertidos contaminantes directos o indirectos, la acumulación de residuos o sustancias que pueden suponer un peligro de contaminaciones o degradación del agua y su entorno, en comparación con la disciplina inmediata que representa la norma de autorización o prohibición.*[570]

E quando se trata de elaborar uma política ligada à gestão do uso da água, a visão deve ser ampla, pois ela apresenta várias vertentes:

> Uma política nacional também requer a definição de metas para os diferentes usos da água, entre eles o abastecimento de água potável seguro e a construção das instalações para tratamento e disposição de águas residuárias, bem como sua utilização na agricultura, na criação

---

[568] Tradução nossa. No original inglês: *"The idea of utilizing taxes to account for negative externalities is not a new idea, and Cecil Pigou (1932) regarded the inclusion of these costs (by way of tax) as a means to correct inefficient markets. This study proposes that early intervention by way of an incentive program through the tax system will be beneficial in preventing negative effects to the quantity and quality of the groundwater, which, once drawn down or contaminated can take centuries to recharge"* (JARVIE, Debora L. Avaliação dos incentivos de mercado para a produção de fontes de energia sustentável (renovável e não renovável) com o sistema sócio-ecológico. *An evaluation of market incentives for the sustainable production of energy*. MOLINA. *Sources (renewable and norenewable) within socio-ecological systemns*. In: STERLING, Ana Yábar *et al*. (ed.). *Market instruments and sustainable economy...*, op. cit., p. 311).

[569] *La política de aguas establece sus objetivos en el mantenimiento de un adecuado nivel de calidad de las mismas, impedir la acumulación de compuestos peligrosos en el subsuelo, susceptible de contaminar las aguas subterráneas y, en general, evitar cualquier alteración perjudicial del recurso y el ambiente con el que se relaciona* (*Los tributos y...*, op. cit., p. 96).

[570] ROSEMBUJ, Tulio. *Ibidem*.

CAPÍTULO 1
ÁGUA: FONTE DE VIDA E NECESSIDADE DE POLÍTICAS PÚBLICAS | 237

de rebanhos, nas necessidades industriais, no transporte e na energia hidráulica, de maneira compatível com os recursos e características da área em questão.[571]

No modelo de tributação ambiental espanhol, os tributos relativos à água estão, em diversos momentos, conectados à prestação de serviços públicos relacionados ao fornecimento da água, à criação de infraestruturas e à autorização de derramamento de poluentes.[572] E os espanhóis têm muito certo que, na atualidade, quando se fala em fiscalidade de água, ela deve estar intimamente conectada à sua proteção ambiental.[573] Contudo, o modelo paradigmático deve ser sempre adaptado à realidade brasileira a fim de que não haja um desrespeito à constitucionalidade das leis, pois se tratam de ordenamentos jurídicos distintos.

Outro fator importante é a capacidade contributiva no âmbito das águas. Não há como comparar, no campo da extrafiscalidade, a capacidade contributiva de um indivíduo que fuma com a capacidade contributiva de uma pessoa que consome água. No primeiro, a extrafiscalidade atua em razão de saúde pública; já no segundo, a extrafiscalidade deve ser observada com muito cuidado, pois tentar preservar a qualidade e o modo como se consome a água não pode, de modo algum, atingir o chamado mínimo vital sob pena de o tributo não atingir a sua função social e ser, talvez, ainda confiscatório.

Ademais, também é distinto o modo como uma indústria utiliza a água e o uso residencial dela; logo, políticas distintas também devem ser criadas, pois estão apresentando usos diversos em relação à água, já que "a utilização da água é múltipla, sendo a agricultura o maior

---

[571] MULAS, Andrés Sanz. Análise de políticas públicas de saneamento – aspectos orçamentários e gerenciais. In: HELLER, Léon; CASTRO, José Esteban (Org.). *Política pública e gestão de serviços de saneamento*, p. 100.

[572] *Sin embargo, se puede afirmar que los tributos estatales sobre el agua, en general, apenas muestran características propias de los tributos ambientales y, en buena medida, siguen respondiendo a su primera razón de ser, que no es otra que la financiación de actuaciones públicas para garantizar la prestación de servicios ligados al agua* (GONZÁLEZ, Luis Manuel Alonso. *Los tributos estatales sobre el agua. Los tributos de la ley de aguas*. In: GONZÁLEZ, Luis Manuel Alonso; TORRES, Heleno Taveira (Coord.). *Tributos, aguas e infraestructuras…, op. cit.*, p. 18).

[573] *La fiscalidad del agua, en la actualidad, y cualquiera que sea su ámbito territorial de aplicación, ha de estar inevitablemente conectada con la política relativa a la protección, conservación y mejora de la calidad del medio ambiente, y la utilización prudente y racional de los recursos naturales, y que se basa, entre otros, en el principio de quien contamina paga* (GALIANA, José A. Sánchez. *La fiscalidad del agua en la Ley 9/2010, de Aguas de la Comunidad Autónoma de Andalucía. Algunas consideraciones*. In: ALONSO, Esteban Pérez *et al. Derecho, globalización, riesgo y medio ambiente…, op. cit.*, p. 813).

usuário, com 75%, a indústria com 20% e o uso doméstico com 5%".[574] Quando se discorre sobre agricultura, importante é observar que tal setor é o que mais consome e que a utilização de agrotóxicos polui os lençóis freáticos, prejudicando todo o ecossistema da água.[575] Assim, muitas vezes, é necessário verificar o ciclo de produção, pois a utilização de determinado produto químico pode trazer danos irreversíveis ao ecossistema.[576]

Outro fator que pode levar à escassez da água é a sua própria distribuição e logística ao redor do mundo. Nesse sentido, a seguinte lição:

> Portanto, a má distribuição, que gera escassez, leva ao aumento das previsões de que, em regiões como o Oriente Médio e a bacia do rio Nilo, na África, a água terá o mesmo peso, em termos socioeconômicos, que tem o petróleo, considerado nos dias atuais o grande causador de discórdia.[577]

No Brasil, em primeiro lugar, é necessário fazer alguns esclarecimentos. O potencial hidráulico do país é competência exclusiva da União Federal, e ele foi separado das águas de modo geral, conforme lições do professor Gilberto Becovici:

> Com o Código de Águas de 1934, a União se apropriou do potencial hidráulico, que foi juridicamente separado da água (artigos 29, §1º e 147). Qualquer que fosse o potencial hidráulico, nas águas públicas ou privadas (hoje inexistentes após a Constituição de 1988), a União seria a esfera competente para outorgar o título habilitador do uso do bem público (artigos 139 e 150). Esta competência federal foi reforçada pelo Decreto nº 41.019/1957, chamado por alguns de «Código de Energia»,

---

[574] D'ISEP, Clarissa Ferreira Macedo. *Água juridicamente...*, *op. cit.*, p. 29.

[575] Em um estudo realizado pela Fundação Getúlio Vargas sobre os avanços e retrocessos da Rio-92, analisou-se que "o consumo de agrotóxicos cresceu em mais de 276% entre 1960 e 1991 e o uso de pesticidas por área plantada cresceu 21,59% entre 1997 e 2000. A agricultura também é responsável por grande consumo de um recurso escasso e de importância estratégica: a água. Hoje 59% da água produzida no Brasil vai para a agricultura, enquanto a indústria consome 19% e os usos domésticos outros 22%" (Introdução. In: CAMARGO, Aspásia *et al.* (Org.). *Meio ambiente Brasil...*, *op. cit.*, p. 28).

[576] O que mais agride o equilíbrio vital de Gaia é o uso intensivo de agrotóxicos e pesticidas, pois devastam os micro-organismos (bactérias, vírus e fungos) que, aos quintilhões, habitam os solos garantindo a fertilidade da Terra (BOFF, Leonardo. *Sustentabilidade...*, *op. cit.*, p. 21).

[577] FACHIN, Zulmar; SILVA, Deise Marcelino da. *Acesso à água potável...*, *op. cit.*, p. 19.

que determina ser dependente de concessão federal a exploração dos serviços públicos de energia elétrica (artigo 65).[578]

A distinção é importante, porque o presente trabalho não terá como objetivo o aproveitamento hidráulico em si, mas a gestão da água como um todo, com o foco voltado para as questões tributárias que a atingem, tendo como especiais referências a sua proteção por meio da fiscalidade ambiental e a aplicação do princípio do poluidor-pagador, bem como a utilização de normas tributárias indutoras.

Quando se discorre sobre gestão hídrica, deve-se ter em mente dois momentos: i) os recursos hídricos que possuem uma perspectiva regional, nacional e até internacional e ii) os serviços de água e esgoto.[579] O trabalho manter-se-á no foco dos instrumentos econômico-financeiros em relação à água e ao esgoto, bem como no foco de cobrança de um tributo sobre a água bruta, algo que não tem sido tentado e tem causado a diminuição de lençóis freáticos no Brasil.

1.2 O valor econômico da água

A começar, a água, diversamente de outros recursos naturais, como o ar, já é economicamente calculada, o que torna o seu estudo, sob um viés tributário, um pouco mais fácil em alguns momentos, havendo reconhecimento legal sobre seu valor e estando, juridicamente, dentro do mercado.[580] Trata-se de "(...) um bem econômico devido à sua 'escassez' que, por sua vez, realça seu aspecto 'finito'".[581]

---

[578] BERCOVICI, Gilberto. A exploração dos potencias de energia hidráulica e o seu "aproveitamento ótimo". In: GONZÁLEZ, Luis Manuel Alonso; TORRES, Heleno Taveira (Coord.). *Tributos, aguas e infraestructuras...*, *op. cit.*, p. 258.

[579] SEPPÄLÄ, Osmo; KATKO, Tapio S. *Gestão e organização dos serviços de saneamento...*, *op. cit.*, p. 152.

[580] Lei nº 9.433, de 8 de janeiro de 1997:
Art. 1º A Política Nacional de Recursos Hídricos baseia-se nos seguintes fundamentos:
I - a água é um bem de domínio público;
II - a água é um recurso natural limitado, dotado de valor econômico;
III - em situações de escassez, o uso prioritário dos recursos hídricos é o consumo humano e a dessedentação de animais;
IV - a gestão dos recursos hídricos deve sempre proporcionar o uso múltiplo das águas;
V - a bacia hidrográfica é a unidade territorial para implementação da Política Nacional de Recursos Hídricos e atuação do Sistema Nacional de Gerenciamento de Recursos Hídricos;
VI - a gestão dos recursos hídricos deve ser descentralizada e contar com a participação do Poder Público, dos usuários e das comunidades.

[581] D'ISEP, Clarissa Ferreira Macedo. *Água juridicamente...*, *op. cit.*, p. 39.

O que trouxe ao debate o valor econômico da água foi o fato, justamente, de que ela é um recurso natural limitado, cabendo a preocupação em relação à poluição somente em um segundo momento, pois, quanto mais poluição, menor quantidade de água potável. Tal lógica racionalista de que se deve preservar tão somente porque pode acabar não é suficiente quando se trata de meio ambiente, devendo ser mais ampla: deve-se preservar para as presentes e futuras gerações, ou seja, o meio ambiente necessita ser um ambiente sempre saudável em termos quantitativos e qualitativos.

Quando se trata de águas, importante a advertência realizada por Vladimir Passos de Freitas: "Atualmente, o que se paga é a prestação dos serviços de captação de água e o seu tratamento".[582] Alerta também dado por José Renato Nalini ao esclarecer que "o que é gratuito é desprovido de valor (...)" e "a captação de água bruta dos rios ou do subsolo hoje não é paga. O pagamento ocorre somente em relação aos serviços de tratamento, distribuição e coleta de águas servidas".[583]

A solução é adotar uma postura distinta, nos moldes do posicionamento defendido por Clarissa Ferreira Macedo D'Isep, que enxerga no uso da água uma cobrança:

> Pretende-se ressaltar a importância da água e a necessidade de sua proteção preventiva – a começar pela racionalização, economia e otimização do seu uso –, foi atribuído valor econômico à água e, por conseguinte, regulada a cobrança, em função do seu uso.[584]

Assim, paga-se pela utilização do serviço público, e não pela água em si, o que acarreta uma exploração absurda em alguns casos, trazendo a desertificação de alguns locais como consequência da utilização sem consciência de um bem ambiental que, a princípio, não possui valor econômico. Ora:

> Vislumbrou-se no "valor econômico hídrico" um instrumento de gestão apto a promover a valorização e proteção do bem ambiental água. A patrimonialização propicia a conscientização social de sua importância, revelando um caráter educacional.[585]

---

[582] Águas – considerações gerais. In: FREITAS, Vladimir Passos de. Águas: aspectos jurídicos e ambientais, p. 21.

[583] Ética ambiental..., op. cit., p. 44.

[584] Água juridicamente..., op. cit., p. 63.

[585] Ibidem, p. 196.

CAPÍTULO 1
ÁGUA: FONTE DE VIDA E NECESSIDADE DE POLÍTICAS PÚBLICAS | 241

É claro que o uso gratuito mínimo para o ser humano deve ser assegurado por lei, e tal garantia está de mãos dadas com o próprio conceito de mínimo vital, protegendo, assim, o piso inferior da capacidade contributiva e revelando o acesso à água como direito fundamental.[586]

Nos casos em que a água é economicamente calculada, as pessoas não possuem ainda a consciência interna do seu valor substancial para a sua própria existência, desde que ela é um produto subvalorizado no mercado; no entanto, a atribuição de valor econômico ao recurso ambiental amplia essa conscientização como decorrência de um aspecto econômico.

Contudo, "o papel da água como necessidade básica, bem meritório e recurso social, econômico, financeiro e ambiental torna excepcionalmente controvertido o estabelecimento de seu preço".[587] Assim, em razão de um perfil sociológico, o aumento na tributação da água gera uma indignação social; porém, a população ainda não tem consciência sobre a real importância desse líquido precioso, que é a água, cabendo uma urgente evolução, pois ela tende a não atribuir valor aos recursos naturais, explorando-os despreocupadamente.

O fato de a água possuir um valor econômico não faz com que deixe de ser aplicado o viés da economia da natureza, pois sua patrimonialização é distinta dos bens econômicos não naturais.[588] A regulação estatal é necessidade primordial para a manutenção do acesso à água para todos. Há que se conviver, nesse aspecto, com o máximo de equilíbrio possível, pois não atribuir valor econômico à água representa um perigo pela falta de conscientização social, o que pode acarretar a sua completa escassez. De outro lado, incluí-la no mercado deve ser feito com muita parcimônia, pois jamais ela pode ser submetida à lógica do capitalismo excludente, uma vez que isso acarretaria a exclusão dos mais necessitados em relação a um bem essencial para a manutenção da vida.

---

[586] O uso gratuito mínimo que o ser humano precisa para viver, levando-se em consideração as condições climáticas, locais e culturais de cada região analisada. (...) A quantidade de água que deve ser gratuita, aferida pelas Nações Unidas e declinada no item 18.58-a da Agenda 21, é de 40 litros por pessoa, definida pelo Comitê de Bacias, em função das peculiaridades locais referidas, o *"quantum"* deve ser "indiponível" (*Ibidem*, p. 187-188).

[587] SEPPÄLÄ, Osmo; KATKO, Tapio S. *Gestão e organização...*, *op. cit.*, p. 138.

[588] Há doutrina no sentido de ser desfavorável a um perfil social da água. Nesse sentido, o jurista argentino Ricardo Lorenzetti, que enxerga um configuração similar entre água e terra, o que não é o posicionamento do presente trabalho, por entender ser um viés perigoso para o futuro da humanidade deixar a água nas mãos da economia, seguindo a lógica da economia do mercado (¿Que fue; que es y que ser el agua para el derecho?. In: BENJAMIN, Antonio Herman (Org.). *Direito, água e vida*. v. I, p. 225).

Daí a ressalva da doutrina quanto à lógica estritamente mercantilista:

> Não há como submeter às leis do mercado um bem indispensável à vida, sem agravar os problemas de exclusão e, conseqüentemente, de saúde pública, mesmo porque o acesso à água de qualidade é pressuposto do direito à saúde.[589]

A produção de externalidades pelo uso de bens ambientais já demonstra que eles não são mercadorias banais se comparados à produção de um carro ou de uma roupa. Conforme preconizado anteriormente, a lógica do meio ambiente é diferente da lógica da produção de bens de consumo, e a sua total mercantilização, sem qualquer atuação do Estado, com mecanismos reguladores pode gerar efeitos irreversíveis, com a consequente exclusão de uma parcela da população, o que afrontaria o direito à vida e o princípio da dignidade da pessoa humana.

Por gerarem externalidades, necessitam da intervenção do Estado a todo momento, e o fato de serem bens distintos dos bens de consumo pode ser facilmente averiguado pelo próprio processo de privatização dos serviços públicos de abastecimento de água e esgotamento sanitário. Nos países onde tal fato ocorreu, ele não produziu os altos lucros esperados:

> (...) Jean-Paul Chaussade, vice-presidente executivo da Suez, uma das maiores empresas privadas mundiais de saneamento, admitiu que a privatização dos serviços públicos de abastecimento de água e esgotamento sanitário não havia gerado os altos lucros esperados. A despeito de seus "modelos comerciais comprovados", a Suez não teve facilidade para transformar a água em lucro.[590]

Além de ser um bem ambiental, a água também exibe um forte fator social, estando incluída num dos objetivos do milênio da ONU, as chamadas ODM, como a universalização e proteção das águas, que está incluída na garantia de qualidade de vida e respeito ao meio

---

[589] IRIGAY, Carlos Teodoro José Hugueney. Água: um direito fundamental ou uma merca-doria?. In: BENJAMIN, Antonio Herman (Org.). *Direito, água e vida...*, *op. cit.*, p. 392.

[590] SWYNGEDOUM, Erik. Águas revoltas: a economia política dos serviços públicos essen-ciais. In: HELLER, Léon; CASTRO, José Esteban (Org.). *Política pública...*, *op. cit.*, p. 77.

ambiente.[591] Ainda acerca do valor econômico da água, importante a lição de Clarissa Ferreira Macedo D'Isep, pois o conceito de água como *res nullius* torna sua exploração desordenada, com efeitos catastróficos para o meio ambiente:

> A necessidade e o interesse universal pela água passam a ter "valor fundamental", o que faz com que ela deixe de ser reputada "res nullius" e passe a pertencer à generalidade dos cidadãos, qual seja, ser considerada "res communis". As águas não podem ser consideradas como de ninguém, uma vez que, constatada a máxima de que coisa de ninguém também não é cuidada por ninguém, os Estados se organizam para, sob regime de cooperação e solidariedade, cuidar do que denominaram de "patrimônio comum da humanidade", isto é, a água "patrimonializada".[592]

A água não pode ser considerada assim, mas deve ser tratada como patrimônio da humanidade; um bem que só se encontra sob um aspecto econômico porque a humanidade ainda não possui a real consciência de sua importância. O viés econômico, por sua vez, sujeita-se a uma forte regulação estatal e não está submetido à lógica do mercado capitalista, pois, se assim ocorrer, a parte da sociedade excluída poderá não ter acesso à água e, sem ela, não há vida. Nesse ponto, afirma-se novamente a necessidade de preservação do mínimo vital e do respeito, por conseguinte, da capacidade contributiva.[593]

---

[591] As metas do milênio foram estabelecidas pela Organização das Nações Unidas (ONU) em 2000, com o apoio de 191 nações, e ficaram conhecidas como Objetivos de Desenvolvimento do Milênio (ODM). São eles:
1 - Acabar com a fome e a miséria
2 - Oferecer educação básica de qualidade para todos
3 - Promover a igualdade entre os sexos e a autonomia das mulheres
4 - Reduzir a mortalidade infantil
5 - Melhorar a saúde das gestantes
6 - Combater a Aids, a malária e outras doenças
7 - Garantir qualidade de vida e respeito ao meio ambiente
8 - Estabelecer parcerias para o desenvolvimento (Disponível em: <http://www.odmbrasil. gov.br/os-objetivos-de-desenvolvimento-do-milenio>. Acesso em: 17 maio 2014).

[592] *Água juridicamente...*, *op. cit*, p. 89.

[593] Como efeito, a "sociedade de exclusão" que caracteriza as relações sociais de hoje já institucionalizava a segregação em relação ao uso dos recursos naturais. Acrescentar o dever de pagar pela água em função do consumo, é o mesmo que excluir, deliberadamente, milhões de pessoas do uso da água no âmbito da rotina de vida mais elementar. A experiência internacional dá mostras dessa conseqüência, da Argentina à Inglaterra: onde as empresas particulares passaram a captar, tratar, distribuir água e coletar os esgotos, o atendimento à população se fez seletivo, os problemas de saúde pública aumentaram e o padrão de vida baixou (CAUBET, Christian Guy. Como reverter o processo de degradação da qualidade e quantidade da água doce no Brasil? In: CAMARGO, Aspásia *et al.* (Org.). *Meio ambiente Brasil...*, *op. cit.*, p. 287).

Quando a sociedade atingir a conscientização do valor imaterial da água, de que ela está acima da própria esfera econômica, algumas políticas serão modificadas; contudo, enquanto não se evolui a tal nível, é necessária a adoção de medidas urgentes e eficazes para a sua proteção.

Outro argumento fundamental é que a água, apesar de ter valor econômico, não pode ser considerada como uma mercadoria banal, pois, quando se trata de meio ambiente, os impactos nunca são locais, mas sempre mundiais, e não seria diferente no que concerne ao líquido precioso e vital. Assim:

> Em outras palavras, a água, como afirmou Karen Bakker (2003), é "uma mercadoria que não coopera". É volumosa, insubstituível, pesada, social e economicamente disputada, monopolista e pertinaz na exigência de investimentos fixos a longo prazo. Embora, como é inevitável, ela seja territorialmente organizada e canalizada por condutos sociotécnicos, seu uso vital reside não apenas em sua "localização" particular, mas também em seu caráter de fluxo e em sua transformação e metabolismo sociofísicos constantes (SWYNGEDOUW, 2006). É esse caráter de fluxo material e territorial da água que torna especialmente difícil monopolizá-la no setor privado e transformá-la numa mercadoria a ser vendida com lucro. Enquanto flui, a água vai adquirindo toda sorte de significados diferentes e, muitas vezes, contraditórios: absorve valor ao ser tratada, purificada e transportada; fica sujeita a demandas rivais, que variam desde seu uso como insumo produtivo, na agricultura e na indústria, até sua satisfação de necessidades fisiológicas e metabólicas básicas; as condições e processos ecológicos são afetados por seu fluxo.[594]

Apesar de o efeito ser global, a sociedade ainda não atingiu o real nível de conscientização a respeito da água e, em razão da sua elevada importância, a gestão da água deve ser atribuída ao Poder Público como uma forma de proteção contra a sua total mercantilização e, por mais que seja considerada um bem dentro do mercado, haverá nuances distintas em razão da sua importância vital e pelas suas próprias características intrínsecas.

1.3 Água e saneamento básico

O Brasil é um país que necessita com a máxima urgência atingir maior grau de desenvolvimento social. José Maurício Conti e André

---

[594] SWYNGEDOUM, Erik. Águas revoltas..., *op. cit.*, p. 81.

Castro Carvalho contextualizam o problema do saneamento básico, no país, e sua relação com a saúde:

> As deficiências no sistema de saúde no Brasil devem-se, em boa medida, à falta de infraestrutura e precariedade dos serviços de saneamento básico. Segundo dados da Associação Brasileira das Concessionárias Privadas de Serviços Públicos de Água e Esgoto – ABCON, quase 25% dos municípios brasileiros possuem algum tipo de problema na distribuição de água (falta ou racionamento); dos mais de 190 milhões de habitantes no país, mais de 5% não possuem acesso à água potável. O mais surpreendente é que quase 74 milhões não usufruem do serviço de coleta de esgoto e 98 milhões não têm ao menos acesso ao serviço de tratamento de esgoto.[595]

Pela contextualização, observa-se que grande maioria de brasileiros não possui acesso ao sistema de coleta e tratamento de esgoto. Ora, para o Estado implementar e manter tal sistema, necessita de grande quantidade de recursos, mas, em contrapartida, há um aumento na qualidade de vida dos cidadãos e uma economia em relação aos gastos despendidos com a saúde, pois doenças como cólera e outras, advindas da contaminação da água, são evitadas.

Em dezembro de 2013, o governo federal brasileiro editou o chamado Plano Nacional de Saneamento Básico com várias diretrizes, e uma delas é universalizar o serviço de saneamento no Brasil.[596]

Evitar a contaminação da água é uma das maneiras também de preservá-la, já que é um recurso de quantidade limitada na natureza. O direito tributário ambiental teria papel importante no processo de evitar a contaminação, gravando pesticidas que poluem os lençóis freáticos quando utilizados nas plantações e estabelecendo políticas quanto aos medicamentos que são despejados e poluem em grau muito alto a qualidade da água, etc. Como já esclarecido ao longo do trabalho, o direito tributário ambiental não seria a única alternativa, mas um dos instrumentos, dentre vários existentes, para que uma maior proteção ambiental seja alcançada.

O saneamento e a água serão estudados com maior verticalização no capítulo 4, adiante.

---

[595] Financiamento público da infraestrutura de saneamento básico no Brasil. In: GONZÁLEZ, Luis Manuel Alonso; TORRES, Heleno Taveira (Coord). *Tributos, aguas e infraestructuras...*, *op. cit.*, p. 299.

[596] *Plano Nacional de Saneamento Básico*. Disponível em: <http://www.cidades.gov.br/images/stories/ArquivosSNSA/Arquivos_PDF/plansab_06-12-2013.pdf>. Acesso em: 24 jan. 2014.

1.4 Gestão da água

Antes de discorrer sobre como incidem os tributos e sobre como poderia haver uma melhora na questão da proteção da água no Brasil, é necessário compreender o que seria a gestão da água no direito ambiental brasileiro. Heleno Taveira Tôrres descreve o que seria a gestão ambiental:

> Denominamos "gestão ambiental" os atos de preservação dos recursos hídricos e geração de energia limpa (i) e de "saneamento ambiental", atos tendentes à redução ou eliminação dos resíduos industriais (sólidos ou efluentes líquidos) (ii). A "gestão de saneamento ambiental" é dever dos particulares, obrigação imposta por normas federais e estaduais, que exigem das indústrias potencialmente poluidoras manejos adequados aos seus resíduos e efluentes.[597]

A gestão de águas está intimamente vinculada à questão do saneamento básico no Brasil, que é regido pela Lei nº 11.445, de 5 de janeiro de 2007.[598] O saneamento básico nada mais é que um serviço público de modalidade essencial. No manejo do saneamento básico, observa-se uma forte relação entre a sustentabilidade, a qualidade de vida e a saúde. Ora, é certo que uma população com um adequado

---

[597] *Medidas tributárias no sistema de exploração...*, *op. cit.*, p. 282.

[598] Art. 2º Os serviços públicos de saneamento básico serão prestados com base nos seguintes princípios fundamentais:
I - universalização do acesso;
II - integralidade, compreendida como o conjunto de todas as atividades e componentes de cada um dos diversos serviços de saneamento básico, propiciando à população o acesso na conformidade de suas necessidades e maximizando a eficácia das ações e resultados;
III - abastecimento de água, esgotamento sanitário, limpeza urbana e manejo dos resíduos sólidos realizados de formas adequadas à saúde pública e à proteção do meio ambiente;
IV - disponibilidade, em todas as áreas urbanas, de serviços de drenagem e de manejo das águas pluviais adequados à saúde pública e à segurança da vida e do patrimônio público e privado;
V - adoção de métodos, técnicas e processos que considerem as peculiaridades locais e regionais;
VI - articulação com as políticas de desenvolvimento urbano e regional, de habitação, de combate à pobreza e de sua erradicação, de proteção ambiental, de promoção da saúde e outras de relevante interesse social voltadas para a melhoria da qualidade de vida, para as quais o saneamento básico seja fator determinante;
VII - eficiência e sustentabilidade econômica;
VIII - utilização de tecnologias apropriadas, considerando a capacidade de pagamento dos usuários e a adoção de soluções graduais e progressivas;
IX - transparência das ações, baseada em sistemas de informações e processos decisórios institucionalizados;
X - controle social;
XI - segurança, qualidade e regularidade;
XII - integração das infra-estruturas e serviços com a gestão eficiente dos recursos hídricos.

sistema de saneamento básico possui uma qualidade de vida muito maior do que a sociedade que não possui tal acesso. Milhões de pessoas, ao redor do mundo, morrem em decorrência de água contaminada e, no Brasil, isso também ocorre.[599]

Contudo, a gestão integrada da água também envolve outros ecossistemas naturais, como a terra, pois, conforme já exemplificado, o uso de um pesticida inadequado pode causar uma séria poluição no sistema hídrico; assim, importante trazer a lição de Pedro Roberto Jacobi:

> A "gestão integrada da água" pode assumir quatro formas distintas: (i) a integração dos diferentes componentes da água; (2) a integração da gestão da água e da gestão da terra e outros recursos naturais e ecossistemas relacionados; (3) a integração dos interesses dos diversos usos e usuários da água, visando reduzir os conflitos tanto em quantidade como em qualidade e tempo de ocorrência; e (4) a integração da gestão da água com o desenvolvimento econômico, social e ambiental.[600]

E o que seria o ciclo da água?

O ciclo da água envolve desde o seu processo de captação dos rios e lençóis freáticos, seu tratamento, abastecimento e, depois, a captação da água já utilizada, o seu tratamento e a sua distribuição.

É um ciclo complexo e que envolve muitas etapas, havendo, por parte do Poder Público, uma responsabilidade séria e que deve ser observada, pois a água é um dos elementos mais essenciais na manutenção da vida e da própria espécie humana.[601] Dentro do ciclo,

---

[599] Mesmo assim, pela enorme distribuição geográfica, são alarmantes os dados de que 70% dos rios brasileiros sofrem com a poluição e que apenas 54% dos domicílios brasileiros têm coleta de esgotos. Nas regiões mais desenvolvidas economicamente quase todos os rios estão poluídos. Entre as muitas ações nocivas sobre as nossas águas estão além da poluição dos rios e a falta de saneamento básico, o lançamento irregular de esgotos e detritos nos mananciais, a contaminação, o desperdício, o uso irracional pela indústria e agricultura, o descontrole e o conflito no uso de um mesmo corpo d"água, a construção de poços ilegais, a destruição das nascentes (XAVIER, Yanko Marcius de Alencar. Águas, desenvolvimento e direito comparado. In: XAVIER, Yanko Marcius de Alencar; IRUJO, Antonio Embid; SILVEIRA NETO, Otacílio (Org.). *O direito de águas no Brasil e na Espanha*: um estudo comparado, p. 14).

[600] Planejamento e participação na governança da água no Brasil e suas interfaces com a governabilidade dos serviços de saneamento. In: HELLER, Léon; CASTRO, José Esteban (Org.), *Política pública...*, *op. cit.*, p. 543.

[601] Os sistemas hídricos têm de cumprir funções como o abastecimento de água potável, irrigação e drenagem, ou a manutenção de ecossistemas vulneráveis. Além disso, o comportamento dos sistemas hídricos é difícil de entender, visto que é movido por

medidas ambientais devem ser urgentemente adotadas, como a gestão dos resíduos que advêm da água utilizada, tentando preservar os rios e todo o sistema hídrico existente no país e, consequentemente, no mundo. Na atualidade:

> *Uno de los temas que mayor interés suscitan en referencia a las actividades del ciclo integral del agua es la determinación del precio de los servicios incluidos en el mismo, desde el abastecimiento de agua potable, el saneamiento, la depuración y la reutilización.*[602]

Trata-se da conjugação do valor econômico da água e do seu ciclo. Na gestão econômica do ciclo da água, alguns fatores devem estar presentes: a garantia de acesso universal, a qualidade do serviço e a sustentabilidade ambiental e econômica.[603]

1.5 O viés administrativo e tributário na gestão da água

Assim como no Brasil, na Espanha também houve uma mudança de ordem administrativa no que toca à gestão da água e, por conseguinte, uma desestatização, não deixando o serviço de ser público em momento algum, mas transferindo a sua prestação para a iniciativa privada.

Isso decorre do fato de que o serviço público, fundamentalmente de prestação estatal, passou por algumas mudanças nas últimas décadas e, em razão das enormes necessidades, foi necessário contar com o auxílio da iniciativa privada.[604]

---

complexos hidrológicos e ecológicos e também pela atividade humana, que pode ter vários impactos positivos e negativos. Em vista da complexidade do ciclo da água, é comum se empregarem métodos de análise de sistemas para respaldar a criação de políticas públicas no campo da gestão dos recursos hídricos (MULAS, Andrés Sanz. *Análise de políticas públicas...*, *op. cit.*, p. 101).

[602] JURADO, Ciril Rozman Colaboración público-privada en el ciclo integral de água urbana en Espana; retos y oportunidades. In: BOSCH, Santiago Milans del; URRÍES, Jordán (Coord.). *El precio del agua...*, *op. cit.*, p. 310.

[603] *Ibidem*, p. 311.

[604] Na Espanha, as mudanças foram similares às do Brasil, ademais, ainda, da enorme influência do direito comunitário: *"En efecto, no cabe duda de que nuestra concepción del servicio público tradicional está experimentado un cambio acelerado, en parte debido a la progresión social y en buena medida como consecuencia del impacto del derecho comunitario. Está apareciendo un nuevo marco jurídico que afecta a la posición del ciudadano-usuario, a la concepción de los mercados tradicionales dominados por la iniciativa pública y a las repercusiones medioambientales en campos tan sensibles como la gestión del agua* (GRIMALDOS, Angel Simón. *Presentación...*, *op. cit.*, p. 13).

Antes de analisarmos as questões propriamente ditas do serviço público relacionado à água, importante realizarmos algumas considerações constitucionais. A grande diferença encontra-se no regime jurídico de como o serviço público é prestado. Caso o serviço público seja prestado diretamente pelo Estado, então estaremos no regime jurídico de direito público, com todos os meandros do regime jurídico tributário e fundamentado na cobrança de taxa em conformidade com o artigo 145, II, da Constituição Federal.[605]

Já, se o serviço público é prestado pela iniciativa privada, seja em um regime de concessão ou permissão, será observado o regime jurídico de direito privado, com disposição no contrato administrativo, com a finalidade última de lucro. Os fundamentos constitucionais serão os artigos 175 e 37, XXI, ambos da Constituição Federal.[606] Deve-se atentar ao regime jurídico de direito privado e sua vinculação com a manutenção do equilíbrio econômico-financeiro.

Na prestação direta pelo Estado, trata-se de uma relação jurídica tributária, onde figuram na relação jurídica tributária o sujeito ativo e o sujeito passivo. Na prestação pela iniciativa privada, trata-se de uma relação jurídica de direito privado, onde figuram na relação jurídica o prestador do serviço público – concessionário ou permissionário – e o usuário.

---

[605] Art. 145. A União, os Estados, o Distrito Federal e os Municípios poderão instituir os seguintes tributos:
(…)
II - taxas, em razão do exercício do poder de polícia ou pela utilização, efetiva ou potencial, de serviços públicos específicos e divisíveis, prestados ao contribuinte ou postos a sua disposição;

[606] Art. 37. A administração pública direta e indireta de qualquer dos Poderes da União, dos Estados, do Distrito Federal e dos Municípios obedecerá aos princípios de legalidade, impessoalidade, moralidade, publicidade e eficiência e, também, ao seguinte:
(...)
XXI - ressalvados os casos especificados na legislação, as obras, serviços, compras e alienações serão contratados mediante processo de licitação pública que assegure igualdade de condições a todos os concorrentes, com cláusulas que estabeleçam obrigações de pagamento, mantidas as condições efetivas da proposta, nos termos da lei, o qual somente permitirá as exigências de qualificação técnica e econômica indispensáveis à garantia do cumprimento das obrigações.
Art. 175. Incumbe ao Poder Público, na forma da lei, diretamente ou sob regime de concessão ou permissão, sempre através de licitação, a prestação de serviços públicos.
Parágrafo único. A lei disporá sobre:
I - o regime das empresas concessionárias e permissionárias de serviços públicos, o caráter especial de seu contrato e de sua prorrogação, bem como as condições de caducidade, fiscalização e rescisão da concessão ou permissão;
II - os direitos dos usuários;
III - política tarifária;
IV - a obrigação de manter serviço adequado.

Para resumir a ideia da melhor forma possível, traz-se lição de Marçal Justen Filho:

> Diante da impossibilidade de localizar uma solução satisfatória, afirmou-se que o critério fundamental para distinguir taxa e tarifa seria a existência ou não de delegação do serviço a terceiros. Assim, a taxa existiria quando o Estado prestasse diretamente os serviços públicos. Se existisse concessão ou permissão, seria cabível tarifa.
>
> (...)
>
> Quando o Estado outorga concessão, não altera o regime jurídico da prestação do serviço público, mas se modifica o regime jurídico da sua "remuneração". A Constituição Federal, ao tutelar a intangibilidade da equação econômico-financeira do contrato administrativo, produz uma espécie de redução da amplitude eficacial do sistema tributário. Retira do âmbito a remuneração atinente aos serviços públicos outorgados aos particulares por via de concessão ou permissão.[607]

E quanto à previsão da utilização potencial do serviço público prevista no regime jurídico tributário, como ficaria situação similar na relação jurídica com o concessionário? Desde que haja a previsão no contrato com a Administração Pública, que deve haver previsão legal para obrigar o usuário ao pagamento do serviço público na modalidade de utilização potencial, não parece haver qualquer inconstitucionalidade, pois a obrigatoriedade estará fundamentada no princípio da legalidade.

A previsão de lei para obrigatoriedade de pagamento, no caso de utilização potencial, deve ser pautada em um fundamento constitucional legítimo como uma garantia, por exemplo, da sociedade. Ilustrando-se a obrigatoriedade com o serviço público da prestação de saneamento básico, ele se mantém vinculado à proteção da saúde pública e da própria sustentabilidade.

Regulação e sustentabilidade são temas que se encontram em sinergia, pois:

> (...) a regulação da sustentabilidade é atividade de disciplina da atividade econômica relevante ou de serviços públicos, efetuada com relativa independência em relação à própria Administração Pública, em articulação, quando possível, com os mecanismos internacionais de governança.[608]

---

[607] *Concessões de serviços públicos*, p. 143-144.

[608] FREITAS, Juarez. *Sustentabilidade...*, *op. cit.*, p. 222.

Retomando o ponto da divergência (se é taxa – natureza jurídica tributária – ou tarifa – natureza jurídica administrativa), tal debate não permeia apenas a doutrina brasileira, mas também é foco de discussões no âmbito do direito europeu.[609]

A atividade de fornecimento de água potável e esgoto no Brasil é prestada, em sua grande maioria, pelas chamadas concessionárias de serviço público, sendo que a figura de remuneração presente é a tarifa.[610] Alguns municípios prestam diretamente o serviço público de saneamento, sendo, nesse caso, a figura jurídica taxa.

A regulação, quando se trata de água, é necessária por se tratar de um bem de uso comum; assim, ela não se pode vislumbrar como uma simples mercadoria, mas, sim, como um direito fundamental essencial e à vida humana, recurso natural que é bem de todos. Na situação de taxa, encontrar-se no âmbito do direito tributário representa, inclusive, uma maior intervenção do Estado com a consequente maior proteção contra a sua mercantilização; contudo, tal manutenção de regime jurídico não é o reflexo da situação do papel do Estado como agente regulador e que atua muito mais como fiscalizador do que como prestador.

Como a água é elemento fundamental para a vida humana, ela não pode ser encarada e tratada como uma mercadoria banal, sujeita às regras da livre concorrência e do mercado privado. A regulação da água é fator de máxima importância, principalmente em países em desenvolvimento, como o Brasil:

> Para concluir, parece inevitável que, independentemente da opção institucional específica adotada – pública, privatizada ou mista –, a regulação continuará a ser um requisito crucial.
>
> (...)

---

[609] *Una mirada superficial, meramente descriptiva, a la jurisprudencia del Tribunal Supremo de los últimos veinte años podría dar una imagen desalentadora, un "totum revolutum" en el que conviven posiciones muy distintas sobre la naturaleza de la retribución como un precio privado, otro les otorgaría la naturaleza de precio público y, en fin, en el último aparecerían las decisiones que la estiman una tasa. Además, esa división no respondería a un criterio lógico ni temporal, siendo imposible encontrar un hilo conductor* (VELASCO, Joaquín Huelin Martínez de. Un sector necesitado de seguridad jurídica. La perspectiva jurisprudencial. La visión desde la Unión Europea: ¿es posible un mercado único en el sector del abastecimiento de agua a las poblaciones? In: BOSCH, Santiago Milans del; URRÍES, Jordán. *El precio del agua*: aspectos jurídicos y financieros en la gestión urbana del agua en España, p. 200).

[610] O Superior Tribunal de Justiça, no Recurso Especial nº 1.421.843, decidiu no sentido de que a tarifa de esgoto deve ser paga mesmo sem a utilização de todo o serviço, admitindo a utilização em potencial também no regime jurídico tarifário.

Mais importante, talvez, sobretudo na vasta maioria dos países em desenvolvimento, é que atingir os pobres que não contam com esses serviços e manter um padrão satisfatório deles, em termos sustentáveis, que incluam preços acessíveis, não será possível sem medidas regulatórias e rigorosas e bem concebidas.[611]

Manter o direito assegurado aos usuários e induzir o seu comportamento, similar à situação de extrafiscalidade no direito tributário, naquilo que cabe no direito administrativo, é essencial para a manutenção de um sistema adequado:

> (...) a tarifa poderia, em situações específicas, não corresponder precisamente ao custo do serviço imputável ao usuário. Tais situações específicas são aquelas em que, por expressa determinação legal, a tarifa tem a finalidade de indução de comportamento (assimilável ao caráter "extrafiscal" de certos tributos) ou de compensação pela adoção de tarifas sociais (tarifas redistributivas).[612]

Logo, a tarifa acompanhará na sua avaliação econômico-financeira o mesmo raciocínio aplicável aos tributos no que concerne às chamadas normas tributárias indutoras. Pode-se instituir uma tarifa mais alta, tendo como objetivo a redução de uma situação de contaminação com um viés voltado à sustentabilidade.

A tarifa na Espanha possui a natureza de prestação patrimonial pública e um processo muito mais rigoroso de aprovação do que aquele que se exige em nosso ordenamento jurídico pátrio, além de, nos serviços que possuem impacto com o meio ambiente, existir uma preocupação maior.[613]

---

[611] SEPPÄLÄ, Osmo; KATKO, Tapio S. *Gestão e organização dos serviços de saneamento...*, op. cit., p. 151.

[612] PEREIRA, Cesar A. Guimarães. *Usuários de serviços públicos*: usuários, consumidores e os aspectos econômicos dos serviços públicos, p. 371.

[613] Vejam-se as etapas das tarifas no sistema jurídico espanhol:
"(...)
a) Cuantificación de la tarifa a partir de los costes del servicio (operativos y ambientales).
b) Fijación por la Administración titular mediante ordenanza fiscal, previos los necesarios informes o estudios económico-financieros que justifiquen el importe fijado y hagan posible su control judicial, obligado constitucionalmente.
c) Cobro directo por el gestor del servicio, con las garantías que proceda (cobro voluntario). En este sentido conviene poner de relieve que el cobro directo por la Administración generaría una extraordinaria complicación jurídica, contable y presupuestaria, sin ninguna utilidad.
d) Control por la jurisdición contecioso-administrativa". ANGEL SIMÓN GRIMALDOS, *Conclusiones del seminario ...* op. cit., p. 35.

Diferente é o que ocorre no Brasil, onde o processo é mais simples e, apesar das garantias constitucionais e administrativas dos usuários, a tarifa não possui a mesma natureza jurídica que exibe no ordenamento espanhol. A tarifa no Brasil teria muito mais semelhança ao chamado preço privado espanhol, no qual o sistema é mais maleável.

A Lei nº 11.445, de 5 de janeiro de 2007, entende que saneamento básico envolve: i) abastecimento de água potável; ii) esgotamento sanitário; iii) limpeza urbana e manejo de resíduos sólidos; iv) drenagem e manejo de águas pluviais urbanas. Pelo contexto que a lei prevê, observa-se que a competência é vasta e há muito o que fazer em termos de saneamento básico no Brasil. É por tal motivo que ele possui previsão nas obras do programa de aceleração do crescimento (PAC).[614]

É necessário compreender o ciclo integral da água, no qual a primeira fase ocorre com a adução e captação da água, seja dos rios, seja dos lençóis freáticos. Tal água passará por um processo de tratamento e, depois, será distribuída para a população. Por tal serviço, haverá um custo, seja ele realizado diretamente pelo Estado, seja realizado pelo concessionário. Tal custo nada mais é que a prestação de serviço público, que pode vislumbrar em uma taxa ou uma tarifa.

Para a manutenção da tarifa social – proteção ao usuário necessitado – e investimentos em medidas sustentáveis, conjuga-se o direito tributário ao direito administrativo caso a prestadora de serviço seja uma empresa pública aos moldes dos Correios; a parte do serviço no que se refere à proteção aos direitos mencionados, podem ser desonerados tributos importantes, como a contribuição ao PIS, a COFINS e a CSLL.[615]

Discorreu-se sobre a tarifa social, mas, no caso de ser vislumbrada a situação de taxa, o direito tributário atuaria como um instrumento

---

[614] Trata-se de uma prestação de serviços complexa, por envolver uma série de atividades, que abrangem também e principalmente obras de grande vulto, exigindo, para sua concretização, que sejam precedidas de investimentos em infraestrutura, por vezes de grande porte. Por conta disso é que saneamento básico tem que ser visto tanto como infraestrutura como serviço público, apesar de a segunda característica ser mais presente aos cidadãos. CONTI, José Mauricio; CARVALHO, André Castro. *Financiamento público...*, *op. cit.*, p. 317.

[615] Vide RE nº 407.099/RS do Supremo Tribunal Federal. Posicionando-se nesse sentido, encontra-se João Batista Peixoto: "A desoneração apenas dos encargos diretos sobre a receita (PIS e COFINS) e sobre o lucro (CSLL e IRPJ) dos serviços poderia reduzir o seu custo em até 20%, conforme o regime da prestação e a natureza jurídica do prestador, contribuindo para a sua sustentabilidade. Não é lógico e nem concebível, em termos de política pública, que a prestação de serviços públicos essenciais de obrigação-dever do poder público, seja fonte direta ou indireta de receita fiscal e tributária de entes da federação, titulares ou não dos serviços, especialmente quando esses recursos não retornam para a sociedade sob a forma de subvenção ou de subsídio dos mesmos serviços" (*Aspectos da gestão econômico-financeira...*, *op. cit.*, p. 521).

de justiça social, aplicando o conceito de mínimo vital a todos aqueles que não possuem condições para o pagamento da água, concretizando minimamente o princípio da capacidade contributiva; e haveria a incidência tributária somente para aqueles sujeitos passivos cujo pagamento da taxa não adentrasse na esfera do seu mínimo vital, sempre limitada pelo princípio do não confisco.

O raciocínio do mínimo vital atendido ao indivíduo deve ser observado no direito tributário no que se refere ao respeito do limite mínimo na capacidade contributiva e observado, no regime jurídico tarifário, quando se discorre sobre o princípio da modicidade tarifária.[616]

No segundo momento, qual seja, o do saneamento, no qual há uma captação da água utilizada, essa riqueza natural deve passar obrigatoriamente por um tratamento antes de ser despejada de volta ao meio ambiente, completando, assim, aquele processo cíclico semelhante ao que ocorre com a natureza, na qual não há a produção de resíduos. O resíduo pode ser transformado em biogás e utilizado para movimentar as máquinas da própria indústria, em um sistema inteligente.

Uma adequada utilização da política tributária ambiental pode, nesse contexto, contribuir para uma melhor utilização da água e uma menor contaminação, implementando o saneamento básico, além de possibilitar reutilização da água para a agricultura, que é um dos setores produtivos onde ela é mais utilizada. É notório que não se trata da única medida cabível, uma vez que o Brasil precisa investir em obras públicas de saneamento e, ao contrário do modelo espanhol, onde se cobram taxas para tal tipo de investimento, em nosso modelo constitucional não são admitidas taxas para a realização de obras públicas, mas o que pode haver é a cobrança de contribuição de melhoria. Contudo, em geral, a população que necessita de saneamento é a população mais carente, que não possui condições de arcar com o pagamento de tributos.

O que se deve ter em mente é a gravidade da situação vivida no Brasil e que precisa ser transformada, pois boa parcela da população não possui acesso ao saneamento básico, um dos itens mais fundamentais de sobrevivência e de aplicação do princípio constitucional da dignidade da pessoa humana. Todos têm o direito de beber água potável e ter a

---

[616] A tarifa deve representar o menor custo possível para a realização do serviço nos termos estipulados validamente no edital, no contrato de concessão e na regulamentação posterior do serviço. (...) A fixação de tarifas sociais, de isenção de tarifas dentro de certos limites, sempre em atenção às condições do usuário, é determinação constitucional derivada da própria natureza do serviço público (PEREIRA, Cesar A. Guimarães. *Usuários...*, *op. cit.*, p. 382).

garantia de que não há contaminação pelo derramamento de dejetos. O Poder Público é responsável pela gestão da água e pela administração e transformação do que se encontra precário em um bom sistema, garantindo, assim, aos seus cidadãos uma melhoria de qualidade de vida, necessitando, portanto, de uma intervenção pública cada vez maior:[617]

> *El correcto funcionamiento de este circuito por el que atraviesa el agua como objeto o bien de consumo íntimamente relacionado con la calidad de vida y con la preservación del medio ambiente reclama una intervención pública cada vez más acusada y radical, lo que implica un considerable aumento del gasto público.*[618]

Não cuidar da preservação da água e do manejo de águas utilizadas é uma atitude que demonstra irresponsabilidade e descaso por parte do Poder Público, pois, quando se trata de água, está se tratando de vida e de saúde pública. Já afirmamos que, sem água, o ser humano não sobrevive no planeta, além do fato de que muitas doenças estão relacionadas à qualidade da água consumida, ou seja, por meio do investimento na proteção das águas há uma diminuição gradativa do investimento em saúde pública.

Investir em saneamento básico e no tratamento da água é exemplo concreto de utilização de uma política pública voltada para a sustentabilidade ambiental e para a saúde pública, sendo o direito tributário, o direito financeiro e o direito administrativo instrumentos essenciais para a sua factibilidade, seja mediante a criação de taxas e tarifas voltadas para essa área, seja pela readequação do orçamento público com atenção no investimento em obras públicas para tal esfera social.

---

[617] *A tal fin, los poderes públicos deben garantizar, en primer lugar, el abastecimiento de agua, tanto para usos domésticos como para usos agrícolas o industriales. Abastecimiento susceptible de englobar la «aducción» (es decir, la elevación por grupos de presión y alumbramiento, embalse, conducción por arterias o tuberías primarias, tratamiento y depósito), así como la «distribución» (es decir, la elevación por grupos de presión y el reparto por tuberías, válvulas y aparatos hasta las acometidas particulares)* (GALTÉS, Joan Pagès I. *Tributos sobre las aguas..., op. cit.*, p. 9).

[618] *Ibidem*, p. 10.

CAPÍTULO 2

TRIBUTAÇÃO DA ÁGUA

Por vezes sentimos que aquilo que fazemos não é senão uma gota de água no mar. Mas o mar seria menor se lhe faltasse uma gota.[619]

(Madre Teresa de Calcutá)

2.1 Aspectos iniciais

A tributação da água é uma maneira de evitar a contaminação de rios, lagos e lençóis freáticos, pois, ao se tributar pela sua utilização e pelo serviço público de distribuição de água, haverá maior conscientização das pessoas quanto à valoração econômica. Discorre-se com a atenção voltada ao direito tributário por ser esse ramo didaticamente autônomo o eixo central do presente trabalho, mas o raciocínio de quantificação econômica da natureza pode ser transportado para o direito administrativo nas tarifas sem que haja conflito lógico.

Com o passar do tempo, existirá uma educação ambiental efetiva induzida pelo fator econômico em um primeiro momento, uma vez que a sociedade ainda não se conscientizou de que a Terra é um organismo vivo do qual ela faz parte.[620]

---

[619] Disponível em: <http://pensador.uol.com.br/poesias_sobre_a_agua/>. Acesso em: 11 maio 2014.

[620] O mercado livre se transformou na realidade central, subtraindo-se ao controle do Estado e da sociedade, transformando tudo em mercadoria, desde as realidades sagradas e vitais como a água, os alimentos até as mais obscenas como o tráfego de pessoas, de drogas e de órgãos humanos. A política foi esvaziada ou subjugada aos interesses econômicos, e a ética foi enviada ao exílio. Bom é ganhar dinheiro e ficar rico e não ser honesto, justo e solidário (*sic*) (BOFF, Leonardo. *Sustentabilidade...*, *op. cit.*, p. 18).

Um dado que deve ser lembrado é que nem toda poluição está intimamente relacionada à gestão da água, mas pode acabar contaminando-a de modo indireto. Já mencionamos que a utilização de determinados agrotóxicos polui consideravelmente o solo, destruindo a qualidade da terra e chegando aos lençóis freáticos. O estudo da água é algo complexo, pois ela é fluída e interligada com outros setores da natureza. Assim, na determinação da tributação dos pesticidas, a seletividade do IPI pode ser aplicada em prol do meio ambiente, com objetivos sustentáveis, como a proteção da água.

O tributo, consoante demonstramos nos capítulos introdutórios, não é neutro, de modo que tributar o uso da água é uma forma de indução econômica, na tentativa de modificar as escolhas individuais da sociedade, em busca de alternativas ecológicas e da aplicação de novas tecnologias, estimuladas, em um primeiro momento, pelo dado econômico e, posteriormente, pela ampliação da consciência ambiental.

A educação ambiental deve sempre permear os demais temas, mas a sociedade ainda não atingiu um grau de civilização suficiente para perceber, sem o estímulo econômico, que, quando se trata da natureza, ela é finita e não precisa do ser humano, mas nós, sim, precisamos dela.

Além disso, nos países em desenvolvimento, como o Brasil, muitas decisões políticas são tomadas com um viés tão somente econômico, sem a menor preocupação ambiental por uma visão estreita.[621] Ocorre que o que se observa na atualidade é que, em matéria ambiental, "(...) os países industrializados transferem os danos e suas conseqüências aos países subdesenvolvidos".[622] Daí a necessidade de um Estado mais regulador, com o direito tributário como um mecanismo forte de indução econômica.

O fato de o Brasil ser considerado, dentro do quadro mundial, um país em desenvolvimento, com a sua busca por evolução econômica, trouxe a implementação de muitas políticas com um olhar estreito, ou seja, somente para o aspecto econômico, e despido da menor preocupação com a sustentabilidade em muitos momentos, inclusive com a aceitação do capital estrangeiro e com a instalação de indústrias

---

[621] Importante alerta de José Renato Nalini: "Nação periférica e com milhões de analfabetos, massa de manobra flexível para alguns poucos e cúpidos empreendedores, o Brasil vem aceitando qualquer tipo de indústria, seja ou não poluente. Municípios se digladiam por oferecer maiores vantagens aos empresários, sem verificar se essa indústria já não está proibida de funcionar em seu país de origem, diante da mera potencialidade poluidora" (*Ética ambiental...*, *op. cit.*, p. 46).

[622] *Ibidem*, p. 47.

multinacionais, que não respeitam o patrimônio natural e visam apenas lucrar, refletindo concretamente a afirmação do parágrafo anterior. Nesse tipo de escolha, as externalidades negativas sequer foram contabilizadas, com uma evidente usurpação da sustentabilidade brasileira e com a consequente exploração da sustentabilidade mundial, pois, em matéria de ecologia, não há dano local, desde que o dano é sempre mundial:

> Com efeito, décadas atrás, sabemos, o desenvolvimento industrial foi a palavra de ordem em nosso país, sendo certo que quem porventura viesse a se opor de alguma forma a esse modelo de atuação por parte daquela classe produtiva, ainda que com base na necessidade de preservação de bens de natureza ambiental, era visto como um verdadeiro inimigo do Brasil, pois estaria tentando frear nosso agigantamento rumo ao "Primeiro Mundo".

> Este panorama serviu para que milhares de indústrias espalhadas pelo país agissem sem qualquer preocupação ambiental, o que, também, tinha um impacto positivo nas finanças das empresas, pois não precisava incluir em seus custos qualquer despesa com equipamento de controle de poluição.[623]

O resultado foi a enorme poluição no meio ambiente e, por conseguinte, das águas brasileiras. Daí, a necessidade de o direito tributário caminhar de mãos dadas com o direito ambiental em prol da proteção das águas. O direito tributário, ao introduzir taxas em prol das águas, estaria atuando, em alguns casos, de modo preventivo e na tentativa de recuperar as águas poluídas, em outros.

É certo que, no direito ambiental, a atividade industrial que se utilize de recursos hídricos necessita do chamado licenciamento ambiental.[624] Assim, já existem, por parte dos órgãos de meio ambiente, recursos de fiscalização e instrumentos para a introdução de mecanismos tributários relativos ao meio ambiente, requerendo-se o diálogo e a utilização da experiência de tais órgãos para a implementação das políticas aqui defendidas.

---

[623] AKAOUI, Fernando Reverendo Vidal. Indústria e poluição das águas?. In: BENJAMIN, Antonio Herman (Org.). *Direito, água e vida...*, *op. cit.*, p. 530.

[624] Portanto, no que tange às atividades industriais que se utilizam sob qualquer forma dos recursos hídricos (seja para o processo produtivo, seja para descarte de resíduos), entendemos que a conduta ideal por parte de todos os entes federados seja o pleno exercício quanto ao licenciamento ambiental da atividade, assim permitindo-se uma maior tranquilidade para a sociedade, que tem o direito à manutenção dos recursos daquela natureza do local e região que abriga ou abrigará a atividade poluidora (Ibidem, p. 534).

2.2 Taxa sobre a contaminação permitida em águas

2.2.1 Analogia ao "canon de vertidos"

O modelo espanhol de tributação das águas é muito distinto do modelo brasileiro. Ele possui taxas que são autorizadas pelo simples uso de um bem público, o que não seria permitido no modelo constitucional brasileiro pela inexistência de previsão constitucional.

Contudo, podem-se considerar alguns tipos tributários espanhóis e tentar adaptá-los à realidade brasileira, atentando para as peculiaridades do sistema constitucional tributário brasileiro para que os tributos não incorram em inconstitucionalidades. Um exemplo seria o chamado "canon de vertidos". Conforme já explicitado, um "canon" é um tipo tributário que não possui a natureza jurídica muito bem definida.[625] Joan Pagès I Galtés entende que o "canon" em questão seria uma taxa[626] e que "Probablemente sean los cánones de vertido los tributos estatales que presentan una mayor carga medioambiental inspirándose directamente en el principio 'quien contamina paga'".[627]

A hipótese de incidência do "canon" espanhol seria a permissão por parte do Poder Público, autorizando a contaminação das águas:

> Por lo que respecta al "canon de vertido" que se regulaba en la redacción original del art. 105 de la Ley de Aguas, su hecho imponible consistía en la actividad de la Administración por la que se concedía la autorización para realizar el vertido que degradase la calidad de las aguas (cfr. art. 105.1).[628]

Ainda quanto à materialidade do referido "canon", traz-se lição de Juan Arrieta Martínez de Pisón:

> Lo que estamos diciendo, y debemos recalcarlo, es que el canon de vertidos, el hecho imponible de éste, es la autorización para verter y, además, que ese vertido suponga una ocupación del dominio público que genere un servicio público de depuración. Y no podemos decir que el hecho imponible del canon es únicamente

---

[625] Importante a lição de Juan Arrieta Martínez de Pisón: "La delimitación conceptual del canon no se presenta de modo claro. Al lado de las figuras jurídico-tributarias clásicas (impuestos, tasas y contribuciones especiales), el ordenamiento jurídico ha utilizado otras figuras tales como cánones, tarifas, gravámenes, arbitrios, precios públicos, privados, políticos ... que desdibujan y confunden el panorama tributario español" (Régimen fiscal..., op. cit., p. 21).

[626] (...) cuando en 1985 entró en vigor la Ley de Aguas, parecía claro que el canon de vertido era una tasa (...) (Tributos sobre las aguas..., op. cit., p. 23).

[627] Ibidem, p. 21.

[628] Ibidem, p. 28.

la autorización del vertido –que es, por lo demás, lo que podría parecer de una primera lectura de la Ley de Aguas– porque precisamente la base imponible del canon se determina en función de lo contaminante que sea vertido, en función de las llamadas unidades de contaminación.[629]

Contudo, cabe fazer uma ressalva quanto ao modelo espanhol, pois, em alguns casos, podem existir dois tipos de gravame sobre a contaminação: um sistema geral e um sistema específico. O sistema geral cobra por volume, enquanto o sistema específico mede diretamente a carga contaminante.[630] No caso em estudo, cogitamos a adoção do sistema específico.

Assim, a referida hipótese de incidência consiste na autorização concedida pelo Poder Público espanhol para degradar a qualidade das águas, com providências que mensuram o volume de dejetos e a qualidade deles.

2.2.2 Realidade brasileira

Adaptando-se tal *"canon"* à realidade brasileira, poder-se-ia pensar em uma taxa que incidisse sobre a contaminação das águas, tendo como hipótese de incidência o exercício da atividade de polícia utilizada para averiguar o nível de contaminação das águas residuais.

No Brasil, em geral, cobra-se uma tarifa pela utilização simultânea da água e do esgoto. É o que ocorre no Estado do Paraná, por exemplo, e não há uma política pública elaborada com uma atenção especial ao derramamento de poluentes nas águas por parte das indústrias.[631] A autorização para um sistema único de cobrança provém da própria Lei do Saneamento Básico:

---

[629] *Régimen fiscal...*, *op. cit.*, p. 50-51.

[630] *El tipo de gravamen específico (que grava la contaminación) tiene dos modalidades para determinar su importe: el sistema general (o de tarifación por volumen) y el sistema individual (o de medición directa de la carga contaminante) –cfr. art. 72.3* (GALTÉS, Joan Pagès I. *Incentivos fiscales a la reutilización del agua para usos industriales. Noticias de la Unión Europea*, n. 308, p. 53).

[631] Nesse sentido, a lição de Erika Bechara: "No que toca ao tratamento dos efluentes produzidos pelas indústrias (esgoto industrial), a polêmica, na verdade, é pequena, de sorte que a necessidade de depuração do esgoto antes de seu despejo no corpo receptor, pela própria fonte geradora, é pouco contestada no meio jurídico" (Tratamento do esgoto doméstico pelo poder público: discricionariedade ou vinculação. In: BENJAMIN, Antonio Herman (Org.). *Direito, água e vida...*, *op. cit.*, p. 518).

A Lei nº 11.445/07 admite também que o sistema de cobrança direta dos usuários dos serviços de abastecimento de água e esgotamento sanitário adote estruturas e valores individuais para cada um dos serviços ou unitários, ou seja, uma única estrutura e valores compostos para ambos os serviços.[632]

Observa-se que, na cobrança de tarifas por parte da concessionária de serviço público, a distinção reside na cobrança voltada tão somente para a finalidade: as de uso residencial e as de uso comercial/industrial/ utilidade pública.[633]

Poder-se-ia pensar em uma taxa como ocorre no modelo espanhol: pela simples autorização da contaminação das águas?

Sim, poderia existir, tendo como fundamento, novamente, a atividade de polícia. Contudo, o efeito ambiental de uma taxa cuja hipótese de incidência seja a prestação do serviço público de descontaminação é mais eficaz e está em maior grau de conformidade com o fim almejado pelos tributos ecológicos, que é, justamente, a proteção e a conservação do meio ambiente. Assim, a tributação poderia ocorrer em dois momentos: i) taxa em razão da atividade de polícia para controle da contaminação; ii) taxa em razão do serviço público de despoluição das águas.

A taxa em função do volume de contaminação permitido teria um efeito regulador na ordem econômica, pois, quanto menos produtos químicos lançados nas águas, menor a base de cálculo. Além disso, a referida taxa estaria totalmente em conformidade com o princípio do poluidor-pagador. Ora, quem polui o meio ambiente deve pagar em virtude da poluição. Isso nada mais é do que a internalização dos custos ambientais. E, posteriormente à contaminação, o Estado prestaria o serviço público de limpeza das águas, tratando dessas águas com outro tipo de política, que é a do reúso das águas. Conforme já observado, anteriormente, a água, no direito brasileiro, possui previsão específica de um valor econômico na própria legislação.

Logo, uma taxa em razão da poluição teria como hipótese de incidência a atividade de fiscalização, por parte do ente público, em relação ao derramamento de produtos nocivos à qualidade da água, uma vez que, em momento posterior, competirá ao Poder Público readequar ou não a água, na consecução de outro tipo de política.

---

[632] PEIXOTO, João Batista. *Aspectos da gestão econômico-financeira...*, *op. cit.*, p. 514.

[633] *Tabela de tarifas de saneamento básico.* Disponível em: <http://site.sanepar.com.br/sites/site. sanepar.com.br/files/tabela_tarifas_saneamento_basico.pdf>. Acesso em: 02 jun. 2013.

O sujeito ativo da referida taxa seria o Poder Público e, mais especificamente, o ente da Federação responsável pela água.[634] A Constituição Federal determina que as águas brasileiras são dispostas como bens públicos, mas, em contrapartida, deixa claro que é competência privativa da União legislar sobre águas.[635] [636] No entanto, a União pode, por meio de lei complementar, autorizar os Estados a legislarem sobre questões específicas, como no presente caso, qual seja, na questão da fiscalização da contaminação das águas.

Se a indústria contamina o mar territorial, a competência para a criação da referida taxa seria da União Federal, já que ela é detentora da competência para legislar sobre águas. É claro que a capacidade tributária ativa pode ser delegada, mas a criação da taxa cabe à União e, para que os Estados e o Distrito Federal possam criar suas respectivas taxas, deve haver previsão em lei complementar para que a instituição seja constitucional.

---

[634] As águas, no Brasil, ou são de domínio da União ou são de domínio dos Estados (arts. 20 e 26 da CF). Entretanto, a implementação da política nacional e estadual dos recursos hídricos não será embasada nos limites da União ou dos Estados. A aplicação do quadro normativo hídrico terá como unidade territorial a "bacia hidrográfica", como aponta o art. 1º, V, da Lei 9.433/1997 (MACHADO, Paulo Affonso Leme. *Direito Ambiental...*, 22. ed. p. 512).

[635] Constituição Federal:
Art. 20. São bens da União:
(...)
III - os lagos, rios e quaisquer correntes de água em terrenos de seu domínio, ou que banhem mais de um Estado, sirvam de limites com outros países, ou se estendam a território estrangeiro ou dele provenham, bem como os terrenos marginais e as praias fluviais;
IV – as ilhas fluviais e lacustres nas zonas limítrofes com outros países; as praias marítimas; as ilhas oceânicas e as costeiras, excluídas, destas, as que contenham a sede de Municípios, exceto aquelas áreas afetadas ao serviço público e a unidade ambiental federal, e as referidas no art. 26, II; (Redação dada pela Emenda Constitucional nº 46, de 2005)
(...)
VI - o mar territorial;
(...)
Art. 26. Incluem-se entre os bens dos Estados:
I - as águas superficiais ou subterrâneas, fluentes, emergentes e em depósito, ressalvadas, neste caso, na forma da lei, as decorrentes de obras da União;
II - as áreas, nas ilhas oceânicas e costeiras, que estiverem no seu domínio, excluídas aquelas sob domínio da União, Municípios ou terceiros;
III - as ilhas fluviais e lacustres não pertencentes à União;
(...)

[636] Art. 22. Compete privativamente à União legislar sobre:
(...)
IV - águas, energia, informática, telecomunicações e radiodifusão;
(...)
Parágrafo único. Lei complementar poderá autorizar os Estados a legislar sobre questões específicas das matérias relacionadas neste artigo.

O sujeito passivo seria todo aquele que promove o derramamento de poluentes nas águas.[637] Quanto às contaminações do uso doméstico, cabe esclarecer que esse tipo de contaminação é muito pequena e, pelo serviço de água canalizada, há uma cobrança que constitui um meio de gerir o bem ambiental, conforme estudaremos posteriormente. Caso haja um agravamento no uso doméstico da água tributando o fornecimento e, depois, o saneamento, tal fato poderia atingir o mínimo vital, uma vez que a água é produto de necessidade primordial na vida do ser humano, de sorte que, para uma tributação mais adequada aos princípios constitucionais tributários, ela deveria manter-se apenas em relação às atividades empresariais.

A base de cálculo da taxa em estudo seria correspondente ao exercício da atividade de polícia empreendida na análise do fator de contaminação. A quantificação exata do dano ambiental é, como já dito, praticamente impossível, mas não se pode acatar essa justificativa como motivo para a não tributação do dano ambiental. Em realidade, a quantificação de muitas outras bases de cálculos é tarefa igualmente árdua, bastando exemplificar com o conceito de renda do imposto sobre a renda.

A determinação da base de cálculo é trabalho a ser realizado por profissionais que estão fora do ambiente jurídico, como engenheiros químicos, engenheiros ambientais, geólogos, entre outros. Após uma quantificação aproximada, ela consubstanciará em índices de poluição ambientalmente permitidos. Cabe relembrar que o direito tributário trabalha em uma linha de poluição permitida, pois, ultrapassada a poluição permitida pela legislação, adentrar-se-á na esfera do direito penal ou do direito administrativo sancionador.

É lógico que a taxa em questão não pode ter um efeito confiscatório, fato também já antes estudado, pois o tributo ambiental não tem como função uma contaminação zero ou o estrangulamento da

---

[637] Na Espanha, chega-se a afirmar que as companhias de saneamento são sujeitos passivos substitutos dos tributos, que envolvem a tributação da água, esse é o entendimento de Joan Pagés I Galtés acerca do "*canon del agua*" da Catalunha: "*En la redacción original de la Ley cat. 6/1999 por la que se creó el canon del agua, entendemos que las compañías suministradoras dejaban de tener la condición de recaudadoras del tributo para pasar a tener la condición de sujetos pasivos sustitutos. Concretamente, y, en similares términos a lo que acontecía con otros tributos parejos al catalán, se trataba de sustitutos con la obligación de repercutir, que, como todos los sustitutos, asumían las obligaciones materiales y formales del contribuyente, si bien, en este caso, el legislador reemplazaba la obligación material de pago por la obligación formal de comunicación cuando el usuario-contribuyente no consintiera la repercusión del tributo que le hacía la suministradora-sustituto (cfr. redaciones originales de los arts. 41.3., 50.4, 50.5 y 52.4 Ley cat. 6/1999)*" (sic) – *Tributos sobre las aguas...*, *op. cit.*, p. 118.

CAPÍTULO 2
TRIBUTAÇÃO DA ÁGUA | 265

atividade empresarial, mas, isso sim, uma menor contaminação e, por conseguinte, uma mudança comportamental da parte dos industriais, traduzindo, assim, a sua função indutora.

Os recursos da natureza são elementos essenciais da chamada cadeia produtiva.[638] O problema é que eles sempre foram utilizados de modo gratuito e sem valoração econômica e, por estarem aparentemente fora do mercado, foram utilizados de modo indiscriminado e sem qualquer preocupação preservacionista. Tributá-los é torná-los bens que compõem a cadeia produtiva, alocando-os economicamente no processo produtivo. Na realidade, a alocação do capital natural na cadeia produtiva sempre ocorreu, mas nunca foi antes juridicizado.

A fiscalização da referida taxa ocorreria a partir da instalação de máquinas que mensurem o grau de derramamento de poluentes na água. A princípio, pode parecer que haveria um custo enorme para o Poder Público; contudo, em longo prazo, tal investimento público teria um retorno incomensurável, com a preservação da qualidade das águas e da própria qualidade de vida.[639] Ademais, um fator importante a ser implementado na adequação da referida política pública é tornar o sistema único em âmbito federativo, pois a contradição de políticas entre as esferas da Federação faz com que os resultados não sejam satisfatórios.[640]

---

[638] Como exemplo, percebemos o desastre ambiental que ocorreu com o rompimento da barragem de mineração da empresa Samarco na tarde do dia 05 de novembro de 2015, onde a poluição, além de afetar o caráter humano, também afetou toda uma situação econômica.

[639] Na Espanha, em algumas comunidades autônomas, observa-se que a responsabilidade pela instalação e manutenção de máquinas que se destinam a essa mensuração é do sujeito passivo da relação jurídica tributária. Tal sistemática poderia ser aplicada no Brasil, e não seria, por exemplo, muito diferente do que ocorre com os tributos que estão sujeitos ao lançamento por homologação, desde que o sujeito passivo é o responsável pelo cálculo e pagamento do tributo. No *"canon del água"* da Catalunha, por exemplo, é obrigação do sujeito passivo instalar o aparelho que mede o consumo de água; e há três modos de aferir a base de cálculo: i) estimação direta; ii) estimação objetiva; iii) estimação indireta. No caso da estimação indireta, na qual a Administração Pública espanhola tem que estimar a base de cálculo por uma espécie de lançamento por arbitramento, tal cálculo é feito pelo descumprimento da legislação, que prevê, expressamente, a obrigação do sujeito passivo de instalar. Vide, em breve trecho, o que diz Joan Pagès I Galtés: *"Por estimación indirecta, cuando la Administración no pueda determinar la base imponible mediante ninguno de los sistemas de estimación anteriores a causa de alguno de estos hechos: c.1) El incumplimiento de la obligación de instalar aparatos de medición establecida en la letra a), siempre que no se haya optado previamente por el sistema de estimación objetiva. c.2) La falta de presentación de declaraciones exigibles, o insuficiencia o falsedad de las presentadas. c.3) La resistencia, excusa o negativa a la actuación inspectora. c.4) El incumplimiento sustancial de las obligaciones contables"* (*Tributos sobre las aguas...*, *op. cit.*, p. 124-126).

[640] O Paraná acaba de receber R$1,8 milhão para monitorar as suas águas. A Agência Nacional das Águas (ANA) enviou o referido valor em equipamentos para monitorar

O Brasil é um país extremamente rico, em termos hidrográficos, mas, conforme já estabelecido, a maioria dos rios está poluída e, para que haja uma descontaminação, o esforço é gigantesco. A imposição da referida taxa seria uma maneira de induzir o comportamento de parte das indústrias, educando-as, por meio da tributação.

Dentro dessa taxa, também poderia haver um programa de abatimento da base de cálculo para indústrias que promovam a reciclagem e a reutilização da água, tornando o processo de produção cíclico e respeitando, assim, o meio ambiente, sempre exaltando a importância de processos cíclicos na escala industrial, como ocorre na natureza, onde não há produção de resíduos.

Existem indústrias ao redor do mundo que, aplicando tecnologia de reciclagem de água, não perdem economicamente e tampouco contaminam o meio ambiente. É um investimento inicialmente caro, mas que, em longo prazo, traz muitos benefícios. Investir em novas tecnologias é, inclusive, uma das diretrizes da OCDE para os países quando se discorre sobre preservação do meio ambiente, de vez que um meio ambiente preservado é essencial para a qualidade de vida da sociedade.[641] Reitere-se que a água contaminada é, ainda, causa de um enorme número de doenças e mortes no mundo inteiro.

---

as águas do Estado do Paraná, num sistema de padronização nacional: "A rede recém-criada traz consigo a unificação dos padrões de monitoramento e avaliação das qualidades das águas. Hoje, cada estado da Federação faz uso de uma metodologia diferente e isso impossibilita comparações e avaliações nacionais sobre os pontos mais poluídos e quais as causas dessa poluição. 'A criação da rede foi fundamental por padronizar de uma vez por todas o monitoramento, a coleta de material e a avaliação laboratorial da qualidade das águas dos rios do Brasil', comemora o diretor de planejamento e controle do uso das águas do Instituto das Águas do Paraná, Norberto Ramon. Segundo a agência, a meta é que até dezembro de 2020 todos os 16 estados signatários da rede tenham um total de 4.452 pontos de monitoramento, seguindo um padrão da União Europeia, cuja recomendação é de 1 ponto de monitoração para cada mil quilômetros quadrados no litoral e 1 ponto a cada 10 mil quilômetros quadrados na região continental" (*sic*) (GALANI, Luan. *PR recebe 1,8 milhão para monitorar sua água*. Disponível em: <http://www.gazetadopovo.com.br/vidaecidadania/conteudo.phtml?tl=1&id=1456168&tit=PR-recebe-R-18-milhao-para-monitorar-sua-agua>. Acesso em: 23 mar. 2014).

[641] Denise Lucena Cavalcante também realiza uma análise sobre como a OCDE incentiva o implemento de novas tecnologias: "A OCDE em seus estudos demonstra que a utilização de instrumentos fiscais pode atingir metas ambientais a menor custo por meio das inovações nesta área. Os governos têm a sua disposição uma série de instrumentos de política ambiental que já podem ser utilizadas, tendo sido crescente a utilização destes instrumentos por vários países da OCDE. (...) Merece destaque no relatório em foco o elo entre tributação ambiental e o induzimento à inovação. Por meio da tributação das fontes poluidoras, os grandes emissores são levados a buscar incentivos para a adoção de tecnologias que reduzam o pagamento de tributos" (*sic*) (*Sustentabilidade financeira...*, *op. cit.*, p. 169-170).

Outra questão a ser debatida é que o direito tributário atua fora dos limites do direito administrativo sancionador e do direito penal. Assim, a taxa sobre a contaminação permitida nas águas poderia ocorrer em relação a dois tipos de poluição legalmente permitidas: i) poluição por atividade; ii) poluição por substância.

Na primeira, a hipótese de incidência seria para um determinado setor de atividade devidamente regulamentado: pode poluir de acordo com os coeficientes estabelecidos por lei, variando a base de cálculo de acordo com tal atividade como decorrência de um estudo sobre como a referida atividade gera certo grau de poluição nas águas.

Clarissa Ferreira Macedo D'Isep faz a distinção quanto à poluição de águas, sendo a "poluição por atividade":

> A regulamentação da expressiva poluição proveniente da agricultura e do uso doméstico enfatiza o controle das substâncias empregadas. Daí ser comum, por exemplo, a consulta da regulamentação legal das substâncias a serem utilizadas na atividade que se pretende desenvolver, em diferentes jurisdições, antes da implantação do negócio. Por exemplo, uma agroindústria que visa a implantar uma nova sede o faz em função da regulamentação de determinado país relativa às substâncias que integrem o seu processo produtivo, e escolhe o lugar cuja legislação seja a mais conveniente, pois, em que pesem os esforços internacionais de padronizar a regulamentação das substâncias, na prática, isso ainda não ocorre de forma satisfatória.[642]

Já em relação à "poluição por substância", "as formas mais expressivas de poluição das águas são as ocasionadas por nitratos, fosfatos, produtos fitossanitários, industrial e urbana", sendo uma preocupação, conforme demonstra a doutrinadora que fez um estudo comparado da água no Brasil e na França, muito grande na União Europeia.[643]

2.3 Taxa sobre a prestação de serviço público de fornecimento de águas

2.3.1 Aspectos gerais

Já citamos, ainda que rapidamente, que o serviço de fornecimento de águas, entre nós, passou pelo chamado processo de desestatização

---

[642] *Água juridicamente...*, *op.cit.*, p. 141.
[643] *Ibidem*, p. 143.

e, na atualidade, em alguns locais, é delegado aos concessionários de serviço público. Quando o serviço é prestado pela iniciativa privada, então, adentra-se na esfera da tarifa.[644]

Assim, o fornecimento de águas, que acaba envolvendo o conceito de saneamento básico e que, como vimos, estabelece uma relação próxima entre saúde e meio ambiente, deve ser pautado por diretrizes ambientais e ecológicas. A legislação de saneamento básico é clara tanto em relação à importância vital da água como quanto ao problema do seu desperdício, que ocorre com muita frequência no Brasil.[645]

É no sentido da importância vital da água que a extrafiscalidade não pode ter, aqui, um efeito confiscatório, questão essa de extrema delicadeza, pois, ao mesmo tempo em que se deve proteger o meio ambiente, não se pode privar as pessoas de baixa renda do consumo e da qualidade da água potável, pois relacionadas com um tema de saúde pública e com o direito ao mínimo vital ético, caracterizado, neste caso, como direito fundamental ao acesso à água. No mesmo sentido, Clarissa Ferreira Macedo D'Isep:

> (...) o usuário-hídrico é o sujeito do "uso gratuito"; apesar do fato de ser toda atividade humana poluidora, entendemos que o uso mínimo necessário deverá ser assegurado e incentivado para que vidas sejam preservadas. Devem o direito e a ciência neutralizar os efeitos desse uso sobre o meio ambiente. E, por conseguinte, nessa terminologia "poluição" ou "pagador" não deve ser empregada, mas sim "usuário". Nesta sede, estar-se-á realizando o "direito fundamental à água".[646]

---

[644] Pedro Manuel Herrera Molina demonstra que a lógica de mensuração da taxa, no caso o *"canon"*, segue a mesma da tarifa: *"El 'canon' grava la utilización del agua procedente de aprovechamientos de aguas superficiales o subterráneas o de instalaciones de recogida de las aguas pluviales que efectúen directamente los mismos usuarios, mientras que el 'incremento de la tarifa' afecta al consumo de agua suministrada por los Ayuntamientos o por empresas de abastecimiento. Se trata de dos modalidades de la misma figura tributaria"* (*Derecho tributario ambiental...*, op. cit., p. 264).

[645] Lei nº 11.445, de 05 de janeiro de 2007
Art. 29. Os serviços públicos de saneamento básico terão a sustentabilidade econômico-financeira assegurada, sempre que possível, mediante remuneração pela cobrança dos serviços:
(...)
I - prioridade para atendimento das funções essenciais relacionadas à saúde pública;
II - ampliação do acesso dos cidadãos e localidades de baixa renda aos serviços;
(...)
IV - inibição do consumo supérfluo e do desperdício de recursos;

[646] *Água juridicamente...*, op. cit., p. 185-186.

CAPÍTULO 2
TRIBUTAÇÃO DA ÁGUA | 269

É certo que há uma conexão entre o princípio ambiental "quem contamina paga" e o uso da água, mas, nesse aspecto, diferentemente da contaminação da água por indústrias, está-se tratando de pessoas que a utilizam para manter a vida.[647] Uma educação ambiental e uma conscientização para que não haja um desperdício de água talvez sejam o caminho mais sensato quando se trata desse tipo de tributação, uma vez que não se pode onerar a tal ponto o consumo de água, que ele se torne inviável. A população deve ter ciência de que se trata de um recurso escasso e que merece todo o cuidado na sua utilização.

2.3.2 Aspectos tributários

A regra-matriz de incidência tributária da taxa sobre a prestação de serviço público de fornecimento de água não envolve grandes complexidades. A hipótese de incidência consubstancia-se no fornecimento do serviço público de água, ou seja, a quantidade de água fornecida pela concessionária durante o período ajustado – cujo montante final – que, em regra, é mensal.

A base de cálculo da taxa em questão é ajustada exatamente por uma alíquota sobre a quantidade de água fornecida ao mês. Seria um valor de real por metros cúbicos de água consumidos por mês.[648]

Quanto à concessionária de serviço público, existe uma questão mais complexa no modelo espanhol. Pode-se fazer referência ao modelo espanhol da Catalunha, onde a concessionária funciona como uma espécie de responsável tributário dentro da sujeição passiva, sendo o usuário o contribuinte.[649] Por meio de tal relação, percebe-se,

---

[647] *Constituye un principio medioambiental de primer orden que pretende racionalizar la demanda del agua al tiempo que potenciar el estudio e investigación de otras alternativas que permiten el ahorro y la rentabilización del agua (reciclaje, desalación)* (AUCEJO, Eva Andrés. Principios rectores del régimen económico financiero comunitario de la gestión del agua ex «Directiva marco de aguas» (Directiva 2000/60/CE) y su transposición al ordenamiento jurídico español. In: GONZÁLEZ, Luis Manuel Alonso; TORRES, Heleno Taveira (Coord.). *Tributos, aguas e infraestructuras...*, *op. cit.*, p. 179).

[648] *El tipo de gravamen del canon del agua se expresa en euros por metro cúbico, de acuerdo con la base imponible en la cual se aplica* (GALTÉS, Joan Pagès I. *Tributos sobre las aguas...*, *op. cit.*, p. 127).

[649] *Asimismo, debe entenderse que la entidad suministradora que haya pagado el canon que debía facturar al contribuyente, tiene el derecho a reclamarlo de éste, pues en todo supuesto de responsabilidad patrimonial el responsable que efectúa el pago del tributo puede dirigirse contra el principal obligado (en este caso, el consumidor-contribuyente) para resarcirse de la cantidad pagada. En el bien entendido que la entidad suministradora tan sólo podrá repercutir el importe del canon del agua, pero jamás de las obligaciones acesorias que se le impogan, como es el caso de la multa* (Ibidem, p. 147).

na Espanha, que alguns não entendem os valores cobrados como tarifas, mas, sim, como tributos, ainda que o serviço não seja prestado diretamente pelo Estado.

O contribuinte é o sujeito passivo principal da relação jurídica tributária, enquanto a entidade que presta o serviço público repercute a cobrança do tributo – para eles, o *"canon del agua"*; para nós, uma taxa de prestação de serviço de água – e acaba possuindo os direitos de cobrança do tributo caso o contribuinte não o pague.

Cabe esclarecer que a referida visão não é aceita por toda a doutrina espanhola. Pedro Manuel Herrera Molina, por exemplo, enxerga as entidades que fornecem a água apenas como uma espécie de arrecadadores do tributo em questão, sem título algum de responsabilidade tributária, inclusive para a Catalunha.[650] Na Espanha, algumas comunidades autônomas, como o País Basco, adotam tal visão também, inclusive em contraposição ao que preceitua a lei geral:

> *Da un paso más allá la Comunidad de País Vasco la cual configura a las entidades suministradoras no como sustitutos en el sentido técnico-jurídico establecido en la LGT, sino como recaudadoras del tributo. Se trata, así, de entidades que ocupan lo que en el ámbito doctrinal ha sido denominado «recaudador sin título», en cuanto les corresponde facturar al usuario el importe del tributo, cobrarlo e ingresarlo a la Administración Tributaria. Esta configuración, además, deriva en la consideración de tales entidades como responsables solidarios del tributo en cuestión, de modo que deben hacer frente al pago del mismo en aquellos supuestos en los que no han facturado al usuario el importe correspondiente o bien, aún facturándolo, el contribuyente no lo ha satisfecho (sic).[651]*

Ao tratar do tema saneamento básico, ele reflete uma imposição obrigatória por parte do Poder Público, uma vez que está diretamente relacionado com a saúde pública.

No Estado do Paraná, considera-se uma tarifa – regime jurídico de direito privado –; contudo, cabe ressaltar que há o respeito ao mínimo ético vital, considerando, no âmbito tarifário, a sua função social para

---

[650] Ao tratar da questão da Catalunha, deixa claro: *"Las entidades suministradoras son sujetos con un deber de colaboración, y, sin embargo, no tienen el carácter de contribuyentes ni sustitutos, por lo que L. M. Alonso los denomina "recaudadores sin título", aunque tal vez sería preferible hablar colaboradores en la gestión recaudadora"* (Derecho tributario ambiental..., op. cit., p. 264).

[651] SERRET, Estela Ferreiro. *La gestión de los tributos sobre el agua.* In: GONZÁLEZ, Luis Manuel Alonso; TORRES, Heleno Taveira (Coords.). *Tributos, aguas e infraestructuras...,* op. cit., p. 206.

as famílias que residem em área construída de até 70 m², auferem até dois salários mínimos e consomem até 10m³.[652] A iniciativa do Estado do Paraná e da Companhia de Saneamento do Paraná (Sanepar) é um modo de tentar preservar o limite mínimo da capacidade contributiva, embora num contexto tarifário, vivenciado o princípio da modicidade tarifária, pois reflete a inclusão social quanto a um bem tão importante e essencial como a água. Contudo, há críticas de como em alguns Estados a referida iniciativa não é a mais justa, não se aplicando ao Paraná, que utiliza a tarifa a partir de um critério socioeconômico.[653]

Na Espanha, uma preocupação que ocorre no consumo residencial da água é o volume de água utilizado e o número de pessoas que habitam a residência. Com o intuito de maior conscientização ambiental e, por conseguinte, menor desperdício de água, conjugando os princípios da capacidade contributiva e da proteção ambiental, há uma tributação distinta para aqueles consumidores que não respeitam os limites estabelecidos pelo volume da água. Isso tem como objetivo conscientizar a população sobre o desperdício e educá-la, ambientalmente, para a preservação do referido recurso natural.[654]

Questiona-se: tal política pública poderia ser aplicada ao nosso ordenamento jurídico?

A resposta é afirmativa, com os devidos cuidados e matizes constitucionais, pois, em momento algum, a tributação ou tarifação da água podem ser confiscatórias, visto que se trata de bem de suma importância para a preservação da vida. Contudo, um agravamento para aquelas

---

[652] *Tabela de tarifas*. Disponível em: <http://site.sanepar.com.br/informacoes/tabela-de-tarifas>. Acesso em: 02 jun. 2012.

[653] A crítica provém dos estudos do Plano Nacional de Saneamento Básico (PLANSAB): "Com relação às empresas estaduais, verifica-se que: (i) nem todas possuem tarifas sociais; (ii) muitas empresas estabelecem tarifa social para os usuários que consomem até 10m³ por mês, ou seja, o critério é o baixo consumo e não a situação socioeconômica. Diferentes estudos internacionais e nacionais mostram que esse critério pode não ser o mais justo socialmente. Nem sempre quem gasta pouca água é pobre e nem sempre quem gasta muita água é rico ou não-pobre. Uma tarifação com este tipo de base de raciocínio poderá subsidiar o consumo de água de quem não precisa de proteção social e punir o pobre com uma tarifa mais alta, pelo maior consumo de água, explicado, entre outros motivos, pelo maior número de moradores em cada domicílio. Em situações nas quais isso ocorre, o usuário pobre estará subsidiando o consumo do rico, o inverso do desejado" Disponível em: <http://www.cidades.gov.br/images/stories/ArquivosSNSA/Arquivos_PDF/plansab_06-12-2013.pdf>. Acesso em: 10 abr. 2014.

[654] *Asimismo, cabe admitir que los consumos de agua que por su volumen puedan ser considerados excesivos se vean penalizados aplicándoseles tarifas superiores a los consumos que se consideren ordinarios. El principio de capacidad unido al principio de protección medioambiental, amparan e incluso impulsan esta discriminación* (GALTÉS, Joan Pagès I. *Tributos sobre las aguas...*, op. cit., p. 221).

famílias com pequeno número de pessoas e que consomem mais água do que famílias numerosas nada mais é que aplicação do princípio da igualdade, uma vez que há uma média estimada de consumo de água por habitante e por dia.

As situações de desperdício devem ser evitadas, e uma das maneiras eficazes seria por meio da tributação ambiental da água.

2.4 Contribuição da água

Analisamos nos subitens anteriores a situação em que a água é objeto do exercício da atividade de polícia ou da prestação do serviço público. Mas, como já observamos, a água é um bem econômico dotado de valor econômico, e ela é um recurso natural finito. Como ficaria a situação em que a água é retirada dos rios e de outros locais sem qualquer tipo de valoração econômica?

Na agricultura, utiliza-se um volume muito grande de água e, em algumas situações, observa-se, inclusive, certa desertificação com o desaparecimento de lençóis freáticos pela utilização indevida da água. "Tanto em nível mundial como nacional, o grande consumidor é o setor agrícola (próximo de 70%). Um hectare de irrigação de arroz por inundação consome o equivalente ao consumo de 800 pessoas."[655]

Maria Luiza Machado Granziera esclarece:

> Sendo as águas bens públicos de uso comum, um de seus atributos, como já foi visto, é o da inalienabilidade. Esse preceito, já fixado no Código de Águas, foi repetido pela Lei nº 9.433/97 (art. 18); Ninguém, seja a que título for, poderá apropriar-se das águas, pois a lei apenas confere o direito de seu uso por meio da outorga, cujos instrumentos jurídicos, no direito em vigor, são a autorização e a concessão. E o pagamento pelo uso tampouco implica a criação de direito sobre a água.[656]

Assim, entendemos que a cobrança pelo uso da água necessita, previamente, do direito de uso, ou seja, a outorga. A Lei nº 9.433, de 8 de janeiro de 1997, que trata da Política Nacional dos Recursos Hídricos, prevê claramente a cobrança pela chamada água bruta e a vincula com o instrumento da outorga. Nesse momento, percebe-se a conjugação do direito tributário com o direito ambiental, pois a

---

[655] TUCCI, Carlos E. M. *Artigo-base sobre recursos hídricos...*, *op. cit.*, p. 269.
[656] *Direito de águas*: disciplina jurídica das águas doces, p. 218.

CAPÍTULO 2
TRIBUTAÇÃO DA ÁGUA | 273

outorga necessita de um estudo prévio do impacto ambiental, tendo como objetivo assegurar o controle quantitativo e qualitativo dos usos da água.[657] Logo, prima por uma racionalidade ambiental com um viés para a sustentabilidade, e a cobrança vem como um meio de assegurar a quantidade de água utilizada.

A hipótese de incidência do tributo em questão deve ser muito bem delineada. Não se trata de uma outorga pelo simples direito de uso, mas está justamente pelo consumo da água. Assim, quando o indivíduo solicita ao ente o direito de uso, pelo respectivo consumo da água deve ser efetuado o seu lançamento.

Trata-se do consumo de um bem público e, na consideração desse uso, deve ser observado o princípio da capacidade contributiva, com os limites do mínimo vital e do não confisco, pois o próprio Código de Águas, Decreto nº 24.643, de 10 de julho de 1934, em seu artigo 34, faz uma ressalva de que o uso é gratuito para as primeiras necessidades da vida. "Ou seja, leis ou regulamentos podem arbitrar um pagamento pela utilização da água, com exceção do uso para as primeiras necessidades da vida (...)."[658] Além disso, devemos lembrar que a retirada da água bruta também se relaciona com a compensação ambiental, pois quanto mais água retirada da natureza, menos água restará, já que ela é um bem ambiental finito.

A Lei da Política Nacional de Irrigação – Lei nº 12.787, de 11 de janeiro de 2013 – prevê uma política para a racionalização e o uso adequado da água, com uma conjugação sustentável da utilização dos solos e dos recursos hídricos, prevendo a necessidade de outorga nos casos de irrigação.[659] Tais outorga e futura cobrança da água devem

---

[657] Importantes artigos da Lei nº 9.433/97:
Art. 11. O regime de outorga de direitos de uso de recursos hídricos tem como objetivos assegurar o controle quantitativo e qualitativo dos usos da água e o efetivo exercício dos direitos de acesso à água.
Art. 19. A cobrança pelo uso de recursos hídricos objetiva:
I - reconhecer a água como bem econômico e dar ao usuário uma indicação de seu real valor;
II - incentivar a racionalização do uso da água;
III - obter recursos financeiros para o financiamento dos programas e intervenções contemplados nos planos de recursos hídricos.

[658] GRANZIERA, Maria Luiza Machado. *Direito de águas...*, *op. cit.*, p. 219.

[659] Lei nº 12.787/2013
Art. 3º A Política Nacional de Irrigação rege-se pelos seguintes princípios:
I - uso e manejo sustentável dos solos e dos recursos hídricos destinados à irrigação;
II - integração com as políticas setoriais de recursos hídricos, de meio ambiente, de energia, de saneamento ambiental, de crédito e seguro rural e seus respectivos planos, com prioridade para projetos cujas obras possibilitem o uso múltiplo dos recursos hídricos;

preservar o mínimo vital e o conceito de economia familiar, em total harmonia com a função social da terra.

A referida contribuição da água poderia ser criada a partir da competência residual da União, prevista no artigo 154, I, conjugado com o artigo 149, ambos da Constituição Federal.[660] A instituição pela União não impede, em momento algum, que haja uma delegação da capacidade tributária ativa para outro ente da Federação. Como se trata de uma contribuição, sua arrecadação deve ter uma destinação específica e deve ser destinada à proteção e melhoria da implementação do sistema hídrico nacional. Em um estudo sobre a água no Brasil, Marilene Ramos M. Santos elucida:

> A cobrança pelo uso da água prevista na Lei n° 9.433 é relativa à água bruta utilizada para o abastecimento urbano, industrial ou agrícola ou para a diluição de efluentes. A "cobrança pela água bruta" tende a ter maior impacto sobre o comportamento do usuário industrial ou agrícola que capta ou dilui efluentes diretamente nos corpos hídricos. Além disso, esta forma de cobrança possibilita a estruturação do sistema de gestão de recursos hídricos, sendo previsto em lei que até 7,5% dos recursos arrecadados poderão ser destinados a cobrir os custos administrativos e de monitoramento do sistema de gestão e que os demais recursos devem ser aplicados na bacia hidrográfica onde foram gerados, de acordo com o Plano de Investimentos aprovado pelo Comitê de Bacias.[661]

Trata-se de uma hipótese de incidência tributária constitucionalmente permitida de um verdadeiro tributo ecológico, com a natureza jurídica intrínseca de um imposto e vestimenta extrínseca de uma contribuição. Apenas para enfatizar, é um tributo ecológico, pois, em

---

Art. 23. A utilização de recurso hídrico por projeto de irrigação dependerá de prévia outorga do direito de uso de recursos hídricos, concedida por órgão federal, estadual ou distrital, conforme o caso.

[660] Art. 154. A União poderá instituir:
I - mediante lei complementar, impostos não previstos no artigo anterior, desde que sejam não-cumulativos e não tenham fato gerador ou base de cálculo próprios dos discriminados nesta Constituição;
Art. 149. Compete exclusivamente à União instituir contribuições sociais, de intervenção no domínio econômico e de interesse das categorias profissionais ou econômicas, como instrumento de sua atuação nas respectivas áreas, observado o disposto nos arts. 146, III, e 150, I e III, e sem prejuízo do previsto no art. 195, §6°, relativamente às contribuições a que alude o dispositivo.

[661] Como reverter o processo de degradação da qualidade e quantidade da água doce no Brasil. In: CAMARGO, Aspásia; CAPOBIANCO, João Paulo Ribeiro; OLIVEIRA, José Antonio Puppim de (Org.). *Meio ambiente Brasil...*, *op. cit.*, p. 290.

sua hipótese de incidência, está configurada a tributação da utilização de um recurso natural. Além disso, conforme deixa claro a autora antes mencionada, a referida tributação seria um estímulo à diminuição do consumo, e a receita obtida seria destinada às ações de recuperação e fiscalização do sistema de gestão hídrica.[662]

A base de cálculo do referido tributo corresponderia ao volume de m³ utilizados, devendo sempre a legislação preservar o mínimo vital e, mais uma vez, quando se trata de economia familiar, realizar a sua proteção.

Marilene Ramos M. Santos ainda menciona como o planejamento da implementação da política pública deve ocorrer:

> No Brasil, a implantação da "cobrança da água bruta" deverá dar sustentabilidade econômica-financeira ao sistema de gestão de recursos hídricos e, ainda, alavancar recursos para investimento em ações que levem à redução da poluição e proteção dos recursos hídricos.
>
> (...)
>
> Deve-se considerar também que o sistema deve gerenciamento de recursos hídricos deverá ser fortemente subsidiado na sua fase inicial, fato registrado em outros países que implantaram a cobrança, o que deve ao gradualismo que acompanha a implantação da mesma (sic).[663]

A tributação ambiental perderia boa parte do sentido da sua finalidade extrafiscal se ela não fosse revertida para o meio ambiente. Logo, tudo aquilo que provier da tributação em função do meio ambiente deve ser revertido com o intuito de preservação e manutenção da sustentabilidade socioambiental.

Assim, deve existir uma memória econômico-financeira daquilo que foi arrecadado e onde foi aplicado na preservação dos recursos hídricos. Trata-se de um modo de gestão financeira sustentável, pois o sistema torna-se transparente e ético.

---

[662] *Ibidem*, p. 291-292.
[663] *Ibidem*, p. 293.

CAPÍTULO 3

POLÍTICA FISCAL DE REUTILIZAÇÃO DE ÁGUA

Neste mundo, nada é mais maleável e frágil quanto a água. Contudo, ninguém, por mais poderoso que seja, resiste à sua ação (corrosão, desgaste, choque de ondas), ou pode viver sem ela. Não é bastante claro que a flexibilidade é mais eficaz que a rigidez? Poucos agem de acordo com essa convicção.[664]

(Lao-Tsé)

3.1 O que seria?

É de conhecimento notório que a água é um recurso esgotável; sendo assim, a sua política de reutilização coaduna-se perfeitamente com os princípios constitucionais ambientais e, para além disso, tenta preservar um dos maiores patrimônios vitais. Nivaldo Brunoni alerta-nos para a chamada função social da água, similar à função social da terra: "Assim como a terra, a água deve desempenhar uma função social, e a sua reutilização com o tratamento de esgotos deve ser encarada como prioridade por nossos governantes".[665] Cabe esclarecer que a analogia com a função social da terra não implica a defesa da mercantilização da água e a sua transformação em propriedade privada. Joan Pagès I Galtés descreve o que seria o ciclo da água:

---

[664] Disponível em: <http://pensador.uol.com.br/poesias_sobre_a_agua/>. Acesso em: 11 maio 2014.

[665] A tutela das águas pelo município. In: FREITAS, Vladimir Passos de (Coord.). *Águas:* aspectos jurídicos e ambientais, p. 84.

Pero no podemos olvidar que la utilización o consumo del agua suele generar aguas residuales y, por tanto, el ciclo completo de este recurso natural se cierra con la evacuación y, en su caso, tratamiento y recuperación de aquéllas.[666]

Assim, a gestão de águas não se resume ao fato da sua captação e distribuição, mas deve também haver uma preocupação com o que fazer com a água depois de utilizada. Tal inquietação é da máxima importância, pois conforme avisa José Renato Nalini:

> Ninguém parou para pensar que a água existente no planeta é a mesma, desde que a Terra existe. Não se "produz" água. Ela não vem de outros planetas, mas a sua conservação advém de um uso moderado, mantidas as condições climáticas de seu ciclo vital.[667]

Diante do fato da escassez e possível falta de água, o reúso dela é de fundamental importância para a sua sustentabilidade, já que, mais uma vez, o processo se assemelha ao ciclo natural, que é um processo cíclico e sem a produção de resíduos. Em um conceito de reutilização, Daniel Roberto Fink elucida:

> Reutilizar a água pressupõe um uso e um usuário anterior. E mais: pressupõe a presença de um próximo usuário diferente do anterior, ainda que o outro uso seqüencial não seja diferente do original.[668]

No Brasil, o sistema de racionalização de águas é deplorável e, em geral, quando a água se esgota, procuram-se novos mananciais. Assim, a falta de adequação nas políticas públicas faz com que haja, cada vez mais, desperdícios, sem a devida conscientização e o necessário reaproveitamento da água, esquecendo-se, momentaneamente, que a água é um recurso esgotável.[669]

O tratamento e a recuperação das águas são de fundamental importância para que o ciclo seja completo e eficiente, diminuindo ou

---

[666] *Tributos sobre las aguas...*, *op. cit.*, p. 10.

[667] *Ética ambiental...*, *op. cit.*, p. 41.

[668] Reúso de água. In: BENJAMIN, Antonio Herman (Org.). *Direito, água e vida...*, *op. cit.*, p. 443.

[669] Os serviços de água nas cidades brasileiras possuem problemas crônicos, com perda de água na distribuição e falta de racionalização do uso em níveis doméstico e industrial. As cidades perdem 40 a 65% da água colocada no sistema de distribuição. Quando falta, a tendência é buscar novos mananciais sem que sejam reduzidas as perdas e desenvolvida a racionalização (TUCCI, Carlos E. M. *Artigo-base sobre recursos hídricos...*, *op. cit.*, p. 268).

tornando inexistente a geração de resíduos. Clarissa Ferreira Macedo D'Isep esclarece que nem sempre é necessária a chamada água potável para todas as atividades humanas:

> O enquadramento da qualidade da água permitiu trabalhar melhor o uso e noção de qualidade, qual seja, o tipo de água em função da satisfação do fim almejado. No entanto, nem todos os usos da água requerem sua potabilidade, logo o padrão de qualidade se movimenta de forma negativa e positiva, adequando o uso a cada estágio do ciclo hidrológico, neste inserido o tratamento de água, de forma a amenizar custos. A definição dos critérios de qualidade configura o regime jurídico, que tem "origem" na raridade, escassez e obediência ao direito do uso eqüitativo. A sua "aplicabilidade" esto á pautada no trinômio: uso – qualidade – quantidade, sendo o binômio qualidade-quantidade condutor do regime do uso das águas.[670]

Além disso, a água é utilizada para atividades muito diferentes: ela pode ser utilizada para beber, atividade recreativa, uso industrial, agrícola, força motriz, entre tantas outras utilidades.

Apresentar uma política pública de reúso da água no Brasil é muito importante. Tentar-se adotar um modelo de dessanilização da água em vez do reúso é inconcebível, pois a primeira técnica, muito frequente em países ricos, que já vivem a escassez de água, "(...) é um processo dispendioso, praticamente impossível para países pobres como o Brasil".[671]

A preocupação com o tratamento de águas residuárias é presente na União Europeia desde 1991, e o relatório mostra que mesmo a Espanha, que temos tomado por modelo, ainda não atingiu graus satisfatórios, mas apenas os países nórdicos, como Finlândia, Suécia e Dinamarca.[672]

Mesmo a Espanha não atingindo a média adequada para o referencial europeu, seu modelo pode ser utilizado como referência.

---

[670] *Água juridicamente....*, *op. cit.*, p. 245.

[671] NALINI, José Renato. *Ética ambiental...*, *op. cit.*, p. 41.

[672] Em 1991, a Comissão Europeia aprovou uma nova diretriz sobre águas residuárias. Uma avaliação do grau de cumprimento dela por parte dos Estados membros, efetuada em 2001, mostrou resultados deprimentes nesse aspecto. Apenas a Finlândia, a Suécia e a Dinamarca haviam cumprido seus compromissos e tratado suas águas residuárias urbanas com métodos avançados. A Espanha, ao contrário, estava longe de cumprir suas obrigações (SAURÍ, David; OLCINA, Jorge; RICO, Antonio. O estado de abastecimento de água e esgotamento sanitários urbanos na Espanha – temas, debates e conflitos. In: HELLER, Léo; CASTRO, José Esteban (Org.). *Política pública e gestão...*, *op. cit.*, p. 287).

Observa-se que, na região da Catalunha, a legislação é cuidadosa quanto à política fiscal de reutilização da água e, conforme demonstra Joan Pagès I Galtés, a água possui uma utilização múltipla:

> *Partiendo del Programa de reutilización del agua elaborado por la ACA (htpp:// mediambient..., cit), los usos a los que se destina el agua reutilizada son:*
>
> *a) Ambiental, con un 45,1%.*
>
> *b) Agrícola, con un 27,9%.*
>
> *c) Industrial, con un 11,7%.*
>
> *d) Recreativo, con un 11,1%.*
>
> *e) Municipal, con un 4,1%.*[673]

Verifica-se a total conjugação da política de reúso da água com a ideia de sustentabilidade, pois a agricultura é um dos setores que mais utiliza água; assim, o reaproveitamento e a destinação no reúso da água são deveras importante, já que não se exige a sua potabilidade, havendo urgência de uma adequação na política pública relativa ao uso da água no Brasil.[674] O país deve estabelecer diretrizes, baseadas nos âmbitos do direito tributário e do direito financeiro, a fim de que o processo seja incentivado, trabalhando preventivamente antes que a situação chegue a níveis críticos e já não haja mais soluções viáveis.

Há muitas vantagens na reutilização da água. Uma delas é que a água possui sua vida útil ampliada e, além disso, diminui consideravelmente o seu processo de contaminação; logo, dois benefícios são conseguidos em um mesmo momento: ampliação da vida útil e diminuição da contaminação, protegendo as águas que não se enquadram no conceito de reutilizadas.[675] Quando se deixa de contaminar a água, ampliam-se a quantidade e a qualidade da água potável.

---

[673] *Tributos sobre las aguas...*, op. cit., p. 49.

[674] A atividade agrícola, se não conduzida dentro de padrões de proteção do solo e das águas, é um fator importante de degradação ambiental, pela escassez da água que pode provocar, pela poluição hídrica causada pela utilização de agrotóxicos e pela erosão. Por outro lado, a produção agrícola abastece de alimentos os grandes centros urbanos. Trata-se, pois, de um segmento que deve participar ativamente dos processos de gerenciamento dos recursos hídricos, na qualidade de usuários dos mesmos (GRANZIERA, Maria Luiza Machado. *Direito de águas...*, op. cit., p. 132).

[675] *En efecto, abreviando al máximo, podemos decir que la reutilización del agua:*
a) Alarga su "vida útil", al poder ser doblemente utilizada antes de ser considerada definitivamente como agua residual de desecho.
b) En la medida que así acontece, la reutilización permite que permanezcan en la naturaleza contigentes de este bien, con todo el valor medioambiental que ello conlleva, especialmente en lo que se refiere a la reducción de la contaminación del agua (GALTÉS, Joan Pagés I. *Tributos sobre las aguas...*, op. cit., p. 49).

A reutilização da água está em conformidade com as diretrizes ambientais mundiais e constitucionais, que preveem a proteção do meio ambiente com tratamentos diferençados – artigo 170, VI e artigo 225, *caput*. Da legislação espanhola, extrai-se que "(...) *se entiende por reutilización directa de aguas, las que, habiendo sido ya utilizadas por quien las derivó, y antes de su devolución a cauce público, fueran aplicadas a otros diferentes usos sucesivos*".[676]

Como a reutilização das águas está de acordo também com as diretrizes governamentais, deve, por sua vez, o Poder Público adotar medidas econômico-financeiras para tal fim. É o que esclarece o professor espanhol Joan Pagès I Galtés:

> *Si los poderes públicos se ven impulsados a promover la reutilización del agua, tendremos que el legislador y la Administración financieros se verán impulsados a adoptar medidas económico-financieras para la consecución de este fin.*[677]

Assim, na Catalunha, comunidade autônoma da Espanha, as atividades que reutilizam água são detentoras de isenções, razões lógicas. Ora, para que o Poder Público recicle a água, ele necessita investir, já que o processo necessita de tratamentos, que possuem um custo. Se um agricultor, industrial ou qualquer outro indivíduo se esforça para reutilizar a água, está evidentemente diminuindo a contaminação e preservando um patrimônio de riqueza vital. Por uma questão de justiça tributária, aqueles que reutilizam a água devem ser alvo de uma tributação distinta.[678]

No Brasil, há uma organização não governamental (ONG) chamada Cidades Sustentáveis, que mede com números vários fatores ambientais. Dentro de algumas dessas medições, está o caso, por exemplo, de uma empresa brasileira que adota como uma de suas políticas o reúso de 20% da água.[679] O governo ainda não possui uma política tributária e fiscal adequada para privilegiar empresas sustentáveis,

---

[676] GALTÉS, Joan Pagés I. *Incentivos fiscales a la reutilización del agua...*, op. cit., p. 49.

[677] *Ibidem*, p. 51.

[678] *Llegados a este punto, creemos resulta forzoso concluir que el principio comunitario de equiparación del precio del agua al coste real se ve matizado por la misma normativa comunitaria de protección medioambiental, que, en esta materia se ajusta perfectamente a la normativa constitucional española. Y como que la reutilización del agua es un mecanismo de protección ambiental, esta normativa impulsa a que las tarifas que al respecto se fijen sean más reducidas que las tarifas que se fijen respecto a otros usos del agua menos respetuosos al medio ambiente* (sic) (*Ibidem*, p. 52).

[679] *Brasil perde em posições em ranking das empresas mais sustentáveis do mundo.* Disponível em: <http://www.ecodesenvolvimento.org/posts/2014/brasil-perde-posicoes-entre-as-empresas-mais?tag=empresa-sustentavel>. Acesso em: 21 fev. 2014.

o que provoca, dependendo do porte da empresa, um tratamento distinto, recaindo até em uma situação de clara injustiça tributária, pois são empresas com comportamento especial em face da questão ambiental que não recebem o mesmo tratamento jurídico-tributário e podem, ao adotar tecnologias sustentáveis, sofrer um ônus financeiro maior, perdendo inclusive no mercado, visto que o seu preço será mais elevado pela ampliação do valor no processo produtivo.

Mesmo na Espanha, que se encontra mais adiantada em termos de tributação ambiental, verifica-se a existência de problemas. Joan Pagès I Galtés avisa:

> *Reconocemos que, en ocasiones, los criterios jurídicos no siempre casan con la realidad económica. Sin embargo, en el caso que nos ocupa, la conclusión que, según los argumentos expuestos, se deprende de un análisis estrictamente jurídico, se corresponde perfectamente con la realidad económica que reclama una internalización de las ventajas derivadas de la reutilización del agua, esto es, que aquellas actividades que contribuyan al medio ambiente a través de la reutilización del agua, se vean incentivadas por unos precios más reducidos.*[680]

O jurista espanhol defende uma isenção total em relação ao uso da água para os casos em que haja a sua reutilização.[681] Tal política pública poderia ser aplicada ao modelo brasileiro? Ou seja, pode haver uma isenção total de tributos incidentes sobre a água que seja considerada reutilizada?

Esclarece-se que, no tratamento de resíduos, as águas residuais são consideradas como uma espécie dentro um gênero, pois, quando se discorre sobre saneamento básico, percebe-se que, no conceito, está envolvida a destinação do lixo, bem como a questão da distribuição e do tratamento de água.

No reúso, deve ser mantido o nível dos padrões sanitários, seja no reúso para fins agrícolas, industriais, recreacionais, domésticos, manutenção de vazões, aquicultura e recarga de aquíferos subterrâneos.[682]

---

[680] GALTÉS, Joan Pagés I. *Incentivos fiscales a la reutilización del agua...*, op. cit., p. 52.

[681] *En suma, de todo lo anterior se desprende que la reutilización del agua se encuentra beneficiada por una exención total que afecta tan sólo al tipo de gravamen sobre el uso del agua, sin que alcance al tipo de gravamen sobre la contaminación (Ibidem, p. 53).*

[682] Daniel Roberto Fink destaca as três finalidades de reúso, das quais se retiram alguns trechos muito elucidativos: "'Fins agrícolas': a utilização de água de reúso para fins agrícolas tem por objetivo primordial a irrigação de plantas alimentícias, como hortaliças, árvores frutíferas e grãos e plantas não alimentícias como pastagens, forragens, sementes, fibras e árvores destinadas a produzir madeira, papel e celulose, bem como destinadas a reflorestamento e paisagismo. Também se admite a utilização de água de reúso para a dessedentação de animais em geral, seja na pecuária de corte ou leite, ou ainda em criações diversas.

3.2 Mecanismos econômico-financeiros para a água reutilizada

Diante desse quadro, o que se pode concluir, em um primeiro momento, é que a implementação de políticas públicas de reutilização da água amplia enormemente a qualidade e vida útil da água, além de proteger o meio ambiente. Ora, para que tal processo seja implementado, precisa ser estimulado pelo governo, necessitando, portanto, de desonerações no âmbito fiscal e tributário e de incentivos propriamente ditos.

Para manter o sistema de depuração ou reciclagem da água, é necessária a utilização de receita pública. Na Espanha, há tributação sobre o sistema de distribuição da água relativa à rede que a distribui – os espanhóis denominam de *"tasa de alcantarillado"* – e uma tributação sobre o serviço de limpeza das águas – *"servicio de depuración de aguas"*:

(...)
Há fatores econômicos a ser considerados no reúso agrícola. Porém é evidente que os padrões sanitários de água de irrigação ou dessedentação de animais devem estar acima de qualquer risco à saúde da população.
(...)
'Fins industriais': essa modalidade de reúso pode ser utilizada em diversos processos industriais produtivos, desde que os parâmetros de água de reúso oferecida sejam safisfatórios à atividade desenvolvida. Água de refrigeração por meio de recirculação e torres de resfriamento, e para utilização em caldeiras são também apontadas como utilização de reúso industrial.
(...)
'Fins recreacionais': classificação reservada à irrigação de plantas ornamentais, campos de esportes e também para enchimento de lagoas ornamentais e recreacionais. Muitos autores incluem aqui a utilização de água de reúso para rega de parques e jardins públicos. Outros, ainda, consideram esse tipo de reúso tipicamente urbano.
(...)
'Fins domésticos': são considerados aqui os casos de reúso de água para rega de jardins residenciais, para descargas sanitárias e utilização desse tipo de água em grandes edifícios.
(...)
'Manutenção de vazões': pode-se reusar água após tratamento de esgotos domésticos e efluentes para a manutenção de vazões de cursos de água, de forma planejada, com vistas a uma adequada diluição de cargas poluidoras, incluindo-se fontes difusas.
(...)
'Aquicultura': Nessa modalidade de reúso de água, prevê-se a produção de plantas aquáticas ornamentais ou alimentícias e a criação de peixes, também para ornamentação ou para servir de alimento.
(...)
'Recarga de aquiferos subterrâneos': por meio dessa forma de reúso de água, os aquiferos subterrâneos recebem carga adicional de efluentes tratados, que podem ser injetados diretamente sob pressão ou, mesmo de forma indireta, por meio de corpos d"água superficiais" (Reuso de água. In: BENJAMIN, Antonio Herman (Org.). *Direito, água e vida..., op. cit.*, p. 447-450).

Más delicado es pronunciarse sobre el servicio de depuración de aguas.

A nuestro entender, este servicio es conceptualmente distinto al de abasteci-miento de agua –y al de alcantarillado–, de ahí que, perfectamente, pudiera dar lugar a una figura financiera distinta que, a nuestro modo de ver, tendría naturaleza de tasa. De este modo, pues, junto a la tasa por abastecimiento de agua, podría exigirse una tasa por depuración de agua potable (de la misma manera que, junto a la tasa de alcantarillado, podría exigirse una tasa por depuración de aguas residuales).[683]

Para o sistema espanhol, é como se existissem três hipóteses de incidência distintas para as taxas, quais sejam: abastecimento de água, construção da rede de saneamento básico e tratamento de águas residuais. Realizando-se um paralelo com o ordenamento jurídico tributário brasileiro, não seria possível a incidência de uma taxa sobre a construção da rede de saneamento básico diante das hipóteses de incidência das possíveis taxas entre nós.

Em relação à taxa pelo abastecimento de água, já analisada, essa viabilidade é perfeitamente possível a partir do momento em que a companhia de abastecimento capta a água de rios ou lençóis freáticos e a trata, distribuindo-a para a população.

Quanto à taxa pelo tratamento de águas residuais, também estaria enquadrada como uma modalidade de taxa pela prestação de um serviço público divisível e específico, tendo uma relação direta com a taxa sobre a contaminação permitida em águas.

3.2.1 Taxa sobre o serviço público de limpeza de águas

O serviço de limpeza de águas é enquadrado nos serviços de saneamento básico, e a questão da competência muda, pois é competência comum da União, dos Estados, do Distrito Federal e dos Municípios.[684] [685] Cabe ressaltar também que a própria lei prevê

---

[683] GALTÉS, Joan Pagès I. *Tributos sobre las aguas...*, op. cit., p. 226.
[684] Lei nº 11.445/2007:
Art. 2º Os serviços públicos de saneamento básico serão prestados com base nos seguintes princípios fundamentais:
(...)
III - abastecimento de água, esgotamento sanitário, limpeza urbana e manejo dos resíduos sólidos realizados de formas adequadas à saúde pública e à proteção do meio ambiente;
[685] Constituição Federal:
Art. 23. É competência comum da União, dos Estados, do Distrito Federal e dos Municípios:
(...)
IX - promover programas de construção de moradias e a melhoria das condições habita-cionais e de saneamento básico;

que saneamento básico, saúde e meio ambiente estão intimamente relacionados.

Quando a companhia recebe as águas residuais, deverá realizar um tratamento nelas, que não necessitarão se transformar em água potável, mas poderão ser utilizadas em outros setores industriais.

A referida taxa incidiria sobre o serviço de limpeza pública de águas residuais, um serviço público específico e divisível; depois, tais águas seriam distribuídas aos setores que possam utilizá-la, como agricultura, indústria, entre outros.

Logo, a hipótese de incidência seria o serviço de limpeza pública e percebe-se que, quanto menor a poluição nas águas, menos oneroso será o seu processo de limpeza. A base de cálculo corresponderia ao volume de serviço público utilizado para a limpeza das águas residuais e para a sua distribuição para aqueles que as utilizem.

O sujeito ativo seria o ente que fosse responsável pelo serviço de limpeza, e o sujeito passivo, aquele que utilize as águas residuais.

Contudo, uma política ainda mais eficiente seria se a própria iniciativa privada lançasse mão de mecanismos, dentro do próprio processo industrial, para a reutilização da água. Ocorre que, em raros casos, há uma consciência ambiental por parte da iniciativa privada, mesmo sem que haja um estímulo econômico; nesse aspecto, há de existir um interesse do setor público conjugado a um interesse do setor privado. Percebe-se a importância do Estado na implementação da referida política tributária, pois, ao conceder incentivos tributários, estará induzindo enormemente a consciência e a modificação das posturas empresariais.

3.2.2 Incentivos tributários sobre a atividade de reúso

A criatividade relacionada à inovação tecnológica é essencial para medidas sustentáveis no que toca à reutilização da água. Para contextualizar melhor o quadro, traz-se a experiência retratada por José Renato Nalini:

> O Japão, que enfrenta uma escassez muito mais séria, disponibiliza água potável apenas para beber, cozinhar e higiene pessoal. As demais atividades se exercem com água de reuso. O esgoto tratado é reutilizado na lavagem de carros, quintas e bacias sanitárias. É um líquido límpido, mas insuscetível de ingestão pelo homem, pois não descontaminado.

Todos os edifícios japoneses têm estação de tratamento de esgoto própria. Torneiras e registros de cores diferentes sinalizam qual a água própria ao consumo humano. Essa a tendência futura.[686]

No Brasil, existe um projeto de lei, no Senado, de número 12, de 2014, cuja autoria é do Senador Cássio Cunha Lima, que prevê a utilização de elementos tributários ecológicos como forma de incentivar a utilização de águas reutilizadas. O projeto de lei não institui um tributo propriamente ecológico, mas prevê a redução de imposto sobre a renda e a aplicação de alíquota zero para a COFINS e para a contribuição ao PIS; daí a terminologia "elementos tributários ecológicos".[687]

A iniciativa é louvável, e sua justificativa demonstra a preocupação central quanto à conservação da água e à preservação dos mananciais. O projeto de lei deixa claro que é um custo alto para as atividades industriais investirem em equipamentos para o reúso da água; então, cabe ao governo federal desonerá-las mediante incentivos tributários, estimulando a sociedade à preservação do meio ambiente.[688]

É nítido o mecanismo de indução tributária por meio do uso de isenções do imposto sobre a renda, da COFINS e da contribuição ao PIS. É um exemplo vivo de mudança de política pública, que alia ética, sustentabilidade e o direito tributário. Espera-se que o projeto seja aprovado o quanto antes, trazendo uma nova motivação, pautada pela valorização do meio ambiente, para a mudança comportamental do mercado.

---

[686] *Ética ambiental...*, *op. cit.*, p. 50.

[687] Vide alguns artigos do projeto:
"PLS nº 12, de 2014.
Art. 3º. Sem prejuízo das demais normas em vigor aplicáveis à matéria, a partir do ano-calendário de 2014, as pessoas jurídicas produtoras ou distribuidoras de água de reuso, terá direito à redução de 75% (setenta e cinco por cento) do imposto sobre a renda e adicionais calculados com base no lucro da exploração da atividade de venda de água ou tratamento de água de reuso.
Art. 4º. Ficam reduzidas a zero a alíquota da Contribuição para o PIS/Pasep e da COFINS incidentes sobre a receita de venda ou de tratamento de água de reuso.
Parágrafo Único A redução das alíquotas da Contribuição para o PIS/Pasep e da Cofins de que trata o caput deste artigo não impede a manutenção e a utilização dos créditos pela pessoa jurídica produtora ou distribuidora de água de reuso, no caso de esta ser tributada no regime de apuração não-cumulativa dessas contribuições.
Art. 5º As aquisições de máquinas e equipamentos destinadas à instalação, manutenção, ampliação ou modernização de planta de tratamento de água de reuso terão direito à redução à alíquota a zero do imposto sobre produtos industrializados – IPI, da Contribuição para o PIS/Pasep e da COFINS" (*sic*).

[688] Vide projeto de lei com a justificativa. Disponível em: <http://www.senado.gov.br/atividade/materia/getPDF.asp?t=144200&tp=1>. Acesso em: 16 mar. 2014.

CAPÍTULO 4

UNIVERSALIZAÇÃO DO SERVIÇO DE SANEAMENTO BÁSICO

A alma humana é como a água: ela vem do Céu e volta para o Céu, e depois retorna à Terra, num eterno ir e vir.[689]

(GOETHE, Johann)

4.1 Aspectos iniciais

Entende-se por universalização do serviço de saneamento básico o acesso de todos ao serviço público de prestação de água potável e ao sistema de esgoto.[690] No Brasil, não se pode dizer ainda que o serviço foi universalizado, necessitando ainda de muito investimento e infraestrutura para que ele seja estendido a toda a população.

A história do saneamento básico em nosso país inicia-se a partir do período da ditadura militar. Em dezembro de 2013, após anos de luta e um processo que, na onda do neoliberalismo, tentou privatizar o serviço público de saneamento básico, foi aprovado o Plano Nacional de Saneamento Básico (PLANSAB).[691]

---

[689] Disponível em: <http://pensador.uol.com.br/poesias_sobre_a_agua/>. Acesso em: 11 maio 2014.

[690] Lei nº 11.445/2007:
Art. 3º Para os efeitos desta Lei, considera-se:
(...)
III - universalização: ampliação progressiva do acesso de todos os domicílios ocupados ao saneamento básico.

[691] Para conferir o histórico do saneamento básico no Brasil, vide: COSTA, Silvano Silvério da; RIBEIRO, Wladimir Antonio. Dos porões à luz do dia – um itinerário dos aspectos jurídico-institucionais do saneamento básico no Brasil. In: HELLER, Léon; CASTRO, José Esteban (Org.). *Política pública e gestão de serviços de saneamento*, p. 467-482.

O PLANSAB é uma vitória na história brasileira, pois foi realizado com base em consulta pública, de onde vieram propostas que foram, por sua vez, analisadas cuidadosamente e integradas no plano de âmbito nacional, em uma demonstração de democracia participativa. Além disso, ele visa a um planejamento estratégico para a universalização do serviço, conjugando em todas as suas premissas a preocupação ambiental.[692]

Em termos de saneamento básico, importante observar que:

> Embora o ritmo do progresso tecnológico no setor tenha sido enorme nas últimas décadas, o acesso aos benefícios desse progresso continua vedado para uma parcela significativa da população mundial. As prolongadas desigualdades no acesso a esses serviços essenciais continuam a representar um dos mais importantes dilemas éticos com que se depara a comunidade internacional.[693]

Em razão da carência existente no Brasil, é necessária a implementação de políticas públicas, tendo em mente as diretrizes estabelecidas por Andrés Sanz Mulas:

> Nossa perspectiva de política pública baseia-se em duas premissas fundamentais: (a) os SAE têm um caráter multidimensional e sua análise e explicação requerem a abordagem interdisciplinares e multidisciplinares; (b) o acesso universal a esses serviços, que são essenciais para a vida numa sociedade civilizada, constitui um direito social da cidadania e não pode ser submetido a critérios do mercado.[694]

Quando se trata de algo relacionado ao meio ambiente, está-se sempre em um campo interdisciplinar; e outro fator peculiar já referido é que os bens ambientais se sujeitam a uma lógica diversa da lógica do capitalismo.

É certo que tais investimentos representam um valor de alta monta e, se internalizados no custo do tributo, representariam um aumento substancial, com o consequente impedimento por parte de muitos usuários do serviço público, ferindo frontalmente o conceito

---

[692] Texto integral do PLANSAB. Disponível em: <http://www.cidades.gov.br/images/stories/ArquivosSNSA/Arquivos_PDF/plansab_06-12-2013.pdf>. Acesso em: 30 mar. 2014.

[693] HELLER, Léon; CASTRO, José Esteban (Org.). Introdução. In: *Política pública e gestão de serviços de saneamento...*, *op. cit.*, p. 25.

[694] Análise de políticas públicas de saneamento..., *op.cit.*, p. 98. Entenda-se "SAE" como serviço de água e esgoto.

de capacidade contributiva. Assim, a conjugação do direito tributário com o direito financeiro é essencial para uma boa perspectiva de gestão pública.

A solução para a implantação de novas infraestruturas e a manutenção das já existentes – pois não há como simplesmente implantar novas redes de saneamento e esquecer-se das já existentes – seria uma destinação própria por parte do orçamento público ou uma possível concessão de incentivos fiscais.[695] Além disso, cabe esclarecer que uma parte do fundo de garantia pelo tempo de serviço (FGTS) é utilizada na infraestrutura do saneamento básico.[696]

No plano de políticas públicas a serem adotadas, deve estar muito claro que o investimento em saneamento é, em contrapartida, a diminuição do investimento em saúde. Na própria lei que regulamenta a saúde pública no Brasil, está previsto o saneamento básico como uma condicionante – Lei nº 8.080, de 19 de setembro de 1990:

---

[695] Na Europa, por exemplo, local onde o serviço já foi universalizado, o grande problema é manter a infraestrutura sanitária e, em muitos casos, as companhias de água não recebem o devido retorno por meio da cobrança de tarifas dos usuários. Nesse sentido, importante perceber a crise na Europa a fim de enxergar o futuro, pois tal problema pode vir a ser vivenciado no Brasil nos próximos anos: "Em muitos países, a infraestrutura sanitária está envelhecendo e um dos maiores desafios enfrentados é o de como convencer os responsáveis pelas decisões de que há necessidade de investimentos suficientes para reposição e reparos. Nesse contexto, também temos de considerar a vulnerabilidade da infraestrutura, inclusive a proteção da infraestrutura crucial e a garantia do abastecimento. Na Finlândia, por exemplo, a legislação permite que as empresas prestadoras de serviços de água e esgotos tenham uma 'taxa de retorno razoável'. Contudo, a legislação não específica com exatidão o que isso quer dizer. Por terem que dividir parte do seu lucro com a administração municipal, é comum as companhias de água e esgotos ficarem sem verbas suficientes para fazer face às necessidades crescentes de investimento na reabilitação da infraestrutura. Nesse aspecto, o sistema atual de regulação econômica é muito passivo e de âmbito estrito, tendendo a se concentrar apenas nas tarifas cobradas dos usuários" (SEPPÄLÄ, Osmo; KATKO, Tapio S. *Gestão e organização dos serviços de saneamento...*, *op. cit.*, p.145).

[696] Certa doutrina do direito tributário não considera o FGTS como tributo, mas como uma espécie de "poupança forçada".
Lei nº 8.036, de 11 de maio de 1990:
Art. 5º Ao Conselho Curador do FGTS compete:
I - estabelecer as diretrizes e os programas de alocação de todos os recursos do FGTS, de acordo com os critérios definidos nesta lei, em consonância com a política nacional de desenvolvimento urbano e as políticas setoriais de habitação popular, saneamento básico e infra-estrutura urbana estabelecidas pelo Governo Federal;
Art. 6º Ao Ministério da Ação Social, na qualidade de gestor da aplicação do FGTS, compete:
(...)
VII - definir as metas a serem alcançadas nos programas de habitação popular, saneamento básico e infra-estrutura urbana.

Art. 3º Os níveis de saúde expressam a organização social e econômica do País, tendo a saúde como determinantes e condicionantes, entre outros, a alimentação, a moradia, o saneamento básico, o meio ambiente, o trabalho, a renda, a educação, a atividade física, o transporte, o lazer e o acesso aos bens e serviços essenciais.

Quanto mais potável e saudável a água, com um melhor sistema de abastecimento e esgotamentos, diminui-se consideravelmente o número de doenças. É certo que 3,4 milhões de pessoas morrem todos os anos em decorrência de doenças cuja causa está presente na água contaminada.[697] Em razão da sua forte vinculação com a saúde pública, o abastecimento de água potável e o índice de desenvolvimento humano são fatores que se relacionam intimamente.[698]

Da conferência Rio+20, que ocorreu em 2012, o PNUD estabeleceu como meta, na parte que se relaciona à sustentabilidade ambiental, a universalização do saneamento básico. Dentre as oito diretrizes fixadas pela conferência, a meta de universalizar o saneamento básico é considerada como uma das tarefas mais complexas e difíceis para o Brasil.[699]

Em 2013, como já referido, foi aprovado o Plano Nacional do Saneamento Básico, que possui como diretrizes a articulação entre os entes da Federação e as metas para os próximos vinte anos.[700]

O que se percebe, além da própria falta de infraestrutura no setor de saneamento básico, ainda é a carência de investimentos em pesquisa de novas tecnologias. É certo que se aplica energia elétrica no gerenciamento do saneamento básico; então, por que não utilizar os dejetos advindos do processo de depuração de água como biocombustível para alimentar energeticamente as plantas de tratamento? Discute-se a redução de tarifas do setor elétrico quando se

---

[697] Milhões não tem água potável. No original inglês: *Millions lacke safe water*. Disponível em: <http://water.org/water-crisis/water-facts/water/>. Acesso em: 24 jan. 2014.

[698] O abastecimento de água potável, por meio de canalização é, hoje, um forte indicador de desenvolvimento de um país, principalmente pela estreita relação do abastecimento com a própria saúde pública. Nos grandes centros urbanos, vultosos são os sistemas de captação, tratamento, adução e distribuição de água, assim como os de coleta, tratamento de esgotos e disposição final dos lodos provenientes desse tratamento (GRANZIERA, Maria Luiza Machado. *Direito de águas...*, *op. cit.*, p. 124).

[699] *Garantir a sustentabilidade ambiental*. Disponível em: <http://www.pnud.org.br/ODM7. aspx>. Acesso em: 21 fev. 2014.

[700] *Plano Nacional de Saneamento Básico*. Disponível em: <http://www.cidades.gov.br/index. php?option=com_content&view=article&id=302:plansab&catid=84&Itemid=113>. Acesso em: 27 fev. 2014.

deveria pensar que o próprio setor público deveria investir em novas tecnologias, aplicando uma energia sustentável e oferecendo o exemplo para a população, em especial, para o setor privado. Mais uma vez, ressalta-se que os processos industriais devem ser processos cíclicos, imitando o processo da natureza, no qual não há geração de resíduos.

O que se percebe é uma crise no próprio conceito de governança pública, no qual o papel do Estado é fundamental para um bom gerenciamento, pois, quando se trata de saneamento básico, está-se analisando algo que é serviço público e de importância vital para a preservação do conceito da dignidade da pessoa humana. Ora:

> (...) as políticas públicas referentes aos serviços de saneamento são parte integrante do processo de governo, que inclui não só o desenvolvimento e a implementação de estruturas e mecanismos jurídico-administrativos e institucionais, como também os processos sociais e políticos mais cruciais que permeiam o planejamento, a implementação e o monitoramente das políticas públicas. Nesta concepção, a governança não é um simples recurso político instrumental para a execução das decisões tomadas por especialistas técnicos e políticos profissionais, e sim um processo movido pela busca de meios e fins sociais e políticos rivais e até incompatíveis (HANF; JANSEN; 1998), que se caracteriza, portanto, por um confroto social e político permanente.[701]

Aqui, retornamos ao ponto, sublinhado na primeira parte do trabalho, da conjugação dos conceitos de democracia, ética e políticas públicas. Não há como ocorrer um bom gerenciamento da coisa pública desvinculado da ética e do próprio processo da democracia participativa; além disso, tais políticas públicas não podem estar vinculadas à lógica dos interesses privados do mercado.

Conforme delineou Andrés Sanz Mulas:

> (...) é importante sublinhar que políticas públicas ligadas à água requerem, em larga medida, o uso de recursos financeiros que precisam ser incluídos no orçamento. A maneira de se obterem esses recursos também é um elemento-chave na determinação das possibilidades da política de saneamento. O orçamento regula e define de que modo serão obtidas as verbas necessárias para implementar essa política. É possível empregar dois métodos principais para financiar os serviços de água e esgotos, a saber, a recuperação de custos ou o financiamento pela tributação geral.[702]

---

[701] HELLER, Léon; CASTRO, José Esteban (Org.). *Introdução...*, *op. cit.*, p. 32.
[702] Análise de políticas públicas de saneamento..., *op. cit.*, p. 105.

Os aspectos fiscal e tributário estão nitidamente relacionados ao conceito de universalização do saneamento básico. Logo, a meta da política, que é universalizar, necessita de recursos orçamentários para tal fim, tendo como objetivo uma vida ética para a sociedade fundamentada no princípio da dignidade da pessoa humana.

Diante do comum, é necessário que as escolhas políticas ocorram por meio da democracia. "Como resultado da crise dos processos democráticos tradicionais, surgiu no campo orçamentário um novo sistema, chamado de orçamento participativo", e "(...) a participação dos cidadãos tornou-se um elemento crucial para a gestão efetiva, eficiente e democrática dos serviços".[703] Assim, a elaboração de orçamentos participativos para a gestão pública da água pode ser também uma das chaves cruciais para o bom desempenho da meta de universalização.

Ainda fazendo uma digressão nos primeiros capítulos, necessário relembrar o conceito de planejamento factível e, quando se trata de investimento em serviço de água e esgoto, mais conhecido como "SAE", importante sempre ter a consciência de que o retorno vai além da esfera econômica, envolvendo o social e o ambiental:

> No entanto, os custos de provisão dos SAE devem ser cobertos de algum modo – de preferência, pelo menos em parte, pelos usuários e beneficiários. Quanto a seus impactos positivos diretos e indiretos, os investimentos no abastecimento de água e nos sistemas de esgotos, inclusive no tratamento e disposição adequados são altamente justificados. Estima-se que esses investimentos tenham um retorno de dez vezes o seu valor, pelo simples aumento dos benefícios para a saúde, além de proporcionarem benefícios ambientais e sociais.[704]

É um planejamento com factibilidade, pois investir receita pública em serviços de água e esgoto traz um retorno com uma série de externalidades positivas, aumentando a qualidade de vida, diminuindo os gastos em saúde pública e, simultaneamente, protegendo o meio ambiente. Assim, conforme elucidam Osmo Seppäla e Tapio S. Katko, os serviços de água e esgotos devem ser: socialmente sustentáveis; seguros e confiáveis em termos operacionais; ambientalmente sustentáveis; economicamente viáveis e eficientes; flexíveis; e, por fim, bem administrados e bem providos de recursos.[705]

---

[703] *Ibidem*, p. 107.
[704] SEPPÄLÄ, Osmo; KATKO, Tapio S. *Gestão e organização dos serviços de saneamento...*, *op. cit.*, p. 139.
[705] *Ibidem*, p. 139-140.

Na escolha das políticas públicas, deve-se tentar sempre um planejamento factível, pois:

> O processo decisório pode ocasionar atrasos ou adiantamentos quando não se consegue tomar decisões. No contexto dos sistemas sanitários, é comum o período de planejamento ser de 30 anos, às vezes até de 50 anos, enquanto a duração real da infraestrutura pode ultrapassar 100 anos. Esses quadros temporais dão ampla margem para resultados positivos e negativos, facultando e restringindo dependências de trajetória que afetam o gerenciamento e a operação dos SAE.[706]

Trata-se de um planejamento de longo prazo, sendo o direito financeiro, por meio da destinação dos recursos orçamentários, e o direito tributário, por meio da cobrança de tributos, os instrumentos econômicos que viabilizarão as metas de programação dos governos. Assim, pensar em estratégias de longo prazo é uma forma de planejar com factibilidade.

Em um primeiro momento, o custo será maior; contudo, ao longo dos anos, será compensado por meio da diminuição de gastos com a saúde e na própria implementação das infraestruturas, que deverão ser mantidas e conservadas. Manter e conservar é menos oneroso que implementar. Trata-se, portanto, de um planejamento sustentável, sendo implementado hoje com o objetivo de preservar as gerações futuras e o próprio meio ambiente natural.

4.2 Planejamento centralizado e organizado

A Lei nº 11.445, de 5 janeiro de 2007, prevê em seu artigo 2º os princípios básicos que deverão nortear o serviço público de saneamento básico.[707] Na elaboração do planejamento, tais princípios devem

---

[706] *Ibidem*, p. 144.

[707] Art. 2º Os serviços públicos de saneamento básico serão prestados com base nos seguintes princípios fundamentais:
I - universalização do acesso;
II - integralidade, compreendida como o conjunto de todas as atividades e componentes de cada um dos diversos serviços de saneamento básico, propiciando à população o acesso na conformidade de suas necessidades e maximizando a eficácia das ações e resultados;
III - abastecimento de água, esgotamento sanitário, limpeza urbana e manejo dos resíduos sólidos realizados de formas adequadas à saúde pública e à proteção do meio ambiente;
IV - disponibilidade, em todas as áreas urbanas, de serviços de drenagem e de manejo das águas pluviais adequados à saúde pública e à segurança da vida e do patrimônio público e privado;

ser respeitados e, dentre eles, verifica-se o incentivo à democracia participativa pela igualdade de acesso para todos, com a introdução de políticas distintas em função do fator socioeconômico e a preocupação com a erradicação da pobreza e com a proteção ambiental.

O grande problema apontado pelos estudiosos no campo da implementação de uma política sanitária é a ausência de uma gestão centralizada e continuada:

> A ausência de políticas governamentais sistêmicas e continuadas, a desordenada e tardia instituição de diretrizes normativas e, por isso, as confusas e desintegradas experiências de organização e gestão nessa área, colaboram para que a maioria da população urbana brasileira ainda não disponha, de forma adequada, de um ou mais serviços públicos de saneamento básico ou os acesse de forma restrita ou irregular.[708]

A falta de uma organização e centralização mínimas de informação é deveras prejudicial à implantação e ao bom êxito do sistema de saneamento. Já sabemos que a água é um mecanismo fluído e que a poluição, em um determinado ponto, pode alastrar-se para outros pontos – eis um dos fatores importantes no que diz respeito à gestão centralizada dos recursos hídricos.

Quando se trata da competência em relação ao saneamento, relevante é a lição de Nivaldo Brunoni:

> Insere-se no âmbito da competência comum promover a melhoria das condições de saneamento básico (CF, art. 23, IX), o que pode ser realizado por meio de consórcios públicos e convênios de cooperação entre os entes federados, que autorizarão e disciplinarão a gestão

---

V - adoção de métodos, técnicas e processos que considerem as peculiaridades locais e regionais;
VI - articulação com as políticas de desenvolvimento urbano e regional, de habitação, de combate à pobreza e de sua erradicação, de proteção ambiental, de promoção da saúde e outras de relevante interesse social voltadas para a melhoria da qualidade de vida, para as quais o saneamento básico seja fator determinante;
VII - eficiência e sustentabilidade econômica;
VIII - utilização de tecnologias apropriadas, considerando a capacidade de pagamento dos usuários e a adoção de soluções graduais e progressivas;
IX - transparência das ações, baseada em sistemas de informações e processos decisórios institucionalizados;
X - controle social;
XI - segurança, qualidade e regularidade;
XII - integração das infra-estruturas e serviços com a gestão eficiente dos recursos hídricos.
XIII - adoção de medidas de fomento à moderação do consumo de água.
[708] PEIXOTO, João Batista. *Aspectos da gestão econômico-financeira...*, *op. cit.*, p. 502.

associada de serviços públicos, bem como a transferência total ou parcial de encargos, serviços, pessoal e bens essenciais à continuidade dos serviços transferidos (CF, art. 241). Mas a colaboração entre os três níveis de governo não afasta a competência municipal para organizar e prestar, direta ou indiretamente, o serviço, dado o predominante interesse local (art. 30, V).[709]

Juarez Freitas alerta para a indispensável superação dos vícios políticos, sob pena de que a diretriz vinculante da sustentabilidade não se mostre factível; e um dos piores vícios, dentre vários outros, é o chamado tráfico de influências:

> O segundo principal vício da política insustentável, umbilicalmente associado ao anterior, é o tráfico de influências, no encalço da vantagem ilícita.
>
> (...)
>
> Ao lado disso, é imprescindível consolidar o novo paradigma da sustentabilidade, erguendo instituições compatíveis. Sem dúvida, o tráfico de influências sobrevive das falhas de mercado, da informação assimétrica e, destacadamente, das instituições frágeis e capturadas. Nutre-se das descontinuidades abruptas, da ausência gritante de motivação racional dos atos administrativos, dos superfaturamentos e direcionamentos ilícitos das contratações, das punições seletivas de acordo com "*status*" e renda, entre outras impropriedades e desleixos morais.[710]

Assim, promover a melhoria é competência comum; logo, é possível implementar uma gestão centralizada, sendo que o dever de prestar diretamente o serviço cabe aos municípios.[711] Apenas para relembrar, a competência para legislar sobre águas é privativa da União. Para além disso:

> Como assuntos de interesse comum, apresentam-se o serviço de captação e tratamento de água para abastecimento público e a proteção dos mananciais, cujos problemas, por não se conterem nos limites de cada município de uma região metropolitana, exigem uma ação conjunta para o atendimento de suas necessidades.[712]

---

[709] *A tutela das águas...*, *op. cit.*, p. 88.

[710] *Sustentabilidade...*, *op. cit.*, p. 183.

[711] Na decisão do Supremo Tribunal Federal – ADI nº 1842 do RJ – ficou decidido que a gestão do saneamento deve ser compartilhada entre Estados e municípios, em regiões metropolitanas e microrregiões.

[712] BRUNONI, Nivaldo. *A tutela das águas...*, *op. cit*, p. 98.

Em face do interesse comum, em razão da água atingir outras esferas, faz-se muito necessária a realização de uma política pública centralizada em sistemas de gestão hídrica nos sistemas de saneamento básico, que estão inseridos dentro do primeiro.

Discorrendo mais profundamente acerca do PLANSAB, ele representa uma esperança concreta de melhoria do saneamento básico brasileiro. Há uma gestão centralizada e compartilhada, com o mapeamento da situação de saneamento, nas cinco regiões brasileiras. Além disso, ele segue os moldes do planejamento factível ao declarar em seu texto que "parte da premissa de que não é possível predizer o futuro, mas apenas fazer previsões de possibilidades, procurando reduzir os riscos das incertezas e propiciar ferramentas que facilitem a definição de estratégias".[713]

O referido plano não possui um aspecto tão somente pragmático de universalizar o serviço, mas visa, com isso, fornecer melhores condições socioeconômicas à população brasileira, transformando a igualdade formal em igualdade material:

> A universalização do acesso é tributária de certa noção de igualdade, em que defende o acesso de todos aos bens e serviços produzidos na sociedade. Está presente no lema da Revolução Francesa (liberdade, igualdade e fraternidade) e nas promessas dos socialistas utópicos. Ainda que teóricos questionem a igualdade formal – estabelecida na superestrutura jurídico-política de diversos países –, após a revolução burguesa, a possibilidade de os sujeitos defenderem a igualdade real pela luta política propiciou ganhos para as classes subalternas por meio de reformas. Sistemas de proteção social de caráter universal ou políticas públicas universais, a exemplo da saúde e da educação, desenvolveram-se nas sociedades capitalistas a partir da emergência do chamado estado de bem-estar social, especialmente nos anos 1950 e 1960. Em contraste, o Brasil adotou um modelo de "estado desenvolvimentista", que permitiu a ampliação de benefícios e serviços por intermédio da previdência social. Neste modelo, o Brasil estruturou-se historicamente de forma não universalista, no sentido da concessão de direitos não à totalidade da sociedade, mas a grupos sociais escolhidos, como forma de incorporar certas frações das camadas populares à arena política. Trouxe como consequência uma desigualdade sócio territorial estrutural no acesso aos serviços, que se agrava nos anos 1990, com a política de ajuste econômico e reforma do já precário estado de bem-estar social.

---

[713] *Plano Nacional do Saneamento Básico – PLANSAB*. Disponível em: <http://www.cidades.gov.br/images/stories/ArquivosSNSA/Arquivos_PDF/plansab_06-12-2013.pdf>. p. 13. Acesso em: 31 mar. 2014.

(...)

A noção de universalidade remete à possibilidade de todos os brasileiros poderem alcançar uma ação ou serviço de que necessitem, sem qualquer barreira de acessibilidade, seja legal, econômica, física ou cultural. Significa acesso igual para todos, sem qualquer discriminação ou preconceito.[714]

Assim, os objetivos do PLANSAB tentam, por meio da universalização do saneamento básico, tornar a sociedade mais equânime; e o direito tributário, assim como os instrumentos de direito financeiro, é um meio para a referida transformação.

O PLANSAB prevê a manutenção do sistema de saneamento por meio do regime jurídico administrativo-financeiro e por meio de recursos orçamentários. Além disso, prega a sustentabilidade financeira:

Entretanto, o Plansab aponta que a cobrança aos usuários pela prestação dos serviços não é e, em muitos casos não deve ser, a única forma de alcançar sua sustentabilidade econômico-financeira. Essa seria de fato assegurada quando recursos financeiros investidos no setor sejam regulares, estáveis e suficientes para o seu financiamento, e o modelo de gestão institucional e jurídico-administrativo adequado.[715]

Por fim, no que concerne ao PLANSAB, ele prevê estratégias, muitas delas voltadas para o meio ambiente, o que evidencia uma preocupação com a sustentabilidade nacional:[716]

---

[714] *Ibidem*, p. 20.

[715] *Ibidem*, p. 22.

[716] O PLANSAB prevê muitas estratégias, coletamos algumas que refletem a preocupação ambiental:
"(...)
36. Priorizar dotação de recursos específicos para serviços de saneamento básico em bacias hidrográficas críticas e com problemas de poluição de mananciais superficiais e subterrâneos;
(...)
41. Promover a otimização e a racionalização do uso da água e de energia, por meio de programas de conservação, combate às perdas e desperdícios e minimização da geração de e fluentes, com estímulo ao recolhimento de águas da chuva para usos domésticos;
42. Promover a racionalização e o reúso da água, inclusive da água de chuva e dos esgotos tratados, considerando as especificidades socioambientais e levando em conta a inovação e a modernização de processos tecnológicos e a utilização de práticas operacionais sustentáveis.
(...)
79. Avaliar a criação de fundo setorial específico para o desenvolvimento científico e tecnológico no campo do saneamento básico, aportando recursos oriundos do orçamento

Por fim, deve-se destacar que, durante o detalhamento dos programas, dever-se-ão incorporar incentivos à inovação tecnológica e na gestão do saneamento básico. A título de ilustração, podem receber incentivo e indução soluções que valorizem, entre outras dimensões, a preservação da qualidade das águas com base no avanço do conhecimento sobre os requisitos ambientais; a apropriação das soluções pelas populações de baixa renda e comunidades tradicionais, assegurando o acesso, a promoção da saúde e a sustentabilidade das soluções; a inovação nos modelos de gestão, com vistas à sua eficiência e efetividade; modelos tarifários inovadores, que promovam equidade, racionalidade no uso dos recursos naturais e sem abandono do princípio do equilíbrio econômico-financeiro dos serviços; soluções orientadas para a mitigação e à prevenção dos efeitos das mudanças climáticas globais; a adoção de mecanismos de desenvolvimento limpo; a racionalização e o reuso controlado das águas, bem como o uso dos esgotos tratados; medidas inovadoras para a redução de perdas de água; o uso eficiente de recursos energéticos; o aproveitamento das águas chuvas nas cidades e no campo; a reciclagem e reutilização dos resíduos sólidos; medidas compensatórias para o manejo das águas pluviais e a drenagem urbana.[717]

Diante do plano apresentado, podemos ter grande esperança para o futuro do Brasil em relação à conservação e manutenção da qualidade das águas, além de na melhoria da qualidade de vida e da saúde da população brasileira.

4.3 Mecanismos econômico-financeiros para a universalização e melhoria do sistema

4.3.1 Introdução

Para que o serviço público de saneamento básico seja universalizado, é necessária a elaboração de um plano de gestão pública com ampla factibilidade para demonstrar o que melhor se aplica e onde se aplica. Uma gestão administrativa pode conjugar diversos tipos de instrumentos econômicos, destinando, por exemplo, parcela específica do orçamento para a construção de redes de saneamento, com objetivos de universalização e aprimoramento das redes já utilizadas. Pode valer-se do exemplo de Minas Gerais, que ampliou o conceito de ICMS ecológico

---

para o setor de saneamento básico, com o propósito de ampliar a avaliação, criação e consolidação de soluções tecnológicas e para a gestão dos serviços. (...)" (*Ibidem*, p. 146-148).

[717] *Ibidem*, p. 155.

iniciado no Paraná; ou pode, ainda, instituir a cobrança de contribuição de melhoria para a construção de novas redes.

Cada escolha deve ser cuidadosamente analisada, e um mesmo governo pode implementar, simultaneamente, as três opções, visando à criação de novas infraestruturas e à manutenção das já existentes: i) destinação específica do orçamento no que se refere às contribuições para a seguridade social, gênero do qual se enquadra a saúde, artigo 194, *caput*, da Constituição Federal, para a melhoria das redes de saneamento básico, uma vez que seu aprimoramento possui uma implicação direta na diminuição de doenças relacionadas à água, num típico caso de extrafiscalidade financeira; ii) destinação específica de verba, no caso do ICMS ecológico, tanto para a proteção de mananciais de água doce, evitando a poluição dos sistemas hídricos, como para a melhoria da rede de saneamento básico dos municípios; iii) em uma menor quantidade, a cobrança de contribuição de melhoria, pois os tributos acabam não conseguindo cobrir o custo da construção de novas redes de infraestrutura de saneamento, as quais, em geral, demandam um volume muito grande de receita pública e, se for custeada tão somente por um tipo de receita, pode excluir a parte mais necessitada da sociedade, que é a mais pobre.

O que deve existir é um adequado planejamento visando ao bem comum, pautando-se sempre em valores jurídicos constitucionais e tentando realizar escolhas assertivas e sustentáveis. Além disso, deve-se ter sempre em mente que, a cada valor investido em saneamento básico, há uma correspondente diminuição na despesa relativa à saúde; e, para além da questão econômica, constitui o atendimento ao princípio da dignidade da pessoa humana.

4.3.2 Destinação específica do orçamento público ou concessão de exoneração fiscal

Pode-se utilizar como política pública para tentar universalizar o sistema de saneamento básico no Brasil a destinação de parte do orçamento endereçado à saúde pública, na qual há previsão constitucional expressa de vinculação de receita, conjugando expressamente saúde e saneamento.[718] Na mesma direção, Léo Heller:

---

[718] Constituição Federal
"Art. 167. São vedados:
(...)

No outro sentido, parece essencial que a legislação da área de saúde também incorpore a sua relação com o saneamento, assumindo sua responsabilidade de coparticipação no estabelecimento de políticas e no planejamento.

(...)

No tocante à inserção na área de saúde na institucionalização do saneamento, esse é um ponto crucial e estratégico, pois as diretrizes gerais estabelecidas nesse contexto podem exercer papel potencializador e indutor.[719]

Trata-se de uma indução econômico-financeira, ou seja, uma extrafiscalidade financeira com o saneamento, assumindo sua responsabilidade de coparticipação. A Lei Complementar nº 141, de 13 de janeiro de 2012, que regulamenta os valores mínimos de investimentos na saúde pública, veio regulamentar o artigo 198, §3º, da Constituição Federal, prevendo expressamente a relação entre saneamento e saúde:

Art. 3º Observadas as disposições do art. 200 da Constituição Federal, do art. 6º da Lei nº 8.080, de 19 de setembro de 1990, e do art. 2o desta Lei Complementar, para efeito da apuração da aplicação dos recursos mínimos aqui estabelecidos, serão consideradas despesas com ações e serviços públicos de saúde as referentes a:

(...)

VI - saneamento básico de domicílios ou de pequenas comunidades, desde que seja aprovado pelo Conselho de Saúde do ente da Federação financiador da ação e esteja de acordo com as diretrizes das demais determinações previstas nesta Lei Complementar;

VII - saneamento básico dos distritos sanitários especiais indígenas e de comunidades remanescentes de quilombos;

VIII - manejo ambiental vinculado diretamente ao controle de vetores de doenças.

IV - a vinculação de receita de impostos a órgão, fundo ou despesa, ressalvadas a repartição do produto da arrecadação dos impostos a que se referem os arts. 158 e 159, a destinação de recursos para as ações e serviços públicos de saúde, para manutenção e desenvolvimento do ensino e para realização de atividades da administração tributária, como determinado, respectivamente, pelos arts. 198, §2º, 212 e 37, XXII, e a prestação de garantias às operações de crédito por antecipação de receita, previstas no art. 165, §8º, bem como o disposto no §4º deste artigo".

[719] Política pública e gestão dos serviços de abastecimento de água e esgotamento sanitário e suas interfaces: a perspectiva da saúde pública. In: HELLER, Léon; CASTRO, José Esteban (Org.). *Política pública e gestão de serviços de saneamento*, p. 188.

Contudo, a referida lei faz uma ressalva, posteriormente, ao deixar expresso que o mecanismo de indução financeira não pode ser conjugado com instrumentos tributários, no caso taxas, tampouco com tarifas:

> Art. 4º Não constituirão despesas com ações e serviços públicos de saúde, para fins de apuração dos percentuais mínimos de que trata esta Lei Complementar, aquelas decorrentes de:
>
> (...)
>
> V - saneamento básico, inclusive quanto às ações financiadas e mantidas com recursos provenientes de taxas, tarifas ou preços públicos instituídos para essa finalidade;

Note-se que a lei complementar visa utilizar o orçamento vinculado à saúde pública para a população que realmente necessita do acesso ao serviço e que, se fosse cobrada por uma taxa ou por uma tarifa, poderia desrespeitar os limites do mínimo vital e, pois, da capacidade contributiva.

É uma iniciativa louvável, pois pretende universalizar o serviço com a construção de novas redes, utilizando o orçamento público para a população pobre e que, em geral, diante da mudança administrativa em meio à onda do neoliberalismo, encontrou-se excluída do acesso a serviço tão vital e básico. Ora, é certo que:

> (...) a privatização dos serviços de água e esgotamento sanitário pode afetar os direitos universais de acesso a tais serviços e introduzir elementos de desigualdade, calcados na renda, gênero, etnicidade ou posição no mercado.[720]

E a lei complementar supracitada consegue vislumbrar o perigo e tenta manter os objetivos fundamentais da República previstos no artigo 3º da Constituição Federal. O investimento em saneamento por meio dos recursos da saúde, porém, não pode ser o único mecanismo. Nesse sentido, elucida Andressa Fracaro Cavalheiro:

> As questões relacionadas ao saneamento básico e ao meio ambiente, embora expressamente constem do texto constitucional (e também da Lei 8.080/90), devem ser analisadas com parcimônia, visto que, ainda

---

[720] SAURÍ, David; OLCINA, Jorge; RICO, Antonio. *O estado de abastecimento de água..., op. cit.*, p. 280.

que sejam também áreas de interesse da saúde, não parece ser prudente se pensar que o financiamento de ações e serviços destinados à proteção do meio ambiente e à realização de saneamento básico deva ficar a cargo exclusivo da saúde. Sob tal compreensão, no que tange ao meio ambiente, a norma constitucional designa ao SUS o papel de colaborador e, no respeitante ao saneamento, confere-lhe o papel de partícipe.[721]

Diante da necessidade de outros instrumentos para a manutenção e construção do saneamento básico, é necessária a análise dos tópicos seguintes.

4.3.3 O caso do ICMS ecológico de Minas Gerais

Ideia originária do Estado do Paraná, fundamentada constitucionalmente no artigo 158, parágrafo único, II, que destina para as áreas ambientalmente protegidas uma parte da arrecadação do ICMS, tendo como objetivo compensar áreas que produzem menos, logo, recebem menos recursos, mas, em contrapartida, protegem o meio ambiente.

No Estado de Minas Gerais, a referida lei, mais conhecida como "Lei Robin Hood", atualmente Lei nº 18.030, de 12 de janeiro de 2009, alia o meio ambiente com a matéria de saneamento básico.

O repasse da receita pública no Estado de Minas Gerais para os municípios é computado pelo chamado índice de meio ambiente (IMA) composto por três fatores: i) índice de conservação referente às unidades de conservação e outras áreas protegidas; ii) índice de saneamento ambiental referente aos aterros sanitários, estações de tratamento de esgotos e usinas de compostagem; e iii) índice de mata seca referente aos municípios que possuem o referido tipo de mata.[722]

---

[721] *Direito à saúde no Brasil*: a estratégia saúde da família como possível mecanismo densificador, p. 143-144.

[722] Lei nº 18.030, de 12 de janeiro de 2009:
Subseção III - Do Critério "Meio Ambiente"
Art. 4º - Os valores decorrentes da aplicação dos percentuais relativos ao critério "meio ambiente", de que trata o inciso VIII do art. 1º, serão distribuídos aos Municípios da seguinte forma: I - parcela de 45,45% (quarenta e cinco vírgula quarenta e cinco por cento) do total aos Municípios cujos sistemas de tratamento ou disposição final de lixo ou de esgoto sanitário, com operação licenciada ou autorizada pelo órgão ambiental estadual, atendam, no mínimo, a, respectivamente, 70% (setenta por cento) e 50% (cinqüenta por cento) da população urbana, observadas as seguintes diretrizes:
a) o valor máximo a ser atribuído a cada Município não excederá o seu investimento inicial para a implantação do sistema, estimado com base na população atendida e no custo médio *per capita* dos sistemas de aterro sanitário, usina de compostagem de lixo e estação de tratamento de esgotos sanitários, custo este fixado pelo Conselho Estadual de Política Ambiental - Copam -, observado o disposto em regulamento;

A iniciativa legislativa de Minas Gerais é louvável ao aliar meio ambiente e a implementação de melhores redes de saneamento básico com o objetivo de universalizar um dos elementos mais fundamentais para a manutenção de uma boa qualidade de vida e, simultaneamente, instrumento de proteção aos recursos hídricos.

Além disso, conjugam-se dois entes federativos, no caso, Estados e Municípios, em busca de uma meta similar e, ao implementar tal sistema de repasse de receita tributária, estar-se-á consolidando o critério da boa governança, pois o município que não investir em rede de saneamento básico cairá no índice aplicado pelo governo estadual e, portanto, não receberá os recursos que, de outra forma, receberia.

Trata-se de um estímulo para implementar novas redes de saneamento básico, e, como já exposto, investir em saneamento é, simultaneamente, economizar em saúde pública e trazer mais qualidade de vida para a população.

4.3.4 Contribuição de melhoria ecológica

Na Espanha, já informamos, existem três hipóteses de incidência para o serviço que se relaciona à água: abastecimento de água, construção da rede de saneamento básico e tratamento de águas residuais. Cobra-se, lá, um *"canon"* pela construção da rede de saneamento básico, o chamado *"canon de regulación"*:

> *El canon de regulación, como decíamos, reúne todas las características de una contribución especial; los sujetos pasivos (todo beneficiado por la obra de*

---

b) sobre o valor calculado na forma da alínea "a" incidirá um fator de qualidade variável de 0,1 (um décimo) a 1 (um), apurado anualmente, conforme disposto em regulamento, com observância de pressupostos de desempenho operacional, gestão multimunicipal e localização compartilhada do sistema, tipo e peso de material reciclável selecionado e comercializado no Município por associação ou cooperativa de coletores de resíduos e energia gerada pelo sistema; e
c) o limite previsto na alínea "a" decrescerá, anualmente, na proporção de 20% (vinte por cento) de seu valor, a partir do décimo primeiro ano subseqüente àquele do licenciamento ou autorização para operacionalização do sistema;
II - parcela de 45,45% (quarenta e cinco vírgula quarenta e cinco por cento) do total com base no Índice de Conservação do Município, calculado de acordo com o Anexo IV desta Lei, considerando-se as unidades de conservação estaduais, federais, municipais e particulares e área de reserva indígena, com cadastramento, renovação de autorização e demais procedimentos a serem definidos em regulamento;
III - parcela de 9,1% (nove vírgula um por cento) do total com base na relação percentual entre a área de ocorrência de mata seca em cada Município, nos termos da Lei nº 17.353, de 17 de janeiro de 2008, e a área total deste, informada pelo Instituto Estadual de Florestas – IEF" (sic).

regulación realizada total o parcialmente por el Estado), el hecho imponible (el beneficio que se produce en el sujeto pasivo con la regulación de los caudales), la base imponible (el coste o base global que se distribuirá después entre los distintos sujetos pasivos beneficiados mediante la aplicación de unos criterios especiales), la cuota tributaria (lo determina la derrama de la base imponible según criterios de distribución y cuyo criterio rector es el equitativo reparto en razón a la participación en los beneficios o mejores producidas por las obras), el devengo (el momento en que se produce la mejora o beneficio como consecuencia de la obra pública).[723]

No Brasil, o que poderia se cobrar quanto à construção da rede de saneamento básico seria o tributo da espécie contribuição de melhoria. O grande problema que se vislumbra é que, em geral, é a população mais humilde que não possui acesso ao saneamento básico. Logo, a cobrança de uma contribuição de melhoria poderia ferir os ditames do mínimo vital ético e, por conseguinte, da capacidade contributiva.

Contudo, nos casos em que fosse possível a referida exigência, ela poderia ser configurada como uma contribuição de melhoria ecológica, pois, sabemos, a construção de redes de saneamento básico é essencial para a saúde das pessoas e para a qualidade das águas.

Logo, o fato jurídico que faria nascer a relação jurídica tributária, a construção de redes de saneamento básico, está intimamente relacionado com o meio ambiente e a sua gestão sustentável, podendo-se identificar um nítido caso de contribuição de melhoria ecológica.

Para finalizar, há que se ressaltar a sempre necessidade de observância do princípio da capacidade contributiva e dos seus limites mínimo e máximo: o mínimo vital e o não confisco.

Diante das três estratégias econômico-financeiras para a melhoria do saneamento básico no Brasil, num rol tão somente exemplificativo, aliadas à aprovação do Plano Nacional de Saneamento Básico, em dezembro de 2013, espera-se que nosso país cumpra integral e satisfatoriamente o objetivo do milênio implementado pela ONU e, assim, torne-se um local onde todos os cidadãos tenham acesso à água potável e ao serviço de saneamento básico.

---

[723] PISON, Juan Arrieta Martínez de. *Régimen fiscal...*, *op. cit.*, p. 66-67.

CONCLUSÕES

PARTE I

MOMENTO PRÉ-JURÍDICO: POLÍTICAS PÚBLICAS NO DIREITO TRIBUTÁRIO AMBIENTAL

1. O direito seria, antes de tudo o mais, um instrumento coercitivo; contudo, uma mudança de visão é necessária, sendo este um dos principais objetivos da presente tese. O direito tributário, como ramo didaticamente autônomo, também reconhecido pelo viés coercitivo, segue a posição predominante, mas eis que surge uma luz, que é a teoria das normas tributárias indutoras, modificando tal posicionamento e trazendo uma função de programação do instrumento jurídico, tornando-o um veículo de construção social.

   Nas normas tributárias indutoras, a interpretação de finalidades e efeitos da norma jurídico-tributária é de fundamental relevância. Conjugada tal ideia de indução de comportamento com a crise ambiental pela qual passa a sociedade atualmente, apresenta-se um campo fértil para o estudo.

   A crise ambiental é tamanha que, em alguns casos, ela é irreversível, trazendo uma necessária mudança de paradigma. Para tal mudança, o direito tributário apresenta-se como um poderoso instrumento, justamente por implicar um impacto econômico. A instrumentalização ocorre por meio das normas tributárias indutoras, que são adequadas de acordo com uma teoria funcionalista e visam a uma espécie de intervenção na ordem econômica por indução. A adoção de determinados incentivos ou benefícios tributários, por exemplo, pode modificar substancialmente a atitude dos indivíduos diante do meio ambiente.

A referida transformação de paradigma deve ser instaurada em um ambiente democrático, pois se trata de um momento pré-jurídico, qual seja, o da elaboração das políticas públicas. A democracia a ser concretizada é a do tipo participativa, podendo ser instrumentalizada por meio de audiências públicas. Além disso, a lógica a ser utilizada é a do sistema capitalista, pois outro modelo econômico ainda não se apresentou tão duradouro quanto esse.

Quando se discorre sobre um sistema capitalista, o modelo teórico adotado no trabalho foi do tipo humanista, com um capitalismo menos devastador e agressivo, pois a sustentabilidade visa justamente acabar com a insaciabilidade presente no capitalismo voraz.

Ao tratar de capitalismo, adentra-se no universo da economia, que pautará algumas diretrizes para a elaboração de políticas públicas em um momento pré-jurídico. Para que o vetor axiológico da construção das referidas políticas seja o mais adequado possível, imprescindível é a presença da ética.

A ética é o fundamento para destinar a produção das externalidades negativas, com o seu efetivo custo social, para aqueles que as produziram, respeitando, de antemão, o princípio da igualdade. Quando se trata de ética, aquela à qual recorremos no transcorrer deste trabalho, foi a ética do cuidado ou a ética ecológica que se preocupa com a responsabilidade com o planeta.

Outro elemento aliado à ética é a chamada economia da natureza. Trata-se de um campo ainda muito incipiente e que passará, com toda certeza, por profundas transformações, uma vez que se encontra em um momento de mudança de paradigma. Contudo, tal espécie de economia é essencial no que tange à internalização das externalidades negativas e deve ser implementado o seu estudo a fim de que haja, cada vez mais, um processo evolutivo.

Ao fim do primeiro capítulo da primeira parte, conclui-se pela necessidade de um estudo interdisciplinar no que concerne ao tema ambiental. Além disso, nesse contexto de interdisciplinaridade, importante também é o efeito da norma sob o aspecto sociológico depois do trabalho hermenêutico, que é presença constante na atividade do cientista do direito.

2. No segundo capítulo, discute-se, necessariamente, sobre as políticas públicas, conceituando-as como as decisões governamentais e as ações designadas a responder às preocupações públicas; no presente trabalho, a proteção do meio ambiente por meio da tributação ambiental.

Contextualizou-se a situação alarmante do planeta com a referência da ONU de que o aquecimento global é um risco tão grave quanto a Guerra Fria. Diante de tal contexto, é imprescindível a intervenção do Estado em busca de uma sociedade que respeite a sustentabilidade vinculante.

Sustentabilidade, qualidade de vida em termos ambientais, é referência para uma sociedade desenvolvida. Degradação ambiental e pobreza estão intimamente relacionados.

Há diretrizes internacionais no âmbito da OCDE que pregam a inovação tecnológica e a realização da tributação ambiental com o objetivo de proteger o meio ambiente, refletindo que não há qualquer perda de mercado através da implementação de tais diretrizes.

Outro assunto do segundo capítulo da primeira parte foi a ideia de que responsabilidade e factibilidade devem estar presentes na elaboração de um novo planejamento. Os tributos ecológicos devem ser realistas, e o governo deve, até onde for possível, tentar tornar o planejamento o mais adequado ao viés da sustentabilidade, pois, diversas vezes, ele implementa ações com um olhar exclusivamente econômico. Logo, uma visão global do impacto é importante, assim como a sinergia entre os diferentes órgãos do governo.

Para ilustrar o assunto, foram trazidos alguns exemplos de políticas públicas europeias que poderiam, após um filtro jurídico-social, ser adaptadas ao Brasil. Um exemplo foi tornar os processos cíclicos em analogia com a natureza, com a desoneração do IPI em processos de reciclagem.

Por fim, encerrou-se tal capítulo tratando da tributação ecológica e da concorrência, e demonstrando que a implementação de uma reforma tributária ecológica não prejudicará, em momento algum, a concorrência, tendo em vista que visa corrigir falhas de mercado e, quanto mais perfeito o mercado, mais eficaz a concorrência.

Assim, no momento pré-jurídico do trabalho, determinadas premissas para um bom funcionamento do planejamento são essenciais para que a sustentabilidade seja implementada com eficácia e tenha, portanto, efeitos concretos.

PARTE II

MOMENTO JURÍDICO: DOS PRINCÍPIOS E DOS TRIBUTOS ECOLÓGICOS

1. No primeiro capítulo da segunda parte, sublinhamos a importância dos princípios para o ordenamento jurídico. Eles possuem um trabalho relevante na seara da hermenêutica jurídica; contudo, o presente trabalho filiou-se à teoria de Humberto Ávila, que advoga a ponderação na seara das regras e a existência dos postulados.

Os princípios são vetores axiológicos e diretrizes para a elaboração de políticas públicas, com a total observância dos valores constitucionais. No direito tributário ambiental, há uma intersecção entre os princípios do direito tributário e os do direito ambiental.

Os postulados situam-se em um nível distinto do nível dos princípios, orientando a aplicabilidade destes e das regras. De acordo com a teoria de Ávila, eles podem dividir-se em dois grandes gêneros: o hermenêutico e o aplicativo.

Dentro dos princípios de direito ambiental, adentrou-se no estudo do princípio da sustentabilidade, que tem como principal objetivo frear a insaciabilidade e conseguir equilibrar o desenvolvimento com a existência dos recursos naturais para as presentes e futuras gerações em uma solidariedade intergeracional.

Outro princípio estudado foi o do poluidor-pagador, que fundamenta, inclusive, a internalização de externalidades, raciocínio valioso para a introdução dos tributos ecológicos.

O objetivo desse princípio é justamente internalizar os custos da degradação ambiental ou prevenir a sua ocorrência. Ainda no âmbito dos princípios de direito ambiental, o princípio da precaução foi estudado, restando intimamente relacionado com a ideia de ação antecipada, antes do risco ambiental, e o princípio da prevenção, quando há certeza em relação ao risco, tratando-se, então, de um perigo concreto.

2. No segundo capítulo, debruçamo-nos sobre os princípios do direito tributário, tentando sempre estabelecer uma conexão com os princípios e institutos do primeiro capítulo. Iniciamos a análise pelo princípio da legalidade tributária e sua relevância para o direito tributário, com a ideia de autotributação.

Posteriormente, passou-se à igualdade e todos os princípios que dela desembocam, em especial o da capacidade contributiva, que vive sérios perigos de desrespeito quando se está no campo de extrafiscalidade. Adotou-se a teoria de que a capacidade contributiva é observada no que diz respeito aos tributos extrafiscais, mas com uma média eficácia, que seria o seu respeito ao mínimo vital e à vedação ao não confisco, sem a possibilidade de graduação.

A externalidade negativa é, inclusive, vislumbrada como um desrespeito ao princípio da igualdade, pois tratar de modo igual pessoas que possuem posturas distintas perante o meio ambiente, sendo que uma protege a sustentabilidade, enquanto a outra não, é uma afronta a esse princípio.

Ultrapassado o princípio da igualdade, versamos a extrafiscalidade antes do estudo da capacidade contributiva, pois este princípio pode vir a ser desrespeitado gravemente em razão daquele. A extrafiscalidade é a virtude de o tributo não almejar a arrecadação para os cofres públicos, mas, sim, outros fins – no presente caso, a proteção ambiental. Dentro do campo da extrafiscalidade, debatemos o critério de discrímen da sustentabilidade e sua legitimação constitucional, bem como a existência de incentivos e benefícios tributários e fiscais.

Logo após, examinamos o princípio da capacidade contributiva, vislumbrado por alguns como o coração do direito tributário. Ele pode ser dividida de dois modos: objetiva – absoluta – ou subjetiva – relativa.

Dentro do exame do princípio da capacidade contributiva, retornou-se à ideia da existência da economia da natureza e da sua possível quantificação econômica, ainda que não seja exata. Seria uma forma de realização de justiça, que será sempre um devir. O dano ambiental gera um custo social; logo, pode ser internalizado na quantificação econômica do tributo.

A presente tese, apesar de contrária à maioria da doutrina, entende que a capacidade contributiva pode ser vislumbrada na extrafiscalidade, sendo que seus limites mínimo e máximo são, respectivamente, o mínimo vital e o não confisco.

Outro ponto destacado no trabalho foi que, para alguns doutrinadores, não há eficácia do princípio da capacidade contributiva nos tributos com função extrafiscal, mas tão somente a proporcionalidade e a razoabilidade, como é o caso de Pedro Manuel Herrera Molina.

A capacidade contributiva também deve ser observada em tributos diferentes dos impostos, aplicando-se a capacidade contributiva relativa/subjetiva.

Outra decorrência da capacidade contributiva é a progressividade, que se pode aplicar à majoração das alíquotas em tributos que, quanto mais poluentes forem, mais progressivos devem ser.

E para encerrar o capítulo atinente aos princípios tributários, trabalhamos rapidamente com o princípio da solidariedade, importante na seara ambiental, pois concede fundamento para a sustentabilidade e proteção do bem ambiental para as presentes e futuras gerações.

3. O terceiro capítulo tratou do tributo ecológico, iniciando pela internalização e a relação com as externalidades negativas. Essas seriam as distorções geradas pelo mercado no caso do meio ambiente, e um exemplo seria a poluição. As externalidades negativas, em matéria de meio ambiente, refletem o custo social, e demonstramos que o tributo ecológico nunca chegará a uma arrecadação zero, sendo uma utopia pensar de tal modo.

Analisamos também a doutrina brasileira e a necessidade de compreensão de que o tributo relativo ao dano ambiental não se enquadra como sanção, como entendem juristas renomados, como, por exemplo, Heleno Taveira Tôrres.

A extrafiscalidade ambiental também foi rapidamente analisada como instrumento de indução de comportamentos. Dentro do estudo do tributo, adotou-se a teoria que o vislumbra de modo intrínseco e extrínseco. Sob o aspecto intrínseco, observa-se a estrutura do tributo; já no extrínseco, estudam-se a destinação legal e a restituibilidade sob o viés do direito financeiro.

Dentro das várias espécies tributárias, há posições que são dissonantes, desde que alguns entendem o imposto como melhor instrumento para a tributação ambiental, enquanto que outros acreditam ser a taxa. Há ainda a distinção entre o tributo ecológico e os elementos tributários ecológicos, sendo que somente pode ser considerado como um autêntico tributo ecológico aquele que, no seu aspecto estrutural, na sua regra-matriz de incidência, tem vinculação com a sustentabilidade.

Na destinação das receitas tributárias, tomando em conta o modelo espanhol, com os seus acertos e seus desacertos, fixamos a importância, no âmbito dos impostos, da realização de uma memória econômico-financeira, nos moldes da que é realizada nas taxas.

4. No quarto capítulo, analisamos propriamente o imposto ecológico, fazendo considerações gerais sobre a estrutura da regra-matriz de incidência dos tributos, na linha teórica de Paulo de Barros Carvalho.

A hipótese de incidência dos impostos ecológicos é uma questão delicada, tomando por base a necessidade da compensação econômica do dano produzido ao meio ambiente.

A base de cálculo mensura o dano ambiental, tarefa complexa a ser realizada por pessoas de fora do campo jurídico e que nunca poderá ter uma mensuração precisa por absoluta impossibilidade. Contudo, há que se ressaltar que nenhum tributo reflete exatamente a potencialidade econômica do fato a ser mensurado, ideia que constitui um mito.

Quanto aos sujeitos envolvidos na relação jurídico-tributária, o sujeito passivo é aquele, a princípio, que contamina.

Para ilustrar o imposto ecológico, trabalhamos com um caso concreto, a saber, o imposto sobre emissões de CO_2. Tal tributo vem sendo implementado na União Europeia, uma vez que o aquecimento global é um grande risco na atualidade.

No Brasil, o Estado de São Paulo prega uma política de mudança de clima e prevê o pagamento pela poluição, com fundamento no princípio do poluidor-pagador, bem como mecanismos de desoneração tributária, mas não prevê um imposto sobre a emissão de CO_2 propriamente.

Por fim, tratamos superficialmente do imposto sistêmico e sua relação com o meio ambiente, já que, nesse caso, os riscos são mundiais.

5. No quinto capítulo da segunda parte, estudamos a taxa ecológica. A taxa possui duas materialidades na Constituição Federal: prestação de serviço público efetivo ou potencial e exercício regular da atividade de polícia.

Há três relações jurídicas no âmbito das taxas: as relativas à competência administrativa, à ambiental e à tributária. Assim como nos impostos, o princípio do poluidor-pagador é diretriz presente nas taxas ecológicas.

A hipótese de incidência das taxas ecológicas será a prestação de um serviço público por parte do Estado, como, por exemplo, a limpeza de águas ou o exercício regular da atividade de polícia, que ilustra por ocasião do licenciamento ambiental.

A base de cálculo deverá refletir o custo da prestação do serviço público ou o custo da atividade de polícia. No critério pessoal, o sujeito passivo está diretamente relacionado com o princípio do poluidor-pagador.

6. No sexto capítulo, discorremos brevemente sobre a contribuição de melhoria ecológica, reconhecendo que é um tributo pouco utilizado. No âmbito da tributação ambiental, ela estaria adstrita à construção de obras públicas que acarretem uma valorização e que tenham um impacto ambiental positivo, com a produção de externalidades positivas.

No consequente normativo, formado pelos critérios quantitativo e pessoal, deverá ser a base de cálculo reflexo da valorização imobiliária, além de reflexo ambiental positivo. O sujeito passivo será o detentor do imóvel que receber uma valorização imobiliária e um impacto ambiental positivo.

7. Por fim, no sétimo e último capítulo da segunda parte, analisamos os elementos tributários ecológicos, que correspondem a elementos dentro de tributos já existentes e elementos que trariam uma proteção ao meio ambiente. Os elementos tributários ecológicos podem estar presentes tanto na estrutura

do tributo, aspecto intrínseco, quanto na gestão da receita, aspecto extrínseco.

Como exemplos dos elementos ecológicos, discorremos, com brevidade, sobre o ICMS ecológico, a desoneração no IPVA e o programa Inovar-Auto, com a desoneração do IPI.

Ao final da segunda parte, podemos concluir pela constitucionalidade e adequação da tributação ambiental ao sistema constitucional tributário brasileiro dentro das três espécies tributárias aceitas pela doutrina nacional.

PARTE III

A SÍNTESE DOS MOMENTOS PRÉ-JURÍDICO E JURÍDICO: A QUESTÃO DA ÁGUA NO BRASIL – UMA ANÁLISE SOB OS VIESES FINANCEIRO E TRIBUTÁRIO

1. No primeiro capítulo da terceira parte, estudamos a água e sua preocupação mundial, demonstrando a sua relação com as doenças. A água é considerada um direito fundamental de sexta dimensão, além de o saneamento básico estar intimamente relacionado com a qualidade de vida, em especial com a saúde da população.

O Brasil é dotado do maior reservatório de água doce do mundo, devendo registrar-se que somente 1% das reservas de água pode ser aproveitada para o consumo humano. O país tem começado a preocupar-se mais com a gestão de águas, tendo sido elaborado, em março de 2013, o Plano Nacional de Gestão das Águas, além de ter sido aprovado, em dezembro de 2013, o Plano Nacional de Saneamento Básico (PLANSAB). Uma gestão com centralização de informações a fim de que não haja incongruências é necessária para uma boa factibilidade do planejamento.

Uma política pública adequada para a gestão da água é fundamental, pois o maior objetivo deve ser o de manter a sua qualidade. Não há, por exemplo, uma política voltada para a reutilização da água, sendo o desperdício uma realidade marcante em nosso país.

Estudamos também o valor econômico da água. Ela pode ser valorada economicamente, pois se trata de um recurso natural finito, apesar de a população parecer não ter tal consciência. Quando se trata de mercantilização da água, ela deve ser regulada pelo Estado, sob pena de ocasionar uma possível exclusão social.

Outro ponto destacado, ainda que superficialmente, foi a falta de universalização do serviço público de saneamento básico no Brasil e da gestão da água, que deve ser integrada entre recursos hídricos e saneamento.

Quando tratamos da gestão administrativa, a natureza da remuneração variará conforme o ente que presta o serviço público. Se o serviço é prestado diretamente pelo Estado, estamos diante de uma taxa; já se o serviço é prestado pela iniciativa privada, estamos diante de uma tarifa.

2. No segundo capítulo da terceira parte, trabalhamos com a tributação da água como forma de conscientizar a população por meio de um fator econômico: seria o direito tributário atuando em prol da preservação da qualidade das águas. Tratamos de uma taxa que incidisse sobre uma contaminação permitida das águas, realizando uma analogia com o *"canon de vertidos"* da Espanha. Seria uma taxa em razão da atividade de polícia, que fiscalizaria o nível de contaminação realizado por aqueles que utilizam a água, provocando uma poluição por atividade ou uma poluição por substância.

Outra taxa analisada foi sobre a prestação de serviço público de fornecimento de águas e seu relacionamento com o mínimo vital, um dos limites da capacidade contributiva. E, ainda, outra figura tributária analisada foi uma possível contribuição da água a incidir pela utilização da chamada água bruta.

3. No terceiro capítulo da última parte, examinamos uma possível política fiscal de reutilização de água, com uma visão voltada para a sua função social. No Brasil, vive-se a cultura do desperdício e não há uma preocupação efetiva com a reutilização da água.

É certo que a potabilidade da água não é exigida para todas as atividades humanas; logo, pode ser utilizado um tipo de água, por exemplo, na agricultura, que não necessita ser potável, mas pode ser do tipo de reúso.

Para que haja um incentivo à reutilização da água, cabe ao Poder Público adotar medidas econômico-financeiras, como, por exemplo, a isenção tributária. Outro instrumento seria uma taxa sobre o serviço público de limpeza de águas residuais, que poderiam ser destinadas a setores que não necessitam de água potável. Enfim, há de haver um incentivo por parte do Estado para que exista uma conscientização da sociedade na reutilização da água.

4. No último capítulo da terceira parte, analisamos a universalização do saneamento básico, mencionando que, no Brasil, é necessário muito investimento e vontade política a fim de que o país possa ter tal serviço no padrão universalizado.

No saneamento básico nacional, é necessária a construção de redes, devendo, assim, haver um estudo do orçamento para a viabilidade de tal projeto. Deve ficar claro que investir em saneamento básico é investir em saúde pública e, por conseguinte, também em qualidade de vida.

Um planejamento centralizado e organizado é uma das premissas para tornar esse projeto concreto e factível. O PLANSAB, Plano Nacional do Saneamento Básico, aprovado em dezembro de 2013, se corretamente implementado, trará grandes benefícios à nossa sociedade brasileira.

Por fim, para que o saneamento básico seja efetivamente universalizado, apresentaram-se alguns mecanismos econômico-financeiros como estratégia financeira para a viabilização da meta.

Conclui-se, ao final, que investir em melhorias por meio da tributação ambiental é um dos caminhos para ampliar a preocupação em termos de sustentabilidade. A natureza grita, exaspera-se, mas a sociedade parece não escutar. Um mundo melhor é possível, inclusive entre nós, desde que haja conscientização por parte da sociedade. De forma sábia, Leonardo Boff alerta-nos:

> O planeta seguramente sobreviverá a qualquer fúria humana. O problema não é o planeta, mas a nossa civilização. O planeta viveu por mais de quatro bilhões de anos sem nós e pode continuar a viver sem nós. A Terra não precisa de nós. Nós precisamos da Terra. Entretanto há mais de três séculos escolhemos um curso de alto risco, buscando riqueza e bem-estar que implicava dominação da natureza e exploração

de todos os seus recursos. Elaboramos um projeto que pressupunha dois infinitos: o infinito dos recursos naturais e o infinito do progresso em direção ao futuro. Os dois infinitos são ilusórios. Os recursos são finitos porque a Terra é pequena, velha e com recursos escassos, muitos não renováveis. Um planeta finito não suporta um projeto infinito. E o progresso não poderá ser levado ao infinito porque a Terra não aguenta e não é suficiente.[724]

Lutemos por um mundo melhor com respeito à única casa que nos foi dada: o planeta Terra. Enfim, Antoine Lavoisier e sua lei de conservação das massas – *"na natureza, nada se cria, nada se perde, tudo se transforma"* – ensina-nos que, se criamos destruição, teremos destruição; ao revés, se criamos sustentabilidade, teremos sustentabilidade. Pensemos.

---

[724] *Apud* VIEIRA, Agostinho. *A Terra não precisa de nós. Nós precisamos da Terra.* Disponível em: <http://oglobo.globo.com/blogs/ecoverde/posts/2011/03/29/terra-nao-precisa-de-nos-nos-precisamos-da-terra-371818.asp>. Acesso em: 08 jun. 2014.

REFERÊNCIAS

ADAME MARTÍNEZ, Francisco. *La fiscalidad del agua en Andalucía*: los canónes de mejora y el impuesto sobre vertidos al litoral. Noticias de la unión europea, Número 327. Año XXVIII. Abril 2012. España: Wolters Kluwer, Monográfico Tributación Medioambiental en Andalucía, p. 5-22.

AGÊNCIA NACIONAL DE ÁGUAS. *Pacto nacional pela gestão de* águas: construindo uma visão nacional – aspectos conceituais. Brasília, v. I, p. 1-18, mar. 2013. Disponível em: <http://www2.ana.gov.br/Paginas/pactonacional.aspx>. Acesso: 06 mai. 2014.

AKAOUI, Fernando Reverendo Vidal. Indústria e poluição das águas. In: BENJAMIN, Antonio Herman (Org.). *Direito, água e vida*. São Paulo: Imprensa oficial, 2003. v. I, p. 529-545.

ALEXY, Robert. *Teoria de los derechos fundamentales*. Tradução Ernesto Garzón Valdes. Madrid: Centro de Estudios Políticos y Constitucionales, 2002.

ALONSO GONZÁLEZ, Luis Manuel. Los tributos estatales sobre el agua. Los tributos de la ley de aguas. In: ALONSO GONZÁLEZ, Luis Manuel; TORRES, Heleno Taveira (Coord.). *Tributos, aguas e infraestructuras*. Barcelona: Atelier, 2012, p. 17-26.

ALTAMIRANO, Alejandro C. El derecho constitucional a un ambiente sano, derechos humanos y su vinculacion con el derecho tributário. *Revista Tributária e de Finanças Públicas*, São Paulo, v. 9, n. 40, p. 31-91, set./out.2001

ALVARENGA, Darlan. *Produção de veículos cresce 9,9% em 2013 e bate recorde, diz Anfavea*. Disponível em: <http://g1.globo.com/carros/noticia/2014/01/producao-de-veiculos-cresce-99-em-2013-e-bate-recorde-diz-anfavea.html>. Acesso em: 14 maio 2014.

ANDRÉS AUCEJO, Eva. Principios rectores del régimen económico financiero comunitario de la gestión del agua ex "Directiva marco de aguas" (Directiva 2000/60/CE) y su transposición al ordenamiento jurídico español. In: ALONSO GONZÁLEZ, Luis Manuel; TORRES, Heleno Taveira (Coord.). *Tributos, aguas e infraestructuras*. Barcelona: Atelier, 2012, p. 141- 187.

ARAGONÉS BERTRÁN, Emilio. La naturaleza jurídica de la tarifa. El estado de la cuestión. In: MILANS DEL BOSCH, Santiago; URRÍES, Jordán (Coord.). *El precio del agua*: aspectos jurídicos y financieros en la gestión urbana del agua en España. Barcelona: Fundación Agbar, 2012, p. 56-183.

ARANTES, José Tadeu. *Apresentação*. Atlas do Meio Ambiente Le Monde Diplomatique Brasil. Curitiba: Posigraf, [2010 ?], p. 3.

ARINI, Juliana. *Por que ninguém usa esta terra?* Disponível em: <http://revistaepoca.globo.com/Revista/Epoca/0,,EDG82059-6009,00.html>. Acesso em: 18 maio 2008.

ATALIBA, Geraldo. *República e constituição*. 2. ed. São Paulo: Malheiros, 2004.

ATALIBA, Geraldo. *Hipótese de incidência tributária*. 6. ed. São Paulo: Malheiros, 2002.

ÁVILA, Humberto. Função da ciência do direito tributário: do formalismo epistemológico ao estruturalismo argumentativo. *Revista Direito Tributário Atual*, São Paulo, n. 29, p. 181-204, 2013.

ÁVILA, Humberto. Prefácio. In: FOLLONI, André. *Ciência do direito tributário no Brasil*: crítica e perspectivas a partir de José Souto Maior Borges. São Paulo: Saraiva, 2013, p. 15-22.

ÁVILA, Humberto. *Teoria da igualdade tributária*. 2. ed. São Paulo: Malheiros, 2009.

ÁVILA, Humberto. *Teoria dos princípios*: da definição à aplicação dos princípios jurídicos. 14. ed. São Paulo: Malheiros, 2013.

BADENES, Nuria *et al*. Revenue effect of CO_2 tax in Spain: an analysis including behavioural response. In: STERLING, Ana Yábar *et al*. (Ed.). *Market instruments and sustainable economy*. Madrid: Instituto de estudios fiscales, 2012, p. 203-217.

BECKER, Alfredo Augusto. *Carnaval tributário*. 2. ed. São Paulo: Lejus, 2004.

BECKER, Alfredo Augusto. *Teoria geral do Direito Tributário*. 3. ed. São Paulo: Lejus, 2002.

BECHARA, Erika. Tratamento do esgoto doméstico pelo poder público: discricionariedade ou vinculação? In: BENJAMIN, Antonio Herman (Org.). *Direito, água e vida*. São Paulo: Imprensa oficial, 2003. v. I, p. 513-527.

BERBERI, Marco Antonio Lima. *Os princípios na teoria do Direito*. Rio de Janeiro: Renovar, 2003.

BERCOVICI, Gilberto. A exploração dos potencias de energia hidráulica e o seu "aproveitamento ótimo". In: ALONSO GONZÁLEZ, Luis Manuel; TORRES, Heleno Taveira (Coord.). *Tributos, aguas e infraestructuras*. Barcelona: Atelier, 2012. p. 255-271.

BOBBIO, Norberto. *Da estrutura à função*: novos estudos de teoria de direito. Tradução Daniela Beccaccia Versiani. Barueri: Manole, 2007.

BOFF, Leonardo. *Ecologia*: grito da terra, grito dos pobres. Rio de Janeiro: Sextante, 2004.

BOFF, Leonardo. *Saber cuidar*: ética do humano – compaixão pela terra. Petrópolis: Vozes, 2011.

BOFF, Leonardo. *Sustentabilidade*: o que é – o que não é. Petrópolis: Vozes, 2012.

BOFF, Leonardo. Um ethos para salvar a Terra. In: CAMARGO, Aspásia; CAPOBIANCO, João Paulo Ribeiro; OLIVEIRA, José Antonio Puppim (Org.). *Meio ambiente Brasil*: avanços e obstáculos pós-Rio 92. São Paulo/Rio de Janeiro: Estação Liberdade/Instituto Socioambiental/ Fundação Getúlio Vargas, 2002, p. 49-56.

BONAVIDES, Paulo. *Curso de Direito Constitucional*. 19. ed. São Paulo: Malheiros, 2006.

BORBA, Vanessa. *Degradação do planeta pode fazer IDH recuar em até 15%*. Disponível em: <http://info.abril.com.br/noticias/tecnologias-verdes/degradacao-do-planeta-pode-fazer-idh-recuar-ate-15-14032013-24.shl>. Acesso em: 19 abr. 2014.

BORGES, José Souto Maior. *Introdução ao Direito Financeiro*. 2. ed. São Paulo: Max Limonad, 1998.

BORGES, José Souto Maior. O Direito como Fenômeno Lingüístico, o Problema da Demarcação da Ciência Jurídica, sua Base Empírica e o Método Hipotético-Dedutivo. *Anuário do Mestrado em Direito*, Recife, Universidade Federal de Pernambuco, n. 4, p. 11-58, jan./dez. 1988.

BORGES, José Souto Maior. *Teoria geral da isenção tributária*. 3. ed. São Paulo: Malheiros, 2001.

BORRERO MORO, Cristóbal José. La proyección del principio de capacidade económica en el marco de los tributos ambientales. *Revista española de Derecho Financiero*, Espanha, v. 102, p. 215-242.

BRASIL. Ministério das Cidades. Brasília. Secretaria Nacional de Saneamento Ambiental. *Plano Nacional de Saneamento Básico – PLANSAB*. Dez. 2013, p. 1-173. Disponível em: <http://www.cidades.gov.br/images/stories/ArquivosSNSA/Arquivos_PDF/plansab_06-12-2013.pdf>. Acesso em: 24 jan. 2014.

BRASIL. Presidência da República. Palácio do Planalto. Disponível em: <http://www2.planalto.gov.br/imprensa/noticias-de-governo/governo-prorroga-reducao-do-ipi-para-moveis-material-de-construcao-linha-branca-e-automoveis>. Acesso em: 16 nov. 2012.

BRASIL. Presidência Da República. Secretaria-Geral da Presidência da República. *Os objetivos de desenvolvimento do milênio*. Disponível em: <http://www.odmbrasil.gov.br/os-objetivos-de-desenvolvimento-do-milenio>. Acesso em: 17 maio 2014.

BRASIL. Senado Federal. *PEC nº 01 de 2012*. Disponível em: <http://www.senado.gov.br/atividade/materia/getPDF.asp?t=114171&tp=1>. Acesso em: 13 jul. 2013.

BRASIL. Senado Federal. *Projeto de lei do Senado nº 12 de 2014*. Disponível em: <http://www.senado.gov.br/atividade/materia/getPDF.asp?t=144200&tp=1>. Acesso em: 16 mar. 2014.

BROWER, David. *História da terra em uma semana*. Disponível em: <http://www.greener.net.br/historia-da-terra-em-uma-semana>. Acesso em: 31 maio 2014.

BRUNONI, Nivaldo. A tutela das águas pelo município. In: FREITAS, Vladimir Passos. Águas: aspectos jurídicos e ambientais. 3. ed. Curitiba: Juruá, 2007, p. 83-133.

BRÜSEKE, Franz Josef. O problema do desenvolvimento sustentável. In: CAVALCANTI, Clóvis (Org.). *Desenvolvimento e natureza*: estudos para uma sociedade sustentável. São Paulo/Recife: Cortez/Joaquim Nabuco, 2009, p. 29-40.

BUSSAMARA, Walter Alexandre. *Taxas*: limites constitucionais. São Paulo: Malheiros, 2003.

CALIENDO, Paulo. *Direito tributário*: três modos de pensar a tributação – elementos para uma teoria sistemática do Direito Tributário. Porto Alegre: Livraria do Advogado, 2009.

CANARIS, Claus-Wilhelm. *Pensamento sistemático e conceito de sistema na ciência do direito*. 2. ed. Tradução A. Menezes Cordeiro. Lisboa: Fundação Calouste Gulbenkian, 1996.

CAÑAL GARCÍA, Francisco José. Instrumentos económicos en la protección del medio ambiente. *Quincena Fiscal*, Pamplona, n. 10, p. 1-5, 1994.

CAPRA, Frijot. *As conexões ocultas*: ciência para uma vida sustentável. Tradução Marcelo Brandão Cipolla. São Paulo: Cultrix, 2005.

CARRAZZA, Roque Antonio. *Curso de Direito Constitucional Tributário*. 21. ed. São Paulo: Malheiros, 2005.

CARVALHO, Paulo de Barros. *Curso de Direito Tributário*. 24. ed. São Paulo: Saraiva, 2012.

CARVALHO, Paulo de Barros. *Teoria da norma tributária*. 4. ed. São Paulo: Max Limonad, 2002.

CARVALHO, Rubens Miranda. *Contribuição de melhoria e taxas no Direito Brasileiro*. São Paulo: Juarez de Oliveira, 1999.

CASAS AGUDO, Daniel. Aproximación a la categoría jurídico-económica del beneficio tributario. In: SÁNCHEZ GALIANA, José Antonio (Coord.). *Estudios sobre los beneficios fiscales en el sistema tributario español*. Madrid: Marcial Pons, 2008. p. 11-39.

CASAS AGUDO, Daniel. Fiscalidad y energías renovables. *Crónica Tributaria*, Especial problemática de la energía eólica, v. 146, p. 45-83, jan./mar. 2013.

CATÃO, Marcos André Vinhas. *Regime jurídico dos incentivos fiscais*. Rio de Janeiro: Renovar, 2004.

CAUBET, Christian Guy. Como reverter o processo de degradação da qualidade e quantidade de água doce no Brasil? In: CAMARGO, Aspásia *et al.* (Org.). *Meio ambiente Brasil*: avanços e obstáculos pós-Rio 92. São Paulo/Rio de Janeiro: Estação Liberdade/ Instituto Socioambiental/ FGV, 2002. p. 287-289.

CAVALCANTE, Denise Lucena. Sustentabilidade financeira em prol da sustentabilidade ambiental. In: GRUPENMACHER, Betina *et al. Novos horizontes da tributação*: um diálogo luso-brasileiro. Coimbra: Almedina, 2012. p. 95-208. Cadernos IDEFF Internacional, 2.

CAVALCANTE, Denise Lucena. Tributação ambiental: por uma remodelação ecológica dos tributos. *Nomos*, Fortaleza, v. 32. n. 2, p. 101-115, jul./dez. 2012.

CAVALHEIRO, Andressa Fracaro. *O direito à saúde no Brasil*: a estratégia saúde na família como possível mecanismo densificador. Maringá: Humanitas Vivens, 2013.

COBOS CÓMEZ, José María. Tax credits for environmental investment as an instrument for environmental sustainability. In: STERLING, Ana Yábar *et al.* (Ed.). *Market instruments and sustainable economy*. Madrid: Instituto de Estudios Fiscales, 2012. p. 319-330.

COCHRAN, Charles L.; MALONE, Eloise F. *Public policy*: perspectives and choices. 4. ed. London: Lynne Rienner, 2010.

COÊLHO, Sacha Calmon Navarro. Serviços públicos e tributação. In: TÔRRES, Heleno Taveira (Coord.). *Serviços públicos e Direito Tributário*. São Paulo: Quartier Latin, 2005. p. 240-266.

COMPANHIA DE SANEAMENTO DO PARANÁ. *Tabela de tarifas de saneamento básico*. Disponível em: <http://site.sanepar.com.br/sites/site.sanepar.com.br/files/tabela_tarifas_saneamento_basico.pdf>. Acesso em: 02 jun. 2013.

COMPANHIA DE SANEAMENTO DO PARANÁ. *Tabela de tarifas*. Disponível em: <http://site.sanepar.com.br/informacoes/tabela-de-tarifas>. Acesso em: 02 jun. 2012.

CONTI, José Mauricio; CARVALHO, André Castro. Financiamento público da infraestrutura de saneamento básico no Brasil. In: ALONSO GONZÁLEZ, Luis Manuel; TORRES, Heleno Taveira (Org.). *Tributos, aguas e infraestructuras*. Barcelona: Atelier, 2012. p. 297-320.

REFERÊNCIAS | 321

COSTA, Alcides Jorge. Taxa e preço público. In: MARTINS, Ives Gandra da Silva (Coord.). *Taxa e preço público*. São Paulo: Resenha Tributária, 1985, p. 01-06.

COSTA, Regina Helena. *Princípio da capacidade contributiva*. 3. ed. São Paulo: Malheiros, 2003.

COSTA, Regina Helena. *Princípio da capacidade contributiva*. 4. ed. São Paulo: Malheiros, 2003.

COSTA, Regina Helena. Tributação ambiental. In: FREITAS, Vladimir Passos de Freitas (Coord.). *Direito Ambiental em evolução*. 2. ed. Curitiba: Juruá, 2002. p. 303-325

COSTA, Silvano Silvério; RIBEIRO, Wladimir Antonio. Dos porões à luz do dia: um itinerário dos aspectos jurídico-institucionais do saneamento básico no Brasil. In: HELLER, Léo; CASTRO, José Esteban (Org.). *Política pública e gestão de serviços de saneamento*. Belo Horizonte/Rio de Janeiro: UFMG/Fiocruz, 2013. p. 467-482.

CURITIBA. Prefeitura de Curitiba. Secretaria Municipal de Finanças. Disponível em: <http://www.curitiba.pr.gov.br/conteudo/iptu-calculo-secretaria-municipal-definancas/375>. Acesso em: 12 dez.2012.

D'ISEP, Clarissa Ferreira Macedo. *Água juridicamente sustentável*. São Paulo: RT, 2010.

DE LA CÁMARA, Pablo Chico; GRAU RUIZ, María Amparo; HERRERA MOLINA, Pedro Manuel. Incentivos a las energías alternartivas como instrumento de desarrollo sostenible. *Quincena Fiscal*, Pamplona, n. 2, p. 1-26, 2003.

DE LA CRUZ RODRÍGUES, Baltasar. Notas sobre política y fiscalidad mediaombiental. *Jurisprudencia Tributaria*, v. III, p. 1-18, 1998.

DERANI, Cristiane. *Direito Ambiental Econômico*. 3. ed. São Paulo: Saraiva, 2008.

DERRIDAS, Jacques. *Força de lei*: o fundamento místico da autoridade. Tradução Leyla Perrone-Moisés. 2. ed. São Paulo: WMF Martins Fontes, 2010.

DESGASTE atinge metade dos solos cultiváveis. *Atlas do Meio Ambiente Le Monde Diplomatique Brasil*. Curitiba: Posigraf, [2010 ?]. p. 16-17.

DWORKIN, Ronald. *Levando os direitos a sério*. Tradução Nelson Boeira. São Paulo: Martins Fontes, 2002.

FACHIN, Zulmar; SILVA, Deise Marcelino da. *Acesso* à água *potável*: direito fundamental de sexta dimensão. Campinas: Millennium, 2010.

FALCÃO, Raimundo Bezerra. *Tributação e mudança social*. Rio de Janeiro: Forense, 1981.

FAUCHEUX, Sylvie; NOËL, Jean-François. *Economia dos recursos naturais e do meio ambiente*. Tradução Omar Matias. Lisboa: Instituto Piaget, 1995.

FERREIRO LAPATZA, José Juan. Apología contracorriente de la estimación objetiva. *Crónica tributaria*, Madrid, v. 116, p. 63-79, 2005.

FERREIRO SERRET, Estela. La gestión de los tributos sobre el agua. In: ALONSO GONZÁLEZ, Luis Manuel; TORRES, Heleno Taveira (Org.). *Tributos, aguas e infraestructuras*. Barcelona: Atelier, 2012. p. 189-211.

FIGUEIREDO, Leonardo Vizeu. *Lições de Direito Econômico*. 4. ed. Rio de Janeiro: Forense, 2011.

FINK, Daniel Roberto. Reúso de água. In: BENJAMIN, Antonio Herman (Org.). *Direito, água e vida*. São Paulo: Imprensa Oficial, 2003. v. I, p. 439-461.

FIORILLO, Celso Antonio Pacheco. *Curso de Direito Ambiental brasileiro*. 11. ed. São Paulo: Saraiva, 2010.

FIORILLO, Celso Antonio Pacheco; FERREIRA, Renata Marques. *Direito Ambiental Tributário*. 3. ed. São Paulo: Saraiva, 2010.

FOLLONI, André. *Ciência do Direito Tributário no Brasil*: crítica e perspectivas a partir de José Souto Maior Borges. São Paulo: Saraiva, 2013.

FREITAS, Juarez. *Sustentabilidade*: direito ao futuro. 2. ed. Belo Horizonte: Fórum, 2012.

FREITAS, Vladimir Passos de. Águas: aspectos jurídicos e ambientais. In: FREITAS, Vladimir Passos de (Coord.). Águas: aspectos jurídicos e ambientais. 2. ed. Curitiba: Juruá, 2002, p. 17-26.

FREITAS, Vladimir Passos de; FREITAS, Mariana Almeida Passos. *Direito Administrativo e meio ambiente*. 5. ed. Curitiba: Juruá, 2014.

FREYRE, Gilberto. *Casa grande & senzala*: formação da família brasileira sobre o regime da economia patriarcal. 47. ed. São Paulo: Global, 2003.

GALANI, Luan. *PR recebe 1,8 milhão para monitorar sua água*. Disponível em: <http://www.gazetadopovo.com.br/vidaecidadania/conteudo.phtml?tl=1&id=1456168&tit=PR-recebe-R-18-milhao-para-monitorar-sua-agua>. Acesso em: 23 mar. 2014.

GALLO, Franco. *Las razones del fisco*. Tradução José A. Rozas Valdés e Francisco Cañal. Madrid: Marcial Pons, 2011.

GARCÍA-TORRES FERNÁNDEZ, María Jesús. *Análisis de la protección del medio ambiente*: especial referencia a la comunidad autónoma de Andalucía. Navarra: Aranzadi, 2011.

GARCÍA-TORRES FERNÁNDEZ, María Jesús. Análisis del canon de vertidos de la ley 7/1994 de 18 de mayo, de proteccion ambiental de la comunidad autonoma andaluza, tras la ley 25/1998 de 14 de julio. In: *La ley de andalucia*: suplemento de la comunidad autonoma de andalucia. Año XX. Suplemento al número 4772, p. 01-07.

GARCÍA-TORRES FERNÁNDEZ, María Jesús. El concepto de tributo medioambiental en el Derecho Tributario español. *Revista Fórum de Direito Tributário – RFDT*, Belo Horizonte, ano 10, n. 58, p. 73-99, jul./ago. 2012.

GARCÍA-TORRES FERNÁNDEZ, María Jesús. La protección atmosférica en Andalucía: Estudio del gravámen sobre las emisiones a la atmósfera. In: PÉREZ ALONSO, Esteban *et al. Derecho, globalización, riesgo y medio ambiente*. Valencia: Tirant lo Blanch, 2012. p. 835-873.

GODOI, Arnaldo Sampaio de Moraes Godoi. A tributação na venda dos créditos de carbono. *Nomos*, Fortaleza, v. 32, n. 1, p. 13-19, jan./jul. 2012.

GODOI, Marciano Seabra. *Justiça, igualdade e Direito Tributário*. São Paulo: Dialética, 1999.

GRANZIERA, Maria Luiz Machado. *Direito de águas*: disciplina jurídica das águas doces. São Paulo: Atlas, 2001.

GRAU, Eros Roberto. *A ordem econômica na constituição de 1988*. 9. ed. São Paulo: Malheiros, 2004.

REFERÊNCIAS | 323

GRAU, Eros Roberto. *Por que tenho medo dos juízes*: a interpretação/aplicação do direito e os princípios. 6. ed. São Paulo: Malheiros, 2013.

GRECO, Marco Aurélio. *Norma jurídica tributária*. São Paulo: Saraiva/ Educ, 1974.

GRECO, Marco Aurélio. Solidariedade social e tributação. In: GRECO, Marco Aurélio; GODOI, Marciano Seabra (Coord.). *Solidariedade social e tributação*. São Paulo: Dialética, 2005. p. 168-189.

GRIZZIOTTI, Benvenutto. *Princípios de política, derecho y ciencia de la hacienda*. 2. ed. Tradução Enrique R Mata. Madrid: Réus, 1958.

GRUPENMACHER, Betina Treiger. Das exonerações tributárias. Incentivos e benefícios fiscais. In: GRUPENMACHER, Betina Treiger *et al. Novos horizontes da tributação*: um diálogo luso-brasileiro. Coimbra: Almedina, 2012. p. 9-94. Cadernos IDEFF Internacional, 2.

GUANDALINI, Giuliano. *Quanto custa salvar a Amazônia*. Disponível em: <http://veja.abril.com.br/110309/p_096.shtml>. Acesso em: 07 dez. 2013.

HABERMAS, Jürgen. *Direito e democracia*: entre facticidade e validade. 2. ed. Tradução Flávio Beno Siebeneichler. Rio de Janeiro: Tempo Brasileiro, 2003. v. I.

HEEMANN, Ademar. *Natureza e ética*. 2. ed. Curitiba: UFPR, 2001.

HELLER, Léo. Política pública e gestão dos serviços de abastecimento de água e esgotamento sanitário e suas interfaces - a perspectiva da saúde pública. In: HELLER, Léo CASTRO, José Esteban (Org.). *Política pública e gestão de serviços de saneamento*. Belo Horizonte/Rio de Janeiro: UFMG/Fiocruz, 2013. p. 179-195.

HELLER, Léo; CASTRO, José Esteban. Introdução. In: HELLER, Léo; CASTRO, José Esteban (Org.). *Política pública e gestão de serviços de saneamento*. Belo Horizonte/Rio de Janeiro: UFMG/Fiocruz, 2013. p. 25-49.

HERRERA MOLINA, Pedro Manuel. *Capacidad económica y sistema fiscal*: análisis del ordenamiento español a la luz del Derecho alemán. Madrid: Marcial Pons, 1998.

HERRERA MOLINA, Pedro Manuel. *Derecho tributario ambiental (environmental tax law)*: la introducción del interés ambiental en el ordenamiento tributario. Madrid: Marcial Pons, 2000. Monografias Jurídicas.

HINKELAMMERT, Franz Josef. *Crítica à razão utópica*. Tradução Álvaro Cunha. São Paulo: Paulinas, 1988.

HOLANDA, Sérgio Buarque. *Raízes do Brasil*. 26. ed. São Paulo: Companhia das Letras, 1995.

INSTITUTO ECOD. ECODESENVOLVIMENTO.ORG. *Brasil perde em posições em ranking das empresas mais sustentáveis do mundo*. Disponível em: <http://www.ecodesenvolvimento.org/posts/2014/brasil-perde-posicoes-entre-as-empresas-mais?tag=empresa-sustentavel>. Acesso em: 21 fev. 2014.

IRIGARAY, Carlos Teodoro José Hugueney. Água: direito fundamental ou uma mercadoria? In: BENJAMIN, Antonio Herman (Org.). *Direito, água e vida*. São Paulo: Imprensa Oficial, 2003. v. I, p. 385-400.

ITAIPU BINACIONAL. *Fiat e Itaipu testam carro elétrico com energia de resíduos orgânicos.* Disponível em: < http://www2.itaipu.gov.br/ve/>. Acesso em: 16 maio 2014.

JACOBI, Pedro Roberto. Planejamento e participação na governança da água no Brasil e suas interfaces com a governabilidade dos serviços de saneamento. In: HELLER, Léo; CASTRO, José Esteban (Org.). *Política pública e gestão de serviços de saneamento.* Belo Horizonte/Rio de Janeiro: UFMG/Fiocruz, 2013. p. 542-555.

JARVIE, Debora L. An evaluation of market incentives for the sustainable production of energy sources (renewable and norenewable) within socio-ecological systemns. In: STERLING, Ana Yábar *et al.* (Ed.). *Market instruments and sustainable economy.* Madrid: Instituto de Estudios Fiscales, 2012. p. 305-318.

JIMÉNEZ HERNANDEZ, Jorge. Hecho o finalidad. ¿Qué califica a un tributo como ecológico?. In: STERLING, Ana Yábar (Coord.). *Fiscalidad ambiental*: comunicaciones defendidas. Barcelona: CEDECS, 1998, p. 369-375.

JUSTEN FILHO, Marçal. *Concessões de serviços públicos.* São Paulo: Dialética, 1997.

KUHN, Thomas S. *A estrutura das revoluções científicas.* Tradução Beatriz Vianna Boeira; Nelson Boeira. São Paulo: Perspectiva, 2007.

LEFF, Enrique. *Ecologia, capital e cultura*: a territorialização da racionalidade ambiental. Tradução Jorge E. Silva. Petrópolis: Vozes, 2009.

LIMA, André. *Por uma política tributária a serviço da sustentabilidade.* Disponível em: <http://www.valor.com.br/opiniao/3486572/por-uma-politica-tributaria-servico-da-sustentabilidade>. Acesso em: 30 mar. 2014.

LORENZETTI, Ricardo. ¿Que fue; que es y que ser el agua para el derecho? In: BENJAMIN, Antonio Herman (Org.). *Direito, água e vida.* São Paulo: Imprensa oficial, 2003. v. I, p. 215-229.

LOREZ, Sônia Silva. *Sateré-Mawé.* Disponível em: <http://www.arara.fr/BBTRIBOSAVEREMAWE.html>. Acesso em: 01 jun. 2014.

LOSANO, Mário G. Prefácio à edição brasileira: o pensamento de Norberto Bobbio, do positivismo jurídico à função do Direito. In: BOBBIO, Norberto. *Da estrutura à função*: novos estudos de teoria do direito. p. XI-XLIX.

LOUREIRO, Wilson. *Contribuição do ICMS Ecológico à conservação da biodiversidade no Estado do Paraná.* 189 f. Tese (Doutorado em Engenharia Florestal) – Setor de Ciências Agrárias, Universidade Federal do Paraná, Curitiba, 2002.

LUCHENA MOZO, Gracia María; PATÓN GARCÍA, Gemma. Las líneas actuales de gravamen en la tributación ambiental. *Quincena Fiscali,* Pamplona, n. 18, p. 1-30, 2005.

MACEDO JÚNIOR, Ronaldo Porto. *Do xadrez à cortesia*: Dworkin e a teoria do Direito contemporâneo. São Paulo: Saraiva, 2013.

MACHADO, Paulo Affonso Leme. *Direito Ambiental brasileiro.* 14. ed. São Paulo: Malheiros, 2006.

MACHADO, Paulo Affonso Leme. *Direito Ambiental brasileiro.* 22. ed. São Paulo: Malheiros, 2014.

REFERÊNCIAS | 325

MARINS, James. *Direito Processual Tributário brasileiro*: administrativo e judicial. 6. ed. São Paulo: Dialética, 2012

MARINS, James; TEODOROVICZ, Jeferson. Extrafiscalidade socioambiental. *Revista Tributária e de Finanças Públicas*, São Paulo, v. 90, ano 18, p. 73-123, jan/fev. 2010.

MARQUES NETO, Agostinho Ramalho. Subsídios para pensar a possibilidade de articular direito e psicanálise. In: MARQUES NETO, Agostinho Ramalho *et al. Direito e neoliberalismo*: elementos para uma leitura interdisciplinar. Curitiba: Edibej, 1996. p. 19-37.

MARTÍNEZ DE PISÓN, Juan Arrieta. *Régimen fiscal de las* águas. Madrid: Civitas, 1991.

MARTÍNEZ DE VELASCO, Joaquín Huelin. Un sector necesitad de seguridad jurídica. La perspectiva jurisprudencial. La visión desde la Unión Europea: ¿es posible un mercado único en el sector del abastecimiento de agua a las poblaciones?. In: MILANS DEL BOSCH, Santiago; URRÍES, Jordán (Coord.). *El precio del agua*: aspectos jurídicos y financieros en la gestión urbana del agua en España. Barcelona: Agbar, 2012. p. 187-227.

MAY, Peter. Economia ecológica e o desenvolvimento eqüitativo no Brasil. In: CAVALCANTI, Clóvis (Org.). *Desenvolvimento e natureza*: estudos para uma sociedade sustentável. São Paulo/Recife: Cortez/Fundação Joaquim Nabuco, 2009.

MAY, Stefan. Nuevos riesgos, seguridad y prevención: sobre la transformación del estado moderno y de sus formas de actuación jurídica. In: PÉREZ ALONSO, Esteban *et al. Derecho, globalización, riesgo y medio ambiente*. Valencia: Tirant lo Blanch, 2012, p. 303-322.

MAZZANTI, Massimiliano; ZOBOLI, Roberto. A political economy approach to ecological and resource tax reforms: socio economic frameworks and multiple dividends for short and long run targets. In: STERLING, Ana Yábar *et al.* (Ed.). *Market instruments and sustainable economy*. Madrid: Instituto de Estudios Fiscales, 2012. p. 331-341.

MELO, Liana. *Greenpeace*: pré-sal colocará o Brasil entre os grandes poluidores. Disponível em: <http://oglobo.globo.com/economia/greenpeace-pre-sal-colocara-brasil-entre-os-grandes-poluidores-3378210>. Acesso em: 07 dez. 2013.

MELLADO RUIZ, Lorenzo. Crisis económica y reforma "ecológica" del modelo productivo y de consumo: la dimensión ambiental de la Ley 2/2011, de 4 de marzo, de Economía Sostenible. *Noticias de la Unión Europea*, ano XXVIII, n. 325, p. 75-92, fev. 2012.

MELLO, Celso Antônio Bandeira de. *Conteúdo jurídico do princípio da igualdade*. 3. ed. São Paulo: Malheiros, 2006.

MENDONÇA, José Eduardo. *Maioria da população do planeta terá problemas com a* água. Disponível em: <http://planetasustentavel.abril.com.br/blog/planeta-agua/>. Acesso em: 01 mar. 2014.

MERCADO PACHECO, Pedro. Desarrollo sostenible y gobernanza: retóricos del derecho global y de la justicia ambiental. In: PÉREZ ALONSO, Esteban *et al. Derecho, globalización, riesgo y medio ambiente*. Valencia: Tirant lo Blanch, 2012. p. 93-117.

MOSCHETTI, Francesco. *El principio de capacidad contributiva*. Tradução Juan M. Gallego e Rafael Navas Vásquez. Madrid: Instituto de Estudios Fiscales, 1980.

MULAS, Andrés Sanz. Análise de políticas públicas de saneamento: aspectos orçamentários e gerenciais. In: HELLER, Léo; CASTRO, José Esteban (Org.). *Política pública e gestão de serviços de saneamento*. Belo Horizonte/Rio de Janeiro: UFMG/Fiocruz, 2013. p. 98-115.

NABAIS, José Casalta. *Por um estado fiscal suportável estudos de direito fiscal*. Coimbra: Almedina, 2005.

NALINI, José Renato. *Ética ambiental*. Campinas: Millennium, 2001.

OLIVEIRA, José Marcos Domingues. *Direito Tributário e meio ambiente*. 3. ed. Rio de Janeiro: Forense, 2007.

ORGANIZAÇÃO DAS NAÇÕES UNIDAS. *A ONU e o meio ambiente*. Disponível em: <http://www.onu.org.br/a-onu-em-acao/a-onu-e-o-meio-ambiente/>. Acesso em: 07 jul. 2014.

ORGANIZAÇÃO DAS NAÇÕES UNIDAS. *Década internacional da ação "água para a vida"*: International decade for action "WATER FOR LIFE" 2005-2015. Disponível em: <http://www.un.org/waterforlifedecade/quality.shtml>. Acesso em: 24 abr. 2012.

ORGANIZAÇÃO DAS NAÇÕES UNIDAS. *O direito humano à água e ao saneamento*. Disponível em: <http://www.un.org/waterforlifedecade/pdf/human_right_to_water_and_sanitation_media_brief_por.pdf>. Acesso em: 09 abr. 2014.

ORGANIZAÇÃO DAS NAÇÕES UNIDAS. *Programa das Nações Unidas para o Desenvolvimento – PNUD*: os objetivos de desenvolvimento do milênio. Disponível em: <http://www.pnud.org.br/ODM.aspx>. Acesso: 18 ago. 2012.

ORGANIZAÇÃO DAS NAÇÕES UNIDAS. *Programa das Nações Unidas para o Desenvolvimento – PNDU*: garantir a sustentabilidade ambiental. Disponível em: <http://www.pnud.org.br/ODM7.aspx>. Acesso em: 21 fev. 2014.

ORGANIZAÇÃO DAS NAÇÕES UNIDAS. *Programa das Nações Unidas para o Meio Ambiente – PNUMA*: manejo de ecossistemas. Disponível em: <http://www.pnuma.org.br/interna.php?id=50>. Acesso em: 03 ago. 2012.

ORGANIZAÇÃO DAS NAÇÕES UNIDAS. *Relatório de desenvolvimento humano 2007/2008*: combater as alterações climáticas – solidariedade humana num mundo dividido. Disponível em: <http://hdr.undp.org/en/media/HDR_20072008_PT_complete.pdf>. Acesso em: 07 dez. 2013.

ORGANIZAÇÃO PARA A COOPERAÇÃO E DESENVOLVIMENTO ECONÔMICO. Tributação, inovação e meio ambiente. OCDE Estratégia do Crescimento Ambiental. *Taxation, innovation and the environment. OECD Green Growth Strategy*. [S. l]: [S. n].

PAGÉS I GALTÉS, *Joan. Incentivos fiscales a la reutilización del agua para usos industriales. Noticias de la Unión Europea*, n. 308, ano XXVI, p. 49-55, set. 2010.

PAGÉS I GALTÉS, Joan. *Tributos sobre las aguas (estatales, autonómicos y locales)*. Madrid: Marcial Pons, 2005.

PALAO TABOADA, Carlos. El principio "quien contamina paga" y el principio de capacidad económica. In: TÔRRES, Heleno Taveira (Org.). *Direito Tributário Ambiental*. São Paulo: Malheiros, 2005. p. 79-95.

PARA se libertar do automóvel e do avião. *Atlas do Meio Ambiente Le Monde Diplomatique Brasil*. p. 16-17. Curitiba: Posigraf, [2010 ?].

PARDO, José Esteve. Convivir con el riesgo. La determinación del riesgo permitido. In: PÉREZ ALONSO, Esteban *et al*. (Ed.). *Derecho, globalización, riesgo y medio ambiente*. Valencia: Tirant lo Blanch, 2012. p. 275-322.

REFERÊNCIAS | 327

PASSET, René. Prefácio. In: FAUCHEUX, Sylvie; NOËL, Jean-François. *Economia dos recursos naturais e do meio ambiente*. Tradução Omar Matias. Lisboa: Piaget, 1995. p. 7-9.

PEIXOTO, João Batista. Aspectos da gestão econômico-financeira dos serviços de saneamento básico no Brasil. In: HELLER, Léo; CASTRO, José Esteban (Org.). *Política pública e gestão de serviços de saneamento*. Belo Horizonte/Rio de Janeiro: UFMG/Fiocruz, 2013. p. 502-524.

PEREIRA FILHO, Luiz Alberto. As taxas e os preços no ordenamento jurídico brasileiro. In: SANTI, Eurico Marcos Diniz (Coord.). *Curso de especialização em Direito Tributário*: estudos analíticos em homenagem a Paulo de Barros Carvalho. Rio de Janeiro: Forense, 2005. p. 63-96.

PEREIRA FILHO, Luiz Alberto. *As taxas no sistema tributário brasileiro*. Curitiba: Juruá, 2003.

PEREIRA, Cesar A. Guimarães. *Usuários de serviços públicos*: usuários, consumidores e os aspectos econômicos dos serviços públicos. São Paulo: Saraiva, 2006.

PRADA GARCÍA, Aurelio. Justicia y protección fiscal del medio ambiente. In: YÁBAR STERLING, Ana (Coord.). *Fiscalidad ambiental*: comunicaciones defendidas. Barcelona: Cedecs, 1998. p. 245-255.

RIBAS, Lídia Maria Lopes Rodrigues. Defesa ambiental: utilização de instrumentos tributários. In: TÔRRES, Heleno Taveira (Org.). *Direito Tributário Ambiental*. São Paulo: Malheiros, 2005. p. 675-723.

RODRIGUES, Bruna; SILVA, Gabriela. *Falta de chuvas não é o único problema*. Disponível em: <http://www.jornaldocampus.usp.br/index.php/2014/05/falta-de-chuvas-nao-e-o-unico-problema/>. Acesso em: 16 maio 2014.

ROSEMBUJ, Tulio. *El impuesto ambiental*. Barcelona: El Fisco, 2009.

ROSEMBUJ, Tulio. El impuesto ambiental. Naturaleza jurídica. In: PÉREZ ALONSO, Esteban *et al*. (Ed). *Derecho, globalización, riesgo y medio ambiente*. Valencia: Tirant lo Blanch, 2012. p. 759-811.

ROSEMBUJ, Tulio. El impuesto como disfrute de bienes colectivos. *Quincena Fiscal*, Pamplona, n. 18, p. 1-18, 2009.

ROSEMBUJ, Tulio. *Los tributos y la proteccion del medio ambiente*. Madrid: Marcial Pons, 1995.

ROSEMBUJ, Tulio. *Principios globales de la fiscalidad internacional*. Barcelona: El fisco, 2012.

ROZAS VALDÉS, José Andrés. Nota preliminar. In: GALLO, Franco. *Las razones del fisco*. Tradução José A. Rozas Valdés e Francisco Cañal. Madrid: Marcial Pons, 2011. p. 11-36.

ROZAS VALDÉS, José Andrés. Riesgo de contaminar y tributos autonómicos. *Quincena Fiscal*, Pamplona, n. 2, p. 1-31, 2006.

ROZMAN JURADO, Ciril. Colaboración público-privada en el ciclo integral de água urbana en España; retos y oportunidades. In: MILANS DEL BOSCH, Santiago; URRÍES, Jordán (Org.). *El precio del agua*: aspectos jurídicos y financieros en la gestión urbana del agua en España. Barcelona: Fundación Agbar, 2012. p. 296-319.

SACHS, Ignacy. *A terceira margem*: em busca do ecodesenvolvimento. Tradução Rosa Freire D'Aguiar. São Paulo: Companhia das Letras, 2009.

SALIBA, Ricardo Berzosa. *Fundamentos do Direito Tributário Ambiental*. São Paulo: Quartier Latin, 2005.

SÁNCHEZ GALIANA, José A. La fiscalidad del agua en la Ley 9/2010, de Aguas de la Comunidad Autónoma de Andalucía. Algunas consideraciones. In: PÉREZ ALONSO, Esteban *et al*. (ed). *Derecho, globalización, riesgo y medio ambiente*. Valencia: Tirant lo Blanch, 2012. p. 813-834.

SANTI, Eurico Marcos Diniz de. As classificações no sistema tributário brasileiro. *Justiça tributária*: I Congresso Internacional de Direito Tributário. São Paulo: Max Limonad, 1998. p. 125-147.

SANTOS, Boaventura de Sousa. Os processos da globalização. In: SANTOS, Boaventura de Souza. *A globalização e as ciências sociais*. São Paulo: Cortez, 2002. p. 25-102.

SANTOS, Marilene Ramos M. Como reverter o processo de degradação da qualidade e quantidade de água doce no Brasil? In: CAMARGO, Aspásia; CAPOBIANCO, João Paulo Ribeiro; OLIVEIRA, José Antonio Puppim (Org.). *Meio ambiente Brasil*: avanços e obstáculos pós-Rio 92. São Paulo/Rio de Janeiro: Estação Liberdade/Instituto Socioambiental/ FGV, 2002. p. 289-297.

SAURÍ, David; OLCINA, Jorge; RICO, Antonio. O estado do abastecimento de água e esgotamento sanitário urbanos na Espanha – temas, debates e conflitos. In: HELLER, Léo; CASTRO, José Esteban (Org.). *Política pública e gestão de serviços de saneamento*. Belo Horizonte/Rio de Janeiro: UFMG/Fiocruz, 2013. p. 280-293.

SAYEG, Ricardo; BALERA, Wagner. *O capitalismo humanista*: filosofia humanista de direito econômico. Petrópolis: KBR, 2011.

SCAFF, Fernando Facury; TUPIASSU, Lise Vieira da Costa. Tributação e políticas públicas: O ICMS ecológico. In: TÔRRES, Heleno Taveira (Org.). *Direito Tributário Ambiental*. São Paulo: Malheiros, 2005. p. 724-748.

SCHOUERI, Luís Eduardo. *Direito Tributário*. São Paulo: Saraiva, 2011.

SCHOUERI, Luís Eduardo. *Normas tributárias indutoras e intervenção econômica*. Rio de Janeiro: Forense, 2005.

SEBASTIÃO, Simone Martins. *Tributo ambiental*: extrafiscalidade e função promocional do direito. Curitiba: Juruá, 2006.

SEN, Amartya Kumar. *Desenvolvimento como liberdade*. Tradução Laura Teixeira Motta. São Paulo: Companhia das Letras, 2007.

SEN, Amartya Kumar. *Sobre ética e economia*. Tradução Laura Teixeira Motta. São Paulo: Companhia das Letras, 2006

SEPPÄLÄ, Osmo; KATKO, Tapio S. Gestão e organização dos serviços de saneamento – abordagens europeias. In: HELLER, Léo; CASTRO, José Esteban (Orgs.). *Política pública e gestão de serviços de saneamento*. Belo Horizonte/Rio de Janeiro: UFMG/Fiocruz, 2013. p. 135-155.

SERRANO GÓMEZ, Enrique. *Consenso y conflicto*: Schmitt, Arendt y la definición de lo político. México: Centro de Estudios de Política Comparada,1998.

REFERÊNCIAS | 329

SILVA, Cleide. *Pacote do governo prevê redução de impostos para carros elétricos*. Disponível em: <http://economia.estadao.com.br/noticias/economia-geral,pacote-do-governo-preve-reducao-de-impostos-para-carros-eletricos,180168,0.htm>. Acesso em: 22 abr. 2014.

SIMÓN GRIMALDOS, Angel. Présentation. In: MILANS DEL BOSCH, Santiago; URRÍES, Jordán (Coord.). *El precio del agua*: aspectos jurídicos y financieros en la gestión urbana del agua en España. Barcelona: Agbar, 2012. p. 25-28.

SINGER, Paul. *Introdução à economia solidária*. São Paulo: Fundação Perseu Abramo, 2002.

SOARES, Claudia Alexandra Dias. *O imposto ecológico*: contributo para o estudo dos instrumentos económicos de defesa do ambiente. Coimbra: Coimbra, 2001.

SPITZCOVSKY, Débora. *Falta de água potável mata uma criança a cada 15 segundos*. Disponível em: <http://planetasustentavel.abril.com.br/blog/planeta-agua/page/2/>. Acesso em: 01 mar. 2014.

SWYNGEDOUW, Erik. Águas revoltas: a economia política dos serviços públicos essenciais. In: HELLER, Léo; CASTRO, José Esteban (Orgs.). *Política pública e gestão de serviços de saneamento*. Belo Horizonte/Rio de Janeiro: UFMG/Fiocruz, 2013. p. 76-97.

TIPKE, Klaus; LANG, Joachim. *Direito Tributário*. Tradução Luiz Dória Furquim. Porto Alegre: Sergio Antonio Fabris, 2008.

TOCQUEVILLE, Alexis. *A democracia na América*: leis e costumes políticos que foram naturalmente sugeridos aos americanos por seu estado social democrático. Tradução Eduardo Brandão. São Paulo: Martins Fontes, 1998.

TOMÉ, Fabiana Del Padre. *Contribuições para a seguridade social*: à luz da Constituição Federal. Curitiba: Juruá, 2002.

TÔRRES, Heleno Taveira. Da relação entre competências constitucionais tributária e ambiental: os limites dos chamados "tributos ambientais". In: TÔRRES, Heleno Taveira (Org.). *Direito Tributário Ambiental*. São Paulo: Malheiros, 2005. p. 96-156.

TÔRRES, Heleno Taveira. Medidas tributárias no sistema de exploração, uso e infraestruturas de águas. In: ALONSO GONZÁLEZ, Luis Manuel; TORRES, Heleno Taveira (Coord.). *Tributos, aguas e infraestructuras*. Barcelona: Atelier Libros Jurídicos, 2012. p. 273-296.

TORRES, Ricardo Lobo. *Valores e princípios constitucionais tributários*. Rio de Janeiro: Renovar, 2005.

TORRES, Ricardo Lobo. Valores e princípios no direito tributário ambiental. In: TÔRRES, Heleno Taveira (Coord.). *Direito Tributário Ambiental*. São Paulo: Malheiros, 2005. p. 21-49.

TRENNEPOHL, Terence Dornelles. *Incentivos fiscais no Direito Ambiental*. São Paulo: Saraiva, 2008.

TUCCI, Carlos E. M. Artigo-base sobre recursos hídricos. In: CAMARGO, Aspásia; CAPOBIANCO, João Paulo Ribeiro; OLIVEIRA, José Antonio Puppim (Org.). *Meio ambiente Brasil*: avanços e obstáculos pós-Rio 92. São Paulo/Rio de Janeiro: Estação Liberdade: Instituto Socioambiental/FGV, 2002. p. 266-282.

TUPIASSU, Lise Vieira da Costa. *Tributação ambiental*: a utilização de instrumentos econômicos e fiscais na implementação do direito ao meio ambiente saudável. Rio de Janeiro: Renovar, 2006.

UNIVERSIDADE FEDERAL DE SÃO PAULO. *Tempo de decomposição*. Disponível em: <http://dgi.unifesp.br/ecounifesp/index.php?option=com_content&view=article &id=16&Itemid=11>. Acesso em: 10 dez. 2012.

VALADÃO, Alexsander Roberto Alves. *Capacidade contributiva e taxa*. 237 f. Dissertação (Mestrado em Direito) – Setor de Ciências Jurídicas, Universidade Federal do Paraná, Curitiba, 2001.

VALDÉS COSTA, Ramón. *Curso de Derecho Tributario*. 3. ed. Bogotá: Temis, 2001.

VIEIRA, Agostinho. *A Terra não precisa de nós*: nós precisamos da Terra. Disponível em: <http://oglobo.globo.com/blogs/ecoverde/posts/2011/03/29/terra-nao-precisa-de-nos-nos-precisamos-da-terra-371818.asp>. Acesso em: 08 jun. 2014.

VIEIRA, José Roberto. A Extrafiscalidade da Lei 12.715/2012 e a capacidade contributiva: a convivência do lobo e do cordeiro? *Revista de Direito Tributário*, São Paulo, v. 118, p. 18-42, 2013.

VIEIRA, José Roberto. *A regra-matriz de incidência do IPI*: texto e contexto. Curitiba: Juruá, 1993.

VIEIRA, José Roberto. Denúncia espontânea e multa moratória: confissão e crise na "jurisdição" administrativa. In: GUNTHER, Luiz Eduardo (Coord.). *Jurisdição*: crise, efetividade e plenitude institucional. Curitiba: Juruá, 2008. p. 367-429.

VIEIRA, José Roberto. Educação e imposto de renda das pessoas físicas: o rei está nu! In: MELO, José Eduardo Soares de; TÔRRES, Heleno Taveira; PARISI, Fernanda Drummond (Coord.). *Estudos de Direito Tributário em homenagem ao professor Roque Antonio Carrazza*. São Paulo: Malheiros, 2013. p. 148-215.

VIEIRA, José Roberto. Fundamentos republicano-democráticos da legalidade tributária. In: FOLMANN, Melissa. *Tributação e direitos fundamentais*: propostas de efetividade. Curitiba: Juruá, 2006. p. 181-217.

VIEIRA, José Roberto. Legalidade tributária e medida provisória: mel e veneno. In: FISCHER, Octavio Campos (Coord.). *Tributos e direitos fundamentais*. São Paulo: Dialética, 2004. p. 175-216.

VIEIRA, José Roberto. Medidas provisórias tributárias e segurança jurídica: a insólita opção estatal pelo "viver perigosamente". In: BARRETO, Aires Fernandino *et al. Segurança jurídica na tributação e estado de direito*. São Paulo: Noeses, 2005. p. 317-373.

VIEIRA, José Roberto. O IRPF e o direito fundamental à igualdade: um direito de dupla personalidade! In: BRANCO, Paulo Gonet; MEIRA, Liziane Angelotti; CORREIA NETO, Celso de Barros (Coord.). *Tributação e direitos fundamentais*: conforme a jurisprudência do STF e STJ. São Paulo: Saraiva, 2012. p. 164-226.

VIEIRA, José Roberto. Tributos Federais, XVII Congresso Brasileiro de Direito Tributário – IPI e Extrafiscalidade. *Revista de Direito Tributário*, n. 91, p. 74-80, 2003.

WANG, Jinnan *et al*. Enviromental tax reform in China: a comparative analysis of three tax base calculation methods. In: STERLING, Ana Yábar *et al*. (Ed.). *Market instruments and sustainable economy*. Madrid: Instituto de Estudios Fiscales, 2012. p. 219-233.

WATER.ORG. *Millions lack safe water*. Disponível em: <http://water.org/water-crisis/water-facts/water/>. Acesso em: 24 jan. 2014.

XAVIER, Alberto. *Os princípios da legalidade e da tipicidade da tributação*. São Paulo: RT, 1978.

XAVIER, Yanko Marcius de Alencar. Águas, desenvolvimento e direito comparado. In: XAVIER, Yanko Marcius de Alencar; EMBID IRUJO, Antonio; SILVEIRA NETO, Otacílio dos Santos (Org.). *O direito de águas no Brasil e na Espanha*: um estudo comparado. Fortaleza: Konrad Adenauer, 2008. p. 11-25.

Esta obra foi composta em fonte Palatino Linotype, corpo 10
e impressa em papel Offset 75g (miolo) e Supremo 250g (capa)
pela Gráfica e Editora Laser Plus, em Belo Horizonte/MG.